Dr. Siegfried Geisenberger

Werner Nagel

Dr. Siegfried Geisenberger

Werner Nagel

Computergestütztes Lernen im Wirtschaftslehreunterricht der Sekundarstufe I

© 2000 S. Geisenberger / W. Nagel, Freiburg
Alle Rechte: Dr. Siegfried Geisenberger / Werner Nagel, Freiburg 2000

Umschlaggestaltung: Sarah Mroß, 79774 Albbruck

Herstellung: Libri Books on Demand

ISBN 3-89811-590-9

Computergestütztes Lernen im Wirtschaftslehreunterricht der Sekundarstufe I

INHALT

I. EINFÜHRUNG 1
II. NUTZUNG DES INTERNETS 7
III. AKTIVIERENDE MEDIEN 21
    1. Schriften 21
    2. Kreuzworträtsel 22
    3. Buchstabensalat 24
IV. ÜBUNGEN 27
    1. Multiple Choice 27
    2. Multiple Choice für zwei Schülerinnen und Schüler 31
    3. Multiple Choice und Kurzantwort 33
V. TESTEN MIT „WN-LEARNING ASSISTANT" 37
    1. Ein Instrument zur Testerstellung 37
    2. Test zum Thema „Produkte kommen auf den Markt" 44
VI. MÖGLICHKEITEN UND GRENZEN
    DER COMPUTER-SIMULATION 57
VII. BETRIEBSWIRTSCHAFTLICHE SIMULATION 71
    1. Simulation eines Monopols mit „WiN-KIOSK" 71
    2. Simulation des Wettbewerbs mit „SIM-ABSATZ" 91
    3. Simulation betrieblicher Abläufe mit „CHEF" 99
    4. Simulation eines Arbeitsplatzes mit „LABORA!" 115
VIII. VOLKSWIRTSCHAFTLICHE SIMULATION
    MIT „WIN-SIMPOLIS" 119
IX. HAUSHALTSSIMULATION 143

Fortsetzung Inhalt

X. MÖGLICHKEITEN UND GRENZEN DER COMPUTER PLANSPIELE 149

XI. BETRIEBSWIRTSCHAFTLICHE PLANSPIELE 163
   1. Wettbewerb mehrerer Unternehmen mit „WiN-ABSATZ" 163
   2. Wettbewerb mit erweiterten Möglichkeiten mit „BEFPA" 189
   3. Wettbewerb mit Ereignissen mit „ÖKO" 217

XII. VOLKSWIRTSCHAFTLICHES PLANSPIEL („VOWIPLAN") 239

XIII. ÖKONOMISCH-ÖKOLOGISCHES PLANSPIEL 263

XIV. BERUFSORIENTIERUNG MIT DEM PROGRAMM „MACH'S RICHTIG" 281

XV. TRAINING FÜR EINSTELLUNGSTESTS MIT „E-TEST" 293

XVI. UMFANGREICHE BERECHNUNGEN UND DATENAUSWERTUNG 307

XVII. TABELLENKALKULATION 317

XVIII. LITERATUR 351
   1. Erwähnte Software 351
   2. Texte 352

I. Einführung

Das computergestützte Lernen im Wirtschaftslehreunterricht ist auch heute noch, mehr als 15 Jahre nach Einführung des PC, ein sehr wenig erforschtes Feld der Wirtschaftsdidaktik.

Dies ist auf vielerlei Gründe zurückzuführen, angefangen von der technischen Ausstattung der Schulen bis zur Einstellung der Lehrerinnen und Lehrer zu diesem Medium.

Während die technische Ausstattung oft nur eine vorgeschobene Begründung darstellt, ist die grundlegende Zustimmung oder Ablehnung der Lehrerinnen und Lehrer ein sehr wichtiger Aspekt. Ohne Zweifel gibt es an fast jeder Schule wenigstens einen „Computer Freak", der begeistert auf den Einsatz des PC setzt und geradezu danach sucht, wo überall der PC genutzt werden könnte.

Dies ist sicher zu begrüßen und verdienstvoll, aber es ist nicht der Normalfall und nicht unbedingt zum Vorteil des Computereinsatzes. Im Gegenteil, es ist oft zu beobachten, dass durch einen technisch raffiniert ausgestalteten Computer-Raum manche Lehrerinnen und Lehrer davon abgeschreckt werden, den PC auch im Alltag der Schule zu nutzen.

Schwellenhemmungen spielen insgesamt eine große Rolle. Oft und gern wird hier auf die Altersstruktur der Lehrerinnen und Lehrer verwiesen. Tatsächlich ist die Nutzung des PC keine Frage des Alters, sondern der Einstellung gegenüber einem neueren Medium. Beispielsweise liegen die beiden Verfasser dieses Texts im Lebensalter mehr als 30 Jahre auseinander.

Zum Mythos von der Schwierigkeit der Computernutzung noch eine drastische Formulierung:

> Es ist technisch anspruchsvoller, eine Nähmaschine zu nutzen oder ein Fahrrad zu reparieren, als den Computer einzusetzen.

Die drastische Formulierung gilt ohne Einschränkung für den Wirtschaftslehreunterricht. Hier geht es nicht um Bits und Bytes, RAM und ROM, Betriebssysteme oder Programmiersprachen, sondern um die Nutzung des PC als Medium und als Werkzeug. Lediglich ein Minimum an anwendungstechnischen Kenntnissen ist notwendig, um ein Programm zu starten und zu nutzen. Ein Vergleich mit Autofahrern soll diesen Aspekt verdeutlichen:

Anfang des 20. Jahrhunderts musste angesichts der zahlreichen Pannen jeder Autofahrer etwas von der Autotechnik verstehen. Heute jedoch kann jemand bei regelmäßigem und sorgfältigem Kundendienst viele tausend Kilometer gut und unfallfrei fahren, ohne sich jemals den Motor seines Autos anzuschauen, geschweige denn zu wissen, wie ein solcher Motor im Prinzip oder im Detail funktioniert.

Computergestütztes Lernen im Wirtschaftslehreunterricht bedeutet also immer, dass Programme genutzt werden. Dabei gibt es wiederum zwei Möglichkeiten:

Zum einen können Programme über ein bestimmtes Thema erworben werden. Dies bedeutet, dass sich eine andere Person eine Problemstellung und deren Behandlung ausdenkt. Ein solches Programm wäre ein Medium und im wesentlichen dasselbe wie ein Film oder eine Dia-Reihe.

Heutzutage gibt es aber auch Programme, die es erlauben, selbst ein bestimmtes Problem auszuwählen und zu behandeln. Dann wird das Programm zum Werkzeug, das von Schülern und Lehrern eigenständig genutzt wird.

Schließlich ist noch zu betonen, dass die Kontakte der Schülerinnen und Schüler mit dem PC beim computergestützten Lernen sehr unterschiedlich sein können:

Werden durch die Lehrerin / den Lehrer Arbeitsblätter oder Aufgaben mit dem PC erstellt, so haben die Schülerinnen und Schüler nur mit den Ausdrucken zu tun und keinen Kontakt mit dem PC.

Auch beim Computer-Planspiel ist kein Kontakt mit dem PC notwendig: Die Klasse erhält auf Drucken die Problemstellung, Entscheidungshilfen und Formulare für die Entscheidungen, die Spielleitung gibt die Entscheidungen in den PC ein, das Programm nimmt die Verarbeitung vor und druckt die Ergebnisse aus.

Direkte Kontakte gibt es bei Computer-Simulationen oder Übungsprogrammen oder Tests. Hier geben die Schülerinnen und Schüler bestimmte Werte ein, das Programm reagiert darauf, wiederum werden neue Werte eingegeben usw.

Eine Sonderstellung nimmt das Internet ein. Es kann zum einen als große Informationssammlung genutzt werden, zum andern sind aber interaktive Nutzungen möglich, wenn Kontakt mit Rechnern von externen Anbietern aufgenommen wird.

Die Leserinnen und Leser werden bemerkt haben, dass von Lernprogrammen oder interaktiven Lernprogrammen nicht die Rede war. Versteht man darunter ein Programm, bei dem die Schülerinnen und Schüler ein Thema erarbeiten, d. h. im wesentlichen, dass der übliche Unterricht ersetzt wird, dann ist schlicht festzustellen, dass es solche Programme für den Wirtschaftslehreunterricht nicht gibt. Lediglich für die betriebsinterne Ausbildung einiger Großunternehmen wurden einige Programme entwickelt. Sie sind aber mit Preisen von 20.000DM bis 100.000DM so teuer, dass sie wohl keine Schule einsetzen wird. Wir bedauern dies nicht, und zwar aus folgenden Gründen:

Den Unterricht zu politischen oder wirtschaftlichen Themen einer Maschine übertragen zu wollen, ist eine absurde Vorstellung. Selbst das trickreichste Programm und die komfortabelste Datenaufbereitung sind kein Ersatz für Gespräche und Diskussionen zwischen Lehrperson und Schülern oder zwischen Schülerinnen und Schülern untereinander. Zu wichtig sind die selbstständige Erarbeitung politischer oder wirtschaftlicher Fragestellungen und die gemeinsame Reflexion, auch und gerade dann, wenn ganz ausgefallene Ideen entwickelt werden.

Computer-Unterricht in dem Sinne, dass ein Programm den gesamten Lernprozess organisiert und steuert, käme einer großen Verarmung des Unterrichts gleich. Solche Entwicklungen oder auch Bestrebungen werden von uns nicht unterstützt, vielmehr eher bekämpft.

Die meisten scharfen Gegner des Computers im Unterricht, beispielsweise Hartmut von Hentig, beziehen sich auf diesen Computer-Unterricht. Sie können sich nicht z.B. auf das Computer-Planspiel beziehen, weil dort neben den fachlichen Zielen auch eine Vielzahl von Schlüsselqualifikationen angestrebt und erreicht werden können.

Die Möglichkeit des angedeuteten Missbrauchs der Computer sollte niemals Grund dafür sein, die Verwendung auch dort abzulehnen, wo sie die Qualität des Unterrichts verbessern können.

Tatsächlich ist die Bandbreite der Möglichkeiten sehr groß und eine der wichtigsten Zielsetzungen unseres Texts besteht darin, die Vielfalt aufzuzeigen. Skizzenhaft befassen wir uns mit folgenden Aspekten:

Zu nennen sind zunächst die Möglichkeiten des **Internets**, wobei es wichtig ist, nicht einfach zu surfen, sondern einen gezielten Einbau in den Unterricht vorzunehmen.

Ferner wird die schnelle und bequeme Herstellung **aktivierender Medien** dargestellt.

Einen größeren Bereich stellen Programme zum **Üben, Wiederholen und Testen** dar. Hier besteht die Nützlichkeit vor allem darin, dass auf den durchgeführten Unterricht abgestellt wird. Sie wurden daher alle durch die Verfasser erstellt.

Ein sehr großer Bereich sind die **Computer-Simulationen**, wobei die Schülerinnen und Schüler gegen das Programm arbeiten, ohne dass die Aktivitäten der anderen einen Einfluss ausüben. Unsere Beispiele zeigen betriebswirtschaftliche und volkswirtschaftliche Simulationen sowie ein Programm zur Entscheidung im Haushalt.

Ein weiterer großer Bereich sind **Computer-Planspiele**. Ihr Kennzeichen besteht darin, dass in Gruppen gearbeitet wird und die Ergebnisse von den Entscheidungen der anderen Gruppen beeinflusst werden.

Spezialfälle zeigen wir unter den Stichwörtern **Berufsorientierung, Training für Einstellungstests** und **umfangreiche Berechnungen**.

Schließlich wird eine **Tabellenkalkulation** genutzt, wobei nicht deren Technik im Mittelpunkt steht, sondern wirtschaftliche Fragestellungen. Dies zeigt sich in den gewählten Beispielen. Der Bogen reicht hier von Prognosen der Weltbevölkerung über den Multiplikator der Giralgeldschöpfung und Untersuchungen für alle 1111 Gemeinden in Baden-Württemberg bis zur quantitativen Erarbeitung der Vorteilhaftigkeit des internationalen Handels.

Die Texte zu den einzelnen Beispielen sind von unterschiedlicher Länge, weil manchmal einige Bemerkungen für die zielgerichtete Benutzung des Programms genügen, in anderen Fällen hielten wir jedoch ausführliche fachliche und methodische Erläuterungen, Begründungen und Anregungen für notwendig.

Abschließend möchten wir noch auf eine oft gestellte Frage eingehen:

„Was lernen die Schülerinnen und Schüler durch den Einsatz der Computer in der Wirtschaftslehre, das sie sonst nicht lernen könnten?"

Die Antwort darauf lautet klar: „Nichts!" Alle angesprochenen Inhalte wären mit entsprechenden Methoden und Medien auch ohne Computer zu behandeln, wenn es auch in manchen Fällen erheblichen Zeitaufwand mit sich brächte.

„Kann man daher das Arbeiten mit Computern ignorieren?" Hierzu lautet die Antwort genauso klar: „Nein!" Der Computer ist mit Sicherheit bei der Behandlung wirtschaftlicher Sachverhalte und Zusammenhänge nützlich, und zwar aus folgenden Gründen:

Das Medium Computer spricht die Schülerinnen und Schüler in besonderer Weise an. Dies kann man bedauern, aber es ist nach den Erfahrungen mit vielen Schülerinnen und Schülern in zahlreichen Schulen eine Tatsache. Mancher Schüler, der nur höchst ungern den Text eines Arbeitsblatts liest, studiert voll Eifer den gleichen Text, wenn er auf dem Bildschirm erscheint.

Das Medium Computer ist ferner eine willkommene Abwechslung im Schulalltag. Sein Einsatz zeigt auch, dass die Lehrperson den neuen Technologien gegenüber aufgeschlossen ist und den Schülerinnen und Schülern damit neue Lernmöglichkeiten anbietet.

Die Programme erlauben oft nach einer Einführung durch die Lehrperson weitgehend selbständiges Lernen. Differenzierungen nach schnelleren und langsameren Schülerinnen und Schülern sind ohne Probleme möglich. Entweder durch Arbeitsanweisungen der Lehrperson oder über den Begleittext der Programme werden dazu Anregungen geboten.

Sehr gut bewährt hat sich die häufig mögliche Option, dass die Schülerinnen und Schüler zu zweit oder zu dritt an einer Maschine arbeiten können. Dann können sie die jeweilige Entscheidung beraten, die Ergebnisse besprechen, sich streiten und sich zusammen freuen.

Insgesamt gilt für die Nutzung des PC im Wirtschaftslehreunterricht dasselbe wie für andere Medien und Methoden auch, nämlich dass Übertreibungen und Einseitigkeiten schädlich sind. Es gilt auch hier die (unveröffentlichte) Aussage von Xaver Fiederle:

Die beste Methode ist der Methodenwechsel

und sinngemäß der Wechsel von Medien.

II. Nutzung des Internets

1. Die „informierte Gesellschaft"

Beschäftigt man sich mit den sogenannten „neuen Medien", so findet sich häufig der berühmt-berüchtigte Begriff „Informationsgesellschaft". Dieser Begriff ist leider recht weitläufig und hat bereits so starken Schlagwortcharakter, dass man ihn kaum noch gezielt verwenden kann. In der Tat ist es unbestreitbar, dass Gesellschaften rund um den Globus immer mehr an „Information" interessiert sind.

Doch wir möchten an dieser Stelle nicht in die Diskussion um die Entwicklung bzw. Gefahren einer sogenannten *„Informationsgesellschaft"* einstimmen, zumal mittlerweile schon eher um die *„Wissensgesellschaft"* diskutiert wird. Hierzu existieren schon seit längerem umfangreiche Darstellungen. Exemplarisch sei hier auf die Beiträge von Kleinsteuber (1997) oder Haaren, Kurt van & Hensche, Detlef (1997), bei denen die Auswirkungen auf die Arbeitswelt im Mittelpunkt stehen, verwiesen. Für die Zwecke dieser Arbeit sind auch weniger solche Grundlagen interessant, als die Folgerungen, die daraus u. a. für die schulische Ausbildung zu treffen sind. Dazu möchten wir uns zunächst einer Formulierung von Haefner (1997) anschließen.

Haefner verwendet den Begriff *„informierte Gesellschaft"*, um darüber den Voraussetzungen für eine zukünftige Gesellschaft gedanklich näher zu kommen. Seine Vorstellungen von einer „informierten Gesellschaft" formuliert er als eine *„konstruktive Utopie"* (Haefner, 1997, S. 468). Danach basiert auch eine „informierte Gesellschaft" auf Massenspeichern und telekommunikativen Infrastrukturen zur Informationsverbreitung und -gewinnung. Die ist laut Haefner (S. 469) *„eine notwendige, aber keineswegs hinreichende Voraussetzung"*.

Was bedarf es zusätzlich, um von der Informationsgesellschaft zu einer wirklich informierten Gesellschaft zu gelangen?

2. Medienkompetenz

Schon wieder ein Schlagwort! Durchaus, denn über diesen Begriff lässt sich besonders deutlich der Einsatz des Internets u. a. im schulischen Unterricht begründen.

Doch zunächst soll die Bedeutung des Begriffes Medienkompetenz aufgeschlüsselt werden. Orientierung sind dabei die fünf Punkte, die Lange & Hillebrand (1996, S. 40) als zentral für den Begriff herausgearbeitet haben.

Selbstbestimmungs- und Orientierungskompetenzen

Jedes Mitglied einer informierten Gesellschaft sollte fähig sein, sich ohne Vermittlung anderer darüber zu informieren, was im Medienbereich und speziell in der Informationstechnologie gerade entwickelt wird. Doch das reine Aufnehmen dieser Daten genügt in der informierten Gesellschaft nicht. Jeder sollte auch in der Lage sein, die Informationen auf seine persönliche Situation zu übertragen und somit auf mögliche Strukturänderungen z.B. seines Arbeitslebens vorbereitet sein. So sollten also auch Schüler so gut es geht über neue Technologien informiert werden oder besser gesagt darin unterwiesen werden, sich diese Informationen selbst zu beschaffen.

Selektions- und Entscheidungskompetenz

Informierte Mediennutzer müssen in der Lage sein, aus einer riesigen Angebotsfülle das für sie und ihre individuelle Situation Passende herauszufiltern. Grundvoraussetzung dafür ist ein treffsicheres Einschätzen der jeweiligen Parameter. (*Was will ich erreichen oder wissen? Wie viel Zeit steht mir zur Verfügung? Etc.*) Ist die Informationssuche nicht rein intrinsisch motiviert, suchen die Schüler also nicht nur aus eigenem Interesse sondern auf Anweisung (extrinsisch, durch den Lehrer), so müssen auch die Parameter extrinsisch mitgeteilt werden. (*Was soll erreicht oder gewusst werden? Wie viel Zeit steht zur Verfügung? Etc.*)

Instrumentell-qualifikatorische Aneignungskompetenzen

Hinter diesem komplizierten Ausdruck steht „nichts weiter" als die Fähigkeit, sein Informationshandwerkszeug bedienen zu können. Heute bedeutet dies, dass man einen PC bedienen kann und mit dem Umgang eines Browsers, dem Programm für das Internet, vertraut ist. Zusätzlich kommt jedoch hinzu, dass man auch fähig ist, mit technischen Neuerungen Schritt zu halten. Kommt z.B. ein neues Softwareprodukt auf den Markt, so wird vom informierten Menschen erwartet, dass er über eine Strategie verfügt, sich die Bedienung dieses neuen Produktes anzueignen. Es ist einleuchtend und bedarf keiner weiteren Ausführung, dass diese Strategien so früh wie möglich, also „spätestens" mit Ende der Schulzeit, trainiert werden sollten.

Konstruktiv-qualifikatorische Aneignungskompetenzen (Bewertungskompetenzen)

Aufgenommene Informationen müssen möglichst rasch kategorisiert werden. Man sollte immer bewerten, was man gerade aufnimmt. Nur so ist es beispielsweise möglich, Werbung von „objektiven" Informationen zu trennen.

Ein weiteres Beispiel ist das Wissen über Manipulationsmöglichkeiten. Nur wer weiß, was man z.B. mit elektronischer Bildbearbeitung erreichen kann, sieht Bilder mit dem nötigen Misstrauen.

Lernkompetenzen

Hiermit wird die generelle Bereitschaft zur Flexibilität und zur Weiterbildung angesprochen. Die hohe Quantität an Informationen bringt mit sich, dass viele dieser Informationen rasch veralten bzw. revidiert werden. Da jedoch nicht alle Information sofort neu gelehrt bzw. gelernt werden kann, muss jeder seine Bildung und sein Lernen selbst und eigenverantwortlich gestalten. Das Internet mit seiner nahezu unerschöpflichen Informationsfülle scheint ein gutes Beispiel zu sein, den Schülern zu vermitteln, dass man nicht alles wissen kann und sich daher auf die für die eigene Person relevanten Gebiete konzentrieren muss. Auch das „Prioritäten setzen" muss also geübt werden.

Zusammenfassen könnte man die Anforderungen der Medienkompetenz an „informierte" Menschen mit einer nicht ganz neuen Wortschöpfung (vgl. Groebel (1997), S. 240):

Die Mitglieder einer informierten Gesellschaft sollten alle *„Prosumenten"* sein. Also „produktive" - oder besser - kritisch-produktive „Konsumenten". Reines „Sich berieseln lassen" kann nicht genug sein.

Es ist einleuchtend, dass die oben genannten Forderungen nicht von heute auf morgen umgesetzt werden können. Es wird wahrscheinlich selbst im reichen Deutschland Jahre dauern, bis sich jeder die Zugriffsmöglichkeiten auf Informationssysteme wie das Internet leisten kann bzw. deren Nutzen eingesehen hat. Bisher nutzen nur etwa 5% der deutschen Haushalte das Internet.

Sollten die Benutzerzahlen steigen, beginnen die eigentlichen Aufgaben erst, denn um die hohen Anforderungen an die Medienkompetenz der Menschen zu erreichen, muss die Medienpädagogik oder müssen vielmehr alle Formen pädagogischen Wirkens noch vieles leisten. Dabei entstehen aus der Einordnung der Medienkompetenz als sogenannte „Schlüsselqualifikation" besondere Schwierigkeiten. Denn Schlüsselqualifikationen müssen als grundlegende Fertigkeiten quasi „nebenher" vermittelt werden. Eschenhauer lag 1989 (S. 387) also mit seiner Beschreibung von Medienkompetenz als *„wichtige Nebensache"* bereits richtig.

3. Lehr- und Lernmöglichkeiten durch das Internet

Nach dieser Formulierung von Ansprüchen, die an die Nutzung des Internet gestellt werden, zeigen wir kurz einige allgemeine Lehr- und Lernmöglichkeiten auf, die sich durch die Nutzung des Internet ergeben. Grundlage für die folgenden Ausführungen ist die Arbeit von Nicola Döring (1997), der man noch weiterführende Aussagen zu diesem Gebiet entnehmen kann.

a) Breites und vielfältiges Informationsangebot

Vom Gesetzestext über Produktinformationen bis hin zur spielerischen Anwendung neuer Technologien ist im Internet alles zu haben und somit auch zu nutzen. Dabei braucht man nicht auf Informationen aus „zweiter Hand" zurückgreifen. Denn oft haben die primären Anbieter von Informationen bereits einen hohen Aufwand betrieben, um ihr Produkt bzw. ihre Information gut und umfassend darzustellen. Die sonst von Pädagogen zu leistenden Erläuterungen finden sich oft schon fix und fertig vorbereitet und die Schülerinnen und Schüler können fast selbständig ihr Wissen erweitern. Die zentrale Rolle des „unterweisenden Lehrers" wird somit relativiert und man kommt zu einer dezentraleren Lehrerrolle, die häufig mit dem Begriff „Coach" umschrieben wird.

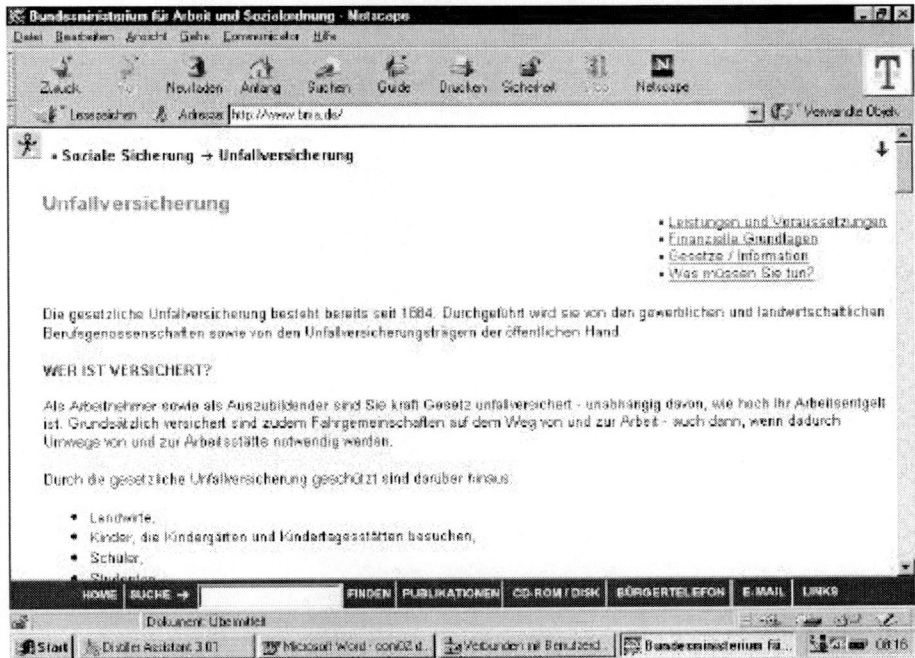

Vorstehender Bildschirm zeigt einen Ausschnitt aus dem Angebot des Arbeitsministeriums. Dies ist ein Beispiel für das Bereitstellen von Material für den Wirtschaftslehreunterricht.

Der nachfolgende Bildschirm zeigt die Begrüßungsseite des Statistischen Bundesamts. Hier können bei der Behandlung bestimmter Themen die notwendigen empirischen Informationen abgerufen werden.

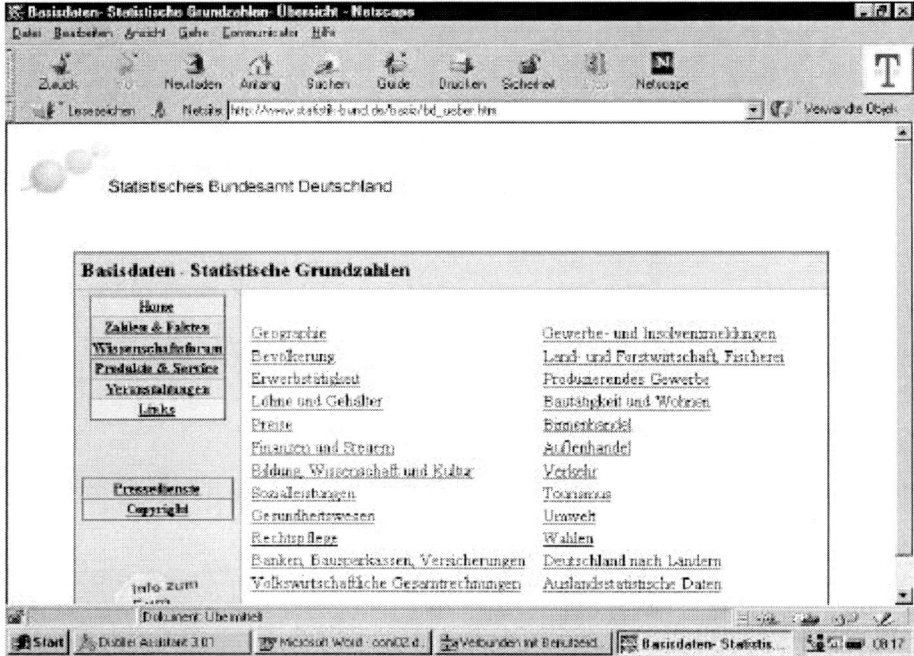

Bei vielen Themen im Wirtschaftslehreunterricht sind nicht nur die empirischen Gegebenheiten auf Bundesebene interessant. Daher wird nachfolgend die Begrüßungsseite des Statistischen Landesamts Baden-Württemberg gezeigt. Hier können statistische Informationen bis auf die Ebene der kleinsten Gemeinde abgerufen werden.

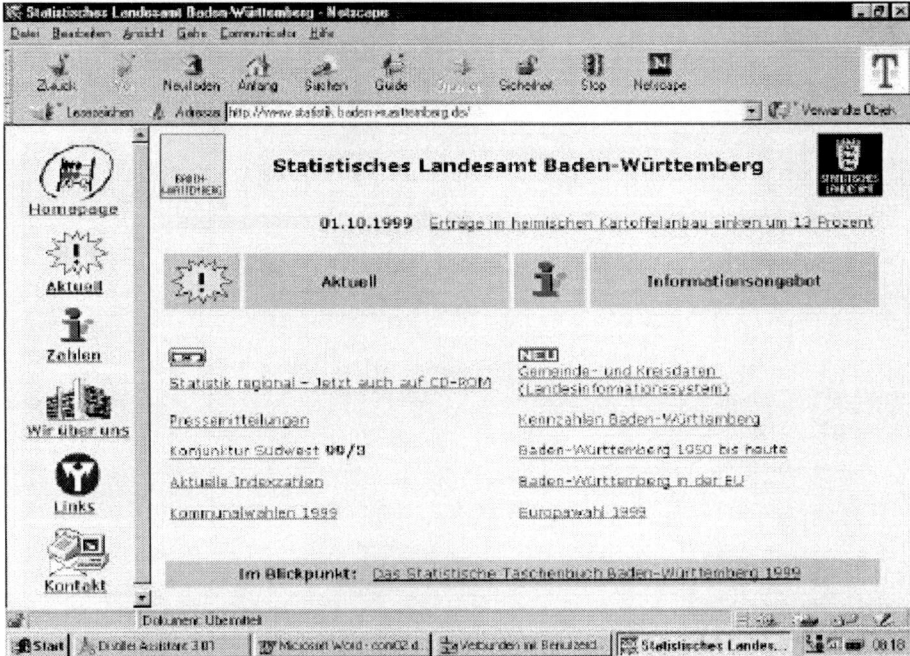

Ein weiteres wichtiges Beispiel sind die Informationen der Bundesanstalt für Arbeit. Sie bietet nicht nur wichtige Statistiken zum Arbeitsmarkt, sondern erlaubt auch die Suche nach freien Ausbildungsstellen, wobei eine regionale Suche möglich ist.

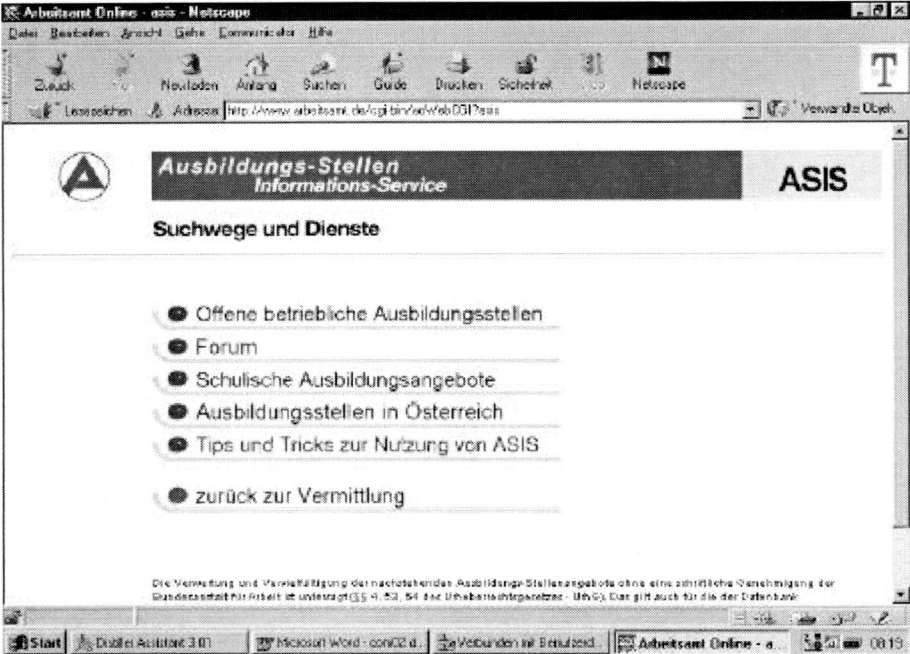

In manchen Fällen wird das Benutzen einer bestimmten Adresse nicht möglich sein. Dann können die zahlreichen Suchmaschinen des Internets genutzt werden. Nachfolgend zeigen wir das Beispiel von *www.altavista.com*, einer der umfangreichsten Suchmaschinen, die auch eine katalogartige Suche gemäß der vorhandenen Systematik erlaubt.

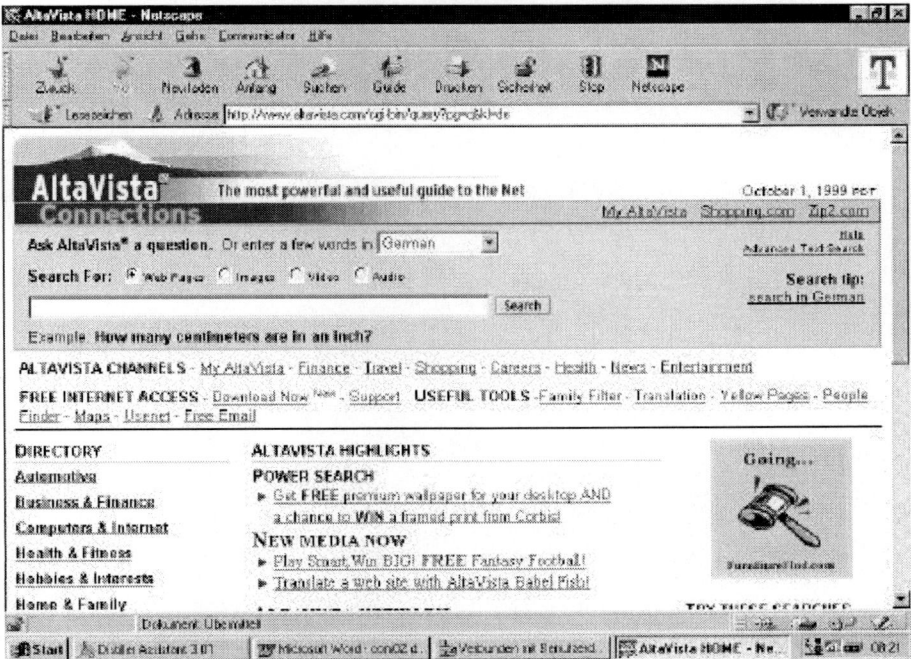

In vielen Fällen ist die zusätzliche Nutzung einer Meta-Suchmaschine hilfreich. Bei diesen werden mehrere Suchmaschinen bei einer Suche verknüpft, sodass die Aussicht auf Erfolg größer ist.

Allerdings lässt sich auch dadurch die Tatsache nicht ändern, dass die Suchmaschinen nur etwa 10-20% aller Seiten im Internet erfassen.

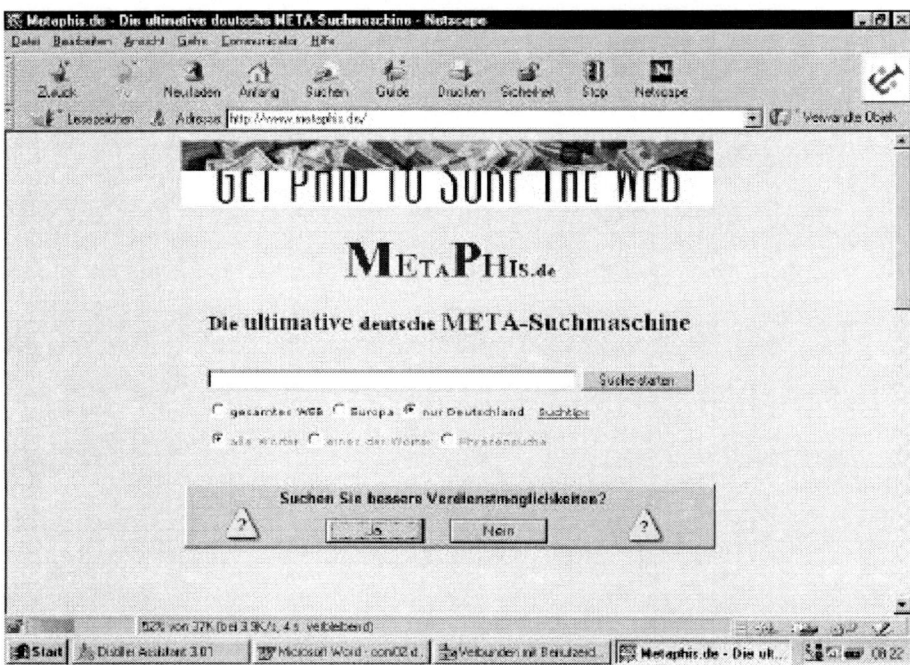

Doch neben diesem direkten Zugriff der Schüler auf das Internetangebot bieten sich auch für Lehrkräfte, die nicht planen, das Internet im Unterricht direkt einzusetzen, zahlreiche Möglichkeiten. So sind Literaturrecherchen über Internet mittlerweile Standard. Ja, man spart sogar teilweise den Gang in den Buchladen, da viele Werke bereits elektronisch verfügbar sind und direkt heruntergeladen werden können. Für englischsprachige Werke gibt es beispielsweise die Adresse *http://www.cs.cmu.edu/books.html*, unter der über 8000 elektronische Titel im Volltext abgelegt sind. Für deutsche Titel wäre dazu das Projekt Gutenberg (*http://gutenberg.aol.de/gutenb.htm*) empfehlenswert.

Für Lehrerinnen und Lehrer besonders interessant ist jedoch die Möglichkeit, komplett ausgearbeitete Unterrichtsmaterialien herunterzuladen. Auf den

Seiten des Faches Wirtschaftslehre an der Pädagogischen Hochschule Freiburg (*http://www.ph-freiburg.de/wirtschaft*) stehen mittlerweile z.B. Stundenplanungen zu fast allen Lehrplaneinheiten des Faches zur Verfügung. Neben solchen konkreten Planungen finden sich dort auch weitere Materialien, die meist mit geringem Aufwand direkt auf den eigenen Unterricht übertragbar sind.

b) Kritischer Umgang mit Informationen

Sicherlich hat die gerade beschriebene Informationsfülle auch ihre Nachteile. Nicht alle Informationen sind richtig bzw. wichtig. Seiten, die beispielsweise nur dazu genutzt werden, die Photos des letzten Urlaubes dem Rest der Welt zugänglich zu machen, gibt es leider genug. Solche Probleme treten jedoch nicht nur im Internet auf. Sobald man den Fernseher einschaltet oder eine Zeitschrift durchblättert, ist man genauso mit Informationen konfrontiert, deren Informationsgehalt nicht unbedingt überzeugt und dies auch nicht möchte.

Doch selbst dafür kann das Internet als Lehr- und Lernmedium dienen. Denn auf kaum einem anderen Gebiet ist es so leicht, mit den Autoren bestimmter Information Kontakt aufzunehmen. Um vertiefende Informationen anzufordern oder um die Verlässlichkeit der Inhalte zu prüfen, genügt im Internet z.B. das unkomplizierte Senden einer E-Mail. Bereits die Reaktion auf solch einen ersten Kontaktversuch kann äußerst aufschlussreich sein. Schülerinnen und Schüler können so auf unkompliziertem Wege lernen, nicht alle Informationen „einfach hinzunehmen". Dabei ist die Kontaktaufnahmen mit den Autoren nur ein möglicher Weg. Über solche Erkenntnisse durch das Medium Internet ist zu hoffen, dass der Transfer auf andere Medien leicht gelingt, die Schülerinnen und Schüler also sensibilisiert werden, Informationen zu reflektieren.

c) Eigene Informationsproduktion

Neben dem „Konsum" von Informationen bietet das Internet auch eine nahezu einmalige Chance, die eigenen Arbeitsergebnisse zu veröffentlichen. Ein Arbeitsergebnis mit dem eigenen Namen versehen im Internet zu finden, wird sicherlich die Mehrzahl der Schülerinnen und Schüler (und wohl auch der Lehrerinnen und Lehrer) mit Stolz erfüllen und daher die Arbeitsmotivation beträchtlich steigern.

Dies kann zum einen über die Erstellung und Verbreitung einer eigenen „Homepage" erfolgen. Dazu bedarf es nicht gleich eines teuren, schuleigenen Webservers. Es gibt mittlerweile verschiedene Anbieter, die das Veröffentlichen eigener Inhalte kostenlos ermöglichen. Diese Dienste finanzieren sich meist über Werbung (z.B. *http://www.freepages.de*).

Allerdings muss auch nicht jede Lehrerin bzw. jede Klasse zum „Einzelkämpfer" werden. Findet man irgendwo im Internet ein Angebot, das interessant scheint, so lohnt es sich oft, Kontakt mit den Autoren aufzunehmen und eine Mitarbeit anzubieten. Häufig wird man bei solchen Anfragen eher auf Dankbarkeit als auf Ablehnung stoßen.

Ein solches Angebot gilt auch für die Seiten des Faches Wirtschaftslehre an der Pädagogischen Hochschule Freiburg. Wer an einer Mitarbeit interessiert ist, sollte sich eingeladen fühlen, dies auch mitteilen.

d) Neue Formen der Interaktion

Vorstehend wurde eine Form der arbeitsteiligen Interaktion dargestellt. Über das Netz wird es möglich und leicht, dass räumlich getrennte Personen, die eigentlich „am gleichen Strang ziehen", ihre Anstrengungen koordinieren und zusammenlegen können.

Weitere Interaktionen bieten sich durch die Möglichkeit der Partizipation an Mailing-Listen oder Newsgroups. Unter *http://www.liszt.com/* findet sich eine ausführliche Sammlung solcher Einrichtungen.

Neben solchen stark zweckorientierten Interaktionen bieten sogenannte „Chats" die Möglichkeit zu eher sozialer Interaktion. Bei diesem Angebot wird es allen Teilnehmern ermöglicht, zeitgleich miteinander schriftlich - teilweise sogar mit Audio und Videounterstützung- zu kommunizieren. Es ist allerdings ratsam, beim gewählten Chat vor aktiver Teilnahme zunächst passiv zuzuschauen. Dies ist durchaus gängig und solche Beobachter werden *Lurker* genannt. Der Grund für dieses „lurking" ist, dass nicht alle Chats den „persönlichen Geschmack" treffen, bzw. jeder Chat eigene Umgangsformen hat, an die man sich zunächst gewöhnen sollte. Eine Sammlung von vielen verschiedenen Chat-Adressen bietet beispielsweise Yahoo! unter *http://www.yahoo.de/Computer_und_Internet/Internet/Chat/*

e) Subjektiv bedeutungsvolles Handeln durch Authentizität

Es ist bereits mehrfach angeklungen, sei aber seiner Bedeutung wegen nochmals explizit hervorgehoben: Bei Informationen, die aus dem Internet gewonnen werden, handelt es sich immer um authentische Informationen. Dabei ist deren Korrektheit bzw. Relevanz zunächst sekundär. Irgendjemand - und in den meisten Fällen eben kein Lehrer - versucht, eine bestimmte Information weiterzugeben. Damit verlassen die Schüler die sonst dominierende „pädagogisch geschützte" Umgebung. Es ist außerordentlich wichtig, dies den Schülerinnen und Schülern auch bewusst zu machen. Denn nur durch Wissen um diese Situation können die Schüler sich „frei" und ernstgenommen fühlen. Die Ergebnisse ihrer Arbeit sind relativ unabhängig vom Wissen der eigenen Lehrerin oder des eigenen Lehrers, denn diese Ergebnisse konnten ja nicht so umfassend wie sonst von der Lehrperson geplant werden.

Allerdings ergibt sich aus dieser Situation auch eine wesentlich höhere Verantwortung für die Schülerinnen und Schüler. Auch diese Tatsache sollte auf keinen Fall verschwiegen werden. Besitzen die Schülerinnen und Schüler einmal angemessene Fähigkeiten im Umgang mit und der Bewertung von Internetseiten, so kann die Lehrerin oder der Lehrer es durchaus „wagen", die Klasse im Internet relativ selbstständig auf Informationssuche zu schicken. Dies ist ein enorm hoher Anspruch an die Verantwortungsbereitschaft der Klasse für das eigene Lernen.

III. Aktivierende Medien

1. Schriften

Durch den Einsatz unterschiedlicher Schriften kann man auf Arbeitsblättern sehr schöne Effekte erzielen. Für die Schülerinnen und Schüler ist es motivierend, sich einmal auf andere Weise mit bestimmten Begriffen zu befassen.

Die nachfolgend benutzten Schriften können als zusätzliche Schriften nachträglich installiert werden. Sie sind dann wie andere Schriften zu nutzen. Erhältlich sind sie bei Medienwerkstatt, Mühlacker.

Nachfolgendes Beispiel stellt auf verschiedene Arten des Einkommens ab, wobei die zu suchenden Begriffe in einer speziellen Form von **Spiegelschrift** dargestellt werden:

| Arbeitslosengeld | Zahlung eines Zweigs der Sozialversicherung |
| Wohngeld | Unterstützung in einer bestimmten Situation |

Die Technik bei dieser und den folgenden Schriften ist außerordentlich einfach und bequem und funktioniert in den beiden folgenden Schritten:

- In der Textverarbeitung wird der Text markiert, der hervorzuheben ist
- Die gewünschte Schrift wird angeklickt

Eine andere Schrift zum Suchen von bestimmten Wörtern heißt **Box**. Dabei wird jeder Buchstaben als Kästchen gezeigt. Oberlängen und Unterlängen sind sichtbar, ebenfalls der Punkt auf dem Buchstaben *i*. Die gerade erwähnten Beispiele würden dann so aussehen:

| Arbeitslosengeld | Zahlung eines Zweigs der Sozialversicherung |
| Wohngeld | Unterstützung in einer bestimmten Situation |

E| gibt noch eine Reihe weiterer Schriften, die Varianten von Box darstellen und hier nicht dargestellt werden sollen. Besonders nützlich ist jedoch noch die vereinfachte Ausgangsschrift, sodass z.B. Arbeitsblätter oder Folien schnell geschrieben und ausgedruckt werden können.

2. Kreuzworträtsel

Eine aktivierende Funktion, und eine Nützlichkeit zur Erstellung von Arbeitsblättern und Folien kann auch bei dem Programm **CWC** erkannt werden. Mit CWC lassen **Kreuzworträtsel** am Computer selbst erstellen.

Auch Schülerinnen und Schüler sind sehr begeistert davon, sich selbst Lösungen auszudenken, dann die Umschreibungen zu formulieren und die fertigen Rätsel untereinander auszutauschen.

Weiter könnte das Kreuzworträtsel bei der Einführung eines Themas verwendet werden. Natürlich müssten dabei die Umschreibungen ausführlich und leicht verständlich sein.

Schließlich kann das Kreuzworträtsel auch als eine Abwechslung bei der Erfolgskontrolle verwendet werden.

CWC ist Shareware und kann auf mehreren Servern abgerufen werden, auch bei folgender Adresse:

www.ph-freiburg.de/wirtschaft/crossw.htm

Hier findet man auch eine genaue Anleitung zur Nutzung des Programms. Bemerkenswert ist, dass es auch die Verarbeitung der Umlaute ä, ö oder ü erlaubt, nur der Buchstabe ß ist nicht darstellbar.

Im einzelnen ist bei der Benutzung von CWC folgendermaßen zu verfahren:

Programmstart
- Eingabe im DOS-Fenster: *cwc* gefolgt von ENTER

Eingabe der Wörter, die später zu suchen sind
- Klicken im Edit-Menü auf *Edit Bank*
- Ende der Eingaben durch Klicken auf *OK*
- Klicken im Edit-Menü auf *Autoplace*
- Klicken auf *across*
- Verlassen des Menüs durch Klick auf *Cancel*
- Klicken im Menü Edit auf *Edit Clues*
- *Eingabe* der Umschreibungen der zu suchenden Wörter

Ausdruck
- Klick auf *Options* und *Printer* (Druckerwahl)
- Klick im Menü File auf *Print*

Dabei sind folgende Optionen möglich

Puzzle and Clues	Rätsel und Umschreibungen werden gedruckt
Solution	Druck des ausgefüllten Rätsels
Puzzle only	Druck des leeren Gitters zur Lösung
Clues only	Druck der Lösungen
Proof Sheet	Druck des Rätsels und der jeweiligen Ziffern
Word List	Druck der Wörter

3. Buchstabensalat

Bei diesem Programm geht es darum, dass die Schülerinnen und Schüler bestimmte Wörter in einem Gewirr von Buchstaben suchen.

Es wurde von Werner Nagel erstellt und kann als Shareware bei folgender Adresse abgerufen werden:

www.wn-learnware.de

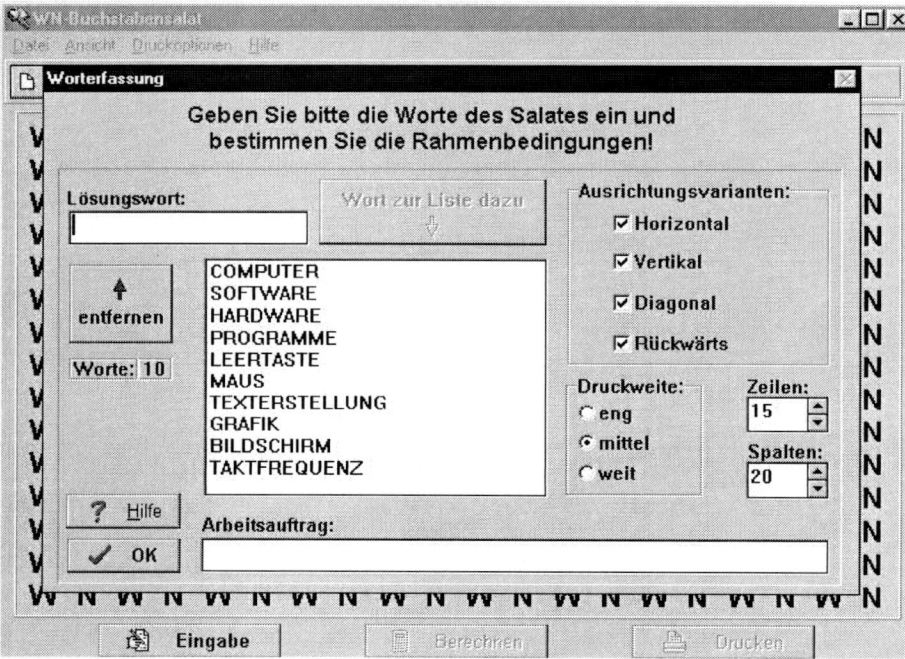

Der abgebildete Bildschirm zeigt, dass zehn Wörter eingegeben wurden. Die Richtung der Wörter kann man festlegen, hier wurden alle Möglichkeiten, nämlich horizontaler, vertikaler, diagonaler Verlauf sowie die Darstellung rückwärts gewählt.

Nach der Eingabe aller Wörter klickt man auf OK und das Programm verarbeitet die gewählten Wörter zu einem Buchstabensalat.

Dieser Bildschirm zeigt, in welcher Weise die Wörter im Buchstabensalat versteckt wurden:

Nachdem der Buchstabensalat erstellt wurde, lässt sich das Rätsel in verschiedenen Größen ausdrucken. Gewählt werden kann auch, ob der Buchstabensalat in ein Linien-Gitter eingebettet werden soll. Dies erleichtert das Wiederfinden der Wörter. Selbstverständlich lässt sich auch die Lösung des Rätsels ausdrucken. Diese kann beispielsweise auf eine Folie kopiert und den Schülern zur Selbstkontrolle dargeboten werden.

Das Programm kann in vielfältiger Weise verwendet werden, z.B. im Rahmen einer Erfolgskontrolle oder zur Erstellung von Freiarbeitsmaterial.

Denkbar ist auch ein Einsatz als Übung, z.B. wenn sich die Schülerinnen und Schüler gegenseitig ein Rätsel stellen, die Begriffe selbst ausdenken und die Rätsel austauschen.

IV. Übungen

1. Multiple Choice

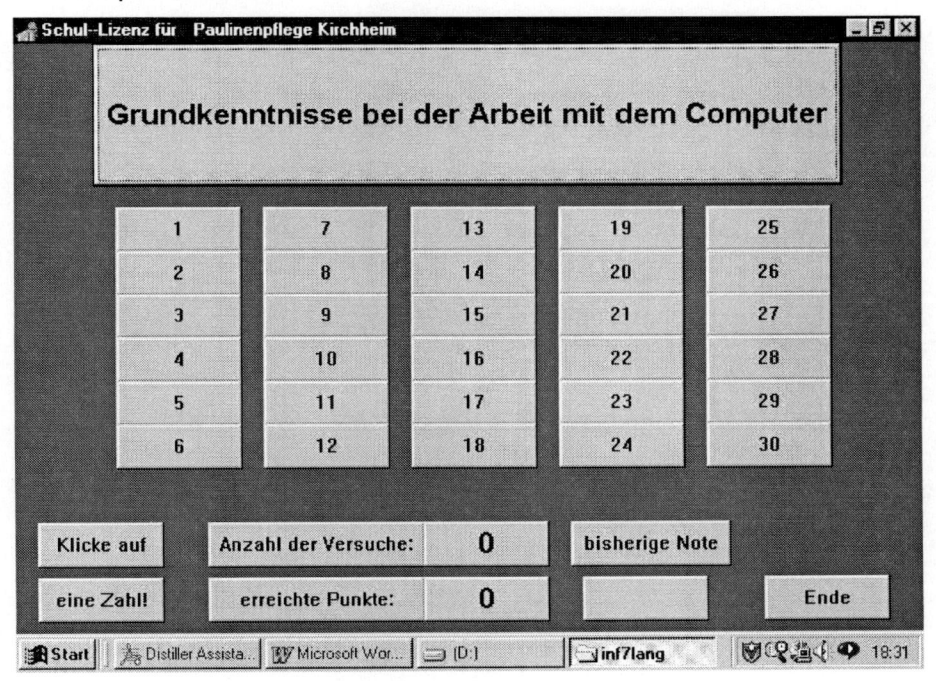

[Screenshot: Schul-Lizenz für Paulinenpflege Kirchheim – "Grundkenntnisse bei der Arbeit mit dem Computer" mit nummerierten Schaltflächen 1–30, Feldern "Klicke auf eine Zahl!", "Anzahl der Versuche: 0", "erreichte Punkte: 0", "bisherige Note" und "Ende".]

Das Programm für simples Abfragen von Kenntnissen heißt INF7. Es wurde von Siegfried Geisenberger erstellt und ist beim Wirtschaftslehre-Club erhältlich, worüber man sich bei folgender Adresse informieren kann:

www.sg-wirtschaft.de

Das Programm INF7 läuft unter Windows und wird wie folgt gestartet:

- Im Windows „*START*" Menü „*Ausführen*" anklicken.
- „*INF7*" bzw. „*a:\inf7*" eintippen.

Bei diesem Programm handelt es sich um einen Test, der die wesentlichen Kenntnisse bei der Arbeit mit Texten und Tabellenkalkulation des Programms Works für Windows in einführendem Rahmen (etwa Klasse 7) überprüft. Außerdem werden grundlegende Kenntnisse zur Hardware und Software des PC getestet.

Der vorher gezeigte zentrale Bildschirm ist für jede Frage anzuklicken. Nach jeder beantworteten Frage kehrt man zu ihm zurück und sieht sogleich die laufende Bewertung. Diese ist etwas ungewöhnlich, weil am Anfang ja noch keine Fehler gemacht wurden und daher die Note 1,0 angezeigt wird.

Werden die folgenden Fragen auch richtig beantwortet, dann bleibt es bei 1,0. Treten jedoch Fehler auf, dann zeigt das Programm die entsprechend schlechtere Note.

Bei den Tests haben sich manche Schülerinnen und Schüler darüber beklagt, dass die vorhandene Note nicht mehr verbessert werden kann. Hier ist auf die benutzte Technik zu verweisen: Wenn Fehler gemacht wurden, dann ist die Note schlechter und kann nur noch gehalten werden.

Das Programm INF7 erhebt keine Ansprüche auf Originalität und anspruchsvolle Formen des Lernens. Es wurde für eine siebte Klasse entwickelt, quasi als Belohnung, nachdem die Inhalte im Unterricht erarbeitet wurde.

Wichtig ist uns jedoch, dass auf diese Weise genau die Fragen und Probleme angesprochen werden können, die im Unterricht behandelt wurden

Nachfolgender Bildschirm zeigt die benutzte Technik, hier an einem Beispiel aus der Textverarbeitung:

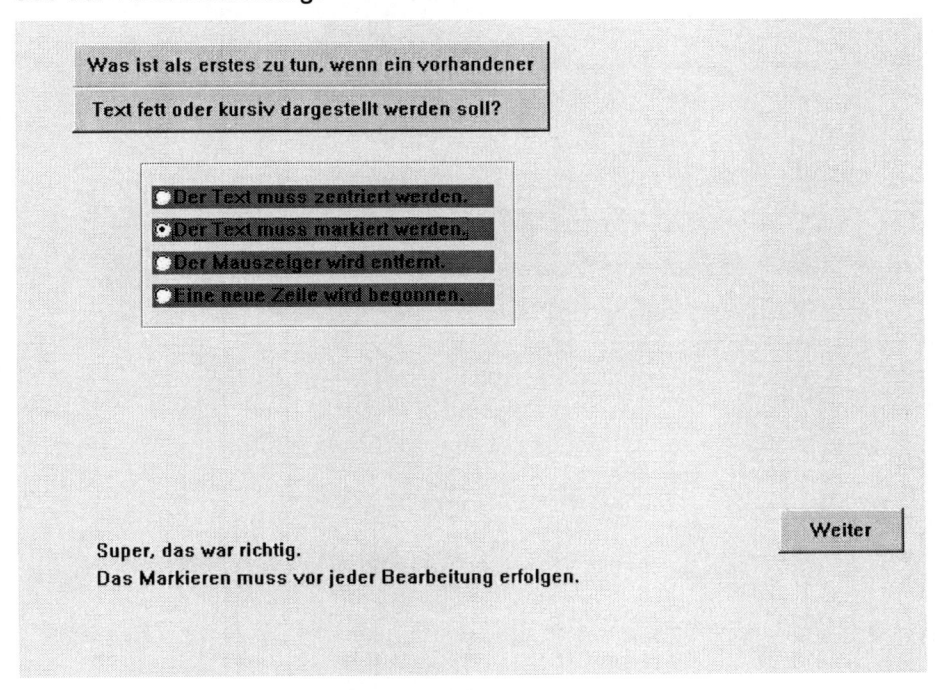

> **Was ist als erstes zu tun, wenn ein vorhandener Text fett oder kursiv dargestellt werden soll?**
>
> - Der Text muss zentriert werden.
> - ● Der Text muss markiert werden.
> - Der Mauszeiger wird entfernt.
> - Eine neue Zeile wird begonnen.
>
> Super, das war richtig.
> Das Markieren muss vor jeder Bearbeitung erfolgen.
>
> [Weiter]

Hier wurde die richtige Antwort angeklickt. Dies wird bestätigt und mit einem kurzen Kommentar versehen.

Man sieht auch, dass die Fragen nicht ganz leicht zu beantworten sind. Es wird vorausgesetzt, dass der Informatikunterricht in Klasse 7 schon durchgeführt wurde.

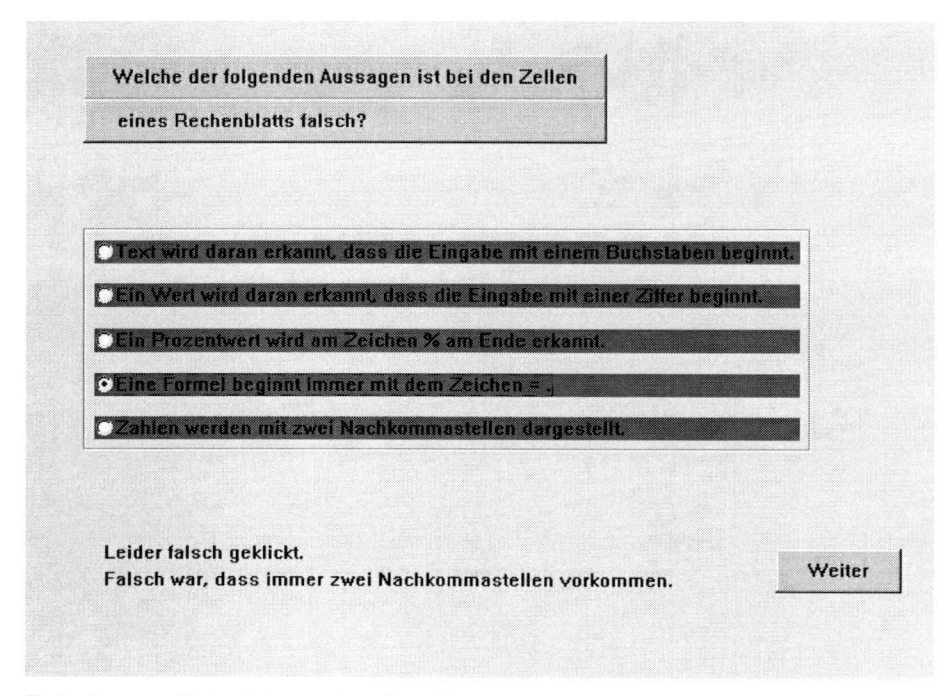

> **Welche der folgenden Aussagen ist bei den Zellen eines Rechenblatts falsch?**
>
> ○ Text wird daran erkannt, dass die Eingabe mit einem Buchstaben beginnt.
> ○ Ein Wert wird daran erkannt, dass die Eingabe mit einer Ziffer beginnt.
> ○ Ein Prozentwert wird am Zeichen % am Ende erkannt.
> ● Eine Formel beginnt immer mit dem Zeichen = .
> ○ Zahlen werden mit zwei Nachkommastellen dargestellt.
>
> Leider falsch geklickt.
> Falsch war, dass immer zwei Nachkommastellen vorkommen.
>
> [Weiter]

Bei diesem Beispiel wurde eine Frage zur Hardware gestellt. Man sieht, dass sie falsch beantwortet wurde. In diesem Fall wird sogleich auf die falsche Antwort hingewiesen, verbunden mit einem kurzen Hinweis auf die richtige Antwort.

Insgesamt handelt es sich demnach bei INF7 um einen einfachen Test mit Mehrfachwahl-Antworten. Er könnte natürlich auch in traditioneller Weise durchgeführt werden. Die bisherigen Erfahrungen haben jedoch gezeigt, dass die Schülerinnen und Schüler sehr gerne auch einmal einen derartigen Test durchführen.

Soll das Ergebnis festgehalten werden, dann kann mit folgendem Verfahren der gesamte Bildschirm ausgedruckt werden:

- Nach Beantwortung aller Fragen wird durch Tippen der Taste **Drucken** der Bildschirm in die Zwischenablage übernommen.
- Anschließend wird das Programm INF7 beendet.
- Nun wird z. B. in WORD eine Textdatei neu begonnen.
- Durch Klicken auf Bearbeiten und Einfügen wird der Bildschirm übernommen.
- Abschließend kann der Bildschirm mit dem Ergebnis ausgedruckt werden.

2. Multiple Choice für zwei Schülerinnen und Schüler

Das Programm SOZ3 läuft unter Windows. Es kann als Download beim Wirtschaftslehre-Club bezogen werden unter folgender Adresse:

www.sg-wirtschaft.de

> **Start unter Windows:**
> - Im Windows „*START*" Menü „*Ausführen*" anklicken.
> - „*SOZ3*" bzw. „*a:\soz3*" eintippen.

Das Programm setzt voraus, dass die Gesetzliche Krankenversicherung im Unterricht schon behandelt wurde und stellt im wesentlichen eine locker gemachte Wiederholung dar.

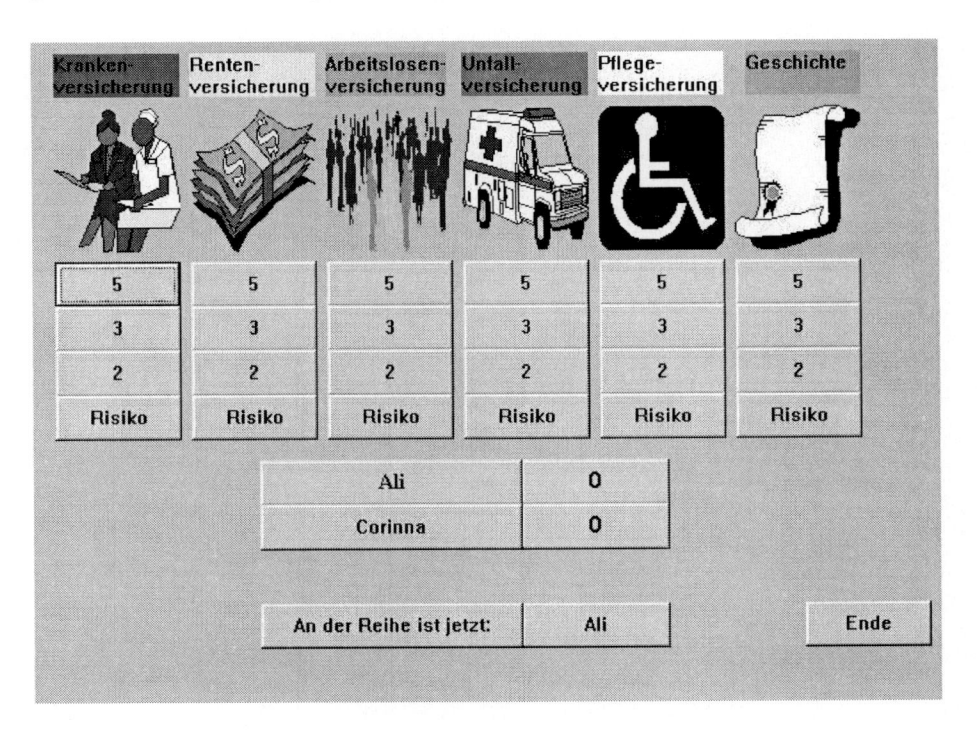

Die Auflockerung erfolgt vor allem dadurch, dass jeweils zwei Schülerinnen und Schüler an dem Programm abwechselnd arbeiten. Es kommt so schnell zu einem Wettspiel.

Der Gedanke des Wettspiels wird dadurch verstärkt, dass Fragen mit unterschiedlichem Schwierigkeitsgrad abgerufen werden können. Dabei ist die Zahl der erreichbaren Punkte unterschiedlich zwischen zwei, drei und fünf.

Fragen unter dem Punkt „Risiko" ermöglichen den Erwerb von zehn Punkten. Allerdings gibt es bei falscher Antwort andererseits einen Abzug von fünf Punkten.

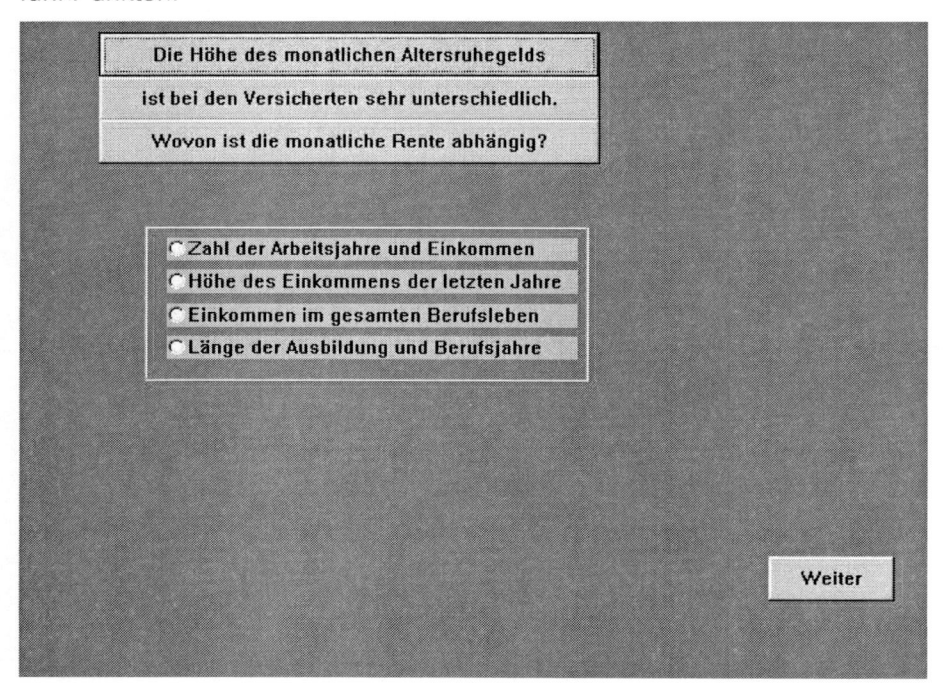

Der Aufbau der Fragen erfolgt nach der Mehrfachwahl-Antwort, wie der vorstehende Bildschirm zeigt. Sowohl richtige wie auch falsche Antworten werden sogleich kommentiert und die richtige Antwort in jedem Fall hinzugefügt.

Das vorstehende Beispiel zeigt ebenfalls, dass es bei diesem Programm ziemlich schwierige Fragen gibt. Vor allem wird auch die Technik der „teilweisen Richtigkeit" benutzt. So ist im Beispiel zwar die Höhe der Rente **auch** von der Länge der Ausbildung und den Berufsjahren abhängig. Dennoch wäre die Antwort falsch, weil es auf die Zahl der Jahre **und** das Einkommen ankommt.

Im einzelnen ergeben sich natürlich - wie immer bei Multiple Choice - Probleme der eindeutigen Definition und Interpretation. Von Fall zu Fall sind daher zusätzliche Hilfen für die Schülerinnen und Schüler zu erwägen.

3. Multiple Choice und Kurzantwort

Bei diesem Übungsprogramm zum Thema Produktion und Entlohnung verlangen die Aufgaben nicht nur einen Klick, vielmehr ist hin und wieder auch die Eingabe einer Kurzantwort erforderlich. Dabei wird die Rechtschreibung genau überprüft.

MK8-3 ist als Download beim Wirtschaftslehre-Club erhältlich, worüber folgende Adresse Auskunft gibt:

www.sg-wirtschaft.de

Nach dem Start des Programms erscheint folgender Bildschirm:

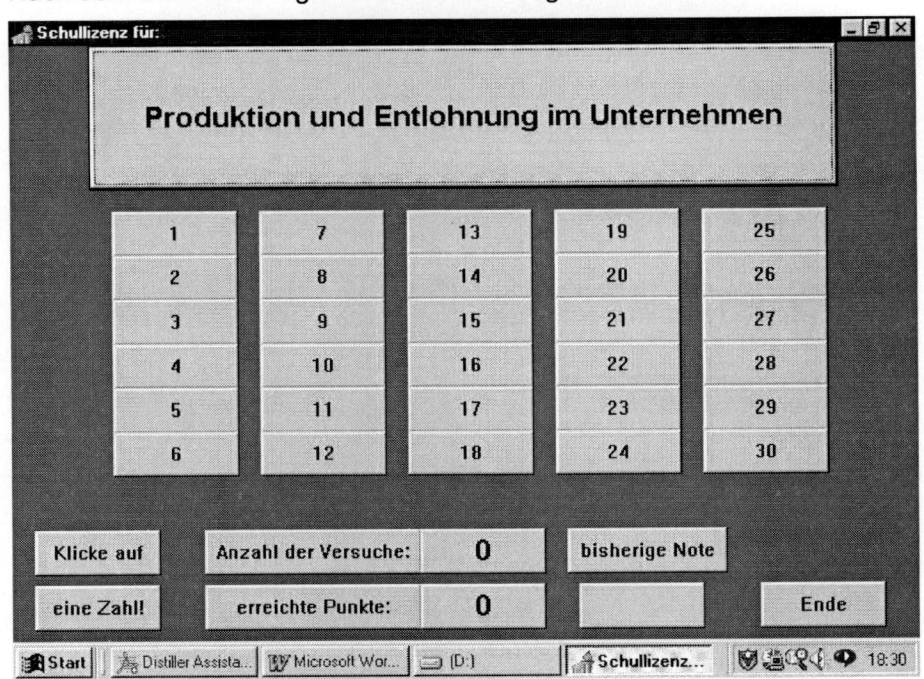

Wird ein bestimmter Button angeklickt, so wird eine Frage gestellt, z.B. wie folgt:

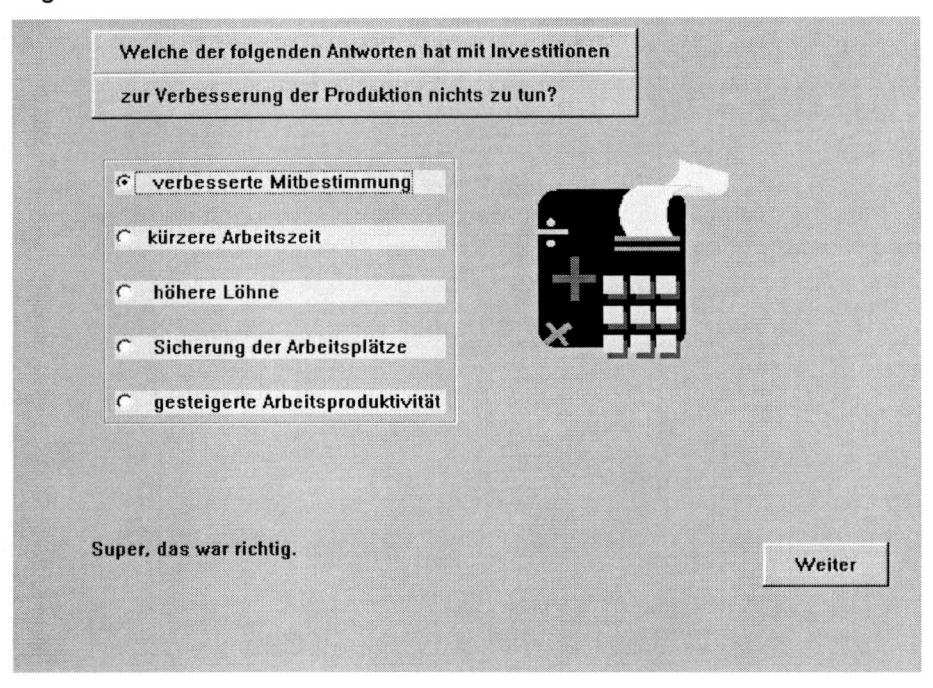

> **Welche der folgenden Antworten hat mit Investitionen zur Verbesserung der Produktion nichts zu tun?**
>
> ⦿ verbesserte Mitbestimmung
> ○ kürzere Arbeitszeit
> ○ höhere Löhne
> ○ Sicherung der Arbeitsplätze
> ○ gesteigerte Arbeitsproduktivität
>
> Super, das war richtig.
>
> [Weiter]

Das Beispiel zeigt eine Antwort, die durch richtiges Klicken gegeben wurde. Jede Antwort wird mit einem entsprechenden Kommentar begleitet.

Fragen mit Kurzantwort können beispielsweise wie folgt aussehen:

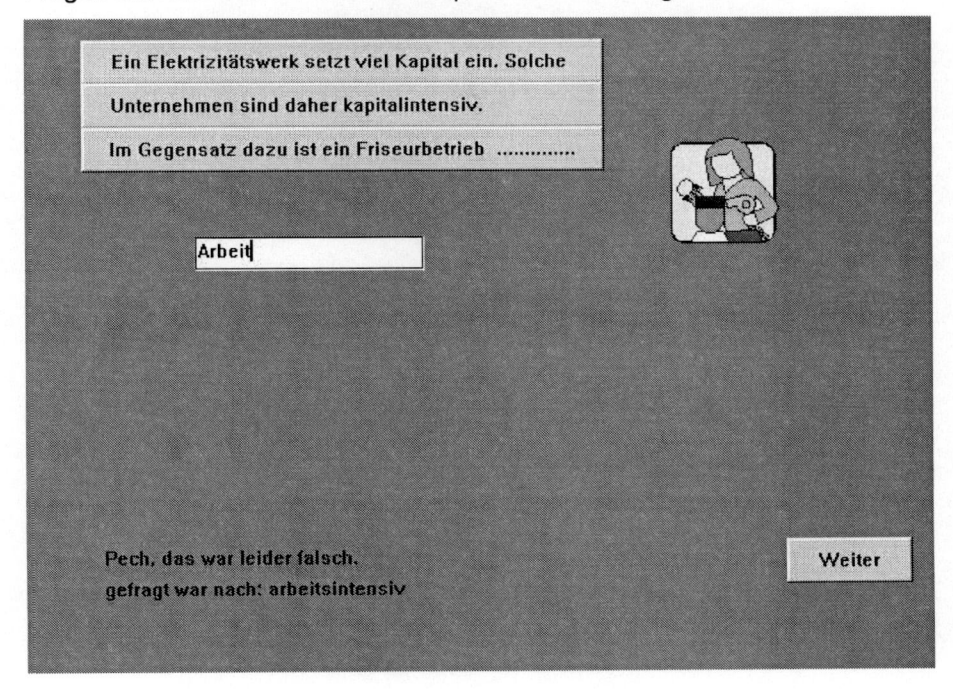

> Ein Elektrizitätswerk setzt viel Kapital ein. Solche
> Unternehmen sind daher kapitalintensiv.
> Im Gegensatz dazu ist ein Friseurbetrieb ....
>
> Arbeit
>
> Pech, das war leider falsch.
> gefragt war nach: arbeitsintensiv
>
> Weiter

Man sieht, dass hier nicht die richtige Antwort „arbeitsintensiv" eingegeben wurde. Das Programm ist hier sehr „penibel" und akzeptiert keine Antworten, die nur ungefähr richtig sind.

Sind alle Fragen beantwortet, so kann mit der vorher erwähnten Technik das Ergebnis ausgedruckt werden.

V. Testen mit „WN-Learning Assistant"

1. Ein Instrument zur Testerstellung

Es ist auch im Wirtschaftslehreunterricht unvermeidlich, regelmäßig einen schriftlichen Test durchzuführen. Dieser Test könnte auch einmal am PC durchgeführt werden. Es wäre für die Schülerinnen und Schüler eine Abwechslung und das Programm WN-Learning Assistant bietet die Möglichkeit, den Test genau auf den Unterricht abzustimmen.

WN-Learning Assistant ist als Shareware bei folgender Adresse erhältlich:

www.wn-learnware.de

Das Programm läuft unter Windows und kann nach korrekter Installation über ein Symbol aufgerufen werden.

Es kann zum Üben, Wiederholen und Testen verwendet werden, wobei zwei Eigenschaften hervorzuheben sind:

Zum einen kann das Üben oder Testen mit fünf unterschiedlichen Techniken durchgeführt werden:

- Raten von Buchstaben, um ein bestimmtes Wort zu finden
- Mehrfachwahl-Aufgaben
- Silbenrätsel
- Tabellenergänzung
- Lückentext.

Die Besonderheit und außerordentliche Nützlichkeit des Programms besteht zudem in folgendem:

Aufgaben und Lösungen sind nicht starr vorgegeben, vielmehr können Lehrerinnen und Lehrer mit einem beiliegenden Editor in einfacher Weise eigene Aufgaben und Lösungen eingeben. Man kann also für den eigenen Unterricht auch eigene Übungen oder Tests erstellen.

Daher ist das Programm außerordentlich flexibel und kann zu jedem Thema (und auch in anderen Fächern) eingesetzt werden.

Im folgenden wird die Eingabe der Aufgaben und Lösungen mit dem Editor für die einzelnen Module des Lernprogramms näher beschrieben.

Nachstehend wird der zentrale Bildschirm gezeigt:

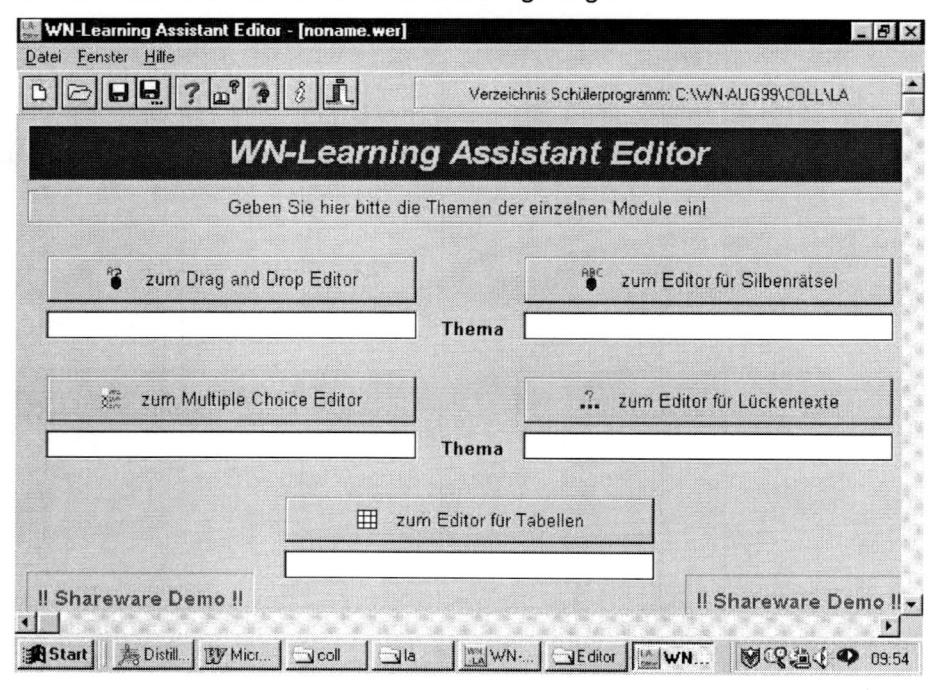

Man sieht, dass die fünf Teile oder Module des Programms angeklickt werden können.

Beim Erstellen der **Aufgaben für das Silbenrätsel** müssen Lehrerinnen und Lehrer folgende Eingaben pro Aufgabe vornehmen:

- gesuchter Lösungsbegriff
- Umschreibung des Begriffs
- die einzelnen Silben des Begriffs
- die Lösungszeit

Im Zweifelsfall sollte man bei der Lösungszeit großzügig sein, um unnötige Hetze zu vermeiden.

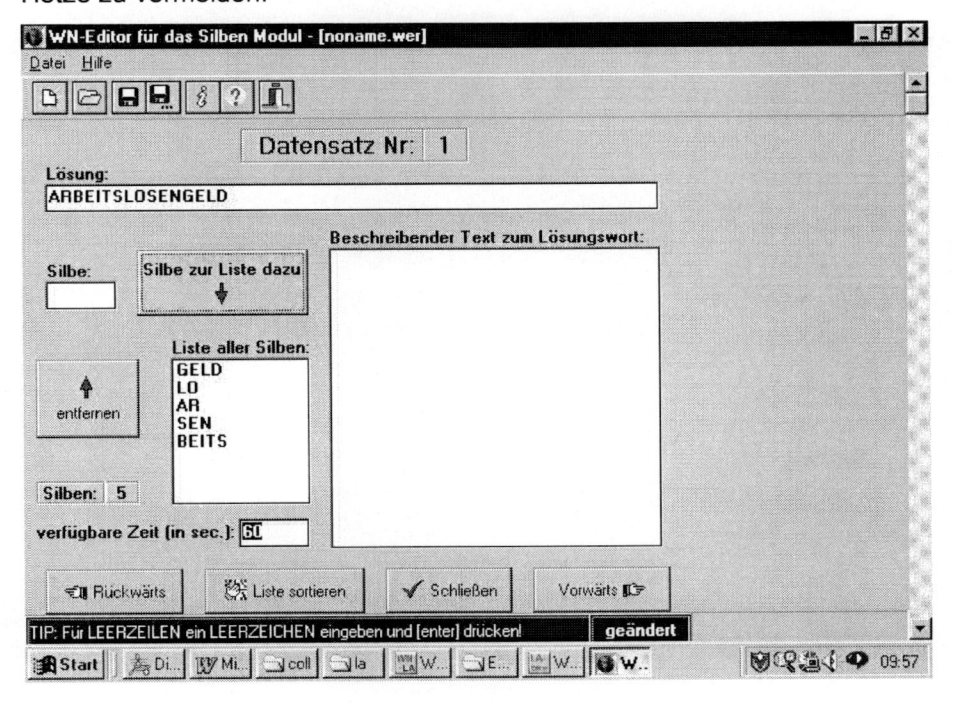

Man gibt in der Maske das Lösungswort ein, danach die Silben und die verfügbare Zeit in Sekunden.

Durch Klicken auf „Vorwärts" gelangt man zur nächsten Aufgabe, bis alle acht Aufgaben eingegeben sind.

Bei den Aufgaben für das **Multiple Choice Modul** ist folgendes einzugeben:
- Frage (Stamm)
- jeweils vier Lösungsmöglichkeiten pro Frage
- Markieren der richtigen Antwort, wobei es auch mehrere geben kann.

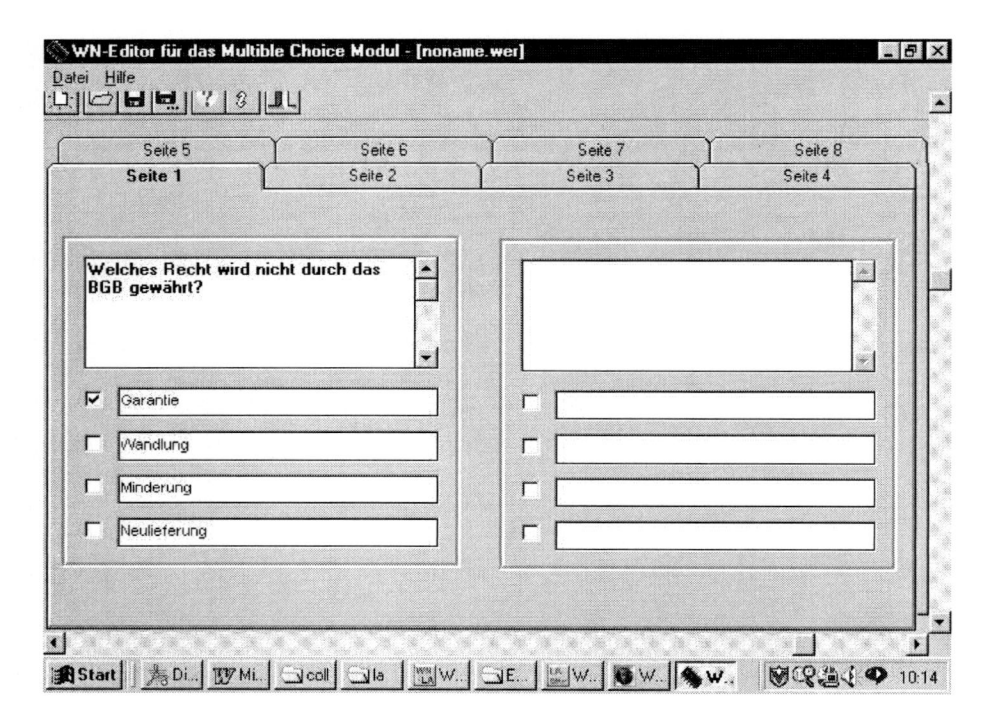

Man gibt also in die jeweiligen Boxen den Text ein und klickt die eine oder auch mehrere richtige Lösungen an.

Das Erraten von Wörtern aus dem Unterricht durch **Auswahl von Buchstaben** mit der Drag and Drop Technik wird durch folgenden Bildschirm generiert:

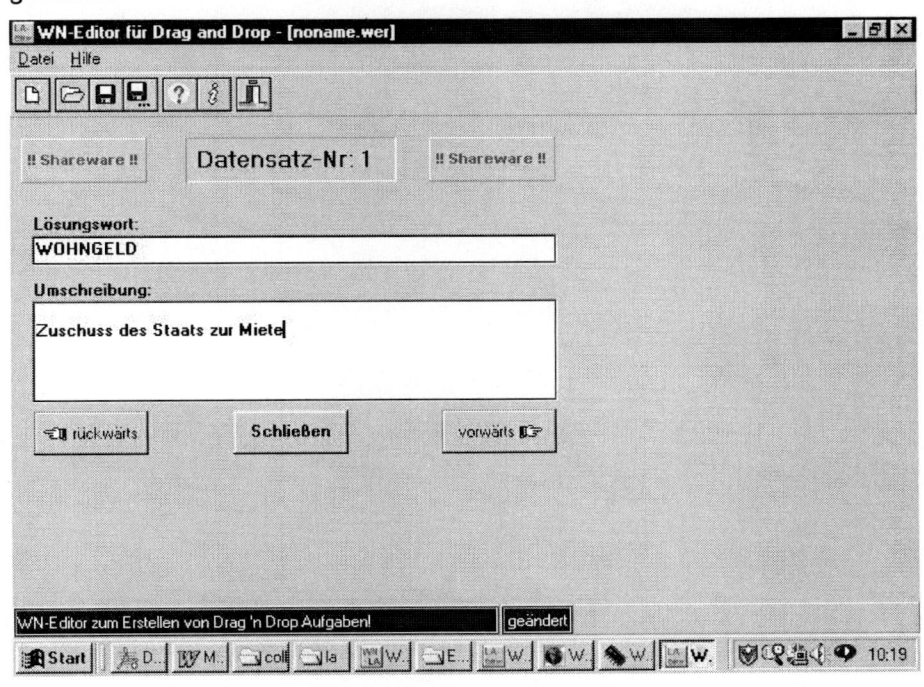

[Screenshot: WN-Editor für Drag and Drop - [noname.wer]
Datensatz-Nr: 1
Lösungswort: WOHNGELD
Umschreibung: Zuschuss des Staats zur Miete
Buttons: rückwärts, Schließen, vorwärts
Statuszeile: WN-Editor zum Erstellen von Drag 'n Drop Aufgaben! geändert]

Hier müssen Lehrerinnen und Lehrer nur den gesuchten Begriff sowie die zugehörige Beschreibung eingeben. Der Editor formatiert die Aufgaben selbständig für die Verwendung im Lernprogramm.

Bei der Bestimmung der zu suchenden Wörter sollte man darauf achten, dass sie aus mindestens vier, besser mehr, Buchstaben bestehen. Sonst könnte es passieren, dass der Computer durch eine entsprechende Zahl an Tipps die Aufgabe selbst löst.

Der nächste Bildschirm zeigt die **Vorbereitungen für den Lückentext:**

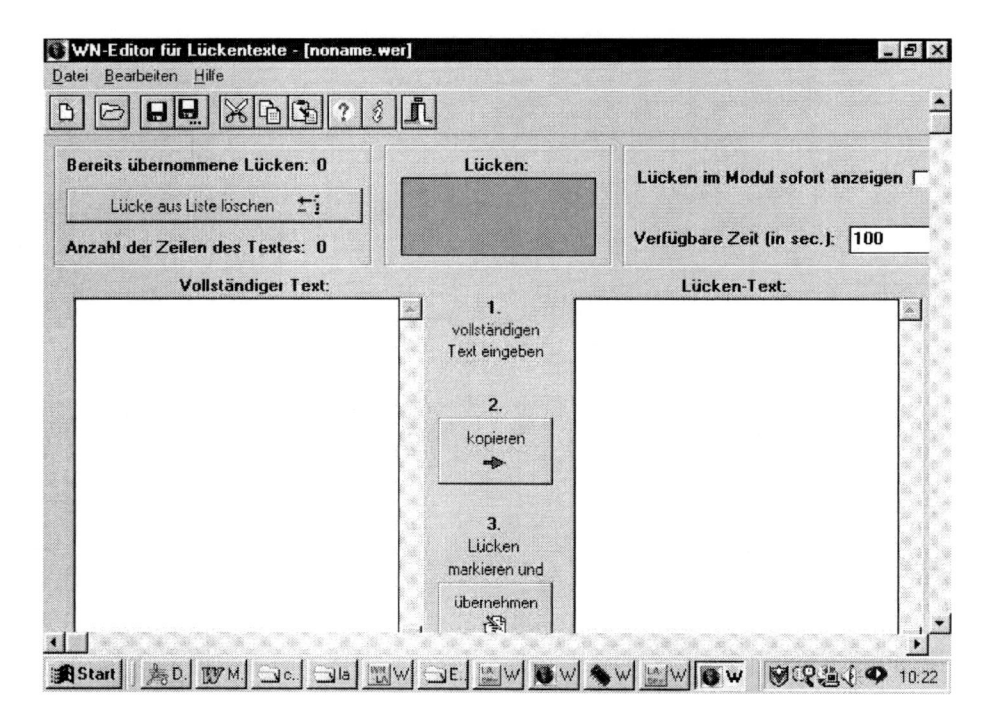

Hier wird in der linken Box zunächst der gesamte Text eingegeben (1).

Danach klickt man auf „*kopieren*" (2), sodass der gleiche Text in der rechten Box steht.

Schließlich werden die ausgewählten Lücken *markiert und übernommen* (3).

Das **Tabellen-Modul** wird nach folgender Technik erstellt:

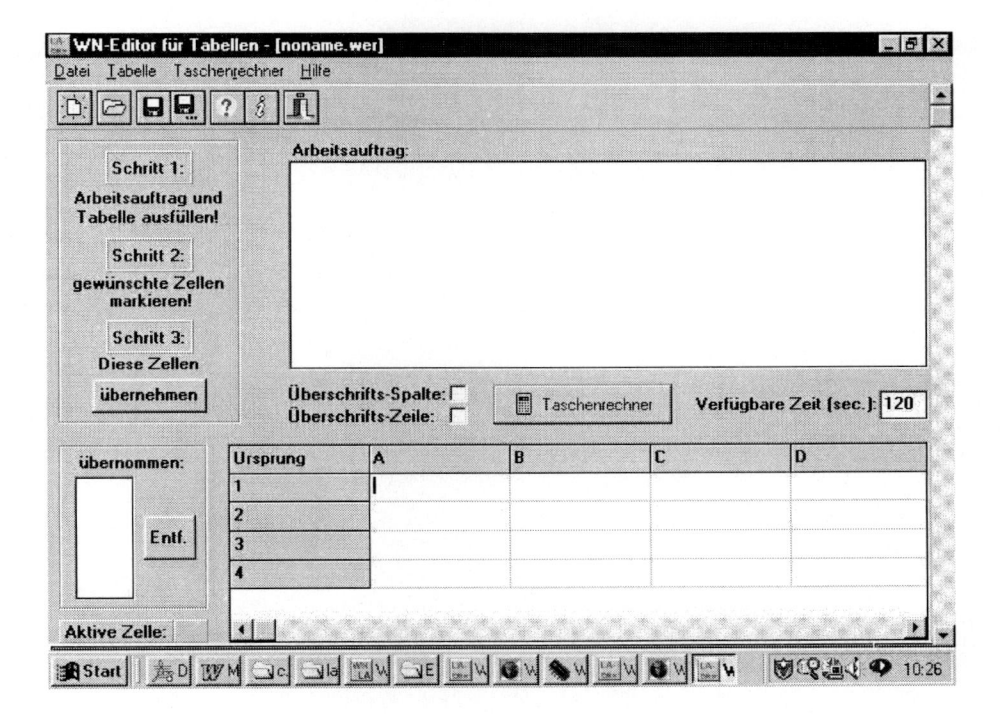

Neben einem Arbeitsauftrag, also der Aufgabenstellung, wird von der Lehrerin / dem Lehrer eine Tabelle erstellt.

In der Tabelle werden die Zellen markiert, die später im Lernprogramm von den Schülerinnen und Schülern ausgefüllt werden sollen.

In die Tabelle können sowohl Zahlen als auch Worte bzw. Buchstaben eingegeben werden.

2. Test zum Thema „Produkte kommen auf den Markt"

a) Vorbemerkungen

Im folgenden soll die Art der Übungen an Beispielen der o. e. Lehrplaneinheit erläutert werden. Der Test nutzt das Lernprogramm WN-Learning Assistant. Der lauffähige Test kann vom Wirtschaftslehre-Club bezogen werden. Infos dazu erhalten Sie bei folgender Adresse:

www.sg-wirtschaft.de

Die Begrüßung der Schülerinnen und Schüler zum Test zeigt folgender zentraler Bildschirm:

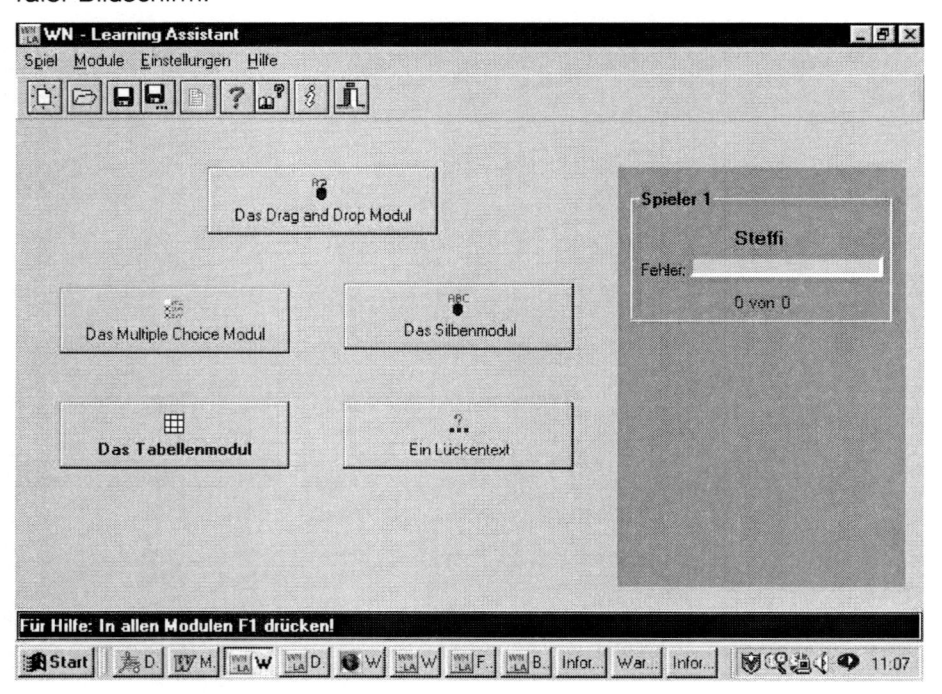

Hier können die Schülerinnen und Schüler entscheiden, welches Modul als nächstes bearbeitet werden soll.

b) Finden von Begriffen durch Drag and Drop

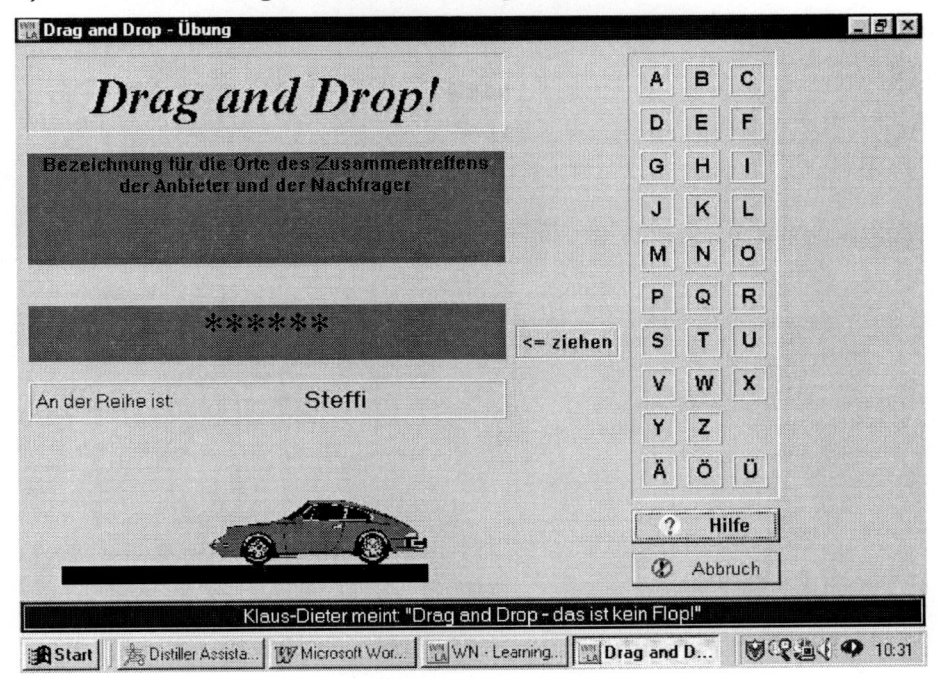

Die Aufgabe für die Schülerinnen und Schüler besteht hier darin, die Buchstaben von der Aufstellung rechts auf das rote Feld mit den Sternchen (*) zu ziehen.

Kommt der Buchstabe in dem Wort vor, so wird er an der richtigen Stelle gezeigt. Tritt er mehrmals in dem Wort auf, so wird der Buchstabe auch mehrmals angezeigt.

Auf diese Weise wird das gesuchte Wort auf jeden Fall gefunden. Allerdings zählt das Programm die Zahl der Versuche und nimmt zum Schluss auch eine Bewertung vor.

Bei jedem Spieler stellt das Programm eine Auswahl von vier Wörtern zufällig aus den eingegebenen acht Wörtern zusammen.

Für den Test hier wurden folgende Lösungswörter und Umschreibungen gewählt:

MÄRKTE

Bezeichnung für die Orte des Zusammentreffens der Anbieter und Nachfrager

MARKTERKUNDUNG

Bezeichnung für das Sammeln von Informationen über Preis und Qualität der Ware, umweltschonende Herstellung und spätere Entsorgung

MARKTFORSCHUNG

Aktivitäten der Unternehmen zur Erforschung der Absatzchancen neuer Produkte

ZIELGRUPPE

Befragungen über neue Produkte stellen oft auf Leute mit bestimmten Merkmalen ab. Wie nennt man solche Leute?

PROBIERTEST

Bei manchen Produkten kann man bei einer Befragung ein wenig vom Produkt essen. Wie nennt man dieses Vorgehen?

VERKAUFSGESPRÄCH

Bezeichnung für die häufigste Kaufsituation

VERBRAUCHERZENTRALE

Einrichtung mit wichtigen Hilfen für die Verbraucherinnen und Verbraucher

UMWELTFREUNDLICH

Eigenschaft von Produkten, die in den letzten Jahren beim Einkauf immer wichtiger geworden ist

c) Silbenrätsel

Den Schülerinnen und Schülern zeigt das Programm folgenden Bildschirm:

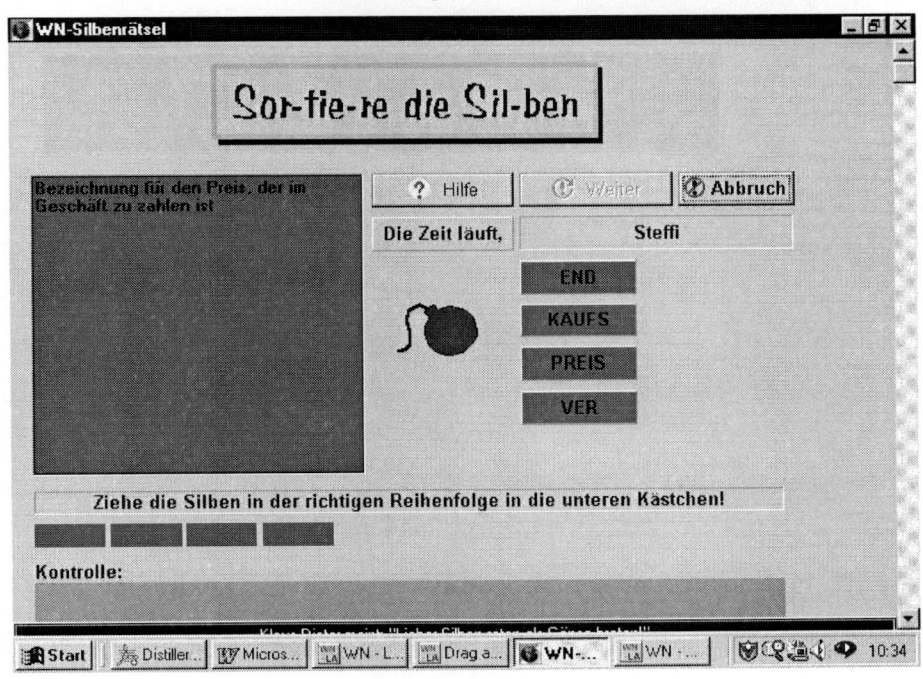

[Screenshot: WN-Silbenrätsel – "Sor-tie-re die Sil-ben". Bezeichnung für den Preis, der im Geschäft zu zahlen ist. Schaltflächen: Hilfe, Weiter, Abbruch. Die Zeit läuft, Steffi. Silben: END, KAUFS, PREIS, VER. Anweisung: Ziehe die Silben in der richtigen Reihenfolge in die unteren Kästchen! Kontrolle:]

Die Silben müssen in der richtigen Reihenfolge in die unteren Kästchen gezogen werden.

Auf der folgenden Seite werden die Silbenrätsel aus dem Test abgebildet. Dabei wird erst die Lösung angegeben, dann die Umschreibung und rechts die Silben, die durch das Programm angezeigt werden.

ZUTATENVERZEICHNIS gesetzlich vorgeschriebene Angaben über den Inhalt einer Lebensmittelpackung	NIS TA TEN VER ZEICH ZU
ENDVERKAUFSPREIS Bezeichnung für den Preis, der im Geschäft zu zahlen ist	END KAUFS PREIS VER
AUTOMATENKAUF Kauf, bei dem kein einziges Wort gesprochen werden muss	AU KAUF MA TEN TO
ANGEBOTSSITUATIONEN Bezeichnung für verschiedene Märkte in der Wirtschaft	AN BOTS GE NEN SI TIO TUA
INFORMATIONSMÖGLICHKEITEN Gelegenheiten für das Einholen wichtiger Kenntnisse für die Käufe der Verbraucher	FOR IN KEI LICH MA MÖG TEN TIONS
UMWELTBEWUSSTSEIN wichtiger Grund für neue Produkte	BE SEIN UM WELT WUSST
LEBENSMITTELÜBERWACHUNG Kontrollen in Betrieben zum Schutz der Verbraucher	BENS BER CHUNG LE MIT TEL Ü WA
MARKTKOMPETENZ wichtiges Ziel des Unterrichts über das Verbraucherverhalten	KOM TENZ MARKT PE

d) Multiple Choice Aufgaben

Bei der Lösung dieser Aufgaben sehen die Schülerinnen und Schüler folgenden Schirm:

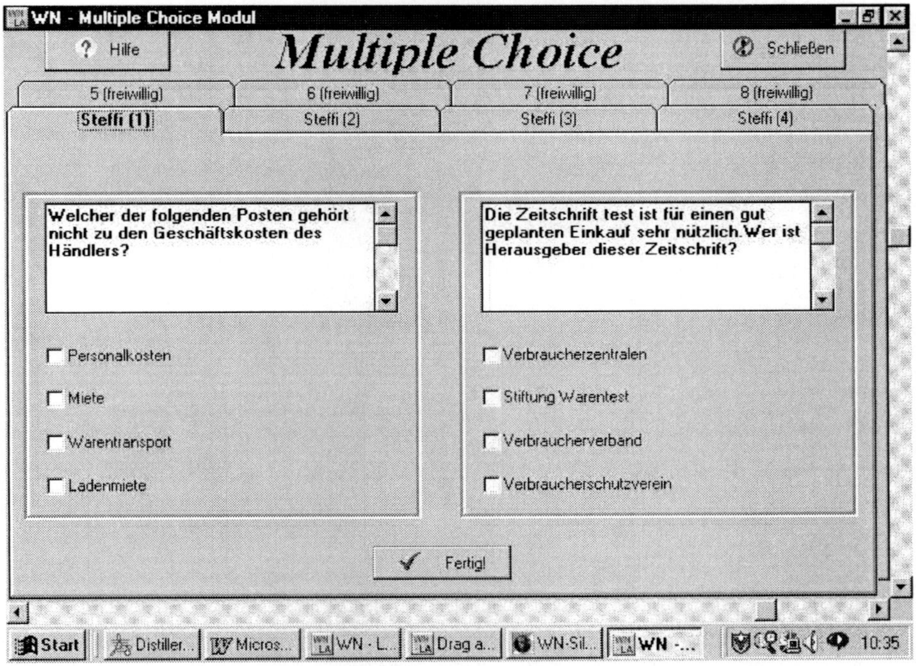
WN - Multiple Choice Modul
Hilfe
Multiple Choice
Schließen
5 (freiwillig)
6 (freiwillig)
7 (freiwillig)
8 (freiwillig)
Steffi (1)
Steffi (2)
Steffi (3)
Steffi (4)
Welcher der folgenden Posten gehört nicht zu den Geschäftskosten des Händlers?
Personalkosten
Miete
Warentransport
Ladenmiete
Die Zeitschrift test ist für einen gut geplanten Einkauf sehr nützlich.Wer ist Herausgeber dieser Zeitschrift?
Verbraucherzentralen
Stiftung Warentest
Verbraucherverband
Verbraucherschutzverein
Fertig!
Start
10:35

Von den gezeigten Seiten sind vier als Pflichtaufgabe zu bearbeiten, d. h. es muss auf die richtige Antwort geklickt werden. Die anderen Aufgaben sind freiwillig. Im einzelnen geht es immer um acht Aufgaben, die aus den folgenden 16 vom Programm zufällig zusammen gestellt werden.

Wir zeigen die Multiple Choice Aufgaben des Tests zum Thema „Produkte kommen auf den Markt“ auf den folgenden Seiten.

Bei Mängeln der Produkte hat man durch Gesetz folgende Rechte zur Wahl: (x) Neulieferung (x) Preisnachlass (x) Rückgabe der Ware ( ) Reparatur der Ware	Bezeichnung für die Berechnung des Verkaufspreises im Einzelhandel (x) Kalkulation ( ) Abrechnung ( ) Bilanzierung ( ) Zusammenstellung
Welcher der folgenden Posten gehört nicht zu den Geschäftskosten des Händlers? ( ) Personalkosten ( ) Miete (x) Warentransport ( ) Ladenmiete	Die Zeitschrift „test" ist für einen gut geplanten Einkauf sehr nützlich. Wer ist Herausgeber dieser Zeitschrift? ( ) Verbraucherzentralen (x) Stiftung Warentest ( ) Verbraucherverband ( ) Verbraucherschutzverein
Im Kleingedruckten von Kaufverträgen werden die gesetzlichen Rechte der Käufer oft ausgeschlossen. Welches Recht erhält man an deren Stelle? (x) Recht auf Reparatur ( ) Recht auf Umtausch ( ) Recht auf Preisnachlass ( ) Recht auf Rückgabe der Ware	Welcher der folgenden Märkte ist am schwierigsten zu beobachten? ( ) Wochenmarkt in einer Stadt ( ) Flohmarkt in einer Stadt ( ) Automarkt für neue Autos (x) Markt für Fahrräder

Welcher der folgenden Umstände beeinflusst die Nachfrage nach neuen Produkten am wenigsten? ( ) Einkommen ( ) Ernährung (x) Wetterlage ( ) Technik	Manchmal werden neu entwickelte Produkte in ausgewählten Geschäften angeboten und der Absatz überprüft. Dies nennt man wie folgt: ( ) Umfrage ( ) Absatzplanung (x) Markttest ( ) Marktanalyse
Soll ein Kauf besonders schnell und unabhängig von der Öffnungszeit der Läden erfolgen, dann bietet sich folgendes an: (x) Kauf nach Katalog (x) Kauf per Telefon (x) Teleshopping ( ) Verkaufsgespräch	Wie nennt man die Summe aus Einkaufspreis, Bezugskosten und Geschäftskosten? ( ) Endverkaufspreis ( ) Nettoverkaufspreis ( ) Bezugspreis (x) Selbstkostenpreis
In der Kalkulation eines Einzelhandelsgeschäfts wird auch der Gewinnaufschlag berücksichtigt. Welche Umstände sind dabei berücksichtigt? (x) eigene Arbeit des Eigentümers (x) Zinsen für das eingesetzte Kapital (x) Prämie für das Risiko der Unternehmung ( ) Gehälter für die Angestellten	Allen Supermärkten ist gemeinsam, dass man oft an den Kassen warten muss. Dieser Bereich hat aus bestimmten Gründen folgenden Namen: ( ) Wartezone ( ) Süßwarenzone (x) goldene Zone ( ) Kassenzone

Durch Gesetz sind bestimmte Arten der Werbung verboten. Welche sind das? (x) unwahre Werbung (x) irreführende Werbung ( ) übertreibende Werbung (x) unlautere Werbung	Der Schutz der Verbraucherinnen und Verbraucher vor gesundheitsschädlichen Lebensmitteln erfolgt durch Überprüfen der Geschäfte durch folgende Einrichtungen: (x) Amt für öffentliche Ordnung (x) Wirtschaftskontrolldienst ( ) Amt für Verbraucherschutz ( ) Lebensmitteldienst
Fertigpackungen mit Lebensmitteln müssen bestimmte Angaben enthalten. Welche der folgenden sind als Lebensmittelkennzeichnung vorgeschrieben? (x) Verkehrsbezeichnung ( ) Preis der Packung (x) Zutatenverzeichnis (x) Mindesthaltbarkeitsdatum	Fertigpackungen müssen so gestaltet und befüllt sein, dass sie keine größere Füllmenge vortäuschen als in ihnen tatsächlich enthalten ist. Ist dies nicht der Fall, so spricht man von einer ( ) Großpackung ( ) Fehlpackung (x) Mogelpackung ( ) Falschpackung

e) Lückentext

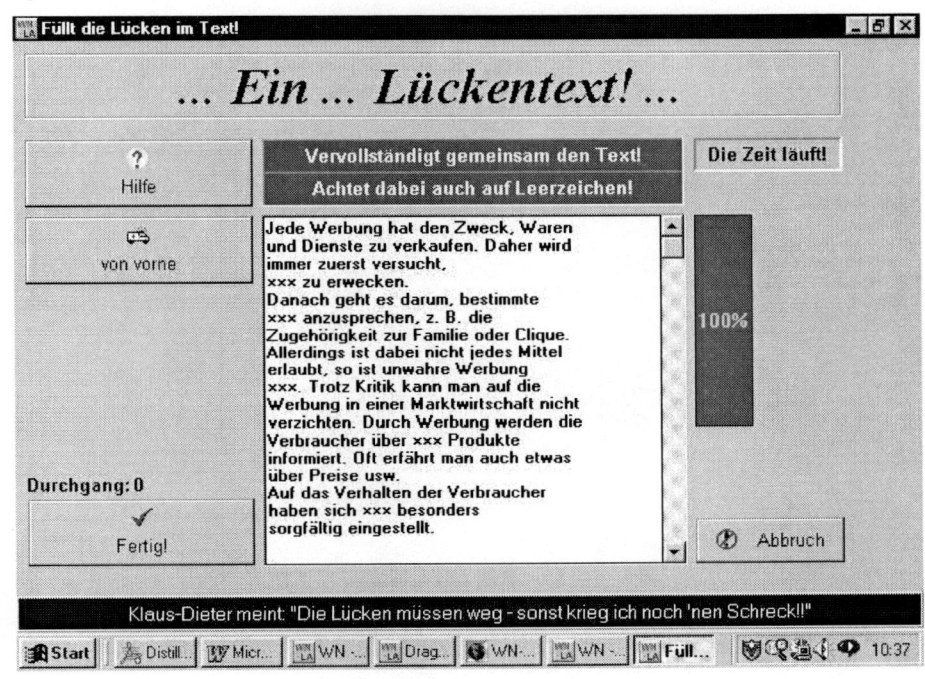

... Ein ... Lückentext! ...

Füllt die Lücken im Text!

Vervollständigt gemeinsam den Text!
Achtet dabei auch auf Leerzeichen!

Die Zeit läuft!

Hilfe | von vorne | Durchgang: 0 | Fertig! | Abbruch

Jede Werbung hat den Zweck, Waren und Dienste zu verkaufen. Daher wird immer zuerst versucht, xxx zu erwecken. Danach geht es darum, bestimmte xxx anzusprechen, z. B. die Zugehörigkeit zur Familie oder Clique. Allerdings ist dabei nicht jedes Mittel erlaubt, so ist unwahre Werbung xxx. Trotz Kritik kann man auf die Werbung in einer Marktwirtschaft nicht verzichten. Durch Werbung werden die Verbraucher über xxx Produkte informiert. Oft erfährt man auch etwas über Preise usw. Auf das Verhalten der Verbraucher haben sich xxx besonders sorgfältig eingestellt.

Klaus-Dieter meint: "Die Lücken müssen weg - sonst krieg ich noch 'nen Schreck!!"

Die vorgesehenen Lücken können von der Lehrperson im Editor des Programms frei bestimmt werden. Im vorliegenden Test folgende Lücken vorgesehen und werden vom Programm als „xxx" dargestellt:

| Aufmerksamkeit | Bedürfnisse | verboten |
| Supermärkte | neue | |

f) Füllen einer Tabelle

Das Programm erlaubt schließlich einen Test mit einer Tabelle. Er wird hier nur in Bezug auf die Bezeichnungen in der Tabelle durchgeführt, weil die Schülerinnen und Schüler nach der Lehrplaneinheit *„Produkte werden geplant, hergestellt und angeboten“* normalerweise keine Erfahrung mit der Tabellenkalkulation haben. Nachfolgende Tabelle zeigt die Lücken anhand der drei Fragezeichen.

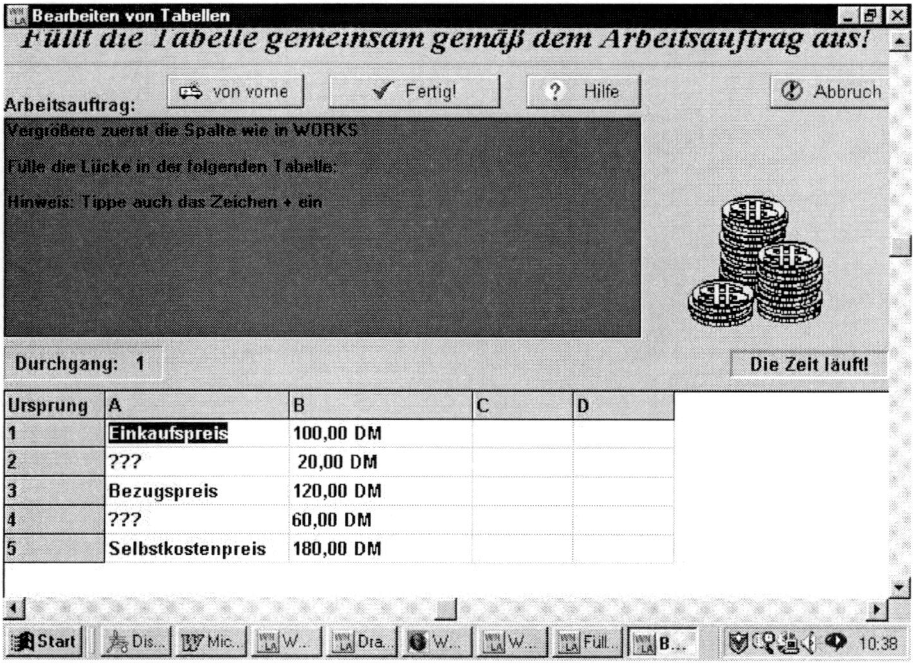
Bearbeiten von Tabellen
Füllt die Tabelle gemeinsam gemäß dem Arbeitsauftrag aus!
von vorne
Fertig!
Hilfe
Abbruch
Arbeitsauftrag:
Vergrößere zuerst die Spalte wie in WORKS
Fülle die Lücke in der folgenden Tabelle:
Hinweis: Tippe auch das Zeichen + ein
Durchgang: 1
Die Zeit läuft!
Ursprung A B C D
1 Einkaufspreis 100,00 DM
2 ??? 20,00 DM
3 Bezugspreis 120,00 DM
4 ??? 60,00 DM
5 Selbstkostenpreis 180,00 DM
Start
10:38

Bei der Bearbeitung der Tabelle müssen die Schülerinnen und Schüler auf die Zellen mit den Fragezeichen klicken und die richtige Bezeichnung eintippen. In diesem Test sind folgende Wörter einzugeben:

„+ Bezugskosten“ und *„+ Geschäftskosten“*

Die Tabelle sieht nach der Bearbeitung wie folgt aus:

Ursprung	A	B
1	Einkaufspreis	100,00 DM
2	+ Bezugskosten	20,00 DM
3	Bezugspreis	120,00 DM
4	+ Geschäftskosten	60,00 DM
5	Selbstkostenpreis	180,00 DM

g) Abschließende Bemerkungen

Nach der Bearbeitung aller Aufgaben druckt das Programm auf Wunsch eine „Urkunde" aus. In ihr werden die Leistungen aufgelistet und mit einem Kommentar versehen.

Dieser Kommentar ist nicht ganz ernst gemeint und unterstreicht damit die Idee des gesamten Programms, in der Schule auch bei einem Test etwas Spaß zu haben. Der Test und das Programm zeigen jedoch, dass Abwechslung, Spaß und ernsthaftes Lernen durchaus miteinander verbunden werden können.

Die bisherige Verwendung des Tests in einigen Klassen hat ergeben, dass die Schülerinnen und Schüler mit großer Motivation und Freude gearbeitet haben.

VI. Möglichkeiten und Grenzen der Computer-Simulation

1. Einführende Bemerkungen

Simulationen und besonders Computer-Simulationen nutzt heute im wahrsten Sinne des Wortes jedes Kind. Für Spielkonsolen und für Computer existiert eine breite Palette von Simulationen. Kriegssimulationen, Autosimulationen, Flugsimulationen, ja sogar Sportarten werden im digitalen Modell nachgebildet und auf dem Bildschirm simuliert.

Die außerordentliche Fülle an Simulationen ist in soweit nicht verwunderlich, da seit je her die Simulation ein gängiges Werkzeug der Menschen ist, Realität auf „sicherem Boden" zu erproben und damit zukünftige Realität besser meistern zu können. Das bekannteste Beispiel einer frühen und doch bereits sehr ausgereiften Kriegssimulation ist Schach. Mit Hilfe von symbolisch verkörperten Armeen wird versucht, die beste Kriegsstrategie anhand eines Modells zu finden.

2. Zur näheren Bestimmung des Begriffes Simulation

Eine erste Einschränkung des Begriffes Simulation geschieht in diesem Text darin, dass ausschließlich **computergestützte Simulationen** betrachtet werden. Nach heutigem Stand der Dinge ist der Einsatz eines Computers wohl auch die effektivste Art der Simulation. Mit keinem anderen Medium lassen sich Systeme in einem höheren Komplexitäts- und Detailgrad ab- bzw. nachbilden. Dabei darf die Rolle des Computers in diesem Vorgang nicht missverstanden werden. Es ist zwar der Computer, der die Simulation schlussendlich durchführt, jedoch sind das Modell hinter der Simulation sowie die Ergebnisse, die aus einer Simulation entstehen, menschliche Werke. Der Computer ist letztlich also nur Werkzeug einer von Menschen erdachten und genutzten Simulation.

Eine weitere Eingrenzung von Simulation ist hauptsächlich aus dem Einfluss der englischsprachigen Literatur auf das Themengebiet heraus nötig. In der englischen Sprache wird unter „simulation" sowohl die gerade skizzierte Simulation innerhalb oder mit Hilfe eines Computers, als auch die simulierende („spielerische") Nachahmung von Interaktionen zwischen Menschen und eine Kombination von beidem verstanden.

Im folgenden möchten wir die Nutzung des Begriffes „Simulation" auf Situationen beschränken, in denen sich Nutzer alleine oder in unabhängig von einander agierenden Gruppen mit einem simulierten System, also einem Computerprogramm, beschäftigen.

3. Eine erste Definition

Besonders prägnant scheint hier der Vorschlag von Frank (1999, S. 51):

„Simulation ist die Nachahmung des Verhaltens eines realen Systems mittels eines dynamischen Modells bzw. kurz: die modellgestützte Nachahmung von Prozessen."

Bevor diese Definition im Näheren beleuchtet werden kann, scheinen einige Bemerkungen zu den Begriffen **„System"** und **„Modell"** nötig.

a) System

Für die folgenden Ausführungen vergleiche man auch Oberweis, Lenz, Gentner (1999).

Allgemein bezeichnet man ein System **als Gruppe von Komponenten oder Akteuren, die zueinander in Beziehung stehen.** Die Abgrenzung eines Systems von seiner Umgebung erfolgt über sogenannte **Schnittstellen.** Die Schnittstellen bilden jedoch gleichzeitig auch die Verbindung von System und Umgebung. Dabei ist zu beachten, dass die Umgebung eines bestimmten Systems wieder aus Systemen besteht.

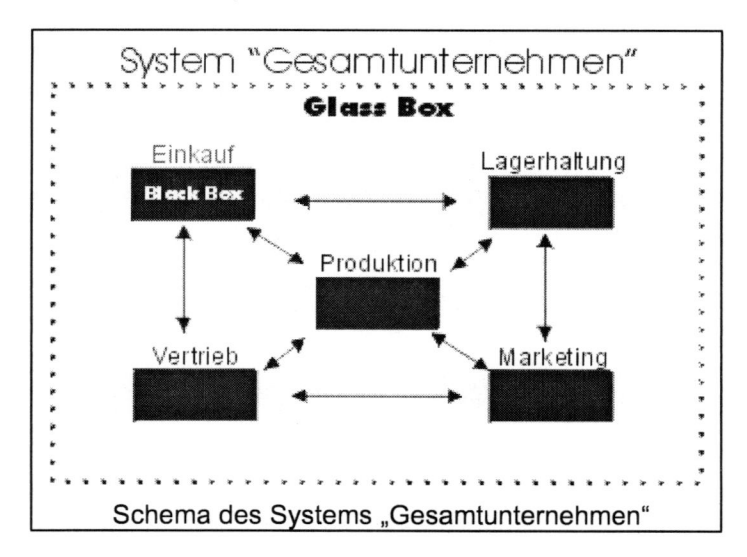

Schema des Systems „Gesamtunternehmen"

Beispielsweise kann ein Unternehmen als System dargestellt werden, dessen einzelne Komponenten die unterschiedlichen Abteilungen sind. Dabei hängt der Gesamterfolg des Betriebs von der Leistung jeder einzelnen Abteilung ab. Arbeitet beispielsweise der Einkauf schlecht, so führen die Abhängigkeitsbeziehungen zwischen den einzelnen Abteilungen dazu, dass auch die Produktion nicht optimal arbeiten kann. Die einzelnen Abteilungen ihrerseits sind bereits wieder eigene Systeme, die ebenfalls über Schnittstellen mit anderen Systemen in Beziehung stehen.

Ausgehend vom Beispiel des Betriebes kann man gut zwei unterschiedliche Betrachtungsweisen von Systemen veranschaulichen:

System als Black Box

Bei der Betrachtung eines Systems als Black Box interessiert den Betrachter lediglich der Output des Systems über die Schnittstellen an seine Umgebung. Stellt man also in unserem Beispiel nur fest, dass der Einkauf zu wenig Material beschafft hat, so betrachtet man das System „Abteilung Einkauf" als eine Black Box (vgl. Schema). Es wird nicht untersucht, warum dieses Ereignis aufgetreten ist.

System als Glass Box

Während das System „Abteilung Einkauf" im Beispiel als Black Box betrachtet wird, kann das System „Gesamtunternehmen" als Glass Box bezeichnet werden. Unter einer Darstellung als Glass Box versteht man nämlich, dass die einzelnen Komponenten des Systems „sichtbar" und damit überprüfbar sind. Es interessiert nicht mehr allein der Output eines Systems, sondern dessen Struktur und Komponenten. Wird also beim System „Gesamtunternehmen" ein Output-Rückgang festgestellt, so kann dieser durch die Glass Box Betrachtung z.B. auf die Komponente „Einkauf" zurückgeführt werden.

b) Modellierung

„Bei einem Modell handelt es sich um ein Abbild eines Systems, welches jede Eigenschaften des Systems enthalten soll, die für das zu untersuchende Problem von Bedeutung sind." (Küll, Stähly, 1999, S. 2)

Diese Aussage unterstreicht zwei Charakteristika eines Modells: die **Reduktion** und **Zweckorientierung**. Im Modell sollen nicht alle Eigenschaften, also Beziehungen oder Komponenten eines Systems, abgebildet werden, sondern eben nur diese, die für den individuellen Zweck des Modells nötig sind. Egal wie komplex ein Modell auch ist, es wird nie die Komplexität des von ihm repräsentierten Systems erreichen. So repräsentiert beispielsweise ein Flugsimulator von außen keineswegs ein echtes Flugzeug. Auf die materielle Abbildung der Flügel, der Triebwerke oder der Passagierkabine wird im Modell verzichtet. Sobald man den Flugsimulator betritt, wird man jedoch feststellen, dass bei der Abbildung des Cockpits keinerlei Reduktion erfolgt ist. Hier sieht alles aus wie im realen System.

Mit der Zweckmäßigkeit einer Modellierung ist ein großes Problem angesprochen. Denn die Aufgabe, relevante Größen eines Systems zu isolieren, ist je nach Komplexität des untersuchten Systems äußerst schwierig und doch von höchster Bedeutung für die Validität des Modells und damit auch für die Güte der aus der Simulation gewonnenen Erkenntnisse. Ein leicht nachvollziehbares Beispiel hierfür ist beim Flugsimulator die Funktion der Triebwerke. Während man im Modell auf eine materielle Nachbildung ohne Weiteres verzichten kann, darf die Implementierung der **Funktion** der Triebwerke in das Modell auf gar keinen Fall fehlen. Leider sind nicht alle Faktoren, die die Funktion eines Systems beeinflussen, so offensichtlich wie Triebwerke eines Flugzeugs.

Betrachten wir nach diesen Erläuterungen nochmals die Ausgangsdefinition des Begriffes „Simulation" von Frank (1999, S. 51):

„Simulation ist die Nachahmung des Verhaltens eines realen Systems mittels eines dynamischen Modells bzw. kurz: die modellgestützte Nachahmung von Prozessen."

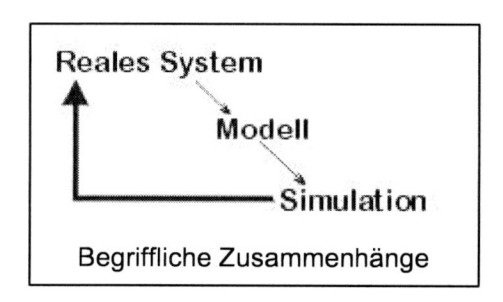

```
Reales System
      ↑
     Modell
         ↘
          Simulation
   Begriffliche Zusammenhänge
```

Die vorangehenden Überlegungen zur Implementierung von Triebwerken in des Modell eines Flugzeugs verdeutlichen die Kurzfassung von Frank's Definition: Eine Simulation ist eben mehr, als das bloße Abbild eines Systems. Ihr Sinn besteht in der Nachahmung von Prozessen, also in der Betrachtung von **aktiven Funktionen** einzelner Teile des Systems. Genau aus diesem Grund ist es möglich, auf die reale Nachbildung von Triebwerken in einem Flugsimulator zu verzichten, während die Nachahmung von deren Funktion ein wesentlicher Bestandteil des Modells ist.

Weiter präzisiert die vorliegende Definition die Ansprüche einer Simulation an ihre Modelle. Für Simulationen kommen nur Modelle in Frage, die real existierende Systeme abbilden oder eine Abbildung in Planung befindlicher Systeme sind, die auf real existierenden Komponenten aufbauen. So macht beispielsweise die Simulation einer nur von computergesteuerten Fahrzeugen befahrenen Straße keinerlei Sinn, wenn nichts über die Funktionsweise solcher Fahrzeuge bekannt ist. Mit anderen Worten: Eine Simulation darf nicht auf rein utopischen Systemen bzw. deren Modellen aufgebaut sein. Sobald jedoch alle Komponenten eines Systems und deren Funktionsweise in der Realität bekannt sind, kann mit einer Simulation ein bisher utopisches System dargestellt werden, das aus einer noch nicht realisierten Konstellation der Komponenten erreicht wird.

Die Erläuterungen sollten verdeutlicht haben, dass die Datenbasis, auf der ein Simulationsmodell erstellt wird, von entscheidender Bedeutung ist. Eine realitätsbezogene, korrekte und möglichst breite Datenmenge ist Grundvoraussetzung für eine aussagekräftige Simulation. Im folgenden Kapitel sollen nun verschiedene Wege dargestellt werden, mit denen die erfassten Daten zur eigentlichen Simulation genutzt werden können.

4. Simulationsmethoden

a) Statische und dynamische Simulationsmodelle

Bei einer dynamischen Simulation können sich die Werte einzelner Variablen im Verlauf der Simulation ändern. So kann z.B. die Anzahl der produzierenden Arbeiter bei entsprechend hoher Auftragslage erhöht werden. Bei einer statischen Simulation bliebe die Anzahl der Arbeiter immer gleich.

Dynamische Simulationen benötigen sogenannte Breakpoints, um das Modell im Verlauf der Simulation zu überprüfen und ggf. zu modifizieren.

Bei der Festlegung solcher **Breakpoints** kann man zwischen Zeit- und Ereignisorientierung unterscheiden. (vgl. Küll, Stähly, 1999, S. 4) Bei zeitorientierten Breakpoints unterbricht die Simulation nach Abarbeitung festgelegter Zeiteinheiten. Z.B. kann die Auftragslage an jedem Simulationstag einmal überprüft werden. Sollte sich die Auftragslage allerdings voraussichtlich nur seltener als täglich ändern, so muss entweder die Zeiteinheit der Breakpoints erhöht oder aber eine ereignisorientierte Setzung der Breakpoints favorisiert werden. Der ereignisorientierte Breakpoint unterbricht die Simulation beispielsweise nur, wenn die Auftragslage einen bestimmten Wert überschreitet, also ein bestimmtes Ereignis eintritt.

b) Diskrete und stetige Simulationsmodelle

Programmiertechnisch gesehen sind letztlich alle computergestützten Simulationsmodelle diskret, denn innerhalb des programmierten Modells lässt sich immer der exakte Zeitpunkt ausmachen, an dem sich ein bestimmter Wert ändert. Die Unterscheidung zwischen diskreten und stetigen Modellen ist daher nur über den Zugriff des Benutzers zu vollziehen. Bei stetigen Simulationen kann der Benutzer beispielsweise die Veränderung der Auftragslage über die Zeit hinweg kontinuierlich beobachten, während eine diskrete Simulation die Auftragslage z.B. nur einmal pro simulierter Woche anzeigt bzw. berechnet.

c) Deterministische und stochastische Simulationsmodelle

Sind die Werte einer Simulationsvariablen fest vorgegeben, spricht man von einer deterministischen Simulation. So könnte z.B. eine Steigerung der Aufträge von 500 pro Zeiteinheit determiniert sein. Wird die Änderung der Auftragslage in jeder Zeiteinheit zufällig bestimmt, so handelt es sich um ein stochastisches Simulationsmodell.

Küll und Stähly (1999, S. 4) stellen fest, dass *„die meisten ökonomischen und organisatorischen Problemstellungen diskreter dynamischer stochastischer Natur sind"*. Dazu ist allerdings zu ergänzen, dass in Simulationsmodellen, die zur Betrachtung dieser Problemstellungen erschaffen werden, durchaus auch alle anderen genannten Simulationsarten enthalten sein können.

5. Unternehmenssimulation

Bezüglich möglicher Ziele, die mit Unternehmenssimulation verfolgt werden, kann man grob zwischen sogenannten operationalen und didaktischen Simulationen unterscheiden. (vgl. Fripp, 1993, S. 23)

Ist eine Unternehmenssimulation **operational**, dann wird sie eingesetzt, um eine konkrete Problemstellung eines oder mehrerer Unternehmen darzustellen und zu analysieren. Die Zweckorientierung einer solchen Simulation fokussiert also konkrete Entscheidungen, die aus den Ergebnissen der Simulation abgeleitet werden können.

Didaktische Unternehmenssimulationen verfolgen dagegen das Ziel, im Prinzip bekannte Problemstellen innerhalb der Struktur eines Unternehmens hervorzuheben und zu veranschaulichen. Der Fokus dieser Simulationsvariante liegt also weniger auf den Ergebnissen, als auf den Strukturen, auf die aus der Simulation heraus geschlossen werden kann.

Generell ist zu beachten, dass eine sauberen Trennung zwischen den beiden Varianten unmöglich ist. Während didaktische Simulationen durchaus selbst operational sein bzw. Teile von operationalen Systemen enthalten können, werden mit operationalen Unternehmenssimulationen immer auch didaktische Ziele erreicht. Schließlich will man auch mit operationalen Simulationen etwas lernen.

6. Operationale Simulationen - Optimierungsmodell

Ein durchaus typisches Beispiel für eine operationale Simulation wird im Beitrag von Boll (1999, S. 162ff.) geschildert. Dort wird das System SCUSY vorgestellt, welches dazu dient, das Verhalten von Containerterminals zu simulieren.

SCUSY gestattet es, das Layout eines Containerterminals im Modell frei zu gestalten. Man kann also u. a. definierte Objekte, wie z.B. Kräne, Lagerflächen, LKW Docking Stations oder Verbindungswege frei positionieren. Wichtig ist dabei, dass all diese Objekte ihre eigenen, festen und immer gleichen „Verhaltensmuster" innerhalb der Simulation wiedergeben. Sie werden alle als Black Boxen behandelt. Das Augenmerk der Simulation ist auf die Interaktion dieser Objekte gerichtet. Dabei erfolgt die Darstellung der Simulationsergebnisse nach wirtschaftlichen Gesichtspunkten. *„Als Zielgrößen werden die entstandenen Kosten und die erbrachten Leistungen ausgegeben, gegenübergestellt und interpretiert"* (Boll, 1999, S. 166).

Die Simulation zeigt also z.B. die Auslastung der Kräne auf und überprüft damit, ob sie in effektiver Zahl an den richtigen Orten installiert wurden, oder ob Kosten beispielsweise durch eine Reduktion der Kranzahl verringert werden können.

Küll und Stähly (1999, S. 3) bezeichnen ein operationales System mit den anhand von SCUSY beschriebenen Eigenschaften durch die Begriffe „**Optimierungsmodell**" oder „**Entscheidungsmodell**".

a) Ziele

Diese beiden Begriffe machen ein zentrales Charakteristikum von Simulationen besonders deutlich:

Simulationen bieten niemals eine „richtige" und damit generell gültige Lösung aus sich selbst heraus. Sie stellen lediglich das Verhalten eines Systems dar. Dies bedeutet, dass die Ergebnisse von Simulationen analysiert und von Menschen interpretiert werden müssen. Erst nach dieser Phase kann eine eigentliche Problemlösung eventuell ausgearbeitet werden.

Die allgemeine Zielsetzung von operationalen Unternehmenssimulationen ist es also, eine **Entscheidungsgrundlage** für Änderungen innerhalb des Unternehmens zu schaffen.

b) Vorteile von Simulationen

Generell besitzen Simulationen die Fähigkeit, eine **hohe Datenkomplexität** zu verarbeiten und daraus verhältnismäßig **leicht interpretierbare Resultate** zu produzieren. Im Detail kann man vor allem die in der folgenden Darstellung genannten Punkte ausmachen. Die Zusammenstellung orientiert sich an Pidd, 1986, S. 8, der die Vorteile einer Simulation gegen ein Realexperiment abwägt.

Kosten
Die durch Planung und Erstellung einer Simulation verursachten Kosten liegen selbst bei aufwendigen Systemen häufig weit unter den Kosten, die ein Realexperiment oder gar eine Entscheidung „ins Blaue hinein" verursachen können. Am Beispiel von SCUSY ist leicht nachzuvollziehen, dass die Errichtung eines Krans weit kostenintensiver sein dürfte, als der Erwerb des entsprechenden Simulationstools; selbst wenn dies mehrere tausend DM kosten sollte.

Zeitaufwand
Um Ergebnisse eines Realexperiments auswerten zu können, bzw. die Effektivität einer bereits getroffenen Entscheidung zu erkennen, können mehrere Jahre verstreichen. In Simulationen können dagegen Zeiteinheiten frei gewählt werden. Mehrere Jahre können in wenigen Minuten prognostiziert werden.

Wiederholbarkeit
Kein reales Experiment lässt sich unter den exakt identischen Voraussetzungen wiederholen. Eine Simulation hingegen erfüllt auch dieses Kriterium. So kann ein einzelner Wert gezielt verändert werden und bei erneuter Simulation zeigt das Ergebnis den exakten Einfluss dieses Wertes (ceteris paribus).

Sicherheit
Auch bei Unternehmenssimulationen ist die Sicherheit eines Modells von Bedeutung. Es ist einleuchtend, dass tiefe Einschnitte in ein System am Modell leichter fallen als in der Realität. Sollte die simulierte Firma im Modell bankrott gehen, so sind die Auswirkungen durch einen Neustart zu beheben. Dies ist in der Realität nicht möglich.

7. Didaktische Simulationen - Erklärungsmodell

Nach diesen Erläuterungen zu operationalen Simulationen kommen nun die didaktisch orientierten Simulationen zur Sprache. Wie bereits erwähnt liegt hier die Hauptzielsetzung nicht auf dem Bereitstellen einer Entscheidungsgrundlage für konkrete Problemlösungen, sondern auf dem Vermitteln von Zusammenhängen und Strukturen eines Systems mit Hilfe eines Modells. Küll und Stähly (1999, S. 3) wählen dafür den treffenden Begriff „**Erklärungsmodell**".

a) Einsatzarten

Mittlerweile ist das Spektrum an möglichen Einsatzarten, Zielgruppen und geeigneten Lernumgebungen sehr umfangreich. Simulationen als Unterrichtsmethode können sowohl im Klassenzimmer/Seminarraum, als auch als „Hausarbeit" am heimischen PC eingesetzt werden. Eine Simulation im Sinne der hier verwendeten Definition kann sowohl von Einzelpersonen, als auch von einem Maschinenteam, also von zwei bis drei Lernenden pro Computer bearbeitet werden. Selbst wenn Computersimulation in diesem Text auf Programme, die ausschließlich mit bzw. gegen den Computer gefahren werden, eingegrenzt wurde, lassen sich trotzdem „Wettbewerbe" als Variante der menschlichen Interaktion veranstalten. Allerdings soll nochmals deutlich gemacht werden, dass die Teilnehmer hier nicht direkt gegeneinander spielen, sondern dass alle die gleiche Aufgabe gegen den Computer bzw. die Simulation bewältigen müssen. Sieger des Wettbewerbs ist, wer sich am deutlichsten gegen das Programm durchgesetzt hat.

Diese knappen Beispiele können die Zahl der Möglichkeiten für den Unterricht mit Simulationen lediglich andeuten. Wer also plant, eine Simulation im Unterricht einzusetzen, tut gut daran, die auf dem Markt befindliche Produktpalette genau zu prüfen. Diese ist gerade bei Unternehmenssimulationen sehr umfangreich.

Analog zur Zweckorientierung operationaler Simulationen entfalten auch didaktische Simulationen ihre Wirkung nur bei einer eingeschränkten Problemstellung. Lehrende müssen daher genau und im Vorhinein festlegen, was durch den Einsatz der Simulation erreicht werden soll. Anhand dieser Zielvorstellungen muss dann eine geeignete Software ausgewählt werden.

b) Handlungsorientiertes, individuelles Lernen

In diesem Abschnitt soll auf die mögliche Begründung des Einsatzes von Simulation als Unterrichtsmethode durch das Konzept des handlungsorientierten Unterrichts hingewiesen werden.

Dazu zunächst eine Definition von Gudjons (1995[4], S. 248): Handlungsorientierter Unterricht bezeichnet ein Konzept, *"das den SchülerInnen einen handelnden Umgang mit den Lerngegenständen ermöglichen soll, bei dem die [...]Tätigkeiten der SchülerInnen den Ausgangspunkt des Lernprozesses bilden."*

Die Lernenden sollen also etwas tun, damit der Lernprozess in Bewegung kommt. Zugegebenermaßen wird im allgemeinen Gebrauch des Begriffes unter diesem Tun praktisches bzw. materielles „Herstellen" verstanden. Allerdings scheint es doch letztendlich weniger auf die Qualität des Tuns anzukommen, als auf dessen generelles Vorhandensein im Kontrast zur rein verbalen bzw. kognitiven Vermittlung von Wissen.

Der Punkt, auf den es ankommt wird deutlich, wenn man sich die Lerntheorie des **Konstruktivismus** vor Augen führt. Dort wird Lernen als ein hoch individualisierter Prozess verstanden, der im Kopf des Lerners autonom vonstatten geht und von außen im Prinzip nicht zu beeinflussen ist. Gelernt wird nur durch aktive Auseinandersetzung mit der Umwelt. Damit ist das Tun innerhalb einer Simulation als für den Lernprozess wesentlich entlarvt. Denn selbst die Eingabe mehr oder minder abstrakter Werte in ein Simulationssystem setzt eine Verinnerlichung der simulierten Sachverhalte voraus. Mit anderen Worten: nur wer das Modell zumindest in Auszügen in seinem Gehirn konstruiert hat, wird in der Lage sein, die Simulation zu bedienen.

Dabei ist zu betonen, dass der Konstruktivismus nicht davon ausgeht, dass das individuell konstruierte Modell der Wirklichkeit bei jedem Lerner auf Anhieb korrekt ist. Das Lernen wird vielmehr als ständige Überprüfung des internen Konstruktes der Wirklichkeit verstanden.

Auch hier bieten Simulationen einen optimalen Nährboden. Durch die bereits beschriebene Wiederholbarkeit einer Simulation unter exakt identischen Bedingungen lässt sich das mentale Abbild des Modells beliebig oft überprüfen.

Eine weitere Lerntheorie, die auf dem Konstruktivismus aufbaut, ist die des **situierten Lernens**. (vgl. Mandl, Gruber, Renkl, 1997, S. 167ff.) Auch anhand dieser Theorie lässt sich auf den nützlichen Einfluss von Simulationen auf Lernprozesse hinweisen.

Die Kernaussage des situierten Lernens lässt sich darauf reduzieren, dass die Lernsituation unweigerlich mit den Lerninhalten verknüpft wird. Da nun Simulationen mit Modellen real existierender Systeme arbeiten, kann also die geforderte Situierung erfolgen. Ergänzt man die Überlegungen noch mit den Erkenntnissen des allgemeinen Konstruktivismus, dann ergibt sich, dass Modelle durch ihre Reduktion der Wirklichkeit sogar eine gewisse Vorarbeit für die interner Konstruktion der Zusammenhänge leisten.

Bezüglich der Unternehmenssimulation bedeutet das Gesagte, dass Lernende durch Simulation mit einem auf die wesentlichen Komponenten und Wirkungsmechanismen reduzierten Modell einer realen Unternehmung konfrontiert werden. Durch die Möglichkeit des aktiven Eingreifens in das Modell wird ein Sich-Auseinandersetzen z.B. mit dem Zusammenspiel einzelner Abteilungen provoziert. Dies wiederum führt zur Konstruktion eines internen und individuellen Modells im Gehirn des Lerners. Erfolgt bei Überprüfung eine Bestätigung des eigenen mentalen Modells, so kann von einem Lernerfolg ausgegangen werden.

c) Konsequenzen für didaktische Simulationen

i) Authentizität

Bei der Gewichtung des Kriteriums der Authentizität stehen didaktische Simulationen den Ansprüchen operationaler Vertreter in keiner Weise nach. Es ist unter allen Umständen darauf zu achten, dass Zusammenhänge im Modell korrekt wiedergegeben werden. Soll z.B. ein Produktlebenszyklus in die Simulation integriert sein, so macht es wenig Sinn, wenn die mögliche Absatzmenge kontinuierlich steigt. Leider sind die in eine Simulation integrierten Funktionen von außen selten durchschaubar. Für eine didaktische Simulation bedeutet dies, dass zumindest den Lehrenden ein Einblick in die Rechenoperationen der Simulation gewährt werden muss. Nur so können Trainerinnen / Trainer bzw. Lehrerinnen / Lehrer überprüfen, ob für sie relevante Informationen in gewünschter Form repräsentiert werden.

ii) Reduktion

Im Gegensatz zur Authentizität können auf diesem Gebiet bei didaktischen Simulationen im Vergleich zu operationalen durchaus unterschiedliche Prioritäten gesetzt werden. Für die Unternehmenssimulation bedeutet dies beispielsweise, dass man Ausgaben für die Vertriebsförderung als generell wirksam einrechnen kann. Während eine operationale Simulation über eine stochastische Funktion auch „Werbeflops" berücksichtigen muss, ist dies bei didaktischen Varianten unter Umständen nur hinderlich.

Durch Reduktion soll ja das Augenmerk auf die entscheidenden Verhaltensmuster eines Systems gelenkt werden. Ausnahmen von diesen grundlegenden Mustern haben dabei leicht einen verwirrenden Einfluss.

Reduktion darf in diesem Sinne nicht mit Einschränkung verwechselt werden. Auch didaktische Simulationen können eine auf Anhieb schier undurchschaubare Komplexität haben. Reduktion bedeutet vielmehr, dass bei didaktischen Simulationen die Auswahl an dargestellten Zusammenhängen eines

Modells noch intensiver und geplanter geschehen muss. Denn etwas auf seinen Kern zu reduzieren, ohne dabei allzu starke Einbußen an Authentizität hervorzurufen, ist extrem schwierig.

iii) Einbettung in den Lehrplan

Gerade weil Simulationen ein individuelles und eigenständiges Lernen ermöglichen, ist eine Einbettung dieser Lernphase in einen weiteren Kontext unbedingt von Nöten. Es muss sichergestellt sein, dass allen Lernenden Sinn und Zweck der Simulation klar ist. Ansonsten besteht die Gefahr, Zeuge eines Phänomens zu werden, das Twidale (1995) *„The Science Museum Problem"* nennt. Dies beschreibt die Beobachtung, dass Kinder in einem „gut gemachten" Museum mit interaktiven Komponenten von einem Schaukasten zum anderen eilen, um dort durch Knopfdruck eine Visualisierung zu starten, deren Verlauf sie allerdings gar nicht mehr beachten. Bei Simulationen besteht dazu analog die Gefahr, dass die Lernenden „blind" Werte in die Simulation einspeisen, ohne die daraus entstandenen Ergebnisse zu reflektieren.

Um dieses Phänomen bezüglich Simulationen zu vermeiden, sollten die Programme immer nur mit konkreten Zielvorgaben gestartet werden. Auch eine Reflexionsphase nach der Durchführung ist nötig, um die Erfahrungen auszutauschen, zu bewerteten und den Lernprozess zu sichern.

Diese Anforderungen machen deutlich, dass Simulation grob gesagt keine geeignete Methode für den Einstieg in ein neues Thema ist. Ausnahmen zu dieser Feststellung bieten lediglich spielerische und gezielt zum Einstieg entwickelte Simulationen wie z. B. das Programm WiN-KIOSK, welches im folgenden Kapitel dargestellt wird. Generell gilt jedoch, dass die einzelnen Komponenten des dargestellten Systems bereits bekannt oder eingeführt sein müssen. Der optimale Einsatz einer Simulation liegt meist in der Veranschaulichung der Zusammenhänge einzelner Faktoren, also letztlich in der Vertiefung und Verinnerlichung.

iv) Benutzerfreundlichkeit

Schließlich sei noch darauf hingewiesen, dass gerade didaktische Simulationen über eine gewisse Benutzerfreundlichkeit verfügen sollten. Neben der allgemeinen Bedeutung dieses Begriffes ist bei Simulationen darunter zunächst die Übersichtlichkeit der Bildschirmmaske zu verstehen. Denn erklärtes Ziel von Computersimulationen ist ja u. a. die *„Visualisierung von komplexen Modellen"* (Oberweis, Lenz, Gentner, 1999, S. 217).

Bei jeder Eingabe, die der Benutzer tätigen kann, muss unmissverständlich klar sein, um welchen Wert es sich handelt und was hinter diesem Wert steht. Dazu scheint ein integriertes und kontextabhängiges Nachschlagewerk besonders geeignet. Nur mit ausreichend Hintergrundinformation lassen sich „blinde" Eingabeversuche vermeiden und eine Effizienz des Programms sicherstellen.

Auch die Ergebnisse der einzelnen Simulationsläufe müssen übersichtlich und vor allem logisch angeordnet sein. Der Zeitaufwand für die Einsicht der Daten muss zugunsten einer Reflexionsphase möglichst kurz gehalten werden.

Viele Simulationen bieten die Möglichkeit einer grafischen Darstellung der Ergebnisse. Diese Einrichtung ist prinzipiell sehr hilfreich. Allerdings sollte die Darstellung auf ihre Nützlichkeit hin überprüft werden. Häufig müssen die Diagramme erst umständlich aufgerufen werden und bieten letztlich keinerlei Mehrinformation ggü. den Zahlenwerten. In solchen Fällen war der Zeitaufwand völlig überflüssig.

VII. Betriebswirtschaftliche Simulation

1. Simulation eines Monopols mit „WiN-KIOSK"

a) Ziele des Programms

Das Programm WiN-KIOSK kann am besten dazu verwendet werden, die Lernenden in den Bereich der Marktvorgänge einzuführen. Es ist als Shareware bei folgender Adresse erhältlich:

www.wn-learnware.de

Eine erste grundlegende Zielsetzung von WiN-KIOSK besteht darin, dass die Spielerinnen und Spieler durch eigenes Handeln und spielerisch wesentliche wirtschaftliche Begriffe kennen lernen:

Erlöse werden hier als Gesamtsumme der Einnahmen verstanden. Dies wird oft mit dem Gewinn gleichgesetzt. Im Programm erfahren die Spielerinnen und Spieler jedoch, dass die Summe der Einnahmen um die Kosten reduziert werden muss.

Kosten sind in diesem Computer-Spiel für die einzelnen Spielrunden auf die Materialkosten reduziert. Es sollte jedoch darauf hingewiesen werden, dass auch die eigene Arbeit des Standbesitzers als Kostenfaktor anzusehen ist und beim erzielten Gewinn zu berücksichtigen wäre.

Der **Gewinn** schließlich ergibt sich im Spiel als Differenz zwischen den entsprechend definierten Erlösen und Kosten.

Im Programm wird **Gewinnmaximierung** als Ziel der Unternehmung unterstellt. Die Spielerinnen und Spieler werden sogar geradezu zu diesem Verhalten getrieben, weil nur bei hohem Gewinn vom Programm ein entsprechendes Lob erteilt wird. Kurzfristige Gewinnmaximierung als alleiniges Ziel einer Unternehmung ist zwar sicherlich eine stark vereinfachte und etwas einseitige Betrachtungsweise. Da aber das Spiel Vereinfachungen benötigt und das **Gewinnstreben** an sich unbestrittene Zielsetzung ist, wird das Erkennen dieser Verhaltensweise als bedeutsames Ziel der Simulation betrachtet.

Ein weiteres Ziel des Spiels besteht in der Erkenntnis, dass in einer Marktwirtschaft der Preis nicht von den Kosten bestimmt wird. Die Grundregel der Wirtschaftstheorie lautet hier ja, dass Angebot und Nachfrage **gemeinsam** den Preis bestimmen. Je nach Marktlage kann daher der Preis über oder unter den Kosten liegen. Lediglich längerfristig stellen die Kosten die untere

Preisgrenze dar, weil sonst die Erhaltung der Unternehmung nicht gesichert ist.

In der Simulation WiN-KIOSK stellen die Spielerinnen und Spieler fest, dass der Preis weit über den Materialkosten liegen kann und das auch soll, um den Gewinn zu maximieren. Hier ist zunächst an die fehlenden Personalkosten zu erinnern. Andererseits gibt dies Anlass zu der Erkenntnis, dass eben beim Vorliegen eines Monopols (auch wenn es nur ein lokales Monopol ist), alle Möglichkeiten der Preisgestaltung ausgeschöpft werden können.

Die Tatsache, dass in einer Marktwirtschaft jede Unternehmung grundsätzlich nach Belieben ihren Preis festlegen kann, ist für die meisten Spielerinnen und Spieler zunächst unbegreiflich und lässt manchmal den Ruf nach der lenkenden Hand des Staats laut werden. Hier ist auf den Wucherparagraphen des BGB hinzuweisen, der jedoch im praktischen Wirtschaftsleben nur in Ausnahmefällen herangezogen wird. Im Spiel wird dieser Aspekt dadurch berücksichtigt, dass ein Preis von mehr als 240 Pfennig nicht akzeptiert wird.

Die Spielerinnen und Spieler lernen jedoch ein viel bedeutsameres Korrektiv für übermäßig hohe Preise kennen, und zwar die Reaktion der Nachfrage.

Sie stellen nämlich selbst fest, dass bei einem zu hohen Preis die Nachfrage geringer wird und daher meist der Gewinn kleiner als bei einem niedrigeren Preis ausfällt. Hier ist auch darauf hinzuweisen, dass derartige Reaktionen von Produkt zu Produkt verschieden sind. Solche Kaufvermeidung ist bei dem unterstellten Markt für das Programm WiN-KIOSK ohne weiteres möglich, nicht aber bei Milch oder Brot.

Im Spiel lernen die Spielerinnen und Spieler auch den Gewinn als Korrektiv gegen übermäßig niedrige Preise kennen. Wird nämlich ein zu niedriger Preis verlangt, dann ist zwar der Absatz groß, aber der Gewinn dennoch klein. Dies liegt daran, dass in diesem Falle der Gewinn **pro Stück** so klein ist, dass auch eine hohe Absatzmenge die Gewinnsumme nicht ausreichend steigern kann.

Bisher war von Gestaltungsmöglichkeiten des Unternehmens in der Simulation WiN-KIOSK die Rede. Die Spielerinnen und Spieler erfahren jedoch auch, dass ihre Unternehmung vom Markt abhängig ist. Das Programm unterstellt ja, dass die Nachfrage nicht beeinflusst werden kann, etwa durch Werbung. Vielmehr muss sich die Unternehmung an die Gegebenheiten der Nachfrage anpassen. Im Wirtschaftsleben gibt es vielerlei Einflüsse auf die Nachfrage, die von den Unternehmen nicht beeinflussbar sind (außerwirtschaftliche Faktoren), angefangen vom Wetter bis zum Einfluss des Auslands (z.B. der Ölpreisschock in den 70er Jahren).

Bei WiN-KIOSK wird die Nachfrage vom Wetter und dem Betrieb auf den Sportanlagen beeinflusst. Hieran muss sich die Unternehmung bei ihren Preisentscheidungen anpassen. Der höchstmögliche Gewinn ist bei günstigen Nachfragebedingungen um ein Vielfaches höher als bei schlechten. Bei der Beurteilung des jeweiligen Abschneidens pro Tag kommt es daher auch nicht auf die absolute Gewinnsumme an. Entscheidend ist vielmehr das Ausmaß der Annäherung an den an **diesem** Tag und bei den herrschenden Nachfragebedingungen höchstmöglichen Gewinn.

Bei der Durchführung des Spiels stellen die Spielerinnen und Spieler daher fest, dass es für bestimmte Nachfragebedingungen auch ein bestimmtes Maximum des Gewinns gibt, an dem sich durch Preisgestaltung nichts ändern lässt.

Ferner erfahren die Spielerinnen und Spieler bei der Computer-Simulation WiN-KIOSK, dass für die Realisierung des Gewinnmaximums auch Rohstoffe in ausreichendem Umfang beschafft werden müssen. Besonders am Anfang des Spiels kommt es hier auf eine ausgewogene Verteilung auf die verschiedenen Arten an.

Übermäßiger Hortung von Rohstoffen wird dadurch vorgebeugt, dass am Ende des Programms der Wert der noch vorhandenen Rohstoffe geprüft wird und dieser vom Gewinn abgezogen wird.

Das Programm betont den spielerischen Aspekt des Lernens. Daher ist auch noch eine Wettbewerbskomponente eingebaut. Zum Abschluss wird bewertet, zu wie viel Prozent der höchstmögliche Gewinn über alle zehn Tage hinweg erreicht wurde. Bei mehr als 95% wird vom Programm gratuliert. Ist das Ergebnis besser als das bisher gespeicherte, dann werden Name und neue Bestleistung gespeichert.

b) Verwendung im Unterricht

WiN-KIOSK stellt eine Computer-Simulation dar, bei der eine bestimmte Struktur in der Maschine programmiert ist, die auf Entscheidungen der Benutzer reagiert.

Das Spiel ist sehr offen gestaltet. Es kann daher im Unterricht in verschiedener Weise verwendet werden. Hier wird vorgeschlagen, mit diesem Programm den Einstieg in die unterrichtliche Behandlung des Bereichs „Markt und Preisbildung" vorzunehmen.

Ein erster Grund hierfür ist die Motivation der Spielerinnen und Spieler. Mit dem Programm kann man zunächst einfach spielen. Die Benutzer werden aufgefordert, die Rolle eines Standbesitzers zu übernehmen. Sie versetzen sich in die Rolle eines solchen Unternehmers und treffen bestimmte Entscheidungen. Das Programm übernimmt die Spieler-Entscheidungen als Parameter, rechnet die Auswirkungen dieser Entscheidungen durch und informiert über das Ergebnis.

Ohne lange Vorbereitung werden auf diese Weise Schülerinnen und Schüler mit wesentlichen Aspekten von Marktvorgängen vertraut. Da das Programm von der Struktur her einfach aufgebaut ist, können auch mehrere Durchgänge mit vertretbarem Zeitaufwand erfolgen.

Ein zweiter Grund dafür, das Programm WiN-KIOSK an den Anfang einer entsprechenden Unterrichtseinheit zu stellen, ist darin zu sehen, dass dieses Computer-Spiel von der Organisation her sehr stark vereinfacht ist. Man kann zwar jeweils zwei Spielerinnen und Spieler an dem Programm arbeiten lassen, aber besser und intensiver ist die Einzelarbeit. WiN-KIOSK wird dann im Grunde zum Rollenspiel, das jeweils ein Schüler gegen die Maschine bzw. das Programm spielt. Lediglich bei zu großer Zahl von Spielerinnen und Spielern sollte zu zweit an den Maschinen gearbeitet werden.

Als **Arbeitsaufgabe** sollte mit den Teilnehmern vor Beginn der Arbeit am Programm folgendes vereinbart werden:
- Treten im Programm unverständliche Begriffe auf, werden sie auf einem Blatt notiert.
- Ebenfalls werden Tage mit einem unverständlichen Ergebnis notiert.
- Weiter soll festgehalten werden, an welchen Tagen die Gewinnmöglichkeiten nicht ausgeschöpft wurden, weil die Rohstoffe zu Ende waren.
- Ferner sollte nach dem zehnten Tag ein Ausdruck des Bildschirms mit den gesamten Ergebnissen für alle zehn Tage auf den Drucker erfolgen.

Ebenfalls wird notiert, zu welchem Prozentsatz der höchstmögliche Gewinn nach zehn Tagen erreicht wurde.

Auf dieser Grundlage können nach Beendigung der Arbeit an der Maschine die jeweiligen Fragen im Unterricht aufgearbeitet werden. Dabei könnte man drei große Bereiche bilden:

Festigung und evtl. Klärung von Fachbegriffen, die in dem Programm vorkommen.

Am Beispiel von zunächst unverständlichen Ergebnissen kann der **Mechanismus des Programms** etwas verdeutlicht werden. Hier muss die Lehrperson entscheiden, wie detailliert auf die Zusammenhänge im einzelnen eingegangen wird; denn dies hängt vom Vorwissen der Spieler und von der zur Verfügung stehenden Zeit ab.

Der dritte Bereich schließlich kann **weiterführenden wirtschaftlichen Fragen** gewidmet werden z.B.:

- Gibt es in der deutschen Volkswirtschaft solche Monopole?
- Wie sind staatliche Monopole zu beurteilen?
- Wie sind Monopole aus der Sicht der Verbraucher zu beurteilen?
- Welche Auswirkungen hat die Existenz von Monopolen auf die weitere Produktentwicklung usw.?
- Welche Bedeutung hat der Außenhandel für die Monopolbildung?

c) Informationen zur Durchführung des Programms

Das Programm wird unter Windows über ein Symbol gestartet. Danach werden die Spielerinnen und Spieler auf Wunsch zunächst über die wesentlichen Bedingungen beim Betreiben eines Verkaufsstandes informiert. Diese Information kann über den Bildschirm erfolgen. Dazu kann die Online-Hilfe genutzt werden, die während des gesamten Spielverlaufes durch Drücken von „F1" eingesehen werden kann. Besser wäre aber das sorgfältige Lesen der „*Informationen für die Schülerinnen und Schüler*" (siehe unten).

Im Anschluss an Ausgabe der Informationen oder deren Überspringen wird nach dem Namen des Verkaufsstands und des Inhabers gefragt, um auf diese Weise etwas den persönlichen Bezug zum Verwender herzustellen. Für das folgende Beispiel wird angenommen, dass der Inhaber „*Andi*" heißt und dass der Kiosk selbst den Namen „*Erfrischungen*" trägt.

Danach erscheint die Eingabe-Maske für den ersten Tag. Alle folgenden Tage zeigen den gleichen Aufbau:

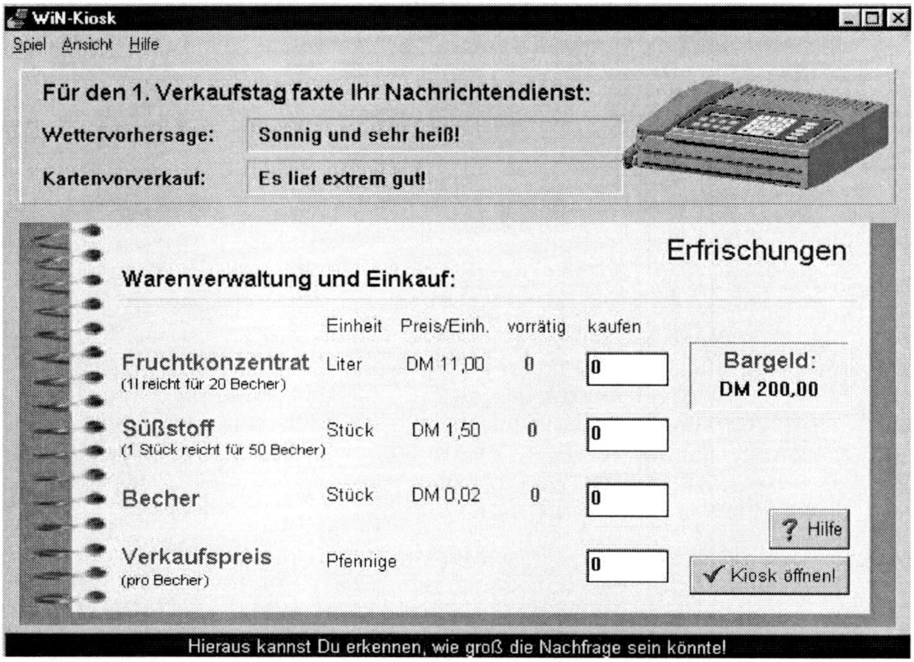
WiN-Kiosk
Spiel Ansicht Hilfe
Für den 1. Verkaufstag faxte Ihr Nachrichtendienst:
Wettervorhersage: Sonnig und sehr heiß!
Kartenvorverkauf: Es lief extrem gut!
Erfrischungen
Warenverwaltung und Einkauf:
Einheit Preis/Einh. vorrätig kaufen
Fruchtkonzentrat Liter DM 11,00 0 0
(1l reicht für 20 Becher)
Süßstoff Stück DM 1,50 0 0
(1 Stück reicht für 50 Becher)
Becher Stück DM 0,02 0 0
Verkaufspreis Pfennige 0
(pro Becher)
Bargeld:
DM 200,00
? Hilfe
Kiosk öffnen!
Hieraus kannst Du erkennen, wie groß die Nachfrage sein könnte!

Nun erfolgen die Eingaben, wobei das Programm nur Ziffern akzeptiert. Nach jeder Eingabe bei der Beschaffung von Rohstoffen prüft das Programm, ob dafür noch genügend Bargeld vorhanden ist. Ist dies der Fall, dann wird oben der neue Bestand gezeigt und das vorhandene Bargeld entsprechend vermindert.

Ist nicht mehr genügend Geld vorhanden, dann wird entsprechend informiert.

Schließlich soll der Preis pro Becher eingegeben werden. Zur Erleichterung wird der Preis in Pfennig verlangt. Das Programm akzeptiert daher auch nur Ziffern. Ferner werden negative Werte ausgeschlossen.

Eine Strategie bezüglich des Verkaufspreises ist am ersten Tag nicht möglich. Die richtige Verhaltensweise soll ja erst im Lauf des Spiels herausgefunden werden.

Beim Material empfiehlt es sich, am ersten Tag möglichst alles Bargeld auszugeben. Da die Zahl der Besucher zwischen 250 und 400 schwankt, ist damit die Obergrenze für die Zahl der Becher festgelegt. Das restliche Geld ist entsprechend auf Konzentrat und Süßstoff zu verteilen.

Werden diese Eingaben durch Klicken auf „Kiosk öffnen" bestätigt, dann beginnt der Verkauf. Sämtliche Veränderungen bei den Beständen und den verkauften Bechern werden auf dem Bildschirm gezeigt, so dass sich der Eindruck eines laufenden Bildes ergibt.

Folgender Bildschirm zeigt die Ergebnisse für den ersten Tag:

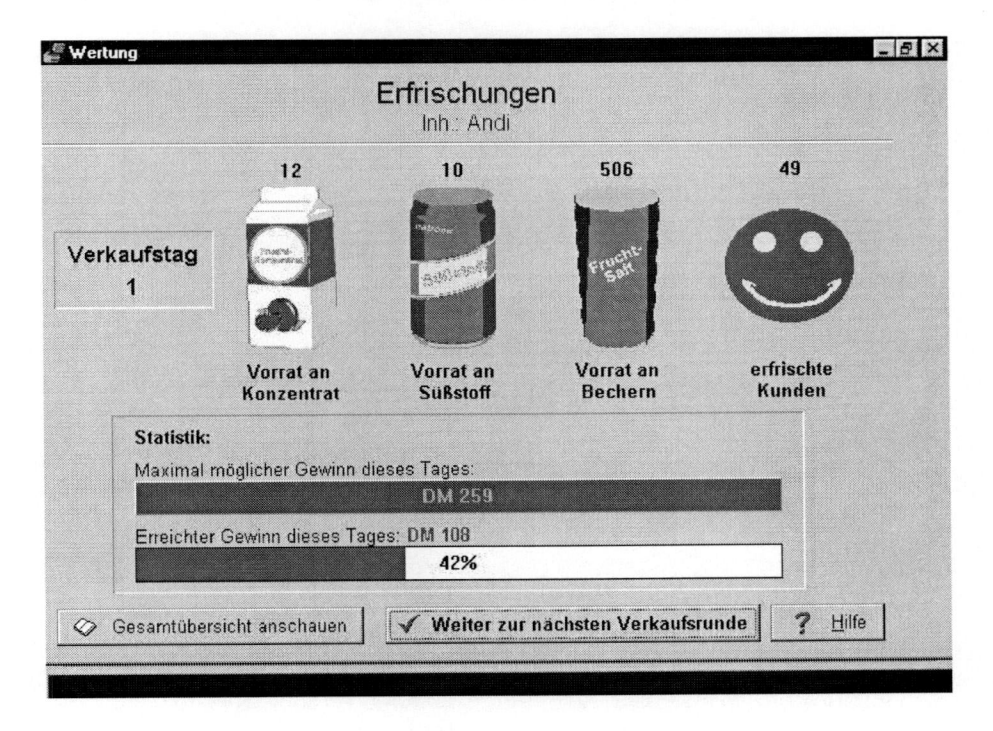

Das Ergebnis dieses ersten Tages ist als ziemlich schlecht einzustufen:

Nur 42% des an diesem Tag möglichen Gewinns wurden erreicht.

Aus der Zahl von lediglich 49 erfrischten Kunden kann man entnehmen, dass der verlangte Preis zu hoch war.

Die niedrige Absatzzahl zeigt sich auch daran, dass die Vorräte noch sehr hoch sind:

- 12 Einheiten Konzentrat
- 10 Einheiten Süßstoff
- 506 Becher

Für den nächsten Tag wäre also darauf zu achten, dass der Preis nicht zu hoch angesetzt wird.

![Wertung-Bildschirm: Erfrischungen, Inh.: Andi, Verkaufstag 2. Vorrat an Konzentrat: 18, Vorrat an Süßstoff: 19, Vorrat an Bechern: 270, erfrischte Kunden: 120. Statistik: Maximal möglicher Gewinn dieses Tages: DM 207. Erreichter Gewinn dieses Tages: DM 198 (95%).]

Dieser Bildschirm für den zweiten Tag zeigt eine erhebliche Verbesserung:

95% des an diesem Tag möglichen Gewinns wurden erreicht.

Nach dieser Verfahrensweise, also durch „trial and error", sollten die Schülerinnen und Schüler versuchen, ihre Ergebnisse zu verbessern.

Nachfolgender Bildschirm zeigt eine Zwischenbilanz nach fünf Runden. Solche Auswertungen können nach jeder Runde angefordert werden. Dabei hat man die Wahl zwischen einer tabellarischen Darstellung wie hier oder einer grafischen Auswertung.

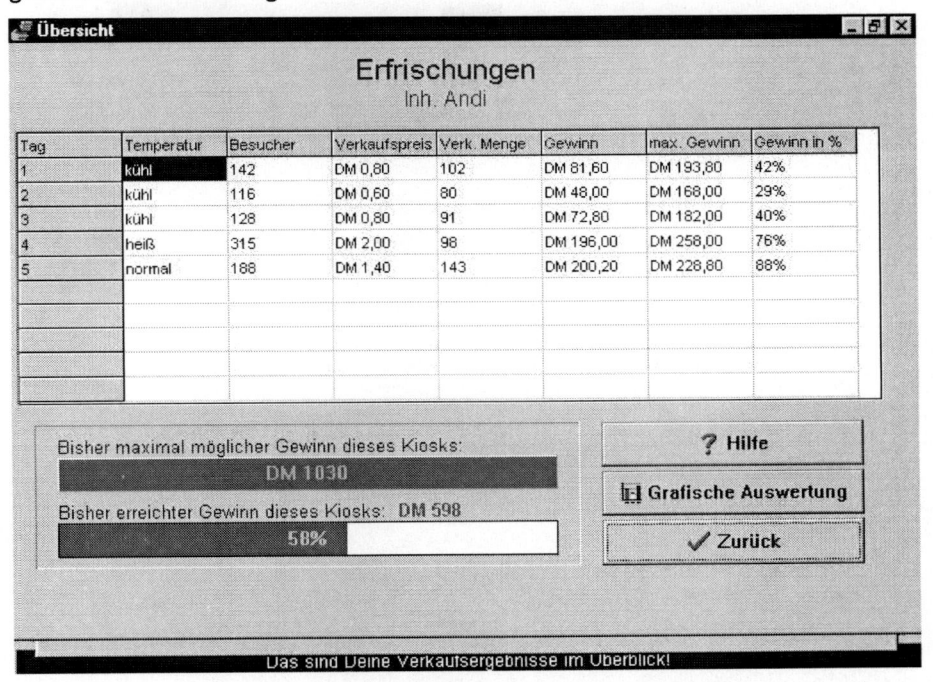

Erfrischungen
Inh. Andi

Tag	Temperatur	Besucher	Verkaufspreis	Verk. Menge	Gewinn	max. Gewinn	Gewinn in %
1	kühl	142	DM 0,80	102	DM 81,60	DM 193,80	42%
2	kühl	116	DM 0,60	80	DM 48,00	DM 168,00	29%
3	kühl	128	DM 0,80	91	DM 72,80	DM 182,00	40%
4	heiß	315	DM 2,00	98	DM 196,00	DM 258,00	76%
5	normal	188	DM 1,40	143	DM 200,20	DM 228,80	88%

Bisher maximal möglicher Gewinn dieses Kiosks: DM 1030

Bisher erreichter Gewinn dieses Kiosks: DM 598 — 58%

Das sind Deine Verkaufsergebnisse im Überblick!

Das Ergebnis der bisherigen Runden in diesem neuen Beispiel ist nicht sehr erfreulich. Dies sieht man beim Vergleich zwischen der Spalte „Gewinn" und „max. Gewinn" oder als Zusammenfassung beider Spalten bei „Gewinn in %".

Lediglich am fünften Tag war das Ergebnis in etwa befriedigend, weil der erreichbare Gewinn zu 88% erreicht wurde.

Alle anderen Tage zeigen, dass der Preis nicht richtig gesetzt wurde.

Nach zehn Runden und Ende des Spiels könnte in unserem Beispiel das Ergebnis wie folgt aussehen:

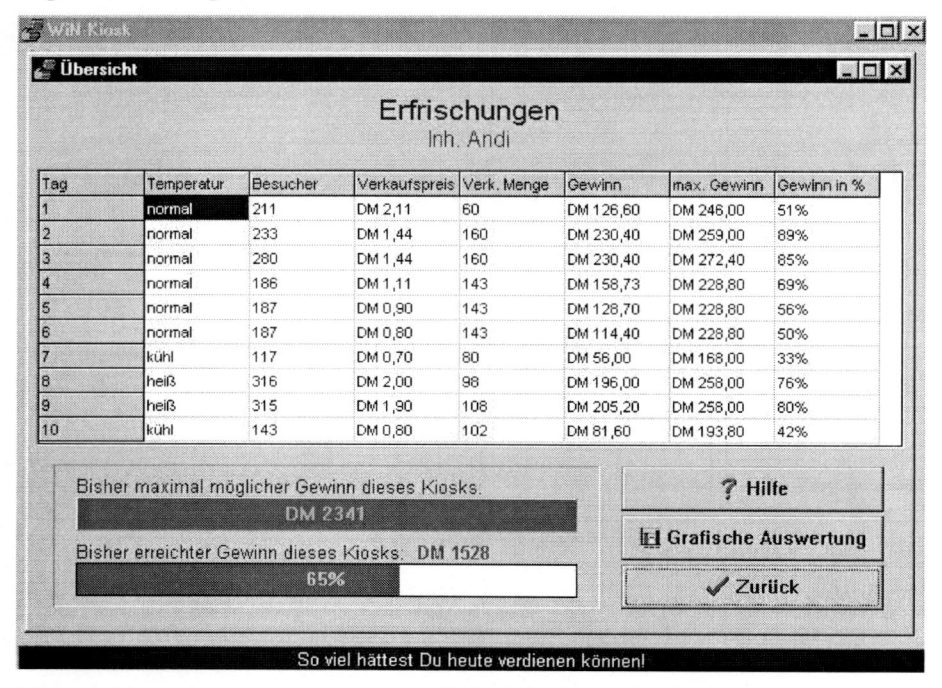

Erfrischungen
Inh. Andi

Tag	Temperatur	Besucher	Verkaufspreis	Verk. Menge	Gewinn	max. Gewinn	Gewinn in %
1	normal	211	DM 2,11	60	DM 126,60	DM 246,00	51%
2	normal	233	DM 1,44	160	DM 230,40	DM 259,00	89%
3	normal	280	DM 1,44	160	DM 230,40	DM 272,40	85%
4	normal	186	DM 1,11	143	DM 158,73	DM 228,80	69%
5	normal	187	DM 0,90	143	DM 128,70	DM 228,80	56%
6	normal	187	DM 0,80	143	DM 114,40	DM 228,80	50%
7	kühl	117	DM 0,70	80	DM 56,00	DM 168,00	33%
8	heiß	316	DM 2,00	98	DM 196,00	DM 258,00	76%
9	heiß	315	DM 1,90	108	DM 205,20	DM 258,00	80%
10	kühl	143	DM 0,80	102	DM 81,60	DM 193,80	42%

Bisher maximal möglicher Gewinn dieses Kiosks:
DM 2341

Bisher erreichter Gewinn dieses Kiosks: DM 1528
65%

? Hilfe
Grafische Auswertung
✓ Zurück

So viel hättest Du heute verdienen können!

Man sieht auch an diesem neuen Beispiel, dass die Gewinnchancen nicht gut genutzt wurden:

Lediglich der zweite und der dritte Tag sind mit jeweiligen Werten von über 80% des erreichbaren Gewinns erfolgreich. Bei den anderen Tagen waren die gesetzten Preise nicht richtig.

Dies verdeutlicht auch der nachfolgende Bildschirm mit der zugehörigen grafischen Darstellung dieses Beispiels.

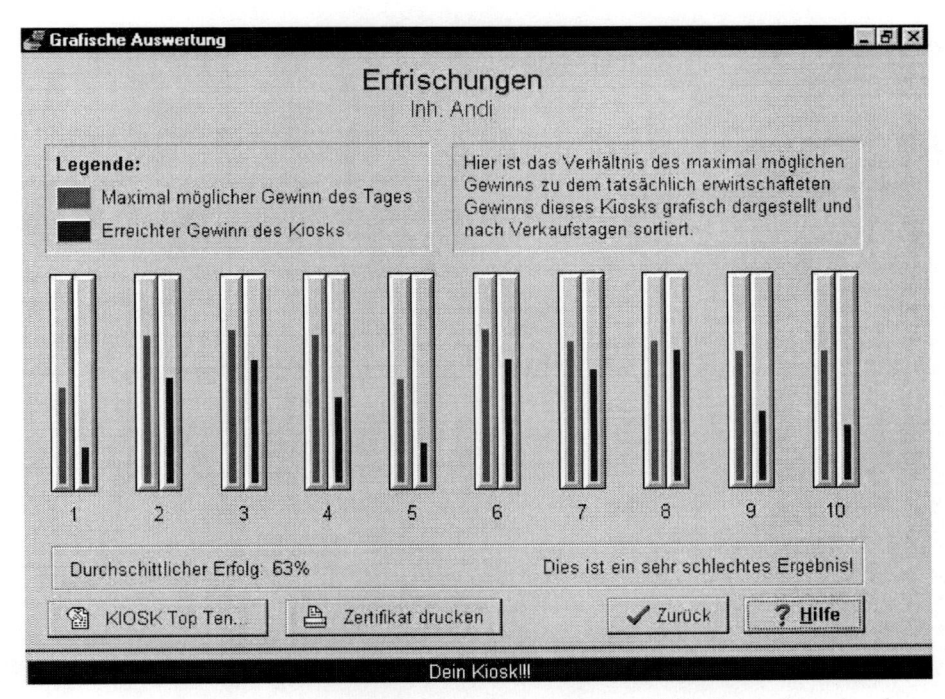

Bei dem vorstehenden Bildschirm werden noch zwei Möglichkeiten der Auswertung angeboten:

Zum einen können durch Anklicken des Buttons „*KIOSK Top Ten...*" die bisher erfolgreichsten Läufe auf dem jeweiligen PC abgerufen werden. Ist das Gesamtergebnis entsprechend, dann kann sich eine erfolgreiche Schülerin / ein erfolgreicher Schüler hier ebenfalls eintragen.

Eine zweite und besonders wichtige Möglichkeit bietet der Button „*Zertifikat drucken*". Das Programm druckt bei dieser Option die Ergebnisse für alle zehn Verkaufstage aus, und zwar Temperatur, Besucher, Preis, Absatz, erreichter Gewinn, maximal möglicher Gewinn und die jeweilige Erfolgsquote.

Auf der Grundlage dieses Ausdrucks können die Ergebnisse der Schülerinnen und Schüler im einzelnen besprochen werden.

d) Abschließende Bemerkungen zur Frage des „gerechten" Preises

Verschiedentlich wurde von Spielerinnen und Spieler erwähnt, dass doch ein Preis von 190 oder 210 Pfennig für einen Becher Limonade in WiN-KIOSK zu hoch oder ungerecht sei.

Das Spiel gibt hier Gelegenheit - falls gewünscht - auf die Gerechtigkeit bei der Preisbildung einzugehen.

Im wesentlichen genügt der Hinweis, dass es bei der Preisbildung nicht in erster Linie auf die Kosten ankommt, sondern auf das Verhältnis von Angebot und Nachfrage. Der Preis, der sich aus Angebot und Nachfrage bei funktionierendem Wettbewerb ergibt, wird im allgemeinen als „gerecht" angesehen.

Da beim Programm WiN-KIOSK ein Monopol vorliegt, kann man davon ausgehen, dass die Preise tatsächlich überhöht sind.

Würde Wettbewerb bestehen, dann würden hohe Gewinne auf die Dauer andere Unternehmen anlocken, die ebenfalls Saft anbieten und mit Sicherheit durch niedrigere Preise zumindest einen Teil der Nachfrage an sich ziehen wollten.

Möglicherweise ist dies auch deshalb nicht möglich, weil eine Erlaubnis erforderlich ist, die von einem Verein oder evtl. der Gemeinde erteilt werden muss.

Das Programm bietet dadurch einen Einstieg zur Besprechung des Problems, dass in manchen wirtschaftlichen Bereichen durch staatliche „Lizenzen" der Wettbewerb zugunsten der Verbraucherinnen und Verbraucher durch den Staat vermindert oder sogar ganz verhindert wird.

Die nachfolgenden Seiten sind Kopiervorlagen, die Schülerinnen und Schüler anhand ausführlicher Beispiele vertieft in das Thema des Programms einführen.

Die Kopiererlaubnis für diese Seiten wird hiermit erteilt.

Die Standbesitzer werden als Geschäftsleute mit „Sie" angesprochen.

WiN-Kiosk - Informationen für die Schülerinnen und Schüler

1. Wirtschaftskundliche Informationen

a) Aufgabenstellung

Beim Programm WiN-KIOSK schlüpfen Sie in die Rolle des Besitzers bzw. der Besitzerin eines Getränkestandes.

Es handelt sich um einen Stand in der Nähe von Sportanlagen und er ist der einzige in der näheren Umgebung. An insgesamt zehn Tagen, jeweils am Samstag, verkaufen Sie dort Zitronen-Limo.

Da Ihr Getränkestand der einzige in der Umgebung ist, kann man von einem Monopol sprechen.

Die Aufgabe in diesem Computer-Spiel besteht aus zwei Teilen:
- Jeweils am Tag vorher sind die notwendigen **Rohstoffe und das Material beschaffen**.
- Außerdem muss man für jeden Tag den **Preis festlegen**, zu dem ein Becher Limo verkauft wird.

Zu Beginn des Spiels haben Sie ein Startkapital von DM 200,- zur Verfügung. Davon müssen Sie für den ersten Tag folgendes einkaufen:
- **Zitronen-Konzentrat** in Liter-Flaschen zum Preis von DM 11,- pro Flasche. Eine Flasche Konzentrat reicht für 20 Becher LIMO.
- **Süßstoff** in Packungen zu jeweils 50 Stück, so dass eine Packung für 50 Becher ausreicht. Eine Packung Süßstoff kostet DM 1,50.
- **Pappbecher** in der Größe 0,5 Liter zum Preis von DM 0,02 pro Stück.

Beim Einkauf müssen Sie darauf achten, dass Sie immer genügend Rohstoffe und Becher haben, um an alle Leute, die Limo kaufen wollen, auch tatsächlich verkaufen zu können.

WiN-Kiosk - Informationen für die Schülerinnen und Schüler (- 2 -)

Bei den Einkäufen besteht allerdings folgendes Problem:

Man weiß am Tag vorher nicht, ob viele oder nur wenige Leute an dem Stand vorbeikommen werden. Dies hängt nämlich davon ab, ob auf den Sportanlagen in der Nähe viel oder wenig Betrieb ist.

Die Zahl der Besucher - aber das müssen nicht auch Käufer sein - schwankt nach den bisherigen Erfahrungen zwischen 250 und 400.

Ein weiterer unsicherer Umstand ist das Wetter. Es kann heiß oder auch kühl und regnerisch sein. Darüber werden Sie an jedem Tag durch eine Meldung aus dem Radio informiert. Hier gilt natürlich die Regel, dass bei heißem Wetter die Leute mehr Limo kaufen werden als bei Regen und niedrigen Temperaturen.

Angenehm ist bei den Einkäufen für Sie, dass die Rohstoffe und das Material nicht so schnell verderben. Sie können daher Vorräte, die an einem Samstag nicht benötigt werden, an den kommenden Tagen wieder verwenden, also so lange lagern.

Allerdings sollten Sie bei der Bildung von Lagern folgendes beachten: Am Schluss des Spiels, also nach dem **zehnten** Tag, sollten Ihre Bestände an Rohstoffen und Material möglichst gering sein. Ist der Wert Ihres Lagers nämlich größer als DM 50,- , dann gibt es bei der Bewertung Ihres Abschneidens Abzüge.

Ihre zweite Aufgabe beim Spiel ist die Preisfestsetzung. Sie müssen darüber entscheiden, wie hoch der Preis für einen Becher Limo in Pfennig sein soll. Dabei ist zunächst nur klar, dass der Preis pro Becher mindestens 60 Pfennig betragen muss, denn so hoch sind Ihre eigenen Einkaufskosten. Hinzu kommt, dass Sie sicher nicht umsonst arbeiten wollen.

Nach oben gibt es im Grunde keine Grenze, denn in einer Marktwirtschaft kann grundsätzlich jedes Unternehmen seinen Verkaufspreis beliebig hoch festlegen. Das Programm sieht nur eine obere Grenze von 240 Pfennig vor. Höhere Preise werden einfach auf 240 Pfennig beschränkt.

Es gibt also einen breiten Bereich, in dem Sie den Preis festlegen können. Dabei sind im einzelnen folgende wirtschaftliche Umstände wichtig:

Ihr Ziel soll es sein, an jedem Tag möglichst viel Gewinn zu erwirtschaften. Alle Ihre Überlegungen müssen also auf dieses Ziel ausgerichtet sein.

WiN-Kiosk - Informationen für die Schülerinnen und Schüler (- 3 -)

b) Berücksichtigung der Nachfrage

Als alleiniger Verkäufer von Zitronen-Limo, d.h. als Monopolist, haben Sie den großen Vorteil, nicht auf das Verhalten von anderen Unternehmen achten zu müssen. Es fehlt also die Konkurrenz.

Von daher könnten Sie immer den höchsten Preis festlegen, ohne befürchten zu müssen, dass die Leute bei einem anderen Stand ihre Limo kaufen. Das Einkaufsverhalten der Leute wollen wir im folgenden **NACHFRAGE** nennen. Man kann also sagen, dass Sie das Verhalten der Nachfrage bei unterschiedlichen Preisen beachten müssen.

Dieses Verhalten der Nachfrage wollen wir anhand einiger Beispiele etwas näher untersuchen.

- Zunächst wollen wir annehmen, dass von Ihnen als Preis 220 Pfennig festgelegt werden, also ein ziemlich hoher Preis. Das übliche Verhalten der Nachfrage ist so, dass bei einem hohen Preis weniger von einer Ware gekauft wird. So könnte es sein, dass bei diesem Preis nur 70 Becher an einem Tag gekauft werden.
- Nehmen wir als nächstes an, dass Sie den Preis auf 180 Pfennig senken. Dann würden die Leute sicher mehr kaufen, d.h. die Nachfrage wäre größer. Nehmen wir an, Sie könnten dann 100 Becher verkaufen.
- Schließlich könnten Sie den Preis noch weiter senken, z.B. auf 140 Pfennig pro Becher. Dann wäre Ihr Absatz in unserem Beispiel sogar 130 Stück.

Wenn Sie noch viele derartige Experimente in Gedanken machen würden, ergäbe sich eine ganze Reihe von Preisen und zugehörigen Mengen. Eine solche Reihe paarweiser Beziehungen von Preisen und nachgefragter Menge nennt man **NACHFRAGEKURVE**.

Es ist also klar, dass bei niedrigem Preis Ihr **Absatz** hoch ist, während bei hohem Preis die abgesetzte Menge gering ist. Nun kommt es aber nicht auf einen möglichst hohen Absatz, sondern auf einen möglichst hohen Gewinn an. Dieser ist bei unseren drei Beispielen unterschiedlich, was wir jetzt durchrechnen können.

WiN-Kiosk - Informationen für die Schülerinnen und Schüler (- 4 -)

Am einfachsten stellt man dabei zunächst auf den einzelnen Becher ab. Dabei ergibt sich folgende Rechnung:

	1.Beispiel	2.Beispiel	3.Beispiel
Erlös pro Becher	220	180	140
Kosten pro Becher	60	60	60
Gewinn pro Becher	160	120	80
Multipliziert mit der Absatzmenge	70	100	130
ergibt als Gewinn in DM	112,-	120,-	104,-

Das Beispiel zeigt, dass der Gewinn bei einem Preis von 180 Pfennig pro Becher mit DM 120,- am größten ist. Der zweitgrößte Gewinn ergibt sich mit DM 112,- beim Preis 140. Am niedrigsten ist der Gewinn mit DM 104,- beim Preis 220 Pfennig.

Möglicherweise haben wir den höchsten Gewinn noch gar nicht gefunden. Vielleicht wäre er beim Preis 160 oder 155 noch größer.

Allgemein zeigt sich an diesem Beispiel folgendes:
- Bei hohem Preis ist zwar der Gewinn pro Stück hoch, aber die verkaufte Menge klein.
- Bei niedrigem Preis ist der Gewinn pro Stück niedrig, aber die verkaufte Menge groß.
- Entscheidend ist jedoch das Produkt aus Gewinn pro Stück und verkaufter Menge.

Nach dem „richtigen" Preis, der zum höchsten Gewinn führt, müssen Sie also regelrecht suchen, indem Sie verschiedene Preise festlegen und die Entwicklung des Gewinns beobachten.

WiN-Kiosk - Informationen für die Schülerinnen und Schüler (- 5 -)

c) Veränderungen der Nachfrage

Leider wird es für Sie im Computer-Spiel WiN-KIOSK noch etwas komplizierter, weil die Nachfrage nicht immer gleich ist.

Sie bekommen jeden Tag eine Mitteilung über das Wetter und über den Betrieb auf den Sportanlagen.

Lautet diese beispielsweise, dass es heiß ist und auf den Sportanlagen viel Betrieb herrscht, dann bedeutet das, dass die Nachfrage größer ist.

Herrscht hingegen nur wenig Betrieb und ist es kühl und regnerisch, dann ist die Nachfrage entsprechend klein.

Eine Nachfrage-Situation bei schlechtem Wetter und wenig Betrieb auf den Sportanlagen bedeutet im wesentlichen, dass von Ihnen zu jedem Preis weniger verkauft werden kann. Nennt man die erste geschilderte Marktlage „Nachfrage 1" und die Marktlage bei wenig Sportbetrieb „Nachfrage 2", dann könnte folgende Situation bestehen:

Preis	Nachfrage 2	Nachfrage 1
220	40 Becher	70 Becher
180	60 Becher	100 Becher
140	70 Becher	130 Becher

An dieser Veränderung der Nachfrage kann man nichts ändern! Der Höchstgewinn wird unter diesen Umständen niedriger als bei der Situation „Nachfrage 1" sein.

Vielmehr müssen Sie sich mit dem Preis an die neue Lage anpassen. Dieser Preis wird sicher niedriger als bei Nachfrage 1 sein müssen.

Sie sehen daran, dass selbst ein Monopolist auf die Gegebenheiten der Nachfrage achten muss. Wenn also das Wetter schlecht ist und auf den Sportanlagen wenig Betrieb herrscht, müssen Sie einen neuen Preis suchen, der Ihren Gewinn möglichst groß werden lässt.

WiN-Kiosk - Informationen für die Schülerinnen und Schüler (- 6 -)

In die andere Richtung verändert sich die Nachfrage, wenn das Wetter heiß ist und auf den Sportanlagen viel Betrieb herrscht. Dann wird die Nachfrage, die wir „Nachfrage 3" nennen wollen, so reagieren, dass bei jedem Preis mehr Limo gekauft wird.

Im Vergleich zu unserer ersten Nachfragekurve ist daher Ihre Situation bei Nachfrage 3 wesentlich günstiger:

Bei jedem Preis können Sie jetzt erheblich mehr als vorher verkaufen.

Die Unterschiede zu Nachfrage 1 könnten so aussehen:

Preis	Nachfrage 3	Nachfrage 1
220	120 Becher	70 Becher
180	160 Becher	100 Becher
140	200 Becher	130 Becher

Ihre Lage als Standbesitzer ist also bei viel Betrieb auf den Sportanlagen und schönem Wetter sehr verbessert. Wie stark sich Ihre Gewinnchancen verbessern können, zeigen folgende Beispiele:

	1.Beispiel	2.Beispiel	3.Beispiel
Erlös pro Becher	220	180	140
Kosten pro Becher	60	60	60
Gewinn pro Becher	160	120	80
Multipliziert mit der Absatzmenge	135	160	200
ergibt als Gewinn in DM	216,-	192,-	160,-

Es sei daran erinnert, dass diese Beispiele nicht unbedingt den höchstmöglichen Gewinn darstellen. Vielmehr gilt auch in der für Sie erfreulichen Situation von „Nachfrage 3", dass Sie den Preis suchen müssen, der Ihren Gewinn an diesem Tag maximiert.

WiN-Kiosk - Informationen für die Schülerinnen und Schüler (- 7 -)

Wie in der Wirklichkeit verbleibt für Sie auch beim Vorliegen der Informationen über das Wetter und den Sportbetrieb noch folgendes Problem:

Angenommen das Wetter sei schön und es herrsche viel Betrieb auf den Sportanlagen. Dann weiß man zwar, dass die Nachfrage groß ist und der Verkaufspreis pro Becher im oberen Bereich festgelegt werden kann. Aber man weiß nicht genau, wie viele Leute tatsächlich etwas kaufen werden. Selbst unter Berücksichtigung der Informationen Ihres „Nachrichtendienstes" müssen Sie deshalb noch etwas experimentieren, um den „richtigen" Preis zur Maximierung Ihres Gewinns zu finden.

Insgesamt gilt also für Ihr Verhalten als Standbesitzer und Monopolist:
- An jedem Tag müssen Sie auf die Nachfrage-Situation entsprechend der Meldung Ihres „Nachrichtendienstes" achten. Diese Nachfrage können Sie nicht beeinflussen.
- Je nach Situation müssen Sie den Preis höher oder niedriger festsetzen, wobei immer ein gewisses Risiko bleibt, da Sie die genaue Nachfrage nicht im voraus kennen.

Da sie jetzt aber die Tendenzen der Preisgestaltung kennen, könnte es Ihnen leichter gelingen, den „richtigen" Preis zu finden.

WiN-Kiosk - Informationen für die Schülerinnen und Schüler (- 8 -)

d) Überlegungen zum „gerechten" Preis

Abschließend soll noch aus der Sicht der Verbraucher die Frage untersucht werden, ob es „gerecht" ist, wenn der gleiche Becher Limo zu so verschiedenen Preisen verkauft wird. Der Inhalt ist ja der gleiche, gleichgültig ob das Wetter schön ist und viele oder wenige kaufen wollen.

Dazu ist daran zu erinnern, dass in einer Marktwirtschaft grundsätzlich folgendes gilt:

Gerecht ist **der** Preis, der sich bei funktionierendem Wettbewerb auf dem Markt ergibt.

Daraus folgt zunächst einmal, dass von den Kosten nicht die Rede ist. Auf die Kosten kommt es also zunächst nicht an. Die Kosten sind vielmehr für die Unternehmung nur eine langfristige untere Grenze, die der Preis auf die Dauer nicht unterschreiten darf. Andernfalls kann die Unternehmung nicht überleben.

In dem vorher erwähnten Grundsatz kommt jedoch eine wichtige Einschränkung vor, es heißt ja „bei funktionierendem Wettbewerb".

2. Simulation des Wettbewerbs mit „SIM-ABSATZ"

Das Programm SIM-ABSATZ läuft unter Windows und wird durch Doppelklick auf das vom Installationsprogramm erzeugte Symbol gestartet. Am besten sitzen zwei bis drei Schülerinnen und Schüler an einem PC und spielen gegen das Programm.

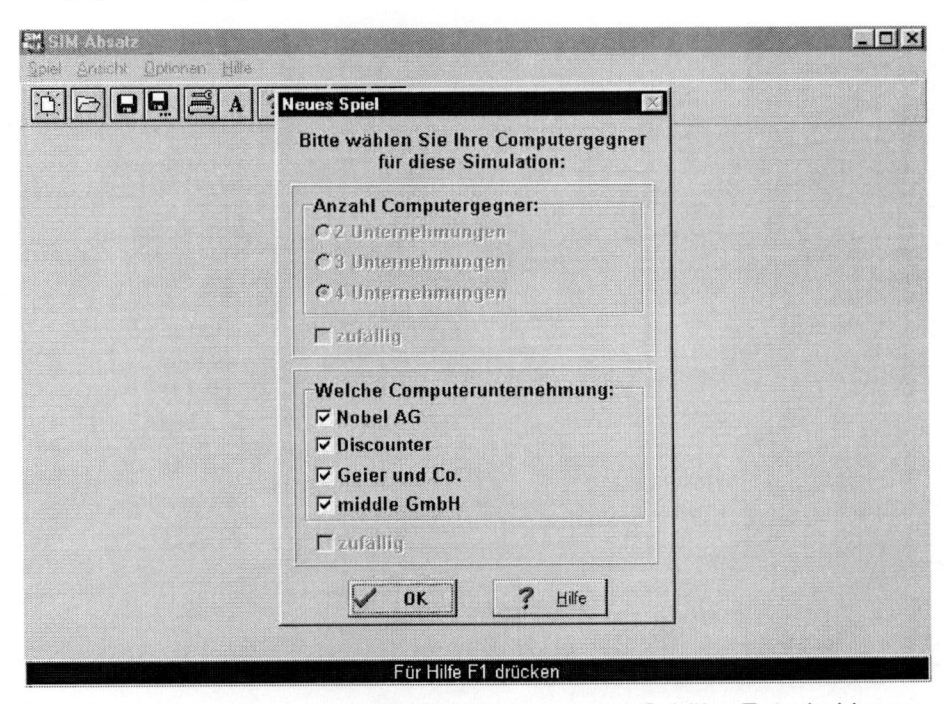

Bei dieser Simulation sollen die Schülerinnen und Schüler Entscheidungen über den Vertrieb eines Produkts treffen. Das Besondere besteht darin, dass im Programm vier Konkurrenten eingebaut sind. Deren Aktivitäten wirken im Hintergrund, wovon die Schülerinnen und Schüler nur auf Grund der eigenen Ergebnisse etwas erfahren.

Der vorstehende Bildschirm zeigt, dass als Konkurrenz vertreten sind:
- Nobel AG (vermutlich mit hohen Preisen und Vertriebsausgaben)
- Discounter (eher mit niedrigen Preisen)
- Geier & Co. (ebenfalls eine aggressive Unternehmung)
- middle GmbH (mit mittleren Preisen)

Grundlegende Ziele des Programms sind folgende:
- Die Spielerinnen und Spieler stellen fest, dass zwischen abgesetzter Menge, Umsatz bzw. Erlös und Gewinn deutlich unterschieden werden muss.
- Die Schülerinnen und Schüler sollen durch eigene Entscheidungen erfahren, dass der Preis nicht zu hoch und nicht zu niedrig sein darf.
- Die Schülerinnen und Schüler stellen fest, dass einerseits durch Ausgaben für den Vertrieb, z.B. Werbung, die abgesetzte Menge erhöht werden kann, andererseits dadurch der Gewinn vermindert wird.
- Die Spielerinnen und Spieler erfahren anhand der im Programm eingesetzten Konkurrenz, dass das Verhalten der Unternehmen auf einem Markt sehr unterschiedlich sein kann.
- Die Schülerinnen und Schüler üben sich bei der gemeinsamen Entscheidung in Diskussions- und Gesprächsfähigkeit.
- Schließlich sind für ein erfolgreiches Abschneiden auch Sorgfalt bei den vorbereitenden Berechnungen und bei der Eingabe notwendig.

Nach dem Start des Programms geben die Schülerinnen und Schüler einen mehr oder weniger phantasievollen Namen ein und werden vom Programm aufgefordert, ihre Entscheidungen zu treffen und einzugeben. Als Hilfestellung kann die Lehrperson folgende Informationen mitteilen:
- Die Herstellungskosten des Produkts betragen etwa 150DM.
- Der Absatz aller Unternehmen auf dem Gesamtmarkt betrug bisher 9.000 bis 13.000 Stück, was z.B. auch von der Werbung abhängig ist.
- Die Ausgaben für Werbung usw. betrugen bisher immer zwischen 1.000DM und 50.000DM.

Die entsprechenden Eingaben zeigt als Beispiel der nachfolgende Bildschirm:

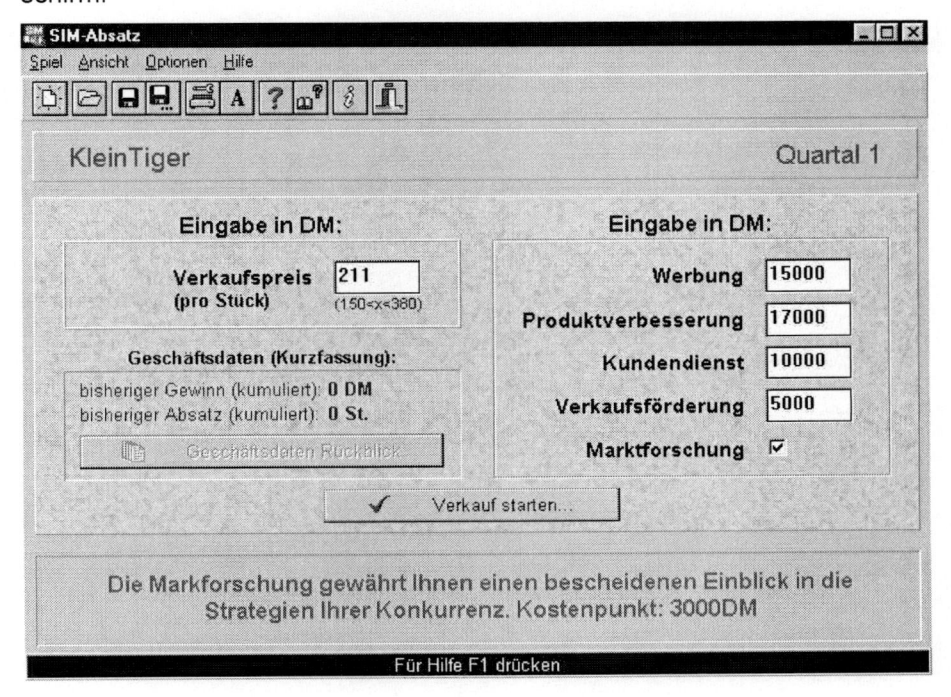

```
SIM-Absatz
Spiel  Ansicht  Optionen  Hilfe

KleinTiger                                          Quartal 1

       Eingabe in DM:                    Eingabe in DM:

       Verkaufspreis  [211]        Werbung           [15000]
       (pro Stück)    (150<x<380)  Produktverbesserung [17000]
                                   Kundendienst      [10000]
    Geschäftsdaten (Kurzfassung):  Verkaufsförderung [5000]
 bisheriger Gewinn (kumuliert): 0 DM
 bisheriger Absatz (kumuliert): 0 St.  Marktforschung  ☑
        Geschäftsdaten Rückblick

              ✓ Verkauf starten...

   Die Marktforschung gewährt Ihnen einen bescheidenen Einblick in die
   Strategien Ihrer Konkurrenz. Kostenpunkt: 3000DM

                  Für Hilfe F1 drücken
```

Man sieht, dass die Unternehmung *KleinTiger* einen Preis von 211DM eingegeben hat. Sie bewegt sich damit auf einem mittleren Preisniveau. Beim Preis werden vom Programm nur ganze DM-Beträge verarbeitet. Scheingenauigkeiten wie 211,05 sollen damit vermieden werden.

Dasselbe gilt für die Vertriebsausgaben. Hier wäre es sogar empfehlenswert, nur ganze Tausender einzugeben, so wie im oben stehenden Beispiel. Mit Verkaufsförderung sind die Ausgaben am Ort des Verkaufs (point of sale) angesprochen, z.B. Poster, Mützen, Faltblätter u. ä.

Anschließend werden die Schülerinnen und Schüler gefragt, ob sie Marktforschung wünschen. Wird hier angeklickt, dann erfahren die Spielerinnen etwas über die Absatzmenge und den Umsatz der anderen Unternehmen. Allerdings kostet die Marktforschung in jeder Runde 3.000DM.

Werden die Eingaben bestätigt mit einem Klick auf den Button „Verkauf starten..." , dann wird folgender Bildschirm gezeigt:

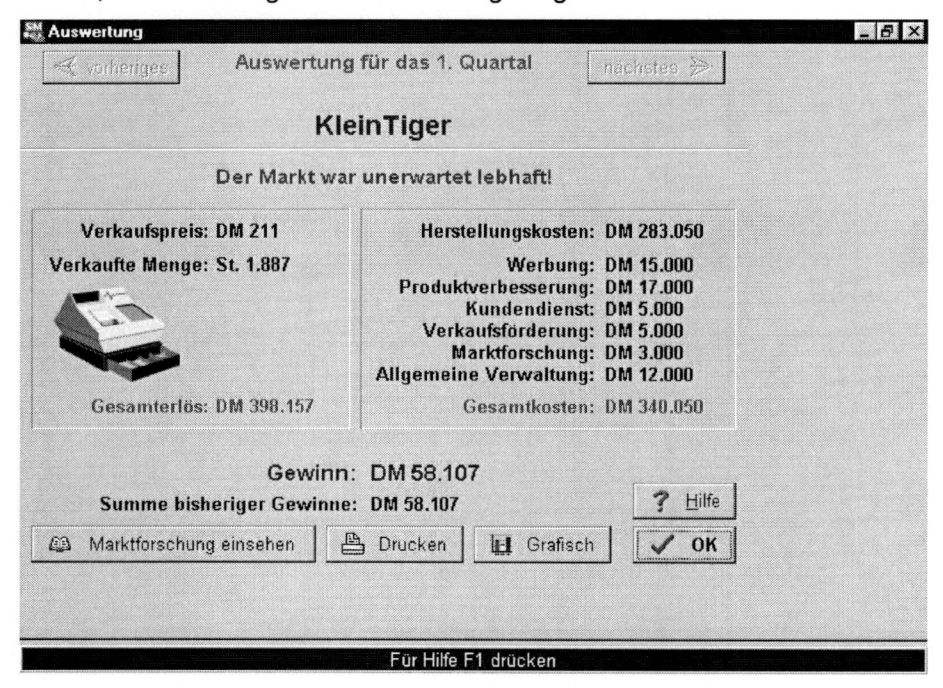

```
Auswertung                                                    _ □ ×
   vorheriges      Auswertung für das 1. Quartal    nächstes

                            KleinTiger

                    Der Markt war unerwartet lebhaft!

   Verkaufspreis: DM 211          Herstellungskosten: DM 283.050
   Verkaufte Menge: St. 1.887                Werbung: DM 15.000
                                 Produktverbesserung: DM 17.000
                                        Kundendienst: DM 5.000
                                    Verkaufsförderung: DM 5.000
                                      Marktforschung: DM 3.000
                                Allgemeine Verwaltung: DM 12.000
   Gesamterlös: DM 398.157              Gesamtkosten: DM 340.050

                       Gewinn:  DM 58.107
            Summe bisheriger Gewinne: DM 58.107
                                                      ?  Hilfe
   [Marktforschung einsehen] [Drucken] [Grafisch]   [✓ OK]

                          Für Hilfe F1 drücken
```

Die Unternehmung *KleinTiger* hat demnach 1887 Stück abgesetzt. Bei einem Marktvolumen von etwa 10.000 und vier Konkurrenten ist das ein gutes Ergebnis.

Die Schülerinnen und Schüler werden bei der Überprüfung des Ergebnisses auch feststellen, dass noch Kosten für Allgemeine Verwaltung abgezogen worden sind. Hier könnte man verdeutlichen, dass für die Gesamtkosten folgende Rechnung gilt:

Gesamtkosten:

   Herstellungskosten

 + Kosten für den Vertrieb

 + Kosten für die Allgemeine Verwaltung

 + Marktforschung

   Gesamtkosten

Schließlich sollte noch erwähnt werden, dass bei dieser Simulation alle Unternehmen die gleichen Herstellungskosten pro Stück haben.

Der nächste Bildschirm zeigt den Schülerinnen und Schüler die Resultate der Marktforschung:

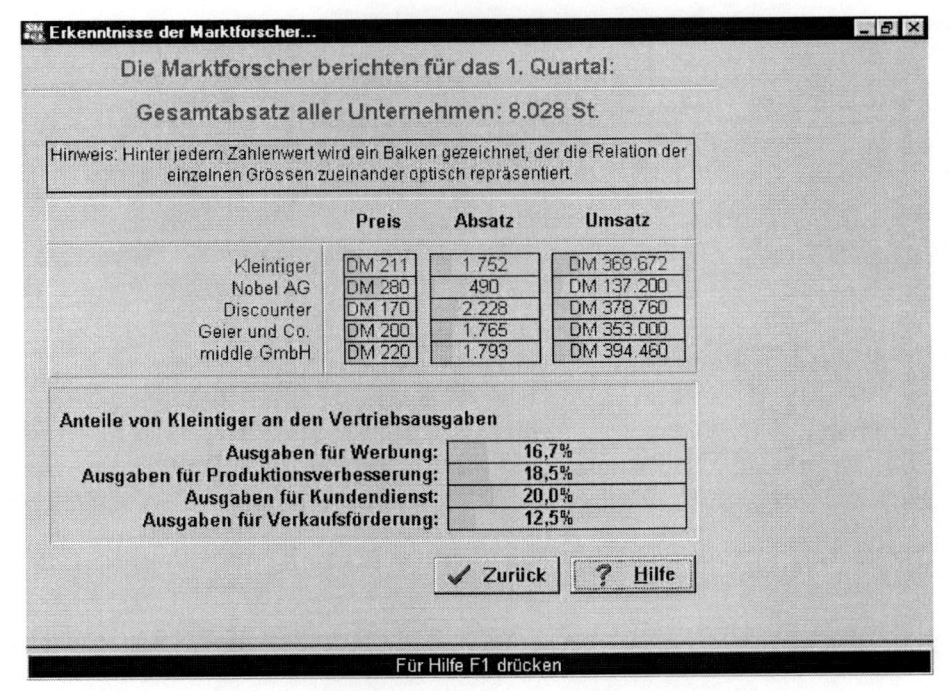

Erkenntnisse der Marktforscher...

Die Marktforscher berichten für das 1. Quartal:

Gesamtabsatz aller Unternehmen: 8.028 St.

Hinweis: Hinter jedem Zahlenwert wird ein Balken gezeichnet, der die Relation der einzelnen Grössen zueinander optisch repräsentiert.

	Preis	Absatz	Umsatz
Kleintiger	DM 211	1.752	DM 369.672
Nobel AG	DM 280	490	DM 137.200
Discounter	DM 170	2.228	DM 378.760
Geier und Co.	DM 200	1.765	DM 353.000
middle GmbH	DM 220	1.793	DM 394.460

Anteile von Kleintiger an den Vertriebsausgaben

Ausgaben für Werbung:	16,7%
Ausgaben für Produktionsverbesserung:	18,5%
Ausgaben für Kundendienst:	20,0%
Ausgaben für Verkaufsförderung:	12,5%

✓ Zurück   ? Hilfe

Für Hilfe F1 drücken

Die Schülerinnen und Schüler erfahren nun etwas über die Konkurrenz:

Die fremde Unternehmung *Discounter* hat mit einem Absatz von 2.228 Stück offensichtlich mit niedrigen Preisen gearbeitet.

Das andere Extrem ist die fremde Unternehmung *Nobel AG*. Sie hat nur 490 Stück verkauft, was auf einen hohen Preis schließen lässt.

Die Unternehmen *Geier & Co.* und *middle GmbH* scheinen ähnliche Strategien wie die eigene Unternehmung zu verfolgen.

Bei den Anteilen an den Vertriebsausgaben müsste unsere Unternehmung *KleinTiger* bei insgesamt fünf Unternehmen auf etwa 20% kommen. Dies ist bei der Produktverbesserung und dem Kundendienst etwa erfüllt. Bei den Ausgaben für Werbung und der Verkaufsförderung liegt *KleinTiger* unter dem Durchschnitt. Hier wäre zu überlegen, ob in der nächsten Runde die Ausgaben erhöht werden sollten.

Nach insgesamt vier Runden ist das Spiel beendet und folgender Bildschirm wird gezeigt:

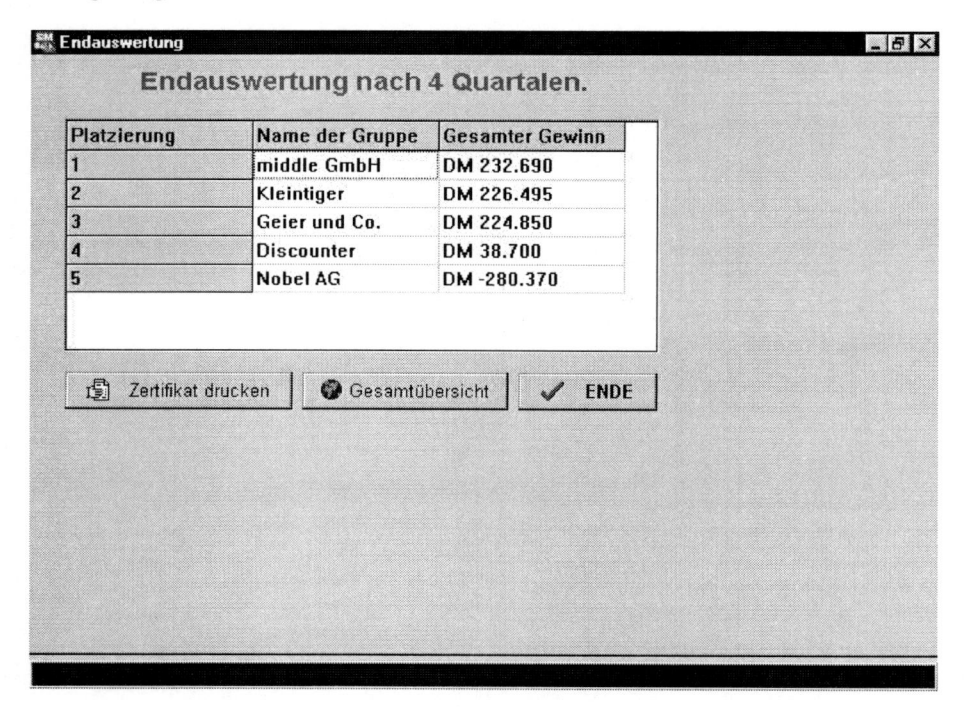

Endauswertung nach 4 Quartalen.

Platzierung	Name der Gruppe	Gesamter Gewinn
1	middle GmbH	DM 232.690
2	Kleintiger	DM 226.495
3	Geier und Co.	DM 224.850
4	Discounter	DM 38.700
5	Nobel AG	DM -280.370

Man sieht, dass die fremde Unternehmung *middle GmbH* mit einem Gesamtgewinn von 232.690DM aus allen vier Runden am erfolgreichsten war.

Unsere Unternehmung *KleinTiger* ist jedoch dicht dahinter und mit 226.495DM Gesamtgewinn ebenfalls sehr erfolgreich.

Geier & Co. ist knapp hinter uns, aber *Discounter* und die *Nobel AG* sind weit abgeschlagen.

Wie es zu diesem Gesamtergebnis zeigt der nachfolgende Bildschirm:

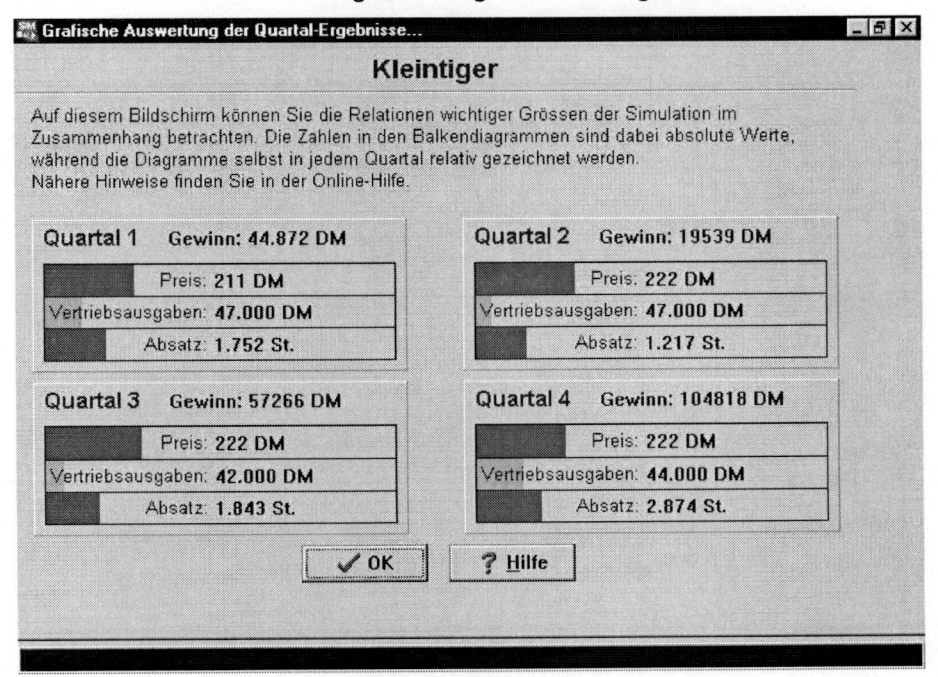

Grafische Auswertung der Quartal-Ergebnisse...

Kleintiger

Auf diesem Bildschirm können Sie die Relationen wichtiger Grössen der Simulation im Zusammenhang betrachten. Die Zahlen in den Balkendiagrammen sind dabei absolute Werte, während die Diagramme selbst in jedem Quartal relativ gezeichnet werden.
Nähere Hinweise finden Sie in der Online-Hilfe.

Quartal 1 Gewinn: 44.872 DM
- Preis: 211 DM
- Vertriebsausgaben: 47.000 DM
- Absatz: 1.752 St.

Quartal 2 Gewinn: 19539 DM
- Preis: 222 DM
- Vertriebsausgaben: 47.000 DM
- Absatz: 1.217 St.

Quartal 3 Gewinn: 57266 DM
- Preis: 222 DM
- Vertriebsausgaben: 42.000 DM
- Absatz: 1.843 St.

Quartal 4 Gewinn: 104818 DM
- Preis: 222 DM
- Vertriebsausgaben: 44.000 DM
- Absatz: 2.874 St.

[✓ OK]   [? Hilfe]

Man sieht, dass in der zweiten Runde von unserem Unternehmen *KleinTiger* der Preis auf 222DM erhöht wurde, während die Vertriebsausgaben mit 47.000DM konstant gehalten wurde.

In der dritten Runde blieb der Preis konstant und die Vertriebsausgaben wurden kaum verändert.

Möglicherweise hätte der Gewinn erhöht werden können, wenn die Vertriebsausgaben etwas gesenkt worden wären.

Solche Aspekte könnten die Schülerinnen und Schüler beraten, bevor ein neuer Lauf durchgeführt wird. Auch eine Änderung des Preises wäre zu diskutieren und in einem weiteren Lauf zu testen.

Im besten Fall wird so lange experimentiert, bis die eigene Unternehmung am erfolgreichsten abschneidet.

Zum Abschluss des Programms kann ein „Zertifikat" ausgedruckt werden, das z. B. folgendes mitteilt:

Zertifikat

über die Teilnahme an SIM-Absatz am 5.10.99

KleinTiger

++ Rang 2 ++

Nach vier Quartalen hat die Unternehmung KleinTiger einen Gesamtgewinn von DM 226.495 erwirtschaftet!

Auf dem Markt traten insgesamt 5 Unternehmen auf.

Im folgenden sind die Gesamtergebnisse aufgelistet:

Platzierung	Unternehmung	Gewinn
1	middle GmbH	DM 232.690
2	KleinTiger	DM 226.495
3	Geier & Co.	DM 224.850
4	Discounter	DM 38.700
5	Nobel AG	DM -280.370

Das Programm SIM-ABSATZ ist als Shareware bei folgender Adresse erhältlich:

www.wn-learnware.de

3. Simulation betrieblicher Abläufe mit „CHEF"

a) Kurzbeschreibung

In diesem Kapitel wird die Unternehmenssimulation CHEF vorgestellt. Auch CHEF fällt unter die Kategorisierung der didaktische Simulationen.

Simuliert wird ein Produktionsbetrieb, in dem Rohstoffe eingekauft, mit Maschinen bearbeitet und als Fertigwaren wieder verkauft werden. Ziel der Simulation ist die Erlangung von optimalem Gewinn innerhalb einer festgesetzten Anzahl von Spielmonaten. Dem Chef stehen Angestellte und Arbeiter zur Verfügung, die die Büroarbeiten und die Arbeit an den Maschinen erledigen. Die verschiedenen Geldgeschäfte werden größtenteils über Bankkonten abgewickelt. Es besteht neben einem Girokonto ein Kapitalanlagekonto sowie ein Kreditkonto. Um eine Konjunktur zu simulieren, werden Rohstoff- und Fertigwarenpreise, Soll- und Habenzinsen einer monatlichen Schwankung unterworfen.

b) Technische Voraussetzungen

CHEF läuft unter allen Windows-Systemen (Win 3.x, Win 9x, Win NT). Ein Standard Pentium PC ist für den Betrieb vollkommen ausreichend. Ein weiterer Vorteil des Produktes ist sein geringer Speicherbedarf von ca. 1,2MB. CHEF wird vollständig auf der Festplatte installiert.

c) Die Komponenten des Modells

Die Zahl der Variablen, die in Chef simuliert werden, ist relativ gering. Auch die Beziehungen zwischen den einzelnen Werten bleiben auf einem durchschaubaren Niveau. Bei einem solchen Modell kann man die Vorgänge im Prinzip immer direkt nachrechnen. Dies zeigt deutlich den didaktischen Charakter der Simulation. Es sollen eben keine neuen Erkenntnisse aus den Simulationsläufen ableitbar sein, sondern bekannte Zusammenhänge möglichst anschaulich und leicht verständlich vermittelt werden.

In der folgenden Tabelle werden nun die Komponenten des Modells im einzelnen dargestellt und erläutert. Werte, auf die das didaktische Augenmerk gelenkt werden soll, sind fett gedruckt.

Komponente	Beschreibung	
	Bedingung	Datenherkunft
Angestellte	Wird das Mindestverhältnis der Arbeiter und Angestellten überschritten, entstehen zwar unnötige Kosten, die Produktion wird jedoch nicht beeinflusst! Wird das Verhältnis unterschritten, so werden Verwaltungsaufgaben nur unvollständig erledigt. Dies führt zu Verlusten.	
	Mindestverhältnis. Angestellte : Arbeiter 1 : 3	Benutzereingabe jede Runde möglich
Gehälter	Festlegung von Gehältern, die unter das angenommene Existenzminimum von 2.000DM gehen, werden nicht akzeptiert. Nach oben ist hier die Begrenzung des CHEF lediglich seine Finanzkraft.	
	> 2000	Benutzereingabe jede Runde möglich
Arbeiter	Die Überschreitung des Mindestverhältnisses bringt auch hier lediglich unnötige Kosten und keine Produktionsveränderung. Bei Unterschreitung produzieren nur die besetzten Maschinen.	
	Mindestverhältnis Arbeiter : Maschinen 2 : 1	Benutzereingabe jede Runde möglich
Löhne	Festlegung von Löhnen, die unter das angenommene Existenzminimum von 1.500DM gehen, werden nicht akzeptiert. Nach oben ist hier die Begrenzung des CHEF lediglich seine Finanzkraft.	
	> 1500	Benutzereingabe jede Runde möglich

Komponente	Beschreibung	
	Bedingung	**Datenherkunft**
Maschinen	Der Preis beim Kauf einer Maschine beträgt 10.000DM.	
	Der Wert einer Maschine wird durch Abnutzung nach jeder Produktion geringer. Die Wertminderung (Abschreibung) beträgt monatlich linear 1% des Kaufpreises der Maschine.	
	Die Kapazität einer Maschine beträgt 1000 Einheiten, das bedeutet, dass jede Maschine während eines Produktionsablaufs Rohstoffe im Wert von 1000 Einheiten verarbeitet.	
		Benutzereingabe jede Runde möglich
Kapazität	Bezeichnet die Menge von Rohstoffen, die durch die Maschinen in jeder Runde zu Fertigwaren verarbeitet werden können.	
		1000 * ANZAHL MASCHINEN
Rohstoffe	Rohstoffe kosten durchschnittlich 1DM pro Einheit. Für 15 Maschinen mit einer Gesamtkapazität von 15.000 Einheiten muss man also im Normalfall 15.000DM in Rohstoffe investieren, um eine Auslastung zu erreichen.	
	Zu zahlender Betrag <= Bankguthaben	Benutzereingabe jede Runde möglich
Kurswert Rohstoffe	In jeder Runde kann der Kurswert bis zu 10 % über bzw. unter Normal betragen. 10.000 Einheiten kosten also bei einem Kurswert von 110% 11.000DM	
	Zu zahlender Betrag <= Bankguthaben	**zufällig** +- 10% von 1 pro Einheit

Komponente	Beschreibung	
	Bedingung	Datenherkunft
Lagerbestand	Menge des vorhandenen Lagerbestands. Der Wert des Lagerbestandes beträgt nach der Produktion das 6fache der verarbeiteten Rohstoffeinheiten. Wurden also 15.000 Einheiten Rohstoffe verarbeitet, so haben diese einen Normalwert von 15.000*6 = 90.000DM	
	Kapazität * 6, wenn ausreichend Rohstoffe	Benutzereingabe jede Runde möglich
Kurswert Fertigwaren	In jeder Runde kann der Kurswert bis zu 10 % über bzw. unter Normal betragen. Verkauft man also einen Lagerbestand von 90.000DM zu einem Kurswert von 90%, so erhält man dafür nur 81.000DM.	
		zufällig +- 10% von 6DM / Einheit
Zeitwert	Wert der Maschinen minus die Abschreibung aus allen bereits gespielten Runden.	
		10000 * ANZAHL MASCHINEN - (1% * RUNDEN)
Bargeld	Über die Bargeldkasse können nur Maschinen und Rohstoffe gekauft/verkauft werden. Das Geld kann in jeder Runde auf bzw. von den Bankkonten transferiert werden.	
		Benutzereingabe jede Runde möglich
Bankguthaben	Vom Bankguthaben werden die Betriebskosten („Geldbedarf") der einzelnen Runden gedeckt. Transfers von/zu anderen Gelddepots sind in jeder Runde möglich.	
	>= Geldbedarf	Benutzereingabe jede Runde möglich
Habenzinsen	Die Habenzinsen des Girokontos sind konstant bei 0.5%	
		0.5% * Bankguthaben

Komponente	Beschreibung	
	Bedingung	**Datenherkunft**
Bankkredit	Die Bank gewährt immer nur einen Kredit in Relation zu den aktuell vorhandenen Aktiva (Maschinen, Rohstoffe, Fertigwaren). Alle aufgenommenen Kredite werden zu einer kumulierten Summe zusammengerechnet.	
		Benutzereingabe jede Runde möglich
Sollzinsen	Der Sollzinssatz schwankt zwischen 12% und 15%. In jeder Runde werden die Zinsen mit dem aktuellen Zinssatz berechnet und vom Einkommen abgezogen.	
		Zufällig
		Kum. Kreditsumme * Zinssatz
Kapitalanlage	Das Kapitalanlagekonto entspricht in der Realität etwa einem Festgeldkonto mit monatlicher Kündigungsfrist. Hier werden höhere Zinsen erreicht als auf dem Girokonto. Dafür kann das dort deponierte Geld nicht für die laufenden Kosten eingesetzt werden.	
		Benutzereingabe jede Runde möglich
Anlagezinsen	Der Zinssatz auf dem Kapitalanlagekonto schwankt zwischen 7,0% und 10%.	
		zufällig
		Kapitalanlage * Zinssatz
Geldbedarf	Alle Ausgaben der aktuellen Runde werden hier zusammengerechnet:	
		Summe
		Löhne, Gehälter, Sollzinsen

Komponente	Beschreibung	
	Bedingung	**Datenherkunft**
Einkommen	Alle Erlöse der aktuellen Runde werden zusammengerechnet. Dabei ist der Betrag der produzierten Waren erst nach dessen Verkauf verfügbar.	
		Summe Warenverkauf, Habenzins, Anlagezinsen

d) Der Simulationsablauf

Das Simulationsmodell von CHEF ist dynamisch, wobei die Breakpoints zeitabhängig und unveränderbar gesetzt sind. Die Zeiteinheiten werden im Modell als Monate bezeichnet. Dies bedeutet, dass zu jeder Zeiteinheit die wichtigsten Grundwerte einsehbar werden und sich für die gesamten Zeiteinheit diskret verhalten. Aus der Übersicht in der oben gedruckten Tabelle lässt sich leicht erkennen, dass manche dieser Werte vom Benutzer steuerbar sind, andere von System statisch vorgegeben bzw. stochastisch ermittelt werden.

Das Ziel der Simulation, einen größtmöglichen Gewinn über alle Spielrunden hinweg zu erwirtschaften, ist von Anfang an bekannt und statisch. Es wird also im Simulationsverlauf nicht geändert. Genauso statisch ist der in der Tabelle beschriebene Umfang an Variablen. Es kommen im Spielverlauf also keine neuen Komponenten hinzu bzw. es werden keine Komponenten entfernt.

Die Vorgehensweise in den einzelnen Runden der Simulation ist über den Gesamtverlauf hin somit im Prinzip immer gleich. Dadurch kann der Simulationsablauf in die drei im folgenden dargestellten Phasen eingeteilt werden.

i) Betriebsgründung

Zu Beginn der Simulation können einige Rahmenbedingungen des Betriebes sowie Simulationsdauer festgelegt werden. Die vom System standardmäßig vorgeschlagenen Werte machen den Einstieg für den CHEF relativ einfach. Die Zahl der Angestellten und Arbeiter ist für den nicht veränderbaren Anfangswert von 15 Maschinen optimal. Mit den vorhandenen Geld bzw. Rohstoffreserven lassen sich grundsätzlich zwei Spielrunden ohne wesentliche Entscheidungen durch den Benutzer absolvieren.

Durch Veränderungen der Ausgangswerte kann man die Betriebsführung schwieriger und leichter gestalten, wobei das System immer einen gewissen Ausgleich schafft. Dies geschieht über die Festlegung der Höhe des Bankkredits, der zu Anfang der Simulation aufgenommen wird. Sie beträgt immer 70% des gesamten Betriebswertes. Der Betriebswert wiederum berechnet sich aus der Summe des (unveränderbaren) Startwertes des Maschinenparks von 150.000DM, dem gewählten Wert an Rohstoffvorräten und den verfügbaren Geldreserven. Aus den Standardwerten ergibt sich also folgende Rechnung:

	150.000DM	Maschinen
+	30.000DM	Rohstoffe
+	150.000DM	Geldreserven
	330.000DM	Betriebswert
*	70%	
	231.000DM	Bankkredit

Möchte sich ein CHEF zu Beginn höhere Geldreserven gönnen, so gleicht das Modell diese Entscheidung durch ein entsprechend höheres Kreditvolumen aus:

	150.000DM	Maschinen
+	30.000DM	Rohstoffe
+	250.000DM	Geldreserven
	430.000DM	Betriebswert
*	70%	
	301.000DM	Bankkredit

Dadurch werden auch im Modell die Gesetze der Realität wieder gültig. Denn zum einen kann Geld nicht aus dem Nichts entstehen und verfügbar sein und zum anderen ist es durchaus üblich, eine Existenzgründung auf bis zu 70% Fremdkapital aufzubauen.

ii) Simulation der Betriebsführung

In jeder Runde sieht der CHEF zunächst den Hauptbildschirm der Simulation, auf dem eine Übersicht über die wichtigsten Werte dargeboten wird.

Betriebsdaten im Monat Nr. 1

Angestellte:	10	Kapazität:	15.000 Einh.
Arbeiter:	30	Rohstoffe:	30.000 Einh.
Maschinen:	15	Lagerbestand:	0,00 DM
		Zeitwert:	150.000,00 DM

Bargeld:		50.000,00 DM
Bankguthaben:		100.000,00 DM
Bankkredit		231.000,00 DM
Kapitalanlage:		0,00 DM

Kosten und Erlöse des laufenden Monats

Gehälter (2.000,00/Angest.)	20.000,00 DM
Löhne (1.500,00/Arbeiter)	45.000,00 DM
Sollzinsen (13,00%)	2.502,50 DM
Geldbedarf	67.460,83 DM
Abschreibungen	1.500,00 DM
Rohstoffabnahme	15.000,00 DM

Produzierte Waren	90.000,00 DM
Habenzinsen (0,50%)	41,67 DM
Anlagezinsen (7,50%)	0,00 DM
Einkommen	90.041,67 DM

Betriebsergebnis bis heute:

Gewinn/Verlust	0,00 DM
Gesamtrendite	0,00 %

Betriebsergebnis diesen Monat:

Gewinn/Verlust	6.039,17 DM
Monatsrendite	2,54 %

[Produzieren]

Der Hauptbildschirm von Chef

Als Hilfestellung weist das System im Hauptbildschirm bei Nichterfüllung wichtiger Kriterien durch Farbänderung und Blinken auf den betroffenen Wert hin.

Hilfreich für die monatlichen Entscheidungen ist der „Expertentipp":

```
Nach Meinung von Experten werden sich Preise und
Zinsen im nächsten Monat folgendermaßen entwickeln:

Rohstoffe:
    Zur Zeit:                             98,0%
    Prognose: Preissenkung auf            91,0%

Fertigwaren:
    Zur Zeit:                             94,0%
    Prognose: Preiserhöhung auf          106,0%

Sollzinsen:
    Zur Zeit:                             13,25%
    Prognose: Zinssenkung um              -0,25%
```

Der monatliche Expertentipp

Hier bekommt der CHEF Hinweise auf die konjunkturelle Entwicklung in der nächsten Runde. Die gemachten Angaben sind immer verlässlich. Aus den hier dargestellten Hinweisen lässt sich beispielsweise ablesen, dass man einen Rohstoffkauf in dieser Runde möglichst vermeiden sollte. In der nächsten Runde werden die Rohstoffe günstiger. Sollten die vorhandenen Rohstoffreserven allerdings für eine Produktion nicht mehr ausreichen, so bleibt nichts anderes übrig, als zu den aktuellen Konditionen zu kaufen. Dazu wiederum benötigt man Geld, das man z.B. aus dem Verkauf von Fertigwaren einnehmen kann. Hierzu verrät der Expertentipp jedoch, dass es nicht ratsam scheint, in dieser Runde zu verkaufen. Denn bei einem Warenwert von 100.000DM würde man nun nur 94.000DM erhalten. In der nächsten Runde hingegen bekommt man für den gleichen Warenwert 106.000DM. Ein gewaltiger Unterschied von 12.000DM. Die gleichen Überlegungen können für die Planung des Kreditvolumens herangezogen werden. Hier sind die Schwankungen jedoch nicht so dramatisch.

Die Existenz des „Expertentipps" ist für die gesamte Simulation zentral. Würden die hier gegebenen Informationen fehlen, wäre CHEF ein reines Glücksspiel. Im vorliegenden Aufbau sind die Handlungen jedoch zumindest auf einen kleinen Zeithorizont hin sinnvoll planbar.

iii) Betriebsanalyse

Neben der Eingabe der Entscheidungen kann in jeder Runde eine Betriebsanalyse eingesehen werden. Dazu stehen grundsätzlich drei verschiedene Varianten zur Verfügung:

- *Betriebsberatung*
  Wird dieser Punkt gewählt, so erhält der CHEF eine knappe Bewertung seines Betriebes, die nur die aller wichtigsten Aussagen beinhaltet. So weist der Betriebsberater beispielsweise auf ineffektive Kombinationen von Arbeitern, Angestellten und Maschinen hin. Weiter wird über den in der aktuellen Runde erreichten Gewinn/Verlust informiert. Schließlich werden auch Aussagen zur Gesamtrendite gemacht, die eine Bewertung der Veränderung des Eigenkapitals im Verhältnis zum Fremdkapital über die gesamte Simulationsdauer hinweg zulässt.

- *Tabellarische Betriebsentwicklung*
  Hier kann der CHEF die Entwicklung zahlreicher Werte über den gesamten Simulationsverlauf hinweg betrachten.

- *Grafische Betriebsentwicklung*
  Es sind verschiedene Grafiken verfügbar. Sie alle bilden Werte ab, die auch in der tabellarischen Darstellung bereits angegeben werden. Der Vorteil der graphischen Darstellung liegt in der Kombination unterschiedlicher Werte, deren Entwicklung zueinander übersichtlich dargestellt wird.

iv) Betriebsverkauf

Nach Ablauf der zu Beginn festgelegten Simulationszeit wird der Betrieb verkauft. Es erscheint eine Gesamtauswertung über den Simulationszeitraum. Die Möglichkeit einer Reflexion über den gesamten Simulationsverlauf ist möglich.

e) Wirtschaftsdidaktische Möglichkeiten der Simulation

Nach Darstellung der wichtigsten Vorgänge und Optionen der Simulation CHEF soll nun eine genauere Betrachtung der didaktischen Möglichkeiten und Grenzen des Programms erfolgen. Dabei werden die im Kapitel VI bereits aufgestellten Kriterien für didaktische Simulationen als Leitfaden dienen.

i) Authentizität

Die Überprüfung der Authentizität des Modells ggü. dem realen System der Betriebsgründung und Betriebsführung soll anhand der im Modell wiedergegebenen Komponenten *„Investieren und Sparen"*, *„Belegschaft und Entlohnung"*, *„Planung von Geschäftsabwicklungen"* und *„Betriebswirtschaftliche Administration"* erfolgen.

- **Investieren und Sparen**
  Wie bereits angesprochen schreibt das Modell unabhängig von der Größe des gegründeten Betriebs ein festes Verhältnis von Eigenkapital und Fremdkapital von 3 zu 7 vor. Ein Verhalten, welches das reale System gut wiedergibt. Man wird kaum einen Existenzgründer finden, der sich durch sein Vorhaben nicht verschulden muss.
  Die Verfügbarkeit verschiedener Bankkonten machen einige grundlegende Zusammenhänge in Verbindung mit Bankgeschäften deutlich. Dabei wird zum einen deutlich, dass ein Kredit monatlich Geld kostet. Weiterhin werden auch die realen Relationen zwischen Sollzinsen und Zinsen auf einem Girokonto sowie Anlagezinsen wiedergegeben. Durch die übersichtliche Darstellung wird beispielsweise recht schnell deutlich, dass es sich bei einem Zinsverhältnis von 13% Soll zu 7,5% Anlage nicht lohnt, Geld auf einem Sparkonto anzulegen, wenn noch ein Kredit offen ist. Legt man beispielsweise bei einer Gesamtschuld von 200.000DM 100.000DM an, anstatt das Geld zur Abzahlung des Kredites zu nutzen, so zeigt das Programm die Sollzinsen des Kredits von 2166,67DM direkt neben den Habenzinsen von 625,00DM an. Die reine Nennung von Zinsraten in Prozent dürfte bei weitem nicht so erkenntnisfördernd sein. Eine hilfreiche Erweiterung dieser Funktion wäre beispielsweise noch die kumulierte Darstellung der Zinszahlungen über mehrere Runden hinweg gewesen.

- **Belegschaft und Entlohnung**
  Eine gewisse Verantwortung des CHEFS ggü. den Arbeitern und Angestellten wird durch die Mindesthöhe von Löhnen und Gehältern im Modell dargestellt. Genau wie in der Realität kann der CHEF nicht vollkommen eigenmächtig über die Zahlungen an seine Angestellten und Arbeiter bestimmen. Nach unten hin setzen hier in der Realität gesetzliche oder tarifliche Bestimmungen eine Grenze, während nach oben hin, genau wie im Modell, keinerlei Beschränkungen existieren. Zu große Freigiebigkeit bezüglich der Löhne und Gehälter bestraft das Modell allerdings regelrecht. Denn trotz höherer Ausgaben wird keine Produktivitätssteigerung erreicht. Eine Modellierung, die sicherlich teilweise auf

Ablehnung stoßen wird, jedoch durchaus ihre ökonomische Berechtigung hat.

- **Planung von Geschäftsabwicklungen**
  Dass unternehmerisches Handeln der Planung bedarf, wird durch die Simulation sehr anschaulich dargestellt. Nur durch die Nutzung des „Expertentipps" in jeder Runde kann auf Dauer mit Erfolg gewirtschaftet werden. Dabei müssen nicht nur die aktuellen Kurswerte für Rohstoffe und Fertigwaren beobachtet werden. Aufgabe des CHEFS ist es in Realität und Modell, den Gesamtüberblick zu waren. So ist beispielsweise in jeder Runde dafür zu sorgen, dass der Geldbedarf gedeckt ist. Sonst kommt es unweigerlich zu einem Betriebsstreik.
  Weil kein Einfluss auf die Kurswerte auszuüben ist, lässt es sich manchmal, wie auch im realen System, nicht vermeiden, Waren unter Wert zu verkaufen, um die konstant anfallenden Kosten decken zu können. Der CHEF muss allerdings immer abwägen, ob es nicht günstigere Wege, gibt den Geldbedarf zu decken. Alternativen bietet das Modell beispielsweise in Form der Kreditaufnahme.

- **Betriebswirtschaftliche Administration**
  In dieses Gebiet fällt die Darstellung und Berücksichtigung von verwaltungstechnischen Bereichen eines Unternehmens. Hier weist das Modell einige Schwächen auf. Diese zeigen sich vor allem in der tabellarischen Betriebsanalyse:

Nach	Gründung	1. Monat
Angestellte	10	10
Arbeiter	30	30
Maschinen	15	15
Sollzinsen	13,00%	13,00%
Anlagezinsen	7,50%	7,50%
Bargeld	50.000,00	50.000,00
Bankguthaben	100.000,00	32.539,17
Anlagekapital	0,00	0,00
Kredit	231.000,00	231.000,00
Rohstoffe	30.000,00	15.000,00
Fertigwaren	0,00	90.000,00
Personal-Auslastung	100,00%	100,00%
Maschinen-Auslastung	100,00%	100,00%
Monatskosten	68.395,83	69.002,50
Monatserlöse	41,67	90.041,67
Monatsgewinn	-68.354,17	21.039,17
Monats-Rendite	-8,33%	2,54%
Gesamt-Rendite		36,60%
Gesamt-Bilanz	75.000,00	105.039,17

Tabellarischen Betriebsanalyse

Alle Werte bis auf die drei unteren sind klar verständlich und nachvollziehbar.

Doch die Berechnung der „Monats-„ bzw. „Gesamt-Rendite" liegt völlig im Dunkeln. Noch gravierender ist die Problematik allerdings beim Wert „Gesamt-Bilanz". Vergleicht man diesen Wert der tabellarischen Darstellung mit der Höhe des Eigenkapitals, die an anderer Stelle im Programm vom „Unternehmensberater" genannt wird, so stößt man auf identische Werte mit unterschiedlichen Bezeichnungen. Da man unter Gesamt-Bilanz normalerweise die Aufstellung des Vermögens und der Schulden eines Unternehmens versteht, also keinen einzelnen Wert, ist die tabellarische Darstellung nicht authentisch.

ii) Reduktion

Selbstverständlich lassen sich beliebig viele Einzelfaktoren aus dem System „Unternehmung" finden, die in die Simulation CHEF nicht aufgenommen wurden. Allerdings kann dieses Vorgehen nicht Sinn und Zweck einer Analyse der didaktischen Reduktion sein. Vielmehr muss untersucht werden, wie sinnvoll die ausgewählten Werte für die Vermittlung der Inhalte sind.

Die Auswahl der Faktoren, die in der Simulation CHEF wiedergegeben werden, kann als gelungen eingestuft werden. Alle Faktoren im Modell stehen in einer geschlossenen Beziehung zueinander. Lediglich bei der Repräsentation der Kontoführung hätte vielleicht auf die Bargeldkasse verzichtet werden können, da deren Funktion innerhalb des Gesamtmodells zu vernachlässigen ist.

Die didaktische Wirkung des Modells ist zu großen Teilen auf die einfache Belegung der Werte zurückzuführen. Besonders ergiebig ist die Wahl des durchschnittlichen Rohstoffpreises von 1DM/Einheit. Ohne Rechenaufwand kann von der Menge auf den Normalpreis geschlossen werden. Dadurch wird die Aufmerksamkeit vollkommen auf die konjunkturellen Preisschwankungen gerichtet.

Ähnliches gilt für den Wert der Fertigwaren, wobei hier die nötige Rechenoperation (Kapazität * 6) vom Computer durchgeführt und der „Lagerwert" immer angezeigt wird. Schließlich weist das System beim Kaufen / Verkaufen auch noch explizit auf die Wertschwankung hin.

Weitere Vereinfachungen, wie z.B. die zu jeder Zeit mögliche Kreditrückzahlung, lassen sich dadurch begründen, dass es letztlich nur Aufgabe des CHEFS ist, generell über eine Kreditrückzahlung zu entscheiden. Ob und wann Sondertilgungen bzw. regelmäßige Rückzahlungen erwartet werden oder möglich sind, wird in der Regel sowieso an Mitarbeiter delegiert. Die am Beispiel der Finanzpolitik des Unternehmens dargestellte Reduktion ist damit legitim und gilt auch für andere Bereiche wie z.B. Beschaffung von Rohstoffen bzw. Verkauf der Fertigwaren.

Im Zusammenhang mit Reduktion soll noch auf ein typisches Verhalten von didaktischen Simulationen hingewiesen werden, das sich auch bei CHEF findet. So lässt das System nämlich keine allzu groben Fehlentscheidungen des Benutzers zu. Sobald der Geldbedarf für die aktuelle Runde nicht gedeckt ist, ist keine Produktion möglich. In der Realität wird ein solches Verhalten zwar mit Sanktionen belegt, ist aber möglich. Andererseits soll das Modell ja gefahrlose Entscheidungen ermöglichen. Damit ist die beschriebene Reduktion auf die Unmöglichkeit extrem destruktiven Verhaltens mit gleichzeitiger Möglichkeit zur Korrektur der Entscheidungen legitimiert.

iii) Einbettung in den Lehrplan

Obwohl zuvor behauptet wurde, dass CHEF eine recht einfache Simulation ist, bedeutet dies trotzdem, dass Vorbereitungen auf den Einsatz unbedingt nötig sind. Vor dem Einsatz der Simulation müssen Begriffe wie Konjunktur, Zinsen, Abschreibungen oder Kapitalanlage eingeführt sein. Das Programm beinhaltet keinerlei Nachschlagewerk. Auch die in der Online-Hilfe verfügbaren inhaltlichen Informationen sind eher spärlich.

Mit dieser Ausstattung überlässt die Software also der Lehrperson die Klärung bzw. Vermittlung von Faktoren des Modells. Die Verdeutlichung des Zusammenspiel der einzelnen Faktoren kann CHEF dagegen ohne weiteres übernehmen.

Als primärer Einsatzort der Software bietet sich das Klassenzimmer/der Seminarraum an. Dort ist eine Unterstützung durch die Lehrperson jederzeit möglich. Lediglich Lerner, die bereits mit selbstständigem Arbeiten und eigenverantwortlicher Problemlösung vertraut sind, sollten das Programm in Einzelarbeit z.B. zu Hause bearbeiten.

iv) Benutzerfreundlichkeit

CHEF übernimmt bezüglich der Bedienung vollkommen die Konventionen des Betriebssystems Windows. Eine intuitive Handhabung sollte geübten Benutzern damit möglich sein.

Das Screen-Design ist überwiegend zweckmäßig und übersichtlich. Vielleicht hätte der Aufruf häufig genutzter Optionen, wie z.B. des Expertentipp, durch zusätzliche Buttons oder Icons erleichtert werden können.

Negativ ist lediglich ein Programmierfehler anzumerken, der das Programm beim Aufruf des „Expertentipps" in der letzten Spielrunde zum Absturz bringt, wodurch alle Simulationsdaten verloren gehen. Besonders hier macht sich das Fehlen einer Speicher- bzw. Ladeoption störend bemerkbar.

f) Zusammenfassung

Es kann festgehalten werden, dass CHEF ein nützliches Werkzeug zur Vermittlung betrieblicher Zusammenhänge auf recht überschaubarem Niveau ist. Der Fokus liegt dabei auf der Darstellung des Aufgabenbereiches der Unternehmensleitung. Es erfolgt also eine Reduktion auf koordinierende Entscheidungen. Alle untergeordneten Stufen des Systems werden als Black Box behandelt.

Durch starke Vereinfachung der Zahlenwerte innerhalb des Modells ist die Konzentration der Benutzer auf die verbindenden Strukturen möglich. Leider sind nicht alle simulierten Werte nachvollziehbar und terminologisch eindeutig dargestellt. Allerdings macht sich dies beim Einsatz des Programms zur Schulung von Lernanfängern im betriebswirtschaftlichen Bereich kaum bemerkbar.

Der trotz Reduktion vorhandene Detaillierungsgrad macht situiertes und individuelles Lernen möglich. Diese Aussage darf bezüglich der resultierenden Konsequenzen nicht unterschätzt werden. Gerade handlungsorientierte Lehr- und Lernmethoden müssen wegen ihrer Verantwortungsverschiebung vom Lehrenden auf den Lernenden eingeführt und geübt werden. Wie bei allen anderen Lehrinhalten ist es auch hier nicht sinnvoll, auf der höchsten Stufe zu beginnen. CHEF bietet damit vom Aufbau her gute Voraussetzungen, um in dieses Gebiet des „Lernen lernens" einzusteigen.

Es sei noch darauf hingewiesen, dass das Programm CHEF von Wolfgang Hartter entwickelt wurde und unter folgender Adresse bezogen werden kann:

FWU, Institut für Film und Bild in Wissenschaft und Unterricht, Geiselgasteig, Bavariafilmplatz 3, 82031 Grünwald

4. Simulation eines Arbeitsplatzes mit „LABORA!"

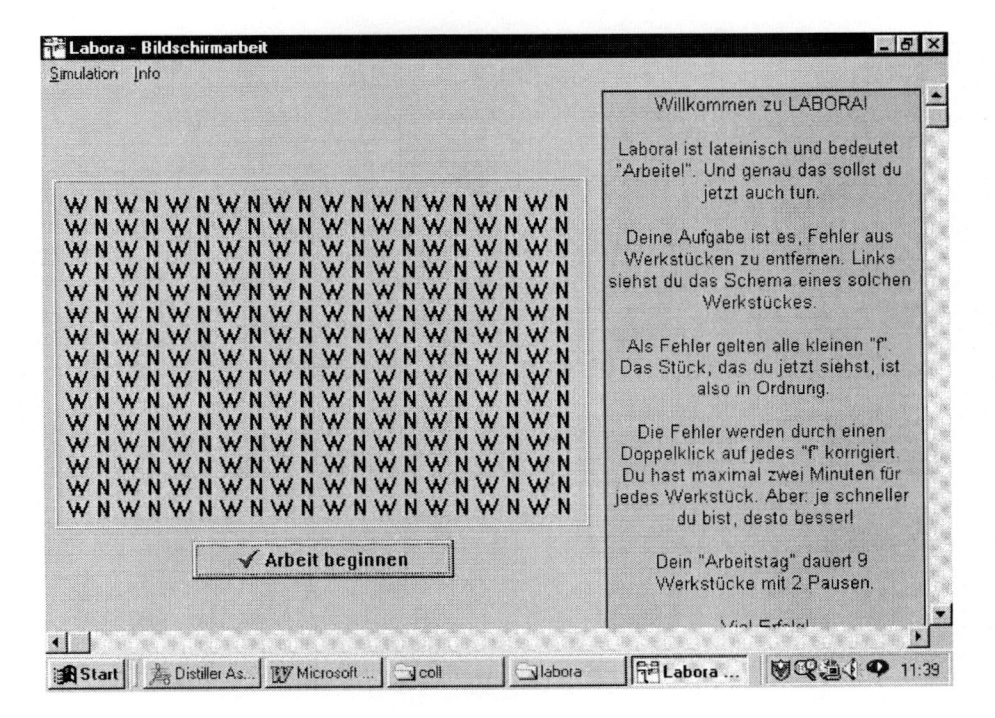

Das Programm LABORA! läuft unter Windows und ist bei folgender Adresse erhältlich:

www.sg-wirtschaft.de

Das äußerst einfach strukturierte Programm hat zwei Zielsetzungen:

- Die Schülerinnen und Schüler sollen unmittelbar erfahren, dass eine Arbeit am Bildschirm sehr anstrengend sein kann. Dies gilt vor allem für die Augen.
- Zweitens (und dies sollte eine Überraschung sein) erfahren sie, dass die Beschäftigten bei jeder Arbeit am PC perfekt überwacht werden können.

Daher sollten die Schülerinnen und Schüler zunächst lediglich die Aufgabe erhalten, auf den Bildschirmen, die das Programm zeigt, nach dem kleinen „f" zu suchen und darauf doppelt zu klicken.

Das Programm ersetzt daraufhin das kleine f durch einen Stern (*). Allerdings wird das auch gemacht, wenn an einer falschen Stelle dieser Doppelklick erfolgte.

Die Zeit, die zur Bearbeitung der einzelnen Werkstücke zur Verfügung steht, ist begrenzt. Zwar sollte diese vom System zur Verfügung gestellte Zeit immer ausreichen, das Werkstück sorgfältig zu prüfen, jedoch ist den Schülerinnen und Schülern mitzuteilen, dass es möglich und gewünscht ist, vor Ablauf des Zeitlimits durch Klick auf den entsprechenden Knopf das nächste Werkstück manuell zu holen.

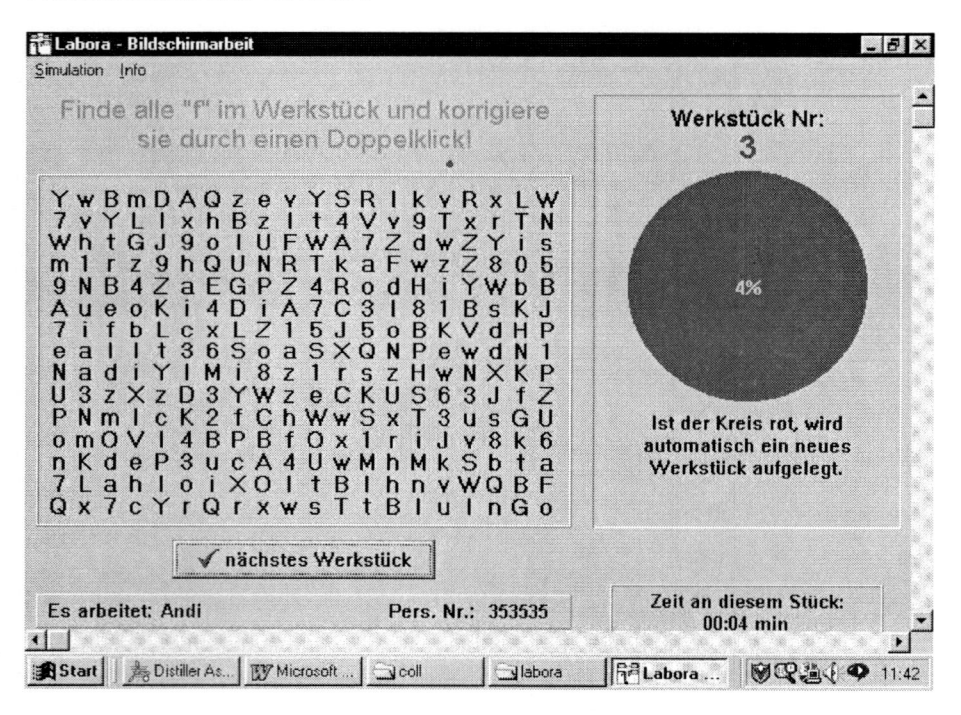

Nach den ersten drei Werkstücken gewährt das Programm eine Pause von etwa einer Minute. Ist sie vorbei, dann sollte so schnell wie möglich das nächste Werkstück durch Klick auf den Button angefordert werden.

Insgesamt sind auf diese Weise neun Werkstücke zu bearbeiten.

Das Generieren der Zeichen erfolgt übrigens mit Hilfe eines Zufallsgenerator, sodass die Bildschirme bei jedem Lauf anders aussehen.

Nach dem neunten Werkstück erscheint als Überraschung folgender Bildschirm:

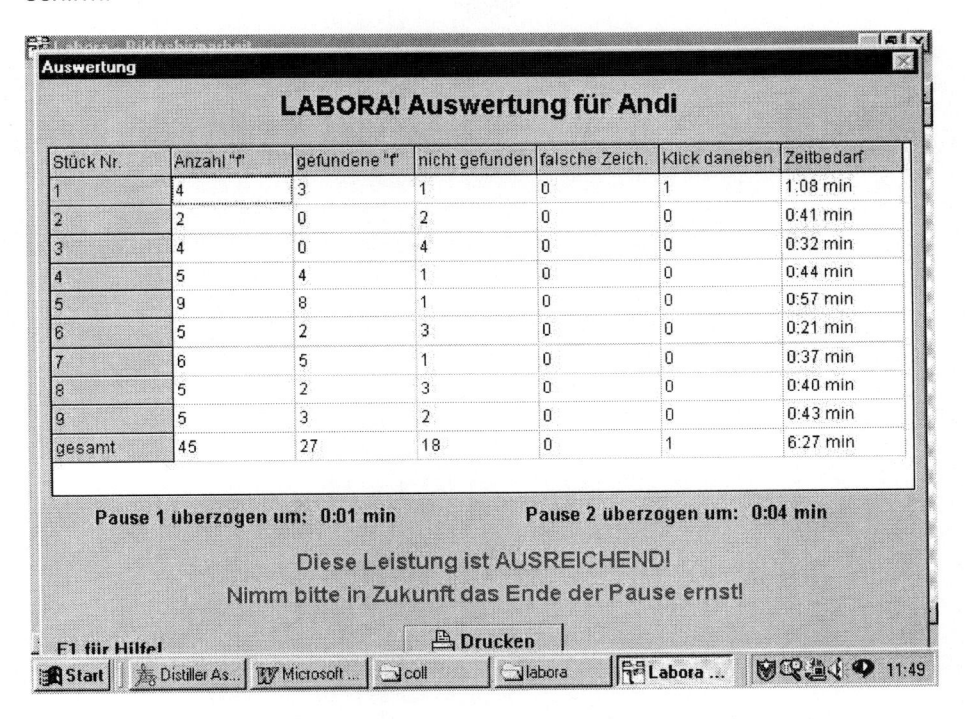

LABORA! Auswertung für Andi

Stück Nr.	Anzahl "f"	gefundene "f"	nicht gefunden	falsche Zeich.	Klick daneben	Zeitbedarf
1	4	3	1	0	1	1:08 min
2	2	0	2	0	0	0:41 min
3	4	0	4	0	0	0:32 min
4	5	4	1	0	0	0:44 min
5	9	8	1	0	0	0:57 min
6	5	2	3	0	0	0:21 min
7	6	5	1	0	0	0:37 min
8	5	2	3	0	0	0:40 min
9	5	3	2	0	0	0:43 min
gesamt	45	27	18	0	1	6:27 min

Pause 1 überzogen um: 0:01 min   Pause 2 überzogen um: 0:04 min

Diese Leistung ist AUSREICHEND!
Nimm bitte in Zukunft das Ende der Pause ernst!

Man sieht, dass der Beschäftigte Andi ziemlich schnell gearbeitet, aber dabei ziemlich viele Fehler gemacht hat.

Von insgesamt 45 wurden 18 Fehler (der kleine Buchstabe *f*) nicht gefunden.

Stellt man sich vor, es seien in Wirklichkeit elektronische Bauteile, die nur dann funktionieren, wenn die Korrektur richtig erfolgte, dann gibt das einen übermäßig großen Ausschuss.

Zu den Fehlern gehört es auch, wenn andere Zeichen als das kleine *f* korrigiert werden. In unserem Beispiel war das jedoch nicht der Fall.

Allerdings wurde ein Klick außerhalb des Werkstücks („*Klick daneben*") vorgenommen, was zu den ganz schwerwiegenden Fehlern gehört.

Schließlich zeigt das Programm auch die Überziehung der Pause an, wobei selbst eine Sekunde erfasst wird. Der mahnende Hinweis im Beispiel erscheint ab einem Überziehen der Pause von 3 Sekunden und ist daher nur mit Mühe und Konzentration zu vermeiden.

Das Programm hält bei der Auswertung noch eine weitere Überraschung bereit: Man kann die Ergebnisse zwar ausdrucken, aber ansonsten reagiert das Programm nicht und kann somit von den Schülerinnen und Schülern nicht beendet werden.

Erst nach dreimaligem Klicken auf den Namen kann das Auswertungsfenster geschlossen werden. Damit wird normalerweise erreicht, dass die Lehrperson tatsächlich das Ergebnis jeder Schülerin und jedes Schülers sehen und somit alle Ergebnisse in einer anschließenden Besprechung berücksichtigen kann.

VIII. Volkswirtschaftliche Simulation mit „WiN-SIMPOLIS"

1. Grundlegende Idee volkswirtschaftlicher Simulationen

Im Grundsatz handelt es sich bei solchen Simulationen darum, mit einem komplexen System umzugehen, dessen Zusammenhänge im einzelnen nicht mehr durchschaubar sind.

Dabei geht es letztlich um folgendes:

Ein bestimmtes System wird durch eine Anzahl von Größen und durch Beziehungen zwischen diesen Größen mathematisch erfasst und als Computer-Programm gespeichert.

Die Spielerinnen und Spieler kennen einige oder auch alle Größen und werden über wesentliche Zusammenhänge informiert. Das Erreichen von Zielwerten, wonach sich der „Erfolg" der Steuerung des Systems bestimmt, wird entweder vorgegeben oder mit den Teilnehmern vereinbart.

Danach treffen die Spieler Entscheidungen über bestimmte Größen. In einer volkswirtschaftlichen Simulation z.B. über die Höhe der Staatsausgaben oder den Zinssatz oder die Geldmenge.

Das Programm errechnet die Auswirkungen dieser Entscheidungen auf die vorgegebenen Zielgrößen. In der volkswirtschaftlichen Simulation z.B. auf die Arbeitslosenquote, die Inflationsrate oder die Lohnquote.

Die Spieler analysieren die Resultate, diskutieren sie mit den anderen Teilnehmern und der Spielleitung, treffen daraufhin neue Entscheidungen, erhalten wiederum die Ergebnisse usw.

Der Kern einer jeden derartigen Simulation besteht in einem Gleichungssystem, das die wesentlichen Zusammenhänge abbildet. Dies kann außerordentlich komplex sein und einen Umfang von Tausenden von Größen erreichen, es kann aber auch lediglich aus ein paar Dutzend Zusammenhängen bestehen. Selbst der letzterwähnte Fall ist immer noch so komplex, dass er für den Menschen nicht mehr in allen Auswirkungen durchschaubar ist.

In jedem Fall handelt es sich um eine vereinfachte Darstellung der wirklichen Zusammenhänge. Man arbeitet also immer mit einem Modell und nicht mit der Realität. Dies sollte gerade bei Computer-Simulationen immer wieder betont werden. Dem Computer bzw. dem jeweiligen Programm wird oft eine Autorität oder Wirklichkeitsnähe (bewusst oder unbewusst) zuerkannt, die keineswegs gerechtfertigt ist.

Die Wirklichkeit ist in allen gesellschaftlichen Problemstellungen so komplex, dass sie auch mit dem größten Computer-Modell nicht vollständig in allen

Einzelheiten erfasst werden kann. Dies gilt für die Simulation eines Betriebs gleichermaßen wie für die Simulation einer Stadt oder einer Volkswirtschaft.

In einer volkswirtschaftlichen Simulation kommt es lediglich darauf an, dass die wesentlichen Zusammenhänge berücksichtigt werden. Dies ist immer noch so kompliziert, dass die Spielerinnen und Spieler überfordert wären, die Zusammenhänge im einzelnen zu verstehen. Bei einer Computer-Simulation ist das jedoch gar nicht nötig. Es genügt zu wissen, dass die Volkswirtschaft ungefähr so wie im Modell reagieren würde.

Für das Lernen heißt das konkret, dass mit dem gespeicherten Programm quasi ein Laboratorium zur Verfügung steht, das Experimente mit der Volkswirtschaft möglich macht. Gibt es mehrere Spielgruppen, dann können die Auswirkungen unterschiedlicher Strategien zum Erreichen der Ziele beobachtet und verglichen werden.

Kenntnisse über volkswirtschaftliche Zusammenhänge werden auf diese Weise nicht abstrakt erworben, sondern durch Handlungen und Erfahrungen erarbeitet. Dadurch werden besonders die Selbständigkeit und Kreativität der Lernenden gefördert.

Kommt noch eine Wettbewerbskomponente zwischen mehreren Gruppen hinzu, so ist das nach den bisherigen Erfahrungen bei den Versuchsläufen eine weitere Motivation „gut abzuschneiden", was ja nichts anderes bedeutet als sich besonders intensiv mit den Wirkungsmechanismen des Programms zu befassen.

2. Ziele der volkswirtschaftlichen Stabilisierung im Modell

WiN-SIMPOLIS ist eine fiktive Volkswirtschaft, die nirgends in der dargestellten Weise existiert. Die wesentlichen volkswirtschaftlichen Zusammenhänge entsprechen jedoch denjenigen eines europäischen Landes, allerdings bei starker Vereinfachung. Praktisch bedeutet das, dass wesentliche Zusammenhänge berücksichtigt werden, wenn auch nicht in allen Details.

Die Aufgabe für jede Spielerin und jeden Spieler besteht darin, solche Entscheidungen zu treffen, dass die volkswirtschaftlichen Ziele möglichst gut erreicht werden. Über die wesentlichen Ziele des Wirtschaftens kann man natürlich unterschiedlicher Meinung sein. Die Spanne reicht hier von der sauberen Umwelt über stabiles Preisniveau bis zum Recht auf menschenwürdige Arbeit.

In der Simulation WiN-SIMPOLIS werden die Ziele des *„Gesetz(es) zur Förderung der Stabilität und des Wachstums der Wirtschaft"* berücksichtigt. Damit sind wichtige volkswirtschaftliche Ziele wie die Erhaltung der Umwelt oder eine gleichmäßige Einkommensverteilung nicht enthalten. Diese Vereinfachung ist jedoch hinzunehmen, da es bei der Simulation WiN-SIMPOLIS lediglich um die Stabilisierung der volkswirtschaftlichen Entwicklung geht.

Es wäre im Unterricht zu erwähnen, dass es noch andere Bereiche der Wirtschaftspolitik gibt, z.B. die Umweltpolitik, die Verteilungspolitik oder die Sozialpolitik. In jedem dieser Politik-Bereiche werden spezielle Ziele verfolgt, die für die Gesellschaft ohne Zweifel von großer Bedeutung sind. In einem Gesamtmodell der Volkswirtschaft wäre all das zu beachten. In WiN-SIMPOLIS wird hingegen die gesamte Wirtschaftspolitik auf den Aspekt der Stabilisierung reduziert.

Trotz der erwähnten Vereinfachung auf die stabilisierungspolitischen Ziele gibt es bei deren praktischer Messung vielerlei statistische Probleme. Z.B. ist zu entscheiden, welche aus der Gesamtheit von Millionen von Preisen bei der Inflationsmessung zu berücksichtigen sind. Oder man muss definieren, wer als „arbeitslos" zu betrachten ist. Auf all diese Fragen wird hier jedoch nicht eingegangen.

Nachfolgend werden die Ziele, welche im Programm berücksichtigt werden, skizziert:

Hoher Beschäftigungsstand

Der Beschäftigungsstand wird hier in umgekehrter Form durch die Arbeitslosenquote erfasst, d.h. durch den Anteil der Arbeitslosen an der Gesamtheit aller abhängig Beschäftigten.

Es ist zwar in der Wirtschaftslehre bekannt, dass die Arbeitslosenquote niemals Null werden kann, weil es immer vorübergehende Arbeitslosigkeit geben wird (Wechsel des Arbeitsplatzes, Eintritt ins Erwerbsleben usw.). Im Spiel ist dennoch danach zu streben, dass die Arbeitslosenquote möglichst gering wird.

Stabilität des Preisniveaus

Sie wird erfasst durch die Inflationsrate. Darunter ist im wesentlichen die prozentuale Veränderung des Durchschnitts aller Preise, gewichtet mit der jeweiligen Bedeutung des Guts in einem Warenkorb, von einem Jahr zum andern zu verstehen. Eine besondere Schwierigkeit stellt dabei die praktische Erfassung des Gewichts der einzelnen Preise dar.

Im Spiel ist anzustreben, dass die Inflationsrate möglichst gering wird, weil jede Preissteigerung Abzüge vom Erfolg mit sich bringt.

Stetiges und angemessenes Wirtschaftswachstum

Diese Größe wird durch die Entwicklung von Konsum, Investitionen und Staatsausgaben erfasst.

Die Simulation sieht ein positives Wirtschaftswachstum immer als vorteilhaft an und wertet dies als Erfolg. Angesichts möglicher Kosten des Wachstums für die Gesellschaft (z.B. durch Umweltverbrauch) könnte man für ein zu starkes Wirtschaftswachstum auch Strafpunkte vergeben. Hierauf wird jedoch der Einfachheit halber verzichtet.

Auch hier ist den Spielerinnen und Spielern bei der Vorbereitung der Simulation zu verdeutlichen, dass andere Bereiche der Wirtschaftspolitik auf eine wünschenswerte Struktur des Sozialprodukts im Verlauf des Wirtschaftswachstums einwirken müssen (z.B. durch geeignete Energiepolitik oder durch die Industriepolitik).

Außenwirtschaftliches Gleichgewicht

Bei dieser Zielgröße erfolgt eine erhebliche Vereinfachung. Das Ziel wird nämlich lediglich durch die Differenz zwischen Exporten und Importen, den sog. Außenbeitrag, erfasst.

In der Praxis vieler Volkswirtschaften (so auch in der BR Deutschland) sollte dieser Saldo positiv sein, um die Importe von Waren und Dienstleistungen finanzieren zu können. In der Simulation WiN-SIMPOLIS wird jedoch angenommen, dass das erwähnte außenwirtschaftliche Gleichgewicht alle Beziehungen mit dem Ausland umfasst.

Daher ist zu versuchen, den Unterschied zwischen Exporten und Importen möglichst klein zu halten.

Ausgleich des öffentlichen Haushalts

Dieses Ziel wird im Stabilitätsgesetz nicht ausdrücklich erwähnt. Es ergibt sich jedoch aus anderen gesetzlichen Regelungen (z.B. aus dem Grundgesetz) und ist für ein sinnvolles Modell unbedingt erforderlich, da sonst die Spielerinnen und Spieler auf grenzenlose Staatsausgaben ausweichen könnten. Die Messung dieses Ziels erfolgt durch den Saldo von öffentlichen Einnahmen und Ausgaben.

Ohne die eingebaute „Bremse" könnte man die gesamtwirtschaftlichen Ziele im vorliegenden Modell erheblich leichter erreichen; denn eine Angst der Bevölkerung vor wachsenden Staatsschulden ist nicht eingebaut. Da jedoch im Programm jeder Saldo zwischen Einnahmen und Ausgaben des Staats zu Abzügen führt, muss diese Differenz möglichst klein gehalten werden.

Im einzelnen ergeben sich vielerlei Probleme bei der konkreten Messung des volkswirtschaftlichen Erfolgs mit Hilfe der erwähnten Größen. Eine besondere Schwierigkeit besteht darin, aus den festgelegten Zielvariablen einen einzigen Indikator zu bilden, mit dem der Erfolg der Wirtschaftspolitik beurteilt werden kann. Dabei sind persönliche Wertungen und Entscheidungen unterschiedlich, so dass es am besten wäre, wenn die Spielleitung gemeinsam mit den Spielerinnen und Spielern einen Indikator definieren und nach jedem Lauf berechnen würde.

Man könnte z.B. für die Arbeitslosenquote bestimmte Bereiche mit Punkten bewerten und diese Punkte mit einem Gewicht multiplizieren, und dasselbe für die anderen Zielgrößen durchführen, so dass durch Addition der Werte ein Gesamtindikator für den Erfolg der Wirtschaftspolitik gebildet werden könnte.

Da ein derartiges Vorgehen jedoch einigen Aufwand erfordert und evtl. den Fortgang der Simulation verzögern würde, wird im Programm WiN-SIMPOLIS zur Vereinfachung ein Erfolgsindikator gebildet, der wie folgt errechnet wird:

      Konsumausgaben
+ Investitionsausgaben
+ Staatsausgaben

Damit ist der „Erfolg" der Stabilisierungspolitik, gemessen in Gütern und Diensten, erfasst.

Dieser Erfolg wird nun um folgende Abweichungen von einer stabilen Entwicklung reduziert. Besonders wichtige Größen werden sogar quadriert:

- Arbeitslosenquote^2
- Inflationsrate^2
- 2 * Haushaltssaldo
- Außenbeitrag^2

Der so definierte Indikator wird groß, wenn Konsum, Investitionen und Staatsausgaben zunehmen und gleichzeitig Arbeitslosenquote, Inflationsrate, Haushaltssaldo und Außenbeitrag möglichst klein bleiben.

Der Erfolgsindikator ist über die Jahre hinweg zu maximieren. Im Wettbewerb zwischen den Teilnehmerinnen und Teilnehmern hat daher gewonnen, wer nach Ablauf der sechs Jahre die höchste Gesamtpunktzahl „gegen das

Modell" erreicht hat. Es kommt also nicht auf die höchste Punktzahl in einem bestimmten Jahr an. Entscheidend ist vielmehr die Summe aus allen Jahren.

Auf diese Weise wird eine Wettbewerbskomponente in die Simulation eingeführt, die allerdings von der Spielleitung richtig zu steuern ist. Es ist auf jeden Fall zu vermeiden, dass ohne lange Überlegung bestimmte Zahlen eingegeben werden, um die Erfolgsgröße möglichst stark ansteigen zu lassen. Durch entsprechende Organisation des Spiels, worauf später noch eingegangen wird, kann dies vermieden werden.

Die folgenden Abschnitte widmen sich zunächst jedoch den inhaltlichen Erörterungen.

3. Skizze stabilitätspolitischer Ansätze

a) *Grundzüge der volkswirtschaftlichen Stabilitätspolitik*
Problemstellung

Der Grundgedanke einer jeden Stabilitätspolitik besteht darin, dass von einem Gesamtmarkt für alle Güter und Dienstleistungen in einer Volkswirtschaft ausgegangen wird.

Das gesamtwirtschaftliche Angebot muss man sich als Zusammenfassung des Angebots aller Güter auf den Märkten der Volkswirtschaft vorstellen.

Diesem Angebot steht (gedanklich) die Gesamtnachfrage gegenüber.

Die gesamtwirtschaftliche Nachfrage ist in jedem Jahr (oder Periode) die Summe der Nachfrage nach den Gütern und Dienstleistungen des Sozialprodukts, die sich aus folgenden Bestandteilen zusammensetzt:

- Konsum der privaten Haushalte
- Investitionen der privaten Unternehmen
- Investitionen des Staats (öffentliche Investitionen)
- Ausgaben des Staats für Dienste und Güter (Staatsverbrauch)
- Außenbeitrag (Überschuss des Güterexports über den Import an Gütern).

Konjunkturelle Schwankungen ergeben sich dadurch, dass die so bestimmte volkswirtschaftliche Nachfrage im Vergleich zum gesamtwirtschaftlichen Angebot entweder zu gering oder zu groß ist. Ist sie zu gering, spricht man vom Konjunkturabschwung, ist sie zu groß, wird vom Aufschwung (evtl. Boom) gesprochen.

Maßnahmen der volkswirtschaftlichen Stabilisierung sollen beiden Extremen entgegenwirken, indem die globalen Bestimmungsgrößen der Nachfrage oder des Angebots entsprechend gesteuert werden.

Unterschiedliche Positionen in der Stabilisierungspolitik

Die volkswirtschaftliche Stabilitätspolitik ist bis heute sowohl in der Wissenschaft als auch in der wirtschaftspolitischen Praxis heftig umstritten. Dabei kann man zwei Positionen unterscheiden:

Die **„angebotsorientierte Wirtschaftspolitik"** geht von der Annahme aus, dass sich eine Marktwirtschaft im Grunde stabil entwickelt. Man ist davon überzeugt, dass die Marktwirtschaft über Mechanismen zur Selbststeuerung verfügt, so dass Störungen wie Inflation und Arbeitslosigkeit nur vorübergehend auftreten. Die Monetaristen - wie man die Anhänger dieser Richtung der wissenschaftlichen Wirtschaftspolitik nennt - sind der Meinung, dass anhaltende Störungen in der Volkswirtschaft letztlich vom Staat verursacht werden.

Sie fordern daher, dass von seiten des Staates möglichst wenig in die Volkswirtschaft eingegriffen wird. Vielmehr hat er die Aufgabe, günstige Rahmenbedingungen für die Aktivitäten der Unternehmen zu schaffen. So soll der Staat ein leistungsfähiges Verkehrswesen und andere Einrichtungen der Infrastruktur schaffen. Ferner soll die Besteuerung (vor allem die Einkommensteuer) so gestaltet werden, dass kein ungünstiger Einfluss auf unternehmerische Initiativen ausgeht. Von diesen Initiativen erwartet man Impulse, die für ein angemessenes Wirtschaftswachstum und eine ausreichende Zahl von Arbeitsplätzen sorgen.

Schließlich - und das ist ganz besonders wichtig - soll die Zentralbank im Geldwesen für eine stetige Entwicklung ohne große Sprünge sorgen. Praktisch soll sich der Staat möglichst aller Eingriffe enthalten und lediglich die volkswirtschaftliche Geldmenge in jedem Jahr um einen konstanten Prozentsatz zunehmen lassen. Das Ausmaß der Zunahme soll sich nach dem realen Sozialprodukt richten, das bei hohem Beschäftigungsstand erreichbar wäre.

Auf diese Weise wird das Verhalten des Staats für die Unternehmen und deren Tarifpartner vorhersehbar und damit kalkulierbar. Unternehmerische Planungen können unter dieser Voraussetzung langfristig angelegt werden.

In schroffem Gegensatz zu der von den Monetaristen vertretenen Ansicht steht die Politik der „**Nachfragesteuerung**". Sie geht von der Instabilität jeder Marktwirtschaft aus. Daher hat der Staat die Aufgabe, Schwankungen der volkswirtschaftlichen Entwicklung auszugleichen. Man spricht hier vom notwendigen „antizyklischen Verhalten". So sind Inflation und Arbeitslosigkeit aktiv zu bekämpfen.

Instrumente dafür sind vor allem Höhe und Zusammensetzung der Staatsausgaben, Ausmaß und Gestaltung der Steuerpolitik und geldpolitische Maßnahmen, bei denen je nach konjunktureller Situation unterschiedlich eingegriffen wird.

Im folgenden werden die wichtigsten Ansatzpunkte der Konjunkturpolitik kurz skizziert, wobei keine Unterscheidung der beiden wirtschaftspolitischen „Lager" vorgenommen wird.

b) Antizyklische Geldpolitik

Nach diesem Konzept will man Differenzen zwischen gesamtwirtschaftlichem Angebot und der Nachfrage vor allem durch Veränderungen des Zinsniveaus beeinflussen. Wird z.B. in einer ungünstigen konjunkturellen Situation das Zinsniveau gesenkt, so verspricht man sich davon eine Verbilligung der Kredite und dadurch anregende Wirkungen auf die privaten Investitionen und den privaten Konsum.

Praktisch hat sich allerdings herausgestellt, dass die Investitionen nicht immer wie gewünscht auf Zinsänderungen reagieren. Hinzu kommen zeitliche Verzögerungen auf dem langen Weg von den Handlungen der Zentralbank bis zu den Entscheidungen der Unternehmen über ihre Investitionen.

Schließlich ist auch zu beachten, dass je nach volkswirtschaftlicher Ausgangslage die Erhöhung der Zinsen auch eine entsprechende Erhöhung der Inflationsrate bewirken kann.

Insofern könnte die antizyklische Geldpolitik nur „gut gemeint" sein, sich tatsächlich aber nicht immer günstig auswirken.

Aus diesen Gründen wird die Zinspolitik oft durch eine Steuerung der volkswirtschaftlichen Geldmenge ergänzt. In der Simulation WiN-SIMPOLIS wird diese Möglichkeit aber wegen der notwendigen Vereinfachung nicht berücksichtigt.

c) Staatliche Ausgaben für Waren und Dienste

Mit diesem Instrument, das zur antizyklischen Fiskalpolitik der öffentlichen Haushalte zählt, versucht man, einen direkten Einfluss auf die gesamtwirtschaftliche Nachfrage auszuüben. Im Prinzip sollen die Staatsausgaben für Waren und Dienste so gestaltet werden, dass es zu einem Ausgleich der Schwankungen von privaten Investitionen, privatem Konsum und dem Außenhandelsüberschuss kommt.

Ist z.B. im konjunkturellen Abschwung die Nachfrage zu gering, so soll der Staat die entstandene Lücke füllen und seine Ausgaben entsprechend erhöhen. Allerdings darf diese Anregung der Volkswirtschaft nicht von Steuererhöhungen zur Finanzierung der Ausgaben begleitet werden. Dadurch würde die private Nachfrage ja wieder geschwächt werden. Vielmehr muss die staatliche Wirtschaftspolitik dafür sorgen, dass die zusätzlichen Ausgaben durch Kredite bei der Zentralbank finanziert werden.

Bei der Beurteilung von Änderungen der Staatsausgaben ist immer zu beachten, dass die Wirkungen durch den Multiplikatoreffekt verstärkt werden. Im wesentlichen ist dies so zu verstehen, dass die Staatsausgaben nicht nur unmittelbar Nachfrage bilden und Einkommen schaffen, vielmehr ist zu beachten, dass sich diese Effekte in der Volkswirtschaft fortpflanzen. Möglich wäre beispielsweise eine Verdopplung oder gar Verdreifachung der Effekte.

So erhöhen Staatsausgabenänderungen im Umfang von fünf Mrd. die Nachfrage möglicherweise um zehn Mrd. Im einzelnen kommt es auf die Größe des Multiplikators an, dessen empirische Bestimmung allerdings mit mancherlei Unsicherheiten verbunden ist.

Insgesamt kann man bei den Effekten auf die volkswirtschaftlichen Zielgrößen folgendes feststellen: Die Erhöhung der Staatsausgaben wirkt mindernd auf die Arbeitslosenquote. Das Wirtschaftswachstum wird ebenfalls angeregt. Die negative Wirkung auf den Haushaltssaldo und die Inflationsrate ist von Fall zu Fall dagegen abzuwägen.

d) Steuerpolitik

Bei der Steuerpolitik sollen der private Konsum und die privaten Investitionen so beeinflusst werden, dass sich die konjunkturellen Schwankungen ausgleichen.

Im Mittelpunkt steht dabei die Besteuerung des Einkommens. Hier ist zunächst zu beachten, dass durch die eingebaute Progression bei der Einkommensteuer quasi ein automatischer Stabilisierungseffekt besteht: In der Hochkonjunktur nehmen die Steuereinnahmen überproportional zu, so dass die Nachfrage tendenziell reduziert wird.

Entsprechend sinken die Steuereinnahmen im konjunkturellen Abschwung überproportional. Haushalten und Unternehmen steht dadurch relativ mehr Einkommen und damit Spielraum für Nachfrage zur Verfügung.

Steuersatzänderungen wirken allerdings nur auf die privaten Haushalte unmittelbar in der gewünschten Weise. Die Wirkungen auf die Investitionen sind nicht so sicher, da hier auch die Gewinnerwartungen zu berücksichtigen sind.

Veränderungen beim Satz der Mehrwertsteuer dienen weniger dem Ausgleich gesamtwirtschaftlicher Schwankungen als der Finanzierung der öffentlichen Haushalte. Allerdings verringern Erhöhungen des Satzes der Mehrwertsteuer das verfügbare Einkommen, so dass die gesamtwirtschaftliche Nachfrage abnimmt.

Tendenziell werden durch Steuersenkungen die Arbeitslosenquote und das Wirtschaftswachstum günstig beeinflusst. Die Wirkung auf den Haushaltssaldo hängt von der Stärke der Reaktionen ab. So bedeutet eine Senkung der Einkommensteuer rechnerisch unter sonst gleichbleibenden Rahmenbedingungen zunächst eine Schwächung der Staatseinnahmen. Wird dadurch jedoch ein starker wirtschaftlicher Aufschwung ausgelöst, dann können die Steuereinnahmen trotz Senkung der Steuersätze steigen.

Bei Veränderungen der Mehrwertsteuer ist zu beachten, dass zwar die öffentlichen Haushalte im gewünschten Sinne beeinflusst werden, damit aber auch zwangsläufig Auswirkungen auf die Inflationsrate verbunden sind.

e) Lohnpolitik

Lohnerhöhungen bedeuten zum einen Erhöhungen der gesamtwirtschaftlichen Stückkosten und damit ungünstige Einflüsse auf das Angebot und das Wirtschaftswachstum.

Zum andern bedeuten sie Erhöhungen der Lohneinkommen mit positiven Wirkungen auf die volkswirtschaftliche Nachfrage. Allerdings sind dabei auch Sickereffekte zu beachten, die die volkswirtschaftliche Nachfrage reduzieren. So können Lohnerhöhungen zu vermehrtem Sparen der Haushalte führen oder die Haushalte verwenden das zusätzliche Einkommen für größere Ausgaben im Ausland.

Im übrigen werden je nach wirtschaftspolitischem Standpunkt bei den Löhnen unterschiedliche Ansichten vertreten:

Die eine Meinung fordert, dass sich Lohnerhöhungen an der Entwicklung der volkswirtschaftlichen Produktivität orientieren sollen. Demnach sind die Löhne in dem Maße zu erhöhen, in dem die Produktion zugenommen hat, evtl. vermehrt um einen Zuschlag für inflationäre Entwicklungen.

Weitergehende Lohnerhöhungen bewirken nach dieser Ansicht die Gefahr inflationärer Entwicklungen. Hierzu wird vor allem auf Erfahrungen in der

Vergangenheit verwiesen und auf die empirische Beobachtung des gleichzeitigen Auftretens hoher Lohnsteigerungen und hoher Inflationsraten.

Die *andere Meinung* betont, dass Lohnerhöhungen über das Ansteigen der Produktivität hinaus erfolgen sollen, um auch eine Veränderung der Einkommensverteilung zu bewirken. Preissteigerungen könnten dabei durch angemessenes Verhalten der Unternehmen vermieden werden. Dieses Argument der Gewerkschaften geht folglich davon aus, dass die derzeitige Verteilung der Einkommen auf die Haushalte in der Volkswirtschaft nicht gerecht ist und dass eine Veränderung der Einkommensverteilung über Lohnerhöhungen zumindest bedingt möglich ist.

f) Wachstumspolitik

Wesentliches Verbindungselement zwischen Konjunktur und Wachstum stellen die Investitionen dar. Sie sind zum einen Bestandteil der volkswirtschaftlichen Nachfrage in der laufenden Periode. Eine Stärkung der Investitionstätigkeit wirkt demnach sofort positiv auf das Sozialprodukt.

Starke Investitionstätigkeit bedeutet zum andern, dass in der laufenden Periode der Bestand an Kapital vergrößert wird. Dieses Kapital kann auch in kommenden Perioden eingesetzt werden, um das Sozialprodukt zu vergrößern.

Eine angemessene Investitionsquote ist daher von großer Bedeutung für zukünftige Erhöhungen des Sozialprodukts. Hier liegt auch die Begründung dafür, dass der Staat Investitionen fördert. Meist handelt es sich um direkte Subventionen entweder für alle Investitionen oder nur um solche für bestimmte Zwecke.

g) Außenwirtschaftspolitik

Außenwirtschaftliche Aspekte werden in der Simulation WiN-SIMPOLIS auf das Verhältnis zwischen Exporten und Importen reduziert. Hierbei ist zu beachten, dass hohe Exporte an sich volkswirtschaftlich nicht nützlich sind. Sie haben letztlich nur den Zweck, die Importe aus dem Ausland auch bezahlen zu können. Wenn die Exporte dauerhaft größer als die Importe sind, so verschenkt die inländische Volkswirtschaft letztlich Waren und Dienste an das Ausland.

Die Beziehungen mit dem Ausland können sehr stark durch Änderungen des Wechselkurses beeinflusst werden. Dieser drückt aus, wie viele ausländische Währungseinheiten für eine inländische Geldeinheit bezahlt werden. Ein Wechselkurs von z.B. 2,5 bedeutet, dass 2,5 ausländische Währungseinheiten einer inländischen Währungseinheit entsprechen.

Wird der Wechselkurs z.B. auf 3,0 erhöht, dann ist die inländische Währung mehr wert. Man spricht daher auch von einer Aufwertung. Dies bedeutet, dass auf dem Weltmarkt für die einheimischen Produkte mehr ausländische Währung gezahlt werden muss. Die eigenen Produkte sind also entsprechend teurer geworden, so dass tendenziell die Exporte sinken. Im Gegensatz dazu werden die Importe für das Inland billiger, so dass mit einer Zunahme zu rechnen ist.

Entsprechend umgekehrt sind die Auswirkungen bei einer Abwertung der inländischen Währung von z.B. 2,5 auf 2,0.

4. Volkswirtschaftliche Größen in der Simulation

In jedem Jahr werden die Spielerinnen und Spieler über die Ergebnisse ihrer wirtschaftspolitischen Entscheidungen informiert.

Nachfolgend wird ein mögliches Resultat für das erste Jahr gezeigt:

```
    ERGEBNISSE                     Jahr  1
    ======================================
    Wachstumsrate (%)              1.5
    Inflationsrate (%)             7.8
    Arbeitslosenquote (%)          3.7
    Außenbeitrag (Mrd.)            3.4
    Haushaltssaldo (Mrd.)         -8.8

    Konsumausgaben               134.6
    Staatsverbrauch               54.0
    Staatl. Investitionen         11.0
    Private Investitionen         29.9
    Exporte                       62.5


    Erfolg im lfd. Jahr           71.2
    Erfolg bish. Jahre            71.2
```

Ganz unten wird mitgeteilt, wie groß der Erfolg - gemessen am vorher skizzierten Indikator - in diesem Jahr war. Darunter wird die Summe der bisher erreichten Punkte aufgeführt.

Im vorstehenden Beispiel war der Erfolg in diesem Jahr nicht besonders groß, weil die hohe Inflationsrate, die Arbeitslosenquote und der Haushaltssaldo doch zu erheblichen Abzügen führten.

5. Wirtschaftspolitische Instrumente und deren Wirkungen

In jedem Jahr bzw. jeder Runde können die Spielerinnen und Spieler über folgende Instrumente verfügen:

Staatsverbrauch

Dabei handelt es sich um die Summe aller Ausgaben des Staats für Konsum, seien es Güter oder Dienstleistungen.

Sie betragen im ersten Jahr 48 Mrd. und können in jedem Jahr um höchstens 20% nach oben oder unten verändert werden.

Der Einsatz dieses Instruments bewirkt eine unmittelbare Zunahme der volkswirtschaftlichen Nachfrage. Tendenziell vermehrt sich dadurch die Beschäftigung, aber auch die Inflationsrate steigt. Bei den Auswirkungen ist der Multiplikator-Effekt zu beachten. Danach verändert sich die gesamtwirtschaftliche Nachfrage um ein Vielfaches der Staatsausgaben.

Erinnert sei auch daran, dass bei Zunahme der Staatsausgaben der Budget-Saldo tendenziell verschlechtert wird.

Staatliche Investitionen

Sie betragen im ersten Jahr 12 Mrd. und können pro Jahr um 20% erhöht oder reduziert werden. Sie wirken unmittelbar auf die Nachfrage, darüber hinaus erhöht sich damit der Kapitalbestand der Volkswirtschaft, was sich auch auf die folgenden Jahre auswirkt.

Zinssatz

Hierunter ist ein durchschnittlicher Zinssatz der Volkswirtschaft zu verstehen, der pro Jahr um maximal drei Punkte nach oben oder unten verändert werden kann. Er beträgt zu Beginn der Simulation 11%.

Der Zinssatz wirkt unmittelbar auf die privaten Investitionen, indirekt jedoch auf weitere volkswirtschaftliche Größen.

Wechselkurs

Der durchschnittliche Wechselkurs ist als Maß des Werts der heimischen Währung zu verstehen. Zu Beginn des Spiels wird ein Wert von 2.2 angenommen. Es handelt sich insofern um einen theoretischen Wert, als ein Durchschnitt gegenüber bestimmten ausländischen Währungen zugrundegelegt wird. Liegt er z.B. bei 2, dann entsprechen 1000DM dem Wert von 2000 ausländischen Devisen. Wird er auf 2.5 erhöht, dann sind 1000DM entsprechend 2500 Devisen. Folglich ist die DM teurer für die Ausländer, so dass tendenziell die Exporte fallen und die Importe zunehmen werden.

In der Simulation kann der Wechselkurs von einer Periode zur andern verändert, jedoch maximal nur um 20% erhöht oder reduziert werden.

Lohnveränderung

Die Spielerinnen und Spieler können als Regierungschef des Staates SIMPOLIS auch den Lohnsatz der Volkswirtschaft verändern, allerdings nur um 15% nach oben oder 5% nach unten als Maximum.

In Abweichung von der bei uns üblichen Tarifautonomie wird den Teilnehmern diese Möglichkeit eingeräumt, weil eine derartige staatliche Lohnfixierung besonders fruchtbare Diskussionen über Fragen einer angemessenen Lohnerhöhung ermöglicht.

Satz der Mehrwertsteuer

Die Mehrwertsteuer wird in der Simulation WiN-SIMPOLIS auf alle Konsum- und Investitionsausgaben erhoben. Die Änderung des Satzes innerhalb eines bestimmten Rahmens wirkt somit unmittelbar auf die Preise der Güter und damit indirekt auch auf die Nachfrage.

Der Satz beträgt anfangs 14% und kann höchstens um 3 Prozentpunkte in jedem Jahr verändert werden. Eine weitere Einschränkung bezieht sich auf das Niveau der Mehrwertsteuer: Der Satz muss mindestens 2% sein und darf 24% nicht überschreiten.

Satz der Einkommensteuer

Es handelt sich bei diesem Satz um die durchschnittliche Besteuerung aller Einkommen. Das Programm unterscheidet nicht zwischen Einkommensteuer und Lohnsteuer. Änderungen dieses Satzes innerhalb einer bestimmten Spannweite wirken folglich unmittelbar auf das gesamte verfügbare Einkommen und damit auf die volkswirtschaftliche Nachfrage.

Indirekt werden auch die Investitionen zurückgehen, wenn dieser Satz erhöht wird. Er beträgt zu Beginn 28% und kann um höchstens fünf Prozentpunkte nach oben oder unten pro Jahr verändert werden.

Nach mehreren Jahren können absolute Grenzen für den Satz der Einkommensteuer erreicht werden: Die untere Grenze sind 20%, als obere Grenze legt das Programm 60% fest.

Sozialversicherung

Hierunter ist der Beitrag von Arbeitnehmern und Arbeitgebern für die gesamte Sozialversicherung zu verstehen. Zu Beginn beträgt der Beitragssatz 21%.

Die Veränderung des Beitrags von einem Jahr zum andern darf höchstens 5 Prozentpunkte betragen. Außerdem muss eine untere Grenze von 10% und eine obere Grenze von 35% eingehalten werden, da sonst eine realistische Finanzierung der Sozialversicherung nicht mehr gewährleistet ist bzw. die Bevölkerung die Belastung durch die Beiträge nicht mehr akzeptiert.

Durch Erhöhungen des Satzes wird zwar der Haushaltssaldo günstig beeinflusst, aber das Einkommen der Haushalte sinkt, so dass mit einer Schwächung der Nachfrage zu rechnen ist.

Investitionsförderung

Hierunter sind direkte Investitionshilfen zu verstehen. Ausgaben dafür wirken demnach unmittelbar auf die Investitionen. Allerdings sind dabei immer auch „Mitnahme-Effekte" zu beachten. Daher erhöhen sich die Investitionen nur um einen Teil der Investitionsförderung.

Übermäßig starke Beträge zur Förderung der Investitionen nimmt das Programm nicht an. Vielmehr darf der Betrag 5 Mrd. nicht überschreiten.

Vorstehend wurde die Wirkung der einzelnen Instrumente isoliert skizziert. Für eine Stabilisierungspolitik ist jedoch die Gesamtwirkung aller Instrumente entscheidend. Dieses Zusammenwirken kann theoretisch nicht abgeleitet werden, weil die Zusammenhänge zu kompliziert sind.

In der Wirtschaftslehre wurde lange Zeit als einziger Ausweg aus diesem Dilemma auf radikale Vereinfachungen bei der Modellbildung abgestellt.

In einer didaktischen Computer-Simulation wie WiN-SIMPOLIS wird die Volkswirtschaft als ein komplexes System gesehen. Das Verhalten eines solchen Systems bei unterschiedlichen Entscheidungen kann nur noch durch Simulationen mit dem PC erfahren und verstanden werden.

6. Beurteilungen von Entscheidungen durch das Programm

Das Programm nimmt nicht alle eingegebenen Entscheidungen hin. Vielmehr findet schon bei der Eingabe eine Überprüfung statt, die sich auf drei Aspekte bezieht:

1. Ist die Entscheidung von ihrem Ausmaß her wirtschaftspolitisch realistisch?

Damit sind Überprüfungen derart gemeint, dass eine Entscheidungsgröße einen unrealistischen Wert erreicht. Dies wäre z.B. bei einem Einkommensteuersatz von 85% der Fall.

Derart hohe Werte weist das Programm zurück, und zwar so lange bis ein Steuersatz von 60% oder weniger eingegeben wird.

2. Ist die Veränderung der Größen wirtschaftspolitisch vertretbar?

Hiermit sollen unrealistisch große Sprünge von einer Periode zur andern vermieden werden. Z.B. ist es nicht möglich, den Satz der Mehrwertsteuer um mehr als 3 Prozentpunkte zu ändern.

Das Programm weist größere Veränderungen so lange zurück, bis ein akzeptabler Wert eingegeben wird.

3. Sind die Auswirkung aller eingegebenen Entscheidungen im Modell noch akzeptabel?

Die dritte Gruppe von Überprüfungen der Eingabe ist so zu verstehen, dass mit den neuen Entscheidungen das volkswirtschaftliche Modell zunächst durchgerechnet wird. Danach überprüft das Programm, ob sich unsinnige Resultate ergeben. Ist das der Fall, so wird der Benutzer entsprechend informiert und alle Entscheidungen müssen nochmals eingegeben werden.

Die eingegebenen stabilitätspolitischen Größen können nämlich dazu führen, dass die volkswirtschaftliche Nachfrage übermäßig stark aufgebläht wird.

In diesem Fall wird der Benutzer in einem Fehler-Hinweis darüber informiert und aufgefordert, die Entscheidungen so zu verändern, dass die Gesamtnachfrage geringer wird.

7. Hinweise zur Verwendung des Programms

a) *Vorbereitung der Simulation*

Sie Spielerinnen und Spieler sind zunächst über die Ziele im Programm WiN-SIMPOLIS zu informieren. Bei allen bisherigen Versuchen wurde dabei sofort die Frage nach anderen Zielen (z.B. Umwelt) gestellt. Hier ist auf das Stabilitätsgesetz und notwendige Beschränkungen zur Vereinfachung zu verweisen.

Ferner muss mit den Teilnehmern der Indikator für den Gesamterfolg vereinbart werden. Es ist wichtig, dass es sich dabei tatsächlich um eine Vereinbarung zwischen Schülerinnen und Schülern und Spielleitung handelt. Sonst besteht die Gefahr, dass die Teilnehmer die Zielsetzung der Simulation - nämlich die Maximierung des Gesamterfolgs - nicht akzeptieren. Wird der Vorschlag des Programms zur Berechnung des Gesamterfolgs abgelehnt, dann ist aus den Einzelergebnissen für die Zielgrößen in jedem Jahr der Gesamterfolg selbst zu errechnen. Z.B. kann auf die Quadrierung bei den Abzügen verzichtet werden oder man nimmt eine andere Gewichtung vor. Folgende Vorschläge stellen Anregungen dafür dar:

	Indikator I		Indikator II
	Konsumausgaben		Konsumausgaben
+	Staatsverbrauch	+	Staatsverbrauch
+	Investitionen	+	Investitionen
−	Inflationsrate	−	Inflationsrate * 2
−	Arbeitslosenquote	−	Arbeitslosenquote * 5
−	Außenbeitrag	−	Außenbeitrag * 2
−	Haushaltssaldo	−	Haushaltssaldo * 3
	Gesamterfolg		Gesamterfolg

Hat man sich auf die Definition des Erfolgs geeinigt, so kann die Spielleitung noch in volkswirtschaftliche Zusammenhänge einführen. Das Ausmaß dieser Einführung wird von Fall zu Fall unterschiedlich sein. Die Spielleitung muss entscheiden, in welchem Umfang die Spielerinnen und Spieler vor Beginn der Arbeit am Computer informiert werden sollen. Manches spricht dafür, am Anfang nur einen groben Umriss der volkswirtschaftlichen Zusammenhänge zu geben. Vertiefungen können nach den einzelnen Runden bei entsprechender Gelegenheit erfolgen.

b) Programmablauf

Nach dem Start bietet das Programm die Möglichkeit, erläuternde Hinweise zu lesen.

Ferner wird nach dem Namen der Schülerin oder des Schülers gefragt. Er ist wichtig, falls eine neue Best-Marke erreicht wird; denn diese wird unter dem Namen des Schülers gespeichert.

Danach sind die Entscheidungen einzugeben. Das Programm bietet bei jeder Entscheidung eine Hilfe an, die über das Fragezeichen aufgerufen wird. Unsinnige Eingaben oder zu starke Veränderungen bei den Größen werden zurückgewiesen, wobei gleichzeitig ein erläuternder Text gezeigt wird.

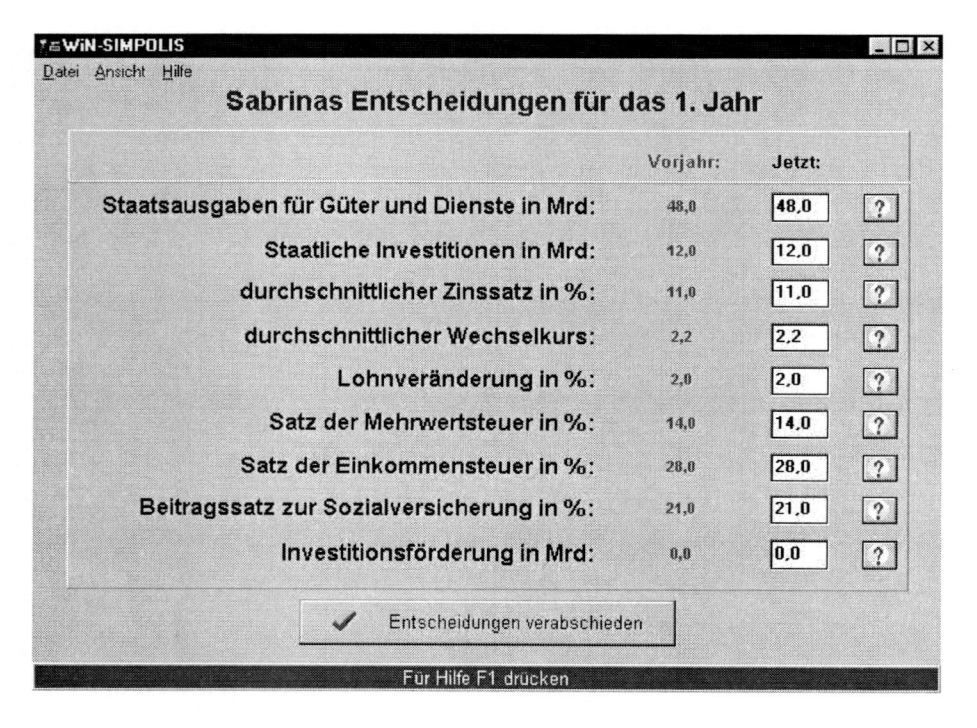

WiN-SIMPOLIS
Datei Ansicht Hilfe

Sabrinas Entscheidungen für das 1. Jahr

	Vorjahr:	Jetzt:	
Staatsausgaben für Güter und Dienste in Mrd:	48,0	48,0	?
Staatliche Investitionen in Mrd:	12,0	12,0	?
durchschnittlicher Zinssatz in %:	11,0	11,0	?
durchschnittlicher Wechselkurs:	2,2	2,2	?
Lohnveränderung in %:	2,0	2,0	?
Satz der Mehrwertsteuer in %:	14,0	14,0	?
Satz der Einkommensteuer in %:	28,0	28,0	?
Beitragssatz zur Sozialversicherung in %:	21,0	21,0	?
Investitionsförderung in Mrd:	0,0	0,0	?

✓ Entscheidungen verabschieden

Für Hilfe F1 drücken

Zu Beginn der Simulation ist zu beachten, dass sich die Volkswirtschaft im Staate SIMPOLIS in einem schlechten Zustand befindet: Das Wirtschaftswachstum stagniert, die Inflationsrate ist hoch, und es herrscht Arbeitslosigkeit. Auch der Außenbeitrag ist zu hoch.

Diesen Problemen müssen die Benutzer durch Eingabe entsprechender Entscheidungen begegnen.

Nach Eingabe aller Entscheidungen wird eine Ergebnis-Statistik nach Muster des folgenden Bildschirms gezeigt:

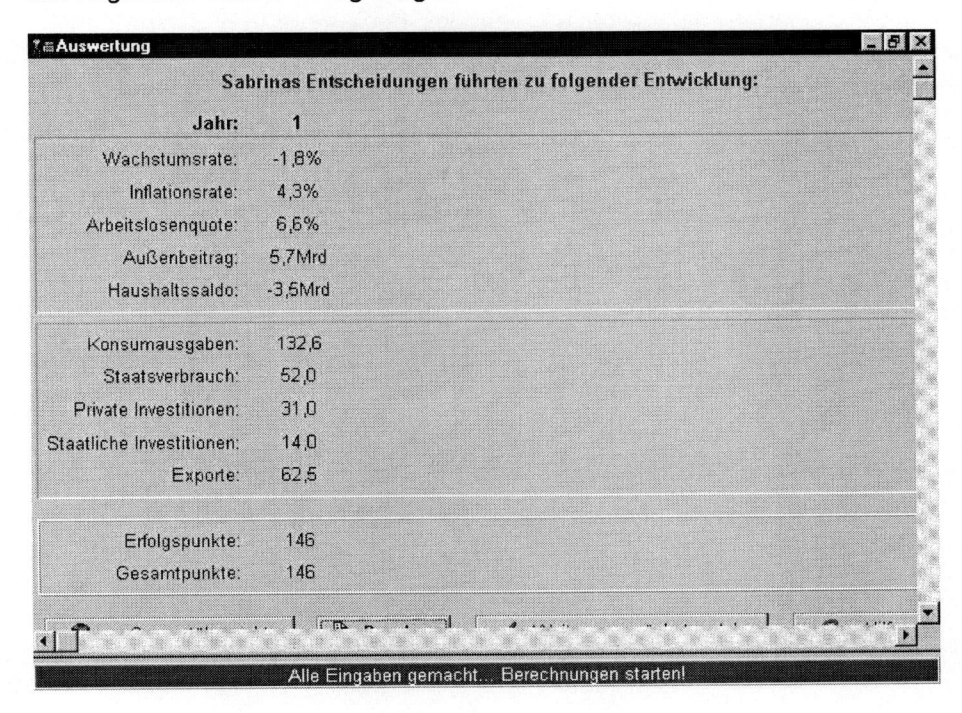

Auswertung	
Sabrinas Entscheidungen führten zu folgender Entwicklung:	
Jahr:	1
Wachstumsrate:	-1,8%
Inflationsrate:	4,3%
Arbeitslosenquote:	6,6%
Außenbeitrag:	5,7 Mrd
Haushaltssaldo:	-3,5 Mrd
Konsumausgaben:	132,6
Staatsverbrauch:	52,0
Private Investitionen:	31,0
Staatliche Investitionen:	14,0
Exporte:	62,5
Erfolgspunkte:	146
Gesamtpunkte:	146
Alle Eingaben gemacht... Berechnungen starten!	

Hier kann entschieden werden, ob die Simulation fortgesetzt werden soll.

Normalerweise ist es sinnvoll, alle sechs Jahre hintereinander zu spielen. Wird jedoch ein Abbruch gewünscht, so kann man nach jedem Jahr die Simulation beenden, wobei auf Wunsch die bisherigen Ergebnisse gespeichert werden.

Nachstehender Bildschirm zeigt einen Durchgang für eine Spielerin, die recht gut abgeschnitten hat. Beispielsweise wurden die Inflationsrate und die Arbeitslosenquote stark gesenkt, allerdings bei einem zum Schluss doch recht hohen Saldo des Staatshaushalts.

Jahr:	1	2	3	4	5	6
Wachstumsrate:	-1,8%	3,5%	3,0%	5,8%	1,4%	1,6%
Inflationsrate:	4,3%	1,7%	1,1%	1,0%	1,0%	1,0%
Arbeitslosenquote:	6,6%	5,3%	4,4%	0,6%	0,3%	0,5%
Außenbeitrag:	5,7Mrd	4,6Mrd	2,7Mrd	0,5Mrd	2,1Mrd	3,6Mrd
Haushaltssaldo:	-3,5Mrd	-5,5Mrd	-6,3Mrd	-11,6Mrd	-10,3Mrd	-10,4Mrd
Konsumausgaben:	132,6	136,7	139,2	147,8	149,9	151,3
Staatsverbrauch:	52,0	55,0	58,0	63,0	63,0	65,0
Private Investitionen:	31,0	31,4	33,5	34,5	35,3	34,5
Staatliche Investitionen:	14,0	16,0	18,0	21,0	21,0	22,0
Exporte:	62,5	63,9	64,1	66,2	69,0	71,5
Erfolgspunkte:	146	169	183	128	157	154
Gesamtpunkte:	146	315	498	626	783	936

c) Verwendung im Unterricht

Die Verwendung im Unterricht hängt zunächst von der Geräteausstattung ab. Die zweite Bestimmungsgröße ist das Ausmaß an Selbständigkeit des Arbeitens der Schülerinnen und Schülern, das von der Spielleitung angestrebt wird. Hierbei ist entscheidend, welche Vorkenntnisse die Klasse von der Sache her aufweist und ob sie im Umgang mit Computern und mit der Durchführung von Computer-Simulationen vertraut ist. Die folgenden Anregungen zur Durchführung der Simulation stellen auf derartige unterschiedliche Voraussetzungen ab.

Selbständige Erarbeitung mit abschließender Gesamtauswertung

Diese Verwendung der Simulation ist am anspruchsvollsten. Die Spielleitung führt in das Spiel ein, erläutert wesentliche volkswirtschaftliche Zusammenhänge und die Benutzung des Programms.

Danach arbeiten die Spielerinnen und Spieler selbständig mit dem Programm. Am besten bilden jeweils zwei Teilnehmer ein Team. Dann können sie sich über die geplanten Entscheidungen beraten, die Resultate diskutieren, erneut beraten usw. Ist an jedem PC-Arbeitsplatz ein Drucker erreichbar, so werden für jede Periode die Ergebnisse und Entscheidungen ausgedruckt. Ist das nicht der Fall, so müssen für jede Periode Ergebnisse und Entscheidungen in das Blatt im Anhang dieses Textes eingetragen werden.

Die Spielleitung kann sich bei dieser Verwendung nach der gemeinsamen Einführung auf die Rolle der Beratung beschränken. Sie wird zweckmäßigerweise den Fortgang des Spiels an den einzelnen Arbeitsplätzen beobachten und auftretende Fragen beantworten. Allerdings sollten diese Hinweise nicht so weit gehen, dass ein hoher Erfolg in der Simulation auf Grund der Beratung gesichert ist.

Ergeben sich Fragen, deren Beantwortung für alle Schülergruppen von Bedeutung ist, dann sollte die Arbeit in den Partnergruppen zu einer kurzen Besprechung unterbrochen werden. Es ist für das Arbeitsklima von großer Bedeutung, dass keine Gruppe das Gefühl bekommt, durch die Kurzberatungen benachteiligt zu werden.

Haben alle Gruppen das sechste Jahr beendet, so wird eine gemeinsame Auswertung durchgeführt. Hier sollte jede Arbeitsgruppe ihre wirtschaftspolitische Strategie erläutern, die Ergebnisse vorlegen und mit den anderen Teilnehmerinnen und Teilnehmern diskutieren. Je nach verfügbarer Zeit könnte sich an diese Auswertung ein „Schnelldurchgang" anschließen. Dann hätten die Schüler die Gelegenheit, die gewonnenen Erkenntnisse praktisch umzusetzen.

Ein großes Problem ist bei der skizzierten Verwendung das unterschiedliche Arbeitstempo der Spielerinnen und Spieler. Dies muss vor Beginn des Spiels mit den Teilnehmern besprochen werden. Evtl. wird eine Vereinbarung derart getroffen, dass für jede Runde nur ein bestimmter Zeitraum zur Verfügung steht.

Auswertung nach jeder Periode

Eine etwas straffere Lenkung durch die Spielleitung besteht dann, wenn nach jeder Runde die Entscheidungen und Ergebnisse mit allen Teilnehmern besprochen werden. Dann wirkt sich das unterschiedliche Arbeitstempo nicht so stark aus. Ferner werden die Ergebnisse nicht so stark differieren, weil nach jeder Runde auf Grund der Besprechung im Plenum Korrekturen erfolgen können.

Diese Form der Verwendung erlaubt auch die Möglichkeit, das Spiel auf mehrere Tage zu verteilen. Das kann vor allem dann nützlich sein, wenn die Spielleitung relativ ausführlich auf die volkswirtschaftlichen Zusammenhänge eingehen möchte.

Verwendung des Programms zum selbständigen Üben

Die dritte Variation des Einsatzes besteht darin, dass das Programm auch für Einzelarbeit der Spielerinnen und Spieler verwendet werden kann. Dann wird es zu einer Form der Erfolgskontrolle, die nach entsprechender Behandlung volkswirtschaftlicher Zusammenhänge im Unterricht als Abschluss durchgeführt wird. Sind genügend PC-Arbeitsplätze vorhanden, dann arbeitet jede Schülerin und jeder Schüler für sich und versucht, möglichst gut abzuschneiden.

Erst nach Abschluss aller Runden werden die einzelnen Ergebnisse verglichen und diskutiert.

Das Programm WiN-SIMPOLIS ist als Shareware bei folgender Adresse erhältlich:

www.wn-learnware.de

Ergebnisse, Entscheidungen und Erfolg im Staate SIMPOLIS

Regierungschef(in)

Jahr	1	2	3	4	5	6
ERGEBNISSE						
Wachstumsrate (%)						
Inflationsrate (%)						
Arbeitslosenquote (%)						
Außenbeitrag (Mrd.)						
Haushaltssaldo (Mrd.)						
Konsumausgaben						
Staatl. Investitionen						
Private Investitionen						
Exporte						
ENTSCHEIDUNGEN						
Staatsverbrauch						
Staatl. Investitionen						
Zinssatz						
Wechselkurs						
Lohnentwicklung						
Mehrwertsteuer						
Einkommensteuer						
Sozialversicherung						
Investitionsförderung						
ERFOLG						
im laufenden Jahr						
aller bisherigen Jahre						

IX. Haushaltssimulation

Einkommen und Ausgaben der Familie

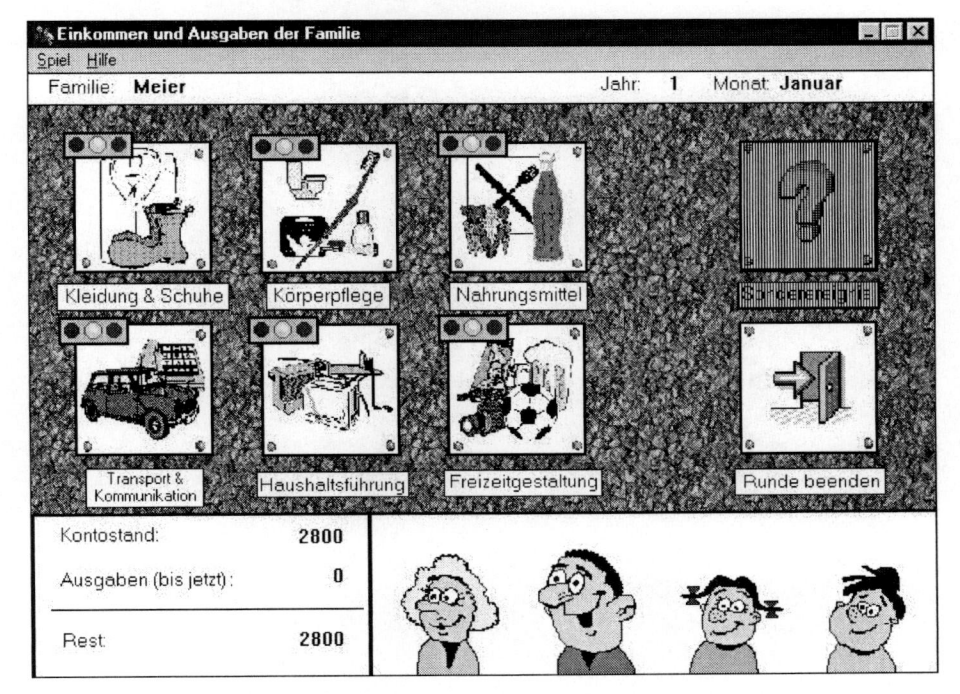

Zum Konsumverhalten der Haushalte gibt es - jedenfalls unter Windows - z.Zt. nur das Programm *„Einkommen und Ausgaben der Familie"*. Es ist Freeware und wurde von Studierenden an der Uni Siegen erstellt. Weitere Informationen dazu und auch das Programm selbst sind unter folgender Adresse erhältlich:

www.uni-siegen.de/cntr/zfl/simeaf.htm

Vorstehender Bildschirm zeigt die Entscheidungsbereiche des Haushalts und die Mitglieder, deren Gesichter zeigen, ob sie zufrieden sind.

Das Programm simuliert die Konsumentscheidungen eines Haushalts bestehend aus Mutter, Vater, Sohn und Tochter. Monat für Monat über insgesamt vier Jahre, also 48 Monate, sind Konsumentscheidungen für folgende sechs Bereiche zu treffen:

- Kleidung und Schuhe
- Nahrungsmittel
- Haushaltsführung
- Körperpflege
- Transport und Kommunikation
- Freizeitgestaltung

Die wesentlichen **Ziele des Programms** sehen die Verfasser in folgendem:
- In der Gruppe lernen, um gemeinsame Entscheidungen treffen zu können
- Die Rollenverteilung innerhalb der Familie überdenken
- Die eigenen Konsumansprüche überdenken
- Das Gegenüber von Einkommen und Ausgaben im 4-Personen-Arbeitnehmerhaushalt kennen lernen
- Das Ökonomische Prinzip als Grundlage der wirtschaftlichen Planung begreifen
- Unterschiedliche Bedürfnisse der Haushaltsmitglieder ermitteln und gegeneinander abwägen
- Die Bedeutung des Sparens für besondere Bedürfnisse oder Lebensrisiken begreifen
- Sich mit der Verschiedenartigkeit der Bedürfnisse auseinandersetzen
- Sich mit dem Problem befassen, dass nicht alle Bedürfnisse durch Geld zu befriedigen sind.

Die Entscheidungsmöglichkeiten zeigt der folgende Bildschirm. Bei jedem Konsumbereich kann man die Ausgaben bestimmen. Dabei sind keine Beträge festzulegen, vielmehr erlaubt das Programm nur eine Ausgabenbestimmung nach folgender Stufung:

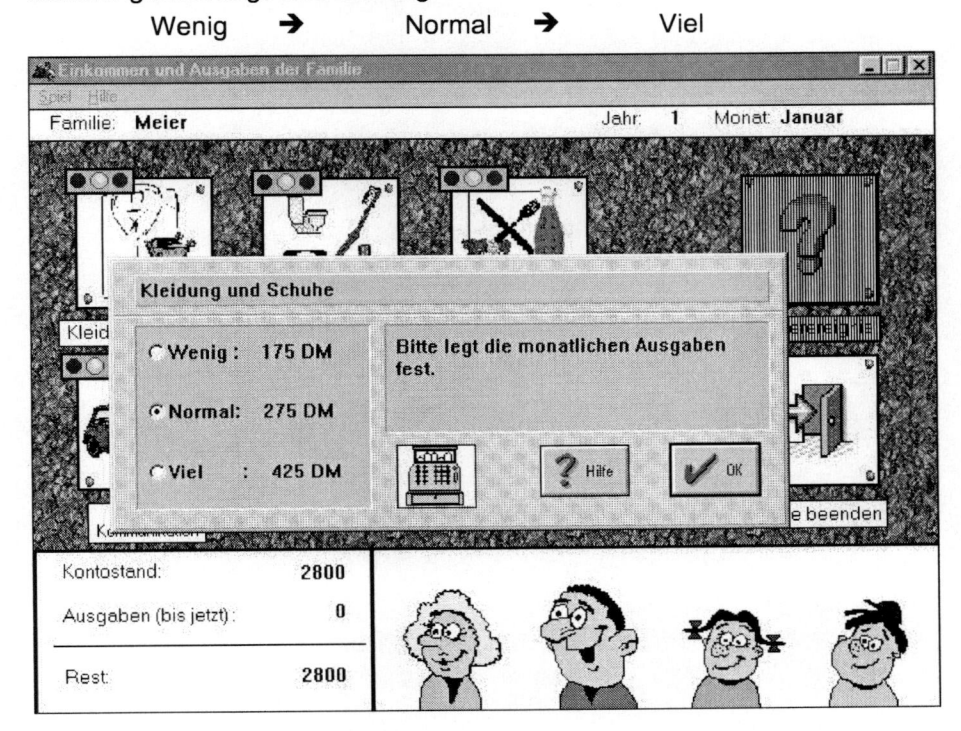

Wenig → Normal → Viel

Diese Form der Eingabe erspart das fehlerträchtige Eintippen der Werte und beschleunigt die Eingabe. Die Schülerinnen und Schüler können sich auf die Entscheidungen konzentrieren. Andererseits ist damit zwangsläufig verbunden, dass die Lehrerin oder der Lehrer darauf achten muss, dass nicht gedankenlos geklickt und probiert wird, so wie es viele Schülerinnen und Schüler bei den handelsüblichen Spielen oft praktizieren.

Als Erfolgskontrolle der besonderen Art dienen die Gesichter der vier Familienmitglieder. Ihr Ausdruck zeigt das Ausmaß der Bedürfnisbefriedigung oder der Zufriedenheit für den jeweils vergangenen Monat. Hier zeigt sich besonders die ansprechende Form des Programms, wenn man an die Alternative der Werte irgendeiner Nutzenfunktion denkt.

Das Programm bietet die Möglichkeit, jeweils am Ende eines Jahres die Ergebnisse mehrerer (bis zu acht) Spielgruppen zu vergleichen. Dazu wird von jeder Spielgruppe das Ergebnis auf Diskette gespeichert und anschließend am Lehrer-PC eingelesen und ausgewertet, wobei vor allem die erreichten Punkte zwischen den Gruppen verglichen werden.

Dieses Vorgehen ist allerdings insofern problematisch, als dadurch unterstellt wird, dass es ein „bestes Konsumverhalten" gibt. Es dürfte hier wichtig sein, absolute Aussagen zu vermeiden und immer auf den Konsens in der Familie zu verweisen. Dies gilt besonders für das Verhältnis von Ausgaben und Ersparnissen.

Ferner ist nicht überprüfbar, wie sich die Ausgaben für bestimmte Bereiche bei den jeweiligen Rollenträgern auswirken. Testläufe legen jedoch die Vermutung nahe, dass hier traditionelle Rollenklischees nach folgendem Muster praktiziert werden:

Ausgaben für Transport und Kommunikation fördern besonders die Zufriedenheit des Vaters, Ausgaben für die Haushaltsführung erfreuen besonders die Mutter.

Setzt man die Möglichkeiten der Auswertung richtig ein, dann ist das Programm „Einkommen und Ausgaben der Familie" dennoch sehr nützlich. Folgende Aspekte sind hervorzuheben:

- Die Schülerinnen und Schüler können spielerisch eine Wirtschaftsplanung im Haushalt erfahren.
- Das Programm verlangt, dass auch Sonderereignisse wie Umzug, Urlaub, Arbeitslosigkeit oder Krankheit berücksichtigt werden.
- Intern und ohne Information der Schülerinnen und Schüler überprüft das Programm, ob die Ausgabenbereiche ausreichend berücksichtigt werden. Wird ein Bereich vernachlässigt, so steigt die Wahrscheinlichkeit für ein kostspieliges Sonderereignis, z.B. der Kauf einer neuen Waschmaschine.

Der wichtigste Aspekt bei dieser Simulation eines Haushalts dürfte jedoch die gemeinsame Tätigkeit von jeweils vier Schülerinnen und Schülern in der jeweiligen Rolle als Mutter, Vater, Sohn oder Tochter sein.

Jens Müller formuliert dazu folgendes:

„Durch die ständig veränderte Situation am Anfang jeden Monats wird die Entscheidungsfähigkeit der Schüler gefördert. Die Schüler müssen sich mit den persönlichen Bedürfnissen aller Familienmitglieder auseinandersetzen und werden dabei feststellen, dass Entscheidungen, die sie für sich selbst fällen würden, nicht unbedingt bei allen Familienmitgliedern zwangsläufig für Zufriedenheit sorgen.

Sind mehrere Spieler an einem Computer beschäftigt, und die Rollen der Familienmitglieder aufgeteilt, müssen die Entscheidungen ausdiskutiert werden. Jeder Schüler wird versuchen, seine Vorstellungen über den besten

Weg zum Erfolg zu verteidigen. Dadurch wird neben der Entscheidungsfähigkeit und Kommunikationsfähigkeit ein weiterer wichtiger Aspekt geschult: Kompromissbereitschaft.

Die Schüler müssen sich bei ihren Entscheidungen mit den Zusammenhängen in diesem „Wirkungsgeflecht" auseinandersetzen und dabei in ihrem strategischen Vorgehen flexibel bleiben, um nicht Gefahr zu laufen bestimmte Faktoren zu vernachlässigen. Dadurch wird die Kreativität und Urteilsfähigkeit sowie „vernetztes Denken" gefördert."

(www.ph-freiburg.de/wirtschaft/home2.htm)

X. Möglichkeiten und Grenzen der Computer Planspiele

1. Vorbemerkungen zur Geschichte der Planspiele

Wie so manches andere stammen Planspiele aus dem militärischen Bereich. Man könnte schon das Schachspiel als den Beginn der Planspiele betrachten, aber richtige militärische Sandkastenspiele gab es erst seit Anfang des 19. Jahrhunderts. Die deutschen Handelshochschulen richteten als erste Simulationen um 1900 Übungskontore ein und schließlich entwickelte in den 20er Jahren die Harvard Business School in den USA ihre berühmte Case Study Method, um praxisnähere Lehrmethoden bei der betriebswirtschaftlichen Ausbildung einsetzen zu können.

Der Einsatz von Computern zur Durchführung von Planspielen lässt sich nicht mehr genau zeitlich fixieren. Bekannt wurde vor allem das „generelle Unternehmungsspiel" der American Management Association (AMA) 1956 als Meilenstein computerisierter Planspiele.

Heutzutage sind Computer-Planspiele in großer Vielfalt vorhanden. Allein im deutschsprachigen Bereich dürfte es etwa 300 geben. Nimmt man die englischsprachigen hinzu, so sind es sicher mehr als 1000 (vgl. die Zeitschrift simulation & games).

Die Vielfalt bezieht sich nicht nur auf die Anzahl, sondern auch auf Komplexität und Realitätsnähe. Nicht zuletzt sind auch die Kosten der Programme sehr verschieden, sie schwanken zwischen einigen Hundert und einigen Zehntausend DM.

2. Grundlegende Eigenschaften jedes Planspiels

Ausgangspunkt des Lernens mit Planspielen ist die Überlegung, dass anhand eines konkreten Falles mit aktiver Beteiligung der Lernenden, durch Entscheidungen, deren Auswirkungen und weitere Verarbeitung besonders effektiv gelernt werden kann.

Das Planspiel versetzt die Lernenden also zunächst in eine bestimmte Situation. Diese kann einfach strukturiert oder auch äußerst komplex sein. Bei der Entscheidungssituation kann es sich um Teilbereiche eines Betriebs, die gesamte Unternehmung, eine Branche oder auch um die gesamte Volkswirtschaft handeln. Selbst weltweite Entwicklungen sind inzwischen Gegenstand von Planspielen.

Die folgenden Bemerkungen beschränken sich auf den Unternehmensbereich und hier wiederum auf einfach strukturierte Planspiele. Angesichts der Zielgruppe (Auszubildende oder Erwachsene ohne spezielle betriebswirtschaftliche Ausbildung) wären komplexe Spiele nur verwirrend.

Eine überschaubare Situation stellt z.B. der Absatzbereich dar. Ist eine bestimmte Fertigungsmenge gegeben, so bestünde die Entscheidung z.B. darin, den Verkaufspreis, die Ausgaben für Werbung usw. so zu treffen, dass im Wettbewerb mit anderen Unternehmen der Gewinn über eine bestimmte Anzahl von Perioden möglichst hoch ausfällt.

Zur Situation kommt somit für die Lernenden eine bestimmte Rolle hinzu. Im erwähnten Beispiel wäre es die Rolle der Vertriebsleitung und die Produktionsleitung wegen der Bestimmung der Fertigungsmenge. Durch Einbeziehen der Personalabteilung (für Einstellungen oder Entlassungen) oder der Finanzabteilung (für Kredite) usw. könnte die betriebliche Situation praktisch beliebig erweitert werden.

In der jeweiligen Situation und als Träger einer bestimmten Rolle haben die Lernenden also Entscheidungen zu treffen. Diese werden in das Programm des PC (Personal Computer) eingegeben und dort entsprechend verarbeitet. Dies geschieht natürlich nicht „automatisch" oder einfach „durch den Computer", sondern entsprechend des Modells, das im jeweiligen Programm des Planspiels enthalten ist.

Jedes Modell stellt eine vereinfachte Abbildung der Realität dar, mit der sich das Planspiel befasst. Hier ist z.B. enthalten, wie stark die Absatzmenge der jeweiligen Unternehmung auf den festgelegten Verkaufspreis reagiert. Auch die Entwicklung der Kosten und die Berechnung des Betriebserfolgs sind im Programm fixiert.

Als Beispiel wird nachfolgend eine vereinfachte Struktur mit dem Schwerpunkt Vertrieb dargestellt. Im Computer-Programm, das die Spielerinnen und Spieler nicht kennen, wird z.B. dargestellt

- die Abhängigkeit der Kosten vom Beschäftigungsgrad, von der Kapazität und vom Ausmaß der Rationalisierung,
- die Reaktion der Nachfrager (Kunden) auf Verkaufspreise, Qualität der Produkte, Ausgaben für Werbung, Ausgaben für den Vertrieb oder den Kundendienst,
- die Abhängigkeit der Produktion von den erstellten Produktionsanlagen, den vorhandenen Rohstoffen und der Zahl der Beschäftigten und ihrem Ausbildungsniveau,
- die finanziellen Auswirkungen der Entscheidungen auf Gewinn oder Verlust, auf die Verschuldung oder die Liquidität der Unternehmung.

Die Nachbildung der Realität im Computer-Programm kann sehr komplex sein, da beliebig komplizierte Funktionen, aber auch Tabellen-Funktionen oder sonstige Zuordnungen möglich sind. Auch zufällige Effekte, die in jedem Lauf des Programms anders ausfallen können, sind möglich. Selbst Ereignisse, die den Markt oder alle Betriebe betreffen, können eingebaut werden.

Der letzterwähnte Punkt soll noch etwas verdeutlicht werden, weil er oft in Planspielen vernachlässigt wird. Im Planspiel GLASMARKT von H.-H. Weber befassen sich die Unternehmen beispielsweise mit der Herstellung von Vasen, Scheiben und Flaschen aus Glas. Hin und wieder wird den Spielerinnen und Spielern eines der folgenden Ereignisse mitgeteilt, nicht aber die Wirkung.

Ereignis 1:

Die einheimische Währung wurde um 12% aufgewertet, was die Branche stark trifft, da alle Rohstoffe aus dem Ausland importiert werden.

Wirkung:

Nach der Aufwertung muss für die Rohstoffe weniger gezahlt werden.

Ereignis 2:

Berichte über angeblich gesundheitsgefährdende Ausdünstungen von Schnittblumen haben die Verbraucher verunsichert. Jeder achte Haushalt will daher in Zukunft keine Schnittblumen mehr kaufen.

Wirkung:

Die Blumen sind ein zu den Vasen komplementäres Gut. Daher wird die Nachfrage nach Vasen sinken, maximal bis zu 12,5%.

Ereignis 3:

Die Architektenkammer teilt mit, dass auf Grund eines Wandels beim Baustil die Häuser durch mehr und größere Fenster freundlicher gestaltet werden.

Wirkung:

Der neue Baustil wird die Nachfrage nach Scheiben vergrößern, so dass die gesamte Branche mehr absetzen wird.

Durch derartige Ereignisse, die bei den Entscheidungen der Spielgruppen zu beachten sind, kann der starre Modellcharakter innerhalb eines Computer-Planspiels überwunden werden. Auch bei mehreren Spielrunden kommt es dann nicht zur Monotonie und routinemäßigen Entscheidungen.

Angesichts der außerordentlichen Leistungsfähigkeit heutiger PC sind von der programmiertechnischen Seite keine relevanten Beschränkungen vorhanden. Wenn hier vom PC gesprochen wird, dann sind keine Hochleistungsrechner gemeint, sondern Maschinen mit 80486er- oder Pentium I - Prozessoren und entsprechenden Massenspeichern, also lediglich der heutige Standard in den Büros, der praktisch überall verfügbar ist.

Der entscheidende Aspekt eines Computer-Planspiels ist nun darin zu sehen, dass die Lernenden unverzüglich über die Auswirkungen ihrer Entscheidungen informiert werden. Z.B. kann jede Unternehmung nach der gespielten Periode eine Bilanz oder eine Gewinn- und Verlustrechnung erhalten. Die Spielerinnen und Spieler erfahren somit, inwieweit durch die getroffenen Entscheidungen die Ziele erreicht wurden.

Die jeweiligen Spielgruppen haben anschließend anhand der Ergebnisse immer zweierlei zu prüfen:
- Warum ist das Ergebnis so ausgefallen?
- Durch welche Maßnahmen kann es gehalten oder verbessert werden?

Hier besteht nun die Gelegenheit, ganz gezielt mehr Kenntnisse über Begriffe zu erwerben oder Zusammenhänge besser zu verstehen. Dies kann durch selbständige Aktivitäten der Spielerinnen und Spieler erfolgen, wobei die Spielleitung nur moderierend Hinweise auf bestimmtes Material gibt.

Möglich ist jedoch auch, dass durch eine gemeinsame Besprechung zwischen Spielerinnen und Spielern sowie der Spielleitung die Fragestellungen erarbeitet werden, welche an dieser Stelle direkt interessieren, weil sie für den Fortgang des Planspiels wichtig sind.

Während solche Zwischenbesprechungen von der Spielleitung kurz gehalten werden können, ist eine abschließende Auswertung des Spielverlaufs unverzichtbar. Oft wird dieses debriefing die entscheidende Stelle eines Computer-Planspiels genannt. Hier müssen die Lernenden Gelegenheit bekommen, ihre Ergebnisse und Überlegungen, ihre Erfolge oder Misserfolge im Plenum darzustellen und mit den anderen Teilnehmerinnen und Teilnehmern zu diskutieren.

Die Spielleitung kann bei dieser Besprechung Vertiefungen vornehmen und auf diese Weise bestimmte Ziele anstreben.

Die Leserinnen und Leser werden bemerkt haben, dass einige der Eigenschaften von Planspielen auch für Simulationen gelten. In der Tat liegen Planspiel und Simulation eng beieinander. Häufig werden die Begriffe sogar synonym benutzt. Im Verständnis der Autoren gibt es jedoch ein zentrales Merkmal, das „echte" Planspiele von „echten" Simulationen trennt:

„Planspiele" bezeichnen die Durchführung einer Simulation unter Miteinbeziehung interaktiver und spontaner Entscheidungen der teilnehmenden Menschen innerhalb des Modell eines realen Systems.

Anders formuliert bedeutet dies, dass Simulationen „gegen ein Modell" (im Computer) gespielt, während Planspiele gegen Menschen bzw. gegen die Entscheidungen anderer Menschen gespielt werden. Bei einer Simulation berechnet (simuliert) der Computer also mögliche Entscheidungen von Menschen. In Planspielen -und dies ist das erwähnte zentrale Unterscheidungsmerkmal- werden diese Entscheidungen hingegen von echten Personen getroffen.

Man kann also sagen, dass Planspiele auf Simulationen und deren Modellen der Realität aufbauen. Sie bedienen sich der Simulation, um Erkenntnisse über Realität innerhalb des Erlebens der Interaktion mit Menschen erfahrbar zu machen.

Der aufbauende Charakter macht es möglich, dass ein bestehendes Modell sowohl als Simulation als auch als Planspiel im Sinne unserer Begriffsauslegung genutzt werden kann. Diesen Zusammenhang haben wir beispielsweise mit den Programmen SIM-ABSATZ (Simulation) und WiN-ABSATZ (Planspiel) realisiert. Das gleiche Modell, in diesem Fall die Darstellung von Zusammenhängen zwischen Preis, Absatzmenge und Vertriebsförderung, wird als Simulation gegen den Computer und als Planspiel gegen menschliche Gegnerinnen und Gegner gespielt.

3. Zielsetzungen eines Planspiels

Die wichtigsten Zielsetzungen bestehen in der Möglichkeit, verschiedene Schlüsselqualifikationen zu vermitteln. Diese wurden in der Arbeitsmarkt- und Berufsforschung schon seit Mitte der 60er Jahre diskutiert und gewinnen seit einiger Zeit auch in der Pädagogik vermehrt an Bedeutung. Der Kern dieser Qualifikationen wurde in jüngster Zeit von einer Arbeitsgruppe im Rahmen der Zusammenarbeit zwischen Wirtschaft und Pädagogischen Hochschulen nach eingehenden Untersuchungen folgendermaßen formuliert:

Problemlösungsfähigkeit

verstanden als die Fähigkeit, Probleme in einem bestimmten Sachzusammenhang zu erkennen und sachgerecht und kreativ zu lösen.

Lern- und Denkfähigkeit

verstanden als Fähigkeit, das eigene Lernpotential weiterzuentwickeln, in Zusammenhängen und Systemen zu denken.

Begründungs- und Bewertungsfähigkeit

verstanden als Fähigkeit, eigene, gemeinsame und fremde Arbeitsweisen und Ergebnisse sachlich zu begründen und kritisch zu bewerten.

Kooperations- und Kommunikationsfähigkeit

verstanden als Fähigkeit, sich in Gruppenprozesse aktiv und konstruktiv einzubringen und sie durch kommunikatives Verhalten zu fördern.

Verantwortungsfähigkeit

verstanden als Fähigkeit, Verantwortung und Mitverantwortung im jeweils angemessenen Rahmen übernehmen zu können.

Selbständigkeit und Leistungsfähigkeit

verstanden als Fähigkeit, zum selbständigen Planen, Durchführen und Kontrollieren von Entscheidungen und Ergebnissen.

Diese Schlüsselqualifikationen sind nicht isoliert zu sehen und bei Schulungen auch nicht isoliert zu erreichen. Vielmehr stehen sie untereinander in enger Beziehung und sind daher gemeinsam zu fördern.

Das Computer-Planspiel ermöglicht ein Anstreben der Schlüsselqualifikationen bei hoher Motivation der Spielerinnen und Spieler. Dies ist auf das handlungsorientierte Lernen zurückzuführen, das auch spielerische Elemente enthält. Im Planspiel können attraktive Spielrollen übernommen werden, die sonst für die Lernenden unerreichbar sind. Hinzu kommt, dass angstfreies, weil risikoloses Handeln ermöglicht wird.

Eine spezielle Motivation entsteht zusätzlich durch den Wettbewerb zwischen den Gruppen, der in fast allen Computer-Planspielen eingebaut ist. Wie auch sonst im Wirtschaftsleben ist allerdings darauf zu achten, dass dieser Wettbewerb fair und funktionsfähig ist. Der Spielleitung kommt hier eine wichtige Aufgabe zu, worauf an späterer Stelle noch einzugehen ist.

4. Zu den Aufgaben der Spielleitung

Die erste Aufgabe der Spielleitung besteht darin, das Spiel als eine wichtige Form des Lernens zu akzeptieren. Hier gibt es bis heute reichlich Vorurteile: Sowohl in Betrieben als auch in Schulen wird Lernen oft als eine mühsame und eher unerfreuliche Angelegenheit betrachtet. Spielen hingegen gilt eher als Kinderkram und Zeitvergeudung. Spöttisch wird auch davon gesprochen, dass hin und wieder ein „Spielchen" fällig sei.

Hintergrund dieser spielfeindlichen Einstellung ist ein völlig verengter Lernbegriff, den man als pädagogisches Input-Output-Denken charakterisieren könnte: Ohne mehr oder weniger anstrengenden Input kann es keinen ordentlichen Output beim Lernen geben. Möglich ist auch eine „Angst der Lehrperson vor dem Spiel", weil sie selbst das Spielen völlig verlernt hat.

Zu den oben erwähnten Schlüsselqualifikationen trägt der belehrende Unterricht jedoch wenig oder gar nichts bei. Es gibt zwar noch andere Methoden, um auf die Qualifikationen hinzuarbeiten, aber dem Planspiel und speziell dem Computer-Planspiel kommt eine besonders nützliche Stellung zu.

Hat die Spielleitung die skizzierte Hemmschwelle überwunden, so muss sie als nächstes entscheiden, welche Position sie gegenüber den Lernenden einnehmen (oder auch nur vorgeben) will.

Die Spielleitung kann die Rolle des „allwissenden Chefs" übernehmen. In einer Formulierung während eines Vortrages von WALTER E. ROHN müsste dieser Chef folgenden Anforderungen möglichst souverän genügen:

„1. Völlige Beherrschung

- *des Planspielmodells in seiner Struktur, seinen Parametern und ihren Interdependenzen,*
- *seines betriebswirtschaftlichen Datenkranzes,*
- *der Entscheidungs- und Planungsvordrucke, um auf alle Fragen klare und prägnante Antworten geben zu können, die das Beherrschenlernen, Analysieren und Abschätzen sowie das Handhaben der Planspieldaten durch die Teilnehmer möglichst beschleunigt.*

2. Klare Abgrenzung seiner Hilfestellung zu den Wünschen der Teilnehmer, bei der Entscheidungsfindung behilflich zu sein.

[...]

4. Überzeugendes Geschick in der Kommentierung der Unternehmensberichte der Schlussauswertung

- *völlige Beherrschung aller dabei auftretenden betriebswirtschaftlichen Fragen. [...]"*

Die Liste wird bei Rohn noch erheblich verlängert. Würde man sie ernsthaft befolgen wollen, so könnte außer den Herstellern der Programme niemand ein Planspiel durchführen. Schon die Struktur des Modells ist in den Einzelheiten bei fast allen Planspielen ja gar nicht bekannt, um Nachbildungen zu vermeiden.

Praktisch wäre der „allwissende Chef" der Lernatmosphäre des Planspiels auch gar nicht förderlich. Viel nützlicher für das Anregen von Lernprozessen ist ein „beratender Moderator". Die Spielleitung braucht daher nur die wesentlichen Zusammenhänge des Modells zu kennen, dazu das eingesetzte Material, und vor allem ist sensibler Umgang mit den Gruppen wichtig.

Im einzelnen kann man bei den Aufgaben der Spielleitung folgende Teilbereiche unterscheiden:

Die **Einführung** soll zunächst die Spielerinnen und Spieler mit der vorliegenden Situation und den anstehenden Entscheidungen bekannt machen. Dazu gehören zunächst die wesentlichen betriebswirtschaftlichen Zusammenhänge, die im jeweiligen Modell vorhanden sind. Meist werden dafür schriftliche Unterlagen vorhanden sein. Die Spielleitung sollte dafür sorgen, dass die Lernenden nicht von einer Masse an Material erschlagen werden und dass die ausgegebenen Unterlagen verstanden werden. Am Anfang genügt es, wenn die Spielerinnen und Spieler in die Lage versetzt werden, systematisch vorbereitete Entscheidungen zu treffen.

Ferner sind **die Teilnehmer mit dem Ablauf des Spiels vertraut zu machen**. Dazu gehört vor allem eine Einführung in die Vordrucke für die jeweilige Entscheidung. Hier werden z.B. Verkaufspreis, Ausgaben für Werbung usw. eingetragen. Früher wurden die ausgefüllten Unterlagen meist der Spielleitung oder gar einem besonderen Operator zur Eingabe in die Maschine übergeben. Angesichts der einfachen Eingaben über die Tastatur bei heutigen PCs und der Robustheit der Software sollte man die Eingabe jedoch besser den Gruppen überlassen. Die Spielleitung führt dabei lediglich die Aufsicht.

Wenn es der zeitliche Rahmen einigermaßen ermöglicht, empfiehlt es sich, eine Proberunde zu spielen. Manche Besonderheiten des jeweiligen Programms, deren Übersehen zu unangenehmen Folgen führen können, werden auf diese Weise im nachfolgenden Ernstfall berücksichtigt.

Neben dem gewöhnlichen Ablauf des Spiels sollte den Teilnehmerinnen und Teilnehmern auch die Zahl der Perioden und gegebenenfalls Zufallseffekte und besondere Ereignisse mitgeteilt werden, es sei denn die Reaktion auf überraschende Vorgänge gehört ebenfalls zu den Zielen des Planspiels.

5. Zur Arbeit in den Gruppen

Normalerweise wird die Spielleitung aus einer Person bestehen. Diese kann maximal fünf bis sechs Gruppen betreuen. Im besten Fall besteht eine Gruppe aus drei bis vier Personen. Demnach können an einem Computer-Planspiel 15 - 24 Spieler teilnehmen. Diese Begrenzung ist wichtig, weil bei zu vielen Teilnehmern die einzelnen Spielerinnen und Spieler nicht mehr ausreichend in das Spiel einbezogen werden können.

Ein weiterer wichtiger Aspekt ist die Zusammensetzung der Gruppen. Im idealen Fall sollte die Gruppe möglichst ausgewogen, also heterogen sein, so dass keine extrem starken oder schwachen Gruppen vorkommen. Arbeitsteilung innerhalb der Gruppen derart, dass jemand sich besonders um den Absatz, die Finanzierung oder das Personal kümmert, ist bei einfach strukturierten Spielen im Grunde nicht notwendig, aber auch nicht schädlich.

Wichtiger ist für die Spielleitung das Verhindern der Dominanz eines Teilnehmers in einer Gruppe. Gibt es eine solche Spielerin oder einen solchen Spieler mit etwas mehr fachlichen Kenntnissen und entsprechendem Durchsetzungsvermögen, so kann die Spielgruppe dies möglicherweise gerne dulden, weil sie diese Person als Garanten für ein erfolgreiches Abschneiden ansieht:

„'He runs the show!' er macht das Spiel, die anderen Gruppenmitglieder schließen sich seiner manchmal recht autokrativen Führung an. Ihr Erfolgserlebnis besteht dann in der Teilnahme an den von ihm erzielten guten Entscheidungsergebnissen (Identifikation: der Gruppenerfolg ist auch mein Erfolg)". (W. E. ROHN)

Hier muss die Spielleitung bei der Betreuung der Gruppen eingreifen, was natürlich nicht einfach ist und auf jeden Fall behutsam geschehen muss. Für das „Dämpfen" dominanter Spielerinnen und Spieler gibt es kein Rezept, aber die Spielleitung kann darauf achten, dass die „schwächeren" Teilnehmer zumindest einbezogen werden, dass ihnen ermöglicht wird, die jeweils erhaltene Aufgabe selbst zu erledigen, auch wenn es ein anderes Gruppenmitglied besser oder schneller könnte.

6. Die Auswertung des Planspiels

Kurze Besprechungen der Spielleitung während oder zwischen den einzelnen Runden dienen mehr der Steuerung des Spiels und sollten kurz gehalten werden. Ein zentraler Stellenwert kommt jedoch der abschließenden Auswertung zu. Spielend lernen heißt ja nicht, dass zweckfrei gearbeitet wird. Die Auswertung des Planspiels ist wesentlicher Garant dafür, dass tatsächlich ziel- und zweckgerichtet gearbeitet wird.

Die Quasi-Realität des Computer-Planspiels kann dazu führen, dass das Ganze zur Spielerei abrutscht. Ein wichtiger Grund hierfür ist auch, dass die Entscheidungen im Spiel nicht mit ernsthaften Risiken behaftet sind. Das einzige Risiko besteht im wesentlichen darin, gegenüber den anderen Gruppen schlecht abzuschneiden. Dieses Risiko kann durchaus verstärkt werden, z. B. indem zu Beginn des Planspiels eine angemessene „Siegprämie" ausgesetzt wird.

Aus diesen Gründen ist die abschließende Auswertung von größter Bedeutung. Hierfür ist daher auf jeden Fall genügend Zeit einzuplanen.

Für die Spielleitung gilt auch hier, dass sie nicht allzu sehr dominieren sollte. Vielmehr sollen hier die einzelnen Gruppen im Mittelpunkt stehen. Bei Planspielen für Führungskräfte geht es dann vor allem darum, die eigenen Ziele und Maßnahmen zu verteidigen. Rollenmäßig stellt dabei die jeweilige Gruppe den Vorstand einer Unternehmung dar, während die anderen Teilnehmerinnen und Teilnehmer die Eigentümer, z.B. oder eine Hauptversammlung der Aktionäre darstellen. Die jeweilige Gruppe oder deren Sprecher liefert einen Geschäftsbericht ab, der von den andern kritisch gewürdigt wird.

Für die Zielgruppen in der Aus- und Weiterbildung sind die bei einem derartigen Verfahren auftretenden und sich in der Regel im Ablauf verschärfenden Konfliktsituationen jedoch kein günstiger Lernhintergrund. Vielmehr sollte die Auswertung als ein kreativer und dynamischer Prozess gestaltet werden, bei dem die Lernenden reflektieren, was sie im Planspiel erfahren haben.

Den einzelnen Gruppen sollte daher genügend Zeit eingeräumt werden, um sich auf die Auswertung vorzubereiten. Grafische Darstellungen z.B. der Entwicklung des Gewinns oder der Umsätze sollten angeregt und auf Folien gezeigt werden. Die Spielleitung soll bei der Analyse und Einschätzung der Erfahrungen helfen sowie dazu anregen, aus dem Ablauf des Spiels zu lernen. Im einzelnen ergeben sich dabei folgende Aufgaben für die Auswertung.

Die Spielerinnen und Spieler sollen die Möglichkeit erhalten, ihre persönlichen Eindrücke und Ansichten auszudrücken.

Jeder Teilnehmer soll über die allgemeinen Richtlinien und Prinzipien einer erfolgreichen Entscheidungsfindung informiert werden. Umgekehrt sollen schwere Fehler beim Treffen der Entscheidungen erarbeitet werden.

Es ist auch zu verdeutlichen, dass dem Planspiel zwar ein vereinfachtes Modell zugrunde liegt, dass aber wesentliche Zusammenhänge der Realität dennoch vorhanden sind.

Bei diesem komplexen Ablauf kann die Spielleitung vor allem durch Fragen Anregungen geben. Solche Fragen könnten beispielsweise wie folgt lauten:

- Was passierte, wie hat sich Ihr Team bei den verschiedenen Entscheidungsgrößen entschieden und wie waren die Ergebnisse?
- Worin sehen Sie Ihre wichtigste Erfahrung nach Beendigung des Planspiels?
- Erinnern Sie sich daran, dass Sie bei bestimmten Entscheidungen schwere Fehler gemacht haben?
- Was würden Sie bei einer Wiederholung des Spiels anders machen?
- Welche Ihrer Entscheidungen waren auf Grund Ihrer Einschätzung richtig?
- Welche Strategie der Zusammenarbeit der Spielerinnen und Spieler wurde in Ihrem Team verfolgt?
- Gab es Konflikte in der Gruppe, und wie war die Teamarbeit?

7. Zur Kritik an Computer-Planspielen

Die bisherigen Bemerkungen sollen nicht den Eindruck erwecken, als sei das Computer-Planspiel die beste aller Methoden des Lernens und immer und überall zu verwenden. Dogmatismus ist hier wie auch sonst bei allen didaktisch-methodischen Problemstellungen prinzipiell falsch und gefährlich. Vielmehr gilt das (bisher unveröffentlichte) Zitat von Xaver Fiederle:

Die beste Methode ist der Methodenwechsel.

Abgesehen von dieser allgemeinen Einschränkung beruht die Kritik an Computer-Planspielen meist auf Unkenntnis, die angesichts der Fülle an Möglichkeiten jedoch leicht verständlich ist.

Haupteinwand ist die Behauptung, dass solche Planspiele auf Themen beschränkt seien, die mathematisch oder formallogisch beschreibbar sind. Hier wird verkannt, dass die Mathematik heutzutage nicht mehr auf Algebra oder Differenzengleichungen beschränkt ist, sondern z.B. auch die Theorie der Spiele, die Theorie der Verhandlungen oder den großen Bereich wahrscheinlichkeitstheoretischer Analysen umfasst. Es dürfte daher in der Wirtschaftslehre kein Problem geben, das nicht auch mathematisch beschreibbar wäre.

Ferner wird der Einwand erhoben, dass Computer-Planspiele auf Modellen basieren und nicht auf der Wirklichkeit. Sie seien daher unrealistisch, weil nur einige Aspekte der Realität berücksichtigt würden. Dieser Einwand verkennt, dass nur durch die Vereinfachungen sachliche und zeitliche Wechselwirkungen der Entscheidungen verdeutlicht werden können. Im übrigen ist der Zwang zur modellhaften Vereinfachung bei jedem sozialwissenschaftlichen Erklärungsansatz geradezu unvermeidlich.

Auch der bescheidenere Einwand, dass die Computer-Planspiele nur auf quantitative Aspekte abstellen und qualitative Momente vernachlässigen, ist nicht zwingend. Als Gegenbeispiel sei auf das Planspiel ÖKO verwiesen. Dort erhalten die Gruppen in einer Phase die Aufgabe, ein Werbeplakat und einen passenden Werbespruch für ihr Produkt zu entwerfen, beides wird anonym von den Gruppen bewertet, und mit diesen Werten wird das Planspiel weitergeführt.

Es ist programmiertechnisch auch kein Problem, bei Neueinführungen von Produkten zufallsgesteuerte Flops vorzusehen oder Ausgaben für Werbekampagnen in Misserfolgen enden zu lassen.

Eine ganze Reihe von Einwänden trifft nur dann zu, wenn die Spielleitung schwere Fehler bei der Einführung oder Auswertung des Planspiels begeht:

- Es bestehe die Gefahr, dass das Simulationsmodell nicht primär Gegenstand der Aufklärung und des Diskurses wird.
- Sachlich strittige Fragen werden im Modell in bestimmter Weise entschieden und erzeugen den problematischen Effekt, dass medial vermittelte Ergebnisse als objektiv richtig präsentiert werden.
- Planspiele fördern die Medienzentrierung des Unterrichts und praktizieren eine Mensch-Maschinen-Kommunikation anstelle sozialer Interaktion.
- Schließlich wird gar die Computer-Simulation zum trojanischen Pferd für eine Formalisierung und Mathematisierung wirtschaftlicher Sachverhalte in der Ausbildung erklärt.

Wie schon erwähnt:

Solche Effekte beruhen auf Fehlern der Spielleitung. Sie können vermieden werden, wenn die in diesem Kapitel skizzierten Vorschläge zur Durchführung eines Planspiels beachtet werden.

Von entscheidender Bedeutung ist bei der ganzen Arbeit die Auswahl des für die Zielgruppe richtigen Planspiels durch die Spielleitung. Hier lässt es sich nicht vermeiden, einiges an Zeit und Geld zu investieren. Auf keinen Fall darf man ein Computer-Planspiel einsetzen, das nicht vorher von der Spielleitung (am besten mit Partnern als Ersatz für Teilnehmer) durchgespielt worden ist.

Abschließend sei aber noch ein außerordentlich wichtiges Problem des Computer-Planspiels (und aller Planspiele) erwähnt:

Ihr Gelingen ist letztlich von der Persönlichkeit der Spielleitung abhängig. Auch dies wäre nichts Besonderes und gilt für jede Form der Ausbildung und Weiterbildung. Hinzu kommt jedoch, dass die eingangs erwähnten Schlüsselqualifikationen nur erreicht werden können, wenn die Spielleitung sich zumindest um folgendes Verhalten bemüht:

Toleranz für unterschiedliches Vorgehen

Die Lernerfahrung in einem Computer-Planspiel ist nicht unbedingt ein wohlgeordneter Prozess. Ein Planspiel kann sehr unterschiedlich verlaufen, weil jede Teilnehmergruppe ihre Eigenheiten hat. Unterschiedliche Ergebnisse sind daher von der Spielleitung zu tolerieren.

Beobachtung und Interpretation des Verhaltens

Es ist wichtig, zwischen dem beobachteten Verhalten der Spieler und dessen Bedeutung zu unterscheiden. Z.B. kann ein ausgeprägtes Wettbewerbsverhalten bedeuten, dass die Gruppe unbedingt gewinnen will, möglich ist aber auch eine starke und kreative Auseinandersetzung mit dem Spielverlauf.

Effiziente Frage-Antwort-Technik

Um die unterschiedlichen Entscheidungen und Ergebnisse der Gruppen zu interpretieren und zu reflektieren, muss die Spielleitung „richtige" Fragen stellen und sorgfältig zuhören können. Es ist nicht unbedingt nötig, dass die Spielleitung auch alle Antworten kennt. Die Spielerinnen und Spieler können normalerweise ihre Entscheidungen durchaus selbst begründen. Die Fragen der Spielleitung können helfen, die Antworten zu formulieren. Die Fragen der Spielleitung sollten also die Einsicht in das eigene Verhalten der Spieler fördern.

Steuern und Selbstlauf des Planspiels

Je nach Situation und Teilnehmern kann eine direkte Steuerung durch die Spielleitung erforderlich sein, z.B. wenn grobe Rechenschnitzer zu beobachten sind oder wenn eine Gruppe irrtümlich ein vorzeitiges Ende des Spiels plant. Zumeist ist jedoch bei den Entscheidungen Zurückhaltung der Spielleitung angebracht.

Gefühl für das richtige Timing

Bei den bisher erwähnten Punkten ist der richtige Zeitpunkt von großer Bedeutung. Die Spielleitung muss wissen, ob eine bestimmte auftauchende Frage gleich oder besser später diskutiert werden soll. Hier ist große Flexibilität erforderlich, da jeder Ablauf eines Computer-Planspiels anders ist.

Abwägen individueller Informationen

Schließlich muss die Spielleitung mehr oder weniger gefühlsmäßig entscheiden, was bei der individuellen Betreuung der Gruppen gesagt werden soll. Gelegentlich kann es notwendig sein, ein Problem individuell mit einer Spielerin oder einem Spieler zu besprechen. Hier kann die Spielleitung auch die Atmosphäre auflockern und damit verdeutlichen, dass es sich bei allem ernsthaften Lernen doch um ein Spiel handelt.

Computer-Planspiele sollen nicht zuletzt ganz einfach Spaß machen, ein Aspekt, der in der (typisch?) deutschen Literatur nie erwähnt wird. Daher sei abschließend noch Dennis L. Meadows (The Limits to Growth, 1972) zitiert:

"Simulation games are enjoyable and involving and players are doing what they do best – 'playing'" .

XI. Betriebswirtschaftliche Planspiele

1. Wettbewerb mehrerer Unternehmen mit „WiN-ABSATZ"

Das Kapitel zum Computer-Planspiel WiN-ABSATZ gliedert sich in zwei große Bereiche. Der erste Teil enthält Informationen für die Spielleitung, also die Lehrperson. Hier werden die fachlichen Inhalte dargestellt, aber auch praktische Hinweise zur Durchführung des Planspieles im Unterricht gegeben. Der zweite Teil enthält dann Informationen für die Geschäftsführung der Planspielunternehmen, also die Lernenden. Diese Informationen können als Material direkt im Unterricht eingesetzt werden. Für Schülerinnen und Schüler aufbereitet werden hier nochmals die fachlichen Inhalte dargestellt. Zudem erhalten die Planspielteilnehmer einige Hinweise zum Programmverlauf. Die Seiten dieses Abschnittes dürfen zu Unterrichtszwecken kopiert werden.

a) Informationen für die Spielleitung

i) Ziele des Programms

1. Kennenlernen neuer Begriffe

Das Programm WiN-ABSATZ setzt voraus, dass die Spielerinnen und Spieler mit grundlegenden Fragen zum Absatz der Unternehmen schon vertraut sind. Im günstigsten Falle wurde vorher bereits die Computer-Simulation WiN-KIOSK durchgeführt. Jede andere Einführung in grundlegende betriebswirtschaftliche Begriffe genügt ebenfalls. Daher werden im folgenden Kenntnisse der Begriffe *Nachfrage*, *Erlös*, *Kosten* und *Gewinn* vorausgesetzt.

Darauf aufbauend wird mit dem Programm WiN-ABSATZ zum einen das Ziel verfolgt, die Teilnehmer in spielerischer Form mit einigen weiteren wesentlichen Begriffen aus der Unternehmung vertraut zu machen. Dabei geht es zuerst um eine Differenzierung der Kosten. Im Planspiel WiN-ABSATZ hat jede Unternehmung zu beachten, dass sich die Gesamtkosten aus Herstellungskosten und fixen Kosten zusammensetzen. Vereinfachend wird dabei angenommen, dass für alle Unternehmen die Herstellungskosten pro Stück gleich groß sind.

Eine weitere Vereinfachung besteht darin, dass abgesetzte Menge und produzierte Menge einander entsprechen. Es gibt folglich keine zu planende Fertigungsmenge und auch keine Lager.

Die Herstellungskosten jeder Periode errechnen sich daher wie folgt:

Absatz * Herstellungskosten pro Stück.

Zu diesen variablen Kosten kommen noch diejenigen, die vom Absatz und der Herstellungsmenge unabhängig sind. Im Planspiel WiN-ABSATZ handelt es sich um folgende Posten:
- Allgemeine Verwaltungskosten
- Kosten für Marktforschung
- Kosten der Absatzpolitik.

Allgemeine Verwaltungskosten fallen in Höhe von 12.000DM in jedem Falle an, die Kosten für Marktforschung jedoch nur dann, wenn sich die Unternehmung bei der Eingabe Marktforschung ausdrücklich wünscht. Besonders in der ersten Runde ist die Marktforschung unbedingt notwendig, weil die Unternehmung nur so Informationen über Preis, Absatz und Vertriebsaktivitäten der Konkurrenz erhält.

Kosten der Absatzpolitik beziehen sich auf folgende Vertriebsaktivitäten:
- Aufwendungen für Werbung
- Aufwendungen für Produktverbesserung
- Aufwendungen für Kundendienst
- Aufwendungen für Verkaufsförderung.

Mit solchen Aufwendungen kann die Unternehmung Nachfrage an sich ziehen, d.h. ihren Absatz erhöhen. Dies gilt allerdings nur in dem Fall, dass die anderen Unternehmen nicht dasselbe tun. Bei genau gleichen Aufwendungen aller Unternehmen verpufft der Effekt. Berücksichtigt man, dass einerseits durch die Kosten der Absatzpolitik die verkaufte Menge erhöht werden kann, andererseits wegen dieser fixen Kosten der Gewinn geschmälert wird, dann wird die Schwierigkeit für die jeweilige Unternehmung deutlich.

Die Entscheidung wird noch schwieriger, weil sowohl die Preise der eigenen Unternehmung als auch die der anderen Unternehmen eine Rolle spielen. Jede Unternehmung bzw. Gruppe von Spielerinnen und Spielern muss bedenken, dass ein zu hoher Preis den Absatz schmälert. Andererseits ist ein zu niedriger Preis auch ungünstig. Selbst bei entsprechend hohen Absatzmengen ist dann der Gewinn pro Stück zu klein, um eine ausreichend hohe Gewinn-Summe zu ergeben.

All diese begriffliche Vielfalt muss beim Planspiel WiN-ABSATZ nicht theoretisch oder mit Zahlenbeispielen erarbeitet werden. Vielmehr kann man beim

Besprechen des Abschneidens der Unternehmen ganz nach Bedarf derartige Erläuterungen einfügen.

2. Besonderheiten der Marktform

Ein zweiter großer Zielbereich des Planspiels ist das spielerische Kennenlernen wesentlicher Zusammenhänge auf einem Markt mit mehreren Unternehmen, d.h. einem **Oligopol**.

Die Bedeutung dieser Marktform in einer modernen Volkswirtschaft liegt auf der Hand, so dass an dieser Stelle keine weitere Erörterung erforderlich ist. Im vorliegenden Spiel sind drei bis sechs Unternehmen auf einem Markt, z.B. für Kinderfahrräder.

Da jede Unternehmung von den Aktivitäten aller anderen betroffen wird, ist eine genaue Beobachtung notwendig. Sind z.B. sechs Unternehmen am Spiel beteiligt, dann muss jede Unternehmung fünf andere beobachten. Aus diesem Grunde und auch wegen der praktischen Durchführbarkeit einer Auswertung wurde die Zahl der Unternehmen beschränkt.

Die Spielerinnen und Spieler stellen während des Spiels fest, dass es nicht nur auf den „richtigen" Preis ankommt. Vielmehr sind auch Ausgaben für Werbung und die anderen Vertriebsaktivitäten für einen hohen Gewinn notwendig.

Im wesentlichen durch „Versuch und Irrtum" müssen die Spieler und Spielerinnen herausfinden, wie sich das beste „Marketing-Mix" zusammensetzt. Dies ist nicht anders zu erreichen, weil es eine theoretische Lösung für den optimalen Preis und entsprechende Absatzaktivitäten im Oligopol nicht gibt.

Der didaktische Ertrag von WiN-ABSATZ ist am sichersten, wenn dieses Spiel am Ende einer Lerneinheit über Marktvorgänge steht. Dann können die Spielerinnen und Spieler die bisher erworbenen Kenntnisse und Einsichten einbringen, d.h. in einem konstruierten Ernstfall erproben. Die Durchführung des Planspiels ist nach den bisherigen Erfahrungen immer auch mit Spaß verbunden, was der Wirtschaftslehre nicht schadet.

Das Übernehmen einer Unternehmer-Rolle ist oft auch mit überraschenden Motivationsschüben verbunden, z.B. derart, dass Spielerinnen oder Spieler sehr erfolgreich auf dem Markt agieren, obwohl sie vielleicht sonst im Unterricht nicht besonders geglänzt haben. Solches Lernen durch Handeln ist für den Alltag von Schule und Weiterbildung von sehr großer Bedeutung.

ii) Verwendung im Unterricht

Das Programm WiN-ABSATZ entspricht von seinem Aufbau her völlig dem bisher schon üblichen Planspiel. Es verbindet Elemente des Rollenspiels und des Entscheidungsspiels, ohne besondere organisatorische Vorbereitungen zu benötigen.

Unbedingt ist allerdings eine vorbereitende Unterrichtsphase erforderlich. Hier sind zuerst die entsprechenden fachlichen Grundlagen zu schaffen. Die Erläuterungen zu den fachlichen Inhalten können zu Beginn relativ kurz gehalten und im Verlauf des Spiels bei den Auswertungen vertieft werden. Wichtig ist auf jeden Fall der Hinweis auf die Abhängigkeit jeder Unternehmung von den Entscheidungen der anderen als zentrales Merkmal eines jeden Oligopols.

Ferner ist zu erarbeiten, dass die **gesamte** Marktnachfrage von den Preisen aller Unternehmen abhängt und auch von dem Umfang der Werbeausgaben. Letztere allerdings wirken sich nur bis zu einer bestimmten Höhe aus, danach verpuffen sie ohne Wirkung auf die Nachfrage.

Alle Überlegungen können anhand eines Produktbeispiels verdeutlicht werden. Das Produkt ist im Spiel selbst nicht fixiert, so dass die Lehrperson bzw. die Lehrperson im Dialog mit den Teilnehmerinnen und Teilnehmern freie Hand hat. Denkbar wäre jedoch als Beispiel der Markt für Kinderfahrräder.

iii) Informationen zur Durchführung des Spiels

Zunächst werden drei bis sechs Gruppen gebildet, die jeweils eine Unternehmung vertreten. Je nach Zahl der Spielerinnen und Spieler wird die Gruppengröße unterschiedlich sein, doch sollte eine Gruppe auf keinen Fall aus mehr als fünf Mitgliedern bestehen.

Danach sind die Unternehmen über die wesentlichen Zusammenhänge auf diesem Markt zu informieren, insbesondere über die enge Abhängigkeit des eigenen Gewinns von den Preisen und Vertriebsausgaben der anderen Unternehmen.

Nun beginnt die erste Entscheidungsrunde. Die Gruppen geben „ihrer" Unternehmung einen Namen und entscheiden über folgendes:

- Preis
- Ausgaben für Werbung, Produktverbesserung, Kundendienst und Verkaufsförderung
- Durchführung der Marktforschung

Während der Besprechung in den Gruppen kann die Spielleitung das Programm starten und sogleich einige Abfragen des Programms erledigen.

In der ersten Runde können zwei Verfahrensweisen praktiziert werden:
- freie, d.h. mehr oder weniger intuitive Entscheidung
- geplante, d.h. etwas gelenkte Entscheidung.

Freie Entscheidung

Bei der freien Entscheidung sind die Spielerinnen und Spieler nur darüber informiert, dass die Marktnachfrage durchschnittlich 13000 beträgt und die Herstellungskosten 150 pro Stück betragen. Die Entscheidungen werden dann sehr unterschiedlich ausfallen.

Nachfolgendes Beispiel zeigt den Bericht an die Spielleitung aus einer Erprobung:

Ergebnisse für alle Unternehmen im Quartal 1:				
	Windrad	Projekt	Blitz	Roboter
Preis	161	349	316	173
abgesetzte Menge	4529	30	92	7535
GESAMTERLÖS	729169	10470	29072	1303555
HERSTELLUNGSKOSTEN	679350	4500	13800	1130250
Kosten für:				
• Werbung	6000	5000	3000	30000
• Produktverbesserung	4000	2000	10000	7000
• Kundendienst	2000	1000	5000	10000
• Verkaufsförderung	2000	2000	2000	6000
• Allgem. Verwaltung	12000	12000	12000	12000
Marktforschung	0	0	0	3000
GESAMTKOSTEN	705350	26500	45800	1198250
GEWINN	23819	-16030	-16728	105305
Kumulierter Gewinn	23819	-16030	-16728	105305

Man sieht an den Ergebnissen für die erste Runde, dass das freie Verfahren zu außerordentlich großen Unterschieden führt:

Der Preis der Gruppe *Windrad* ist mit DM 161,- angesichts der Herstellungskosten von DM 150,- gerade noch sinnvoll. Die Preise von *Projekt* und *Blitz* sind völlig überhöht und führen denn auch zu geringen Absatzmengen und entsprechenden Verlusten.

Ein ganz schwerer Fehler liegt bei allen Unternehmen außer *Roboter* darin, dass keine Marktforschung gewünscht wurde. Daher haben die Unternehmen keine Information über die Preise und Vertriebsausgaben der anderen.

Eine so starke Differenz im Ergebnis kann zwar für die Auswertung nützlich sein, aber die Motivation der Spielerinnen und Spieler nimmt stark ab, weil die Unternehmen hoffnungslos abgeschlagen sind. Es ist daher zu prüfen, ob nicht nach Besprechung dieser Runde das Spiel neu gestartet werden sollte.

Gelenkte Entscheidung

Allzu große Unterschiede des Ergebnisses können von der Spielleitung verhindert werden, indem eine Leitlinie für die Entscheidung durchgerechnet wird nach folgendem Schema:

Ausgangspunkt ist die durchschnittliche Marktnachfrage 13.000DM. Verteilt man diese auf vier Unternehmen, so ergibt sich als geplanter Absatz 3.250. Multipliziert mit den Herstellungskosten je Stück erhält man

487.500DM als Herstellungskosten. Zuzüglich Allgemeine Verwaltungskosten und Kosten für Marktforschung ergeben sich 502.500DM als vorläufiges Zwischenergebnis.

Werden für Vertriebsausgaben etwa 10% angesetzt, so stehen 50.000DM zur Verfügung. Sie können nach Ermessen auf Werbung, Produktverbesserung, Kundendienst und Verkaufsförderung verteilt werden, z.B. wie folgt:

- Kosten für Werbung 15.000DM
- Kosten für Produktverbesserung 15.000DM
- Kosten für Kundendienst 10.000DM
- Kosten für Verkaufsförderung 10.000DM

Bei dieser oder einer ähnlichen Verteilung belaufen sich die Gesamtkosten auf 552.500DM.

Werden als Gewinn realistischerweise etwa 8% geplant und achtet man auf glatte Zahlen, dann werden zu den Gesamtkosten 47.500DM addiert, und es ergeben sich als geplanter Erlös 600.000DM.

Division dieses Erlöses durch die geplante Absatzmenge von 3.250 ergibt einen Preis von DM 184,61, der auf DM 185,- gerundet werden kann.

Wird auf diese Weise die Entscheidung strukturiert, dann gibt es normalerweise keine großen Ausreißer mehr. Andererseits ist von der Spielleitung darauf zu achten, dass kein schematisches Arbeiten überhand nimmt. Vorschläge an die Spielerinnen und Spieler könnten sein:

- Veränderung des Volumens der Vertriebsausgaben, z.B. 15% oder 20% der Kosten,
- Veränderung der Verteilung der Vertriebsausgaben, z.B. mehr auf Werbung oder Verkaufsförderung setzen.
- „intuitive" Änderung des Preises, z.B. den planerisch errechneten um 5 oder 10 DM erhöhen.

Haben die Unternehmungen ihre Entscheidungen getroffen, so gibt die Spielleitung oder eine Vertreterin / ein Vertreter der jeweiligen Gruppe diese

Werte gemäß der Maske des Programms ein. Es spricht manches dafür, diese Eingabe den Schülerinnen und Schülern zu überlassen. Vor allem könnten so Beschwerden der Teilnehmer über falsche Eingaben vermieden werden.

Auf jeden Fall muss die Spielleitung jedoch darauf achten, dass die Konkurrenz, d.h. die anderen Gruppen, die Eingaben nicht sehen können. Dies ist sowohl für die Spannung des Spiels als auch für die Unabhängigkeit der Entscheidungen unbedingt notwendig. Am besten spielt man daher in einem großen Raum, in dessen Mitte sich der PC befindet. Die Spielergruppen sitzen an den Seiten und werden einzeln an den PC gerufen.

Eine derartige Raumaufteilung hätte auch den Vorteil, dass die Gruppen schnell Kontakt mit der Spielleitung aufnehmen können. Vor allem bei Spielerinnen und Spielern mit mangelnder oder geringer Planspiel-Erfahrung wäre das wichtig.

Steht kein großer Raum zur Verfügung, so sollten die Gruppen räumlich getrennt arbeiten. Die Spielleitung muss in diesem Fall Rundgänge machen und ist dann nicht immer von den Gruppen erreichbar.

Haben alle Unternehmen die Entscheidungen eingegeben, so werden sogleich die Ergebnisse ausgedruckt. Zwar können die Ergebnisse auch auf dem Bildschirm eingesehen werden, jedoch kann dies nur eine absolute Notlösung für den Fall darstellen, dass kein Drucker zur Verfügung steht. Ein Ausdruck der Ergebnisse in jeder Runde ist immer vorzuziehen. Jede Unternehmung erhält dann einen Bericht nach folgendem Muster:

Ergebnisse im Vierteljahr Nr. 1 für Windrad	
Preis pro Stück:	DM 222
Verkaufte Menge:	2037
GESAMTERLÖS:	DM 45.2214
Herstellungskosten:	DM 305.550
Kosten für:	
Werbung:	DM 2.222
Produktverbesserung:	DM 2.222
Kundendienst:	DM 2.222
Verkaufsförderung:	DM 2.222
Allgemeine Verwaltung:	DM 12.000
Marktforschung:	DM 3.000
GESAMTKOSTEN:	DM 329.438
** GEWINN **:	DM 122.776
SUMME bisheriger Gewinne:	DM 122.776

Die folgende Tabelle mit den Informationen der Marktforschung wird nur ausgeben wenn die Unternehmung Marktforschung in Auftrag gegeben, also 3.000DM bezahlt hat.

Die Marktforschung berichtet an Windrad über das Vierteljahr Nr. 1			
	Preis	Absatz	Umsatz
Projekt	222	1613	358056
Windrad	222	2037	452214
Blitz	222	3321	737262
Gesamtabsatz aller Unternehmen: 6971			
Anteile von Windrad an den Vertriebsausgaben insgesamt in %:			
Ausgaben für Werbung	32.3		
Ausgaben für Produktverbesserung	32.3		
Ausgaben für Kundendienst	32.3		
Ausgaben für Verkaufsförderung	32.3		

Nach dem Ausdruck an die Unternehmen erhält auch die Spielleitung einen Ausdruck, auf dem alle Aktivitäten und Ergebnisse der Unternehmen zusammengefasst sind.

Dieser Bericht an die Spielleitung ist die Grundlage für eine Auswertung, die unbedingt nach jeder Runde erfolgen sollte. Es wäre zwar möglich, erst nach allen vier Perioden eine Auswertung vorzunehmen, aber für die Spielerinnen und Spieler ist bei diesem Verfahren eine Reaktion bei den weiteren Entscheidungen ausgeschlossen.

Aufgabe der Auswertung ist es ja, die Unternehmen mit den Auswirkungen ihrer Entscheidungen zu konfrontieren und dadurch einen Lernprozess auszulösen, der sich bei den Entscheidungen für die nächste Periode auswirkt.

Die Spielleitung kann auch einige Hinweise darauf geben, in welcher Größenordnung sich der höchste und der niedrigste Gewinn bewegen, so dass die Spielerinnen und Spieler sich einordnen können.

Ferner kann anhand von Beispielen darauf eingegangen werden, wie sich die Preisbestimmung oder die Vertriebsausgaben ausgewirkt haben. Weiter sollten die Unternehmen auch feststellen, dass sich der Betrag verschieden auswirkt, je nach Art der Vertriebsausgaben.

Allgemein sollte sich die Spielleitung allerdings darauf beschränken, nur generelle Hinweise auf Wirkungsmechanismen des Spiels zu geben. Bei dieser Gelegenheit kann auch von Fall zu Fall auf die modellhaften Vereinfachungen des Spiels hingewiesen werden, da jede Simulation ja nur einen Teil der Realität abbildet.

Die Spielleitung muss aber auf jeden Fall Auskünfte über Detailfragen zum Verhalten oder zu den Resultaten der Konkurrenz ablehnen.

Das Planspiel WiN-ABSATZ fragt nach Ausgabe der Ergebnisse in jeder Runde, ob eine weitere gespielt werden soll. Wird dies bejaht, so können sofort die Entscheidungen für einen neuen Durchgang eingegeben werden, das Programm gibt die neuen Ergebnisse aus usw. Möglich ist aber auch eine Unterbrechung, z.B. weil eine Gruppe sich völlig falsch entschieden hat und nun hoffnungslos zurückliegt. Es wäre wenig sinnvoll, in einem solchen Fall drei weitere Runden anzuhängen, weil jegliche Motivation fehlt.

Eine Unterbrechung kann auch deshalb nötig sein, weil keine Zeit mehr zur Verfügung steht. Die Fortsetzung des Spiels kann dann an einem anderen Tag erfolgen, wobei alle Ergebnisse gespeichert werden.

Setzt man das Planspiel zu einem späteren Zeitpunkt fort, wird die entsprechenden Datei geladen. Danach setzt das Spiel an der alten Position wieder ein.

iv) Hinweis auf wesentliche Wirkungsmechanismen

In jeder der vier Perioden wird als Preis nur ein Wert zwischen 150 und 380 als realistisch akzeptiert. Bei den Ausgaben für Werbung, Produktverbesserung usw. wird die Höhe nicht geprüft, weil dies ganz im Belieben der Unternehmen steht. Die Ausgaben aller Unternehmung für Werbung werden summiert.

Danach wird der höchste und der niedrigste Preis in der jeweiligen Periode festgestellt und der höchste Preis um einen kleinen Betrag erhöht. Die Differenz zwischen jeweiligem Preis und dem Maximum auf dem Markt wird für jede Unternehmung ermittelt und summiert.

Zur Verhinderung von „Preisabsprachen" zwischen den Unternehmen wird die Marktnachfrage im Hinblick auf den niedrigsten Preis aller Unternehmen korrigiert: Ist dieser größer als das Doppelte der Herstellungskosten, so tendiert die Marktnachfrage gegen Null.

Die gesamten Ausgaben für Werbung werden zur Erhöhung der Gesamtnachfrage herangezogen, wobei allerdings nur ein kleiner Teil zur Erhöhung der Marktnachfrage beiträgt.

Nun errechnet das Programm den Marktanteil jeder Unternehmung auf Grund der vorher erwähnten Differenz des Preises gegenüber dem Maximum. Der Anteil wird auf Null gesetzt, wenn eine Unternehmung mehr als DM 100, vom niedrigsten Preis aller Unternehmen abweicht. Ein exotisch hoher Preis der einzelnen Unternehmung wird demnach vom Programm massiv bestraft.

Als nächstes berechnet das Programm den Anteil an der Marktnachfrage jeder Unternehmung auf Grund der Vertriebsausgaben. Dabei werden jedoch die einzelnen Aktivitäten unterschiedlich stark berücksichtigt, und zwar in folgender Reihenfolge bei abnehmendem Gewicht: Werbung, Produktverbesserung, Verkaufsförderung, Kundendienst. Demnach wirken sich bei gleichem Betrag die Ausgaben für Werbung am meisten und die Ausgaben für Kundendienst am wenigsten aus.

Der errechnete Anteil einer Unternehmung wird auf ein Viertel des ursprünglichen Werts gekürzt, wenn ihr Preis den niedrigsten Preis aller Unternehmen um mehr als 100 überschreitet. Damit wird erreicht, dass ein übermäßig hoher Preis nicht durch massiven Einsatz der Vertriebsausgaben durchgesetzt werden kann.

Basierend auf Preis und Vertriebsausgaben jeder Unternehmung wird der Anteil an der Marktnachfrage berechnet. Daraus ergibt sich wiederum die Absatzmenge. Dabei wiegt jedoch die Preisdifferenz zu anderen Unternehmen etwa doppelt so stark wie der Anteil an den Vertriebskosten.

Dieser Aspekt ist zu beachten, wenn die Spielleitung bei der Durchführung des Spiels auf ein bestimmtes Produkt abstellen möchte. Es muss sich dann um ein Produkt handeln, bei dem die erwähnte Dominanz des Preiseffekts auch vertretbar ist.

Der Erlös ergibt sich schließlich aus der abgesetzten Menge, multipliziert mit dem jeweiligen Preis. Zu den Herstellungskosten kommen noch 3.000DM, falls Marktforschung gewünscht wurde.

Das Programm WiN-ABSATZ ist als Shareware bei folgender Adresse erhältlich:

www.wn-learnware.de

b) Informationen für die Geschäftsleitung der Unternehmen

Entscheidungen dieser Runde

Entscheidungen für das 1. Quartal
Windrad

Einnahmequelle in DM:
Verkaufspreis [0]
(150<x<380)

Ausgaben in DM:
Werbung [0]
Produktverbesserung [0]
Kundendienst [0]
Verkaufsförderung [0]
Marktforschung ☐

✓ OK   ? Hilfe

Der Entscheidungsbildschirm von WiN-Absatz

Die folgenden Seiten können als Material für die Lernenden direkt im Unterricht eingesetzt werden. Die Kopiererlaubnis für Unterrichtszwecke wird hiermit erteilt.

i) Fachliche Informationen

1. Aufgabenstellung

Beim Planspiel WiN-ABSATZ wird Ihnen die Aufgabe übertragen, für vier Perioden die Geschäftsführung einer Unternehmung zu übernehmen. Ihre Unternehmung verkauft genau ein Produkt. In jeder Periode haben Sie folgende Entscheidungen zu treffen:
- Verkaufspreis des Produktes
- Ausgaben für Werbung
- Ausgaben für Produktverbesserung
- Ausgaben für Kundendienst
- Ausgaben für Verkaufsförderung.

Diese Ausgaben werden unter dem Namen „Vertriebsausgaben" zusammengefasst. Außerdem werden Sie in jeder Periode gefragt, ob Sie Marktforschung wünschen. Wird dies bejaht, dann kostet Sie das 3.000DM. Dafür erhalten Sie aber auch Informationen über die Preise der anderen Unternehmen und können deren Vertriebsausgaben mit Ihren eigenen vergleichen.

Das Spiel läuft über **vier** Runden, die Sie als Vierteljahre eines Geschäftsjahrs verstehen können. Ihr Ziel sollte es sein, in jeder Runde möglichst viel Gewinn zu erzielen. Spielentscheidend ist jedoch die **Summe** der Gewinne aus allen vier Perioden.

Gewinner dieses Planspiels ist die Unternehmung bzw. die Gruppe, welche zum Schluss die höchste Gewinnsumme aus allen vier Runden erreicht hat.

2. Hinweise zur Berechnung des Gewinns

Ausgangspunkt ist folgende ganz allgemeine Formel:

$$\begin{array}{r}\text{Erlös}\\ -\ \text{Kosten}\\ \hline =\ \text{Gewinn}\end{array}$$

Der Erlös ist das Produkt aus Verkaufspreis und Absatzmenge. Die Kosten setzen sich aus den Herstellungskosten und den **fixen Kosten** zusammen.

Folglich kann man diesen Zusammenhang auch folgendermaßen schreiben:

      Verkaufspreis * Absatzmenge
- Herstellungskosten
- fixe Kosten

= Gewinn

Die Herstellungskosten ergeben sich aus den Kosten je Stück, multipliziert mit der entsprechenden Menge. Da sie sich mit dem Umfang der Produktion ändern, nennt man sie auch „**variable Kosten**".

Zu den fixen Kosten zählen in unserem Fall die Vertriebsausgaben, Allgemeine Verwaltungskosten und Marktforschung. Also gilt auch:

      Verkaufspreis * Absatzmenge
- Herstellungskosten
- Vertriebsausgaben
- Verwaltung
- Marktforschung

= Gewinn

Die letzte Darstellung zeigt das Problem, das sich Ihnen stellt:

Sie wollen eine große Absatzmenge bei hohem Preis, so dass die Erlöse groß sind. Durch große Vertriebsausgaben könnten Sie vielleicht beides erreichen. Aber: Gleichzeitig steigen damit auch Ihre Kosten, so dass unsicher wird, ob Sie insgesamt erfolgreich abschneiden.

Ein weiteres Problem ergibt sich daraus, dass die Erlöse aus dem Produkt von Verkaufspreis und Menge bestehen. Ist der Verkaufspreis niedrig, so ist möglicherweise die abgesetzte Menge hoch. Dennoch kann dies ein „schlechtes" Geschäft sein, weil der Gewinn pro Stück zu niedrig ist. Entscheidend ist hier wie die Nachfrage reagiert. Eventuell kann auch ein höherer Preis die bessere Entscheidung sein, wenn zwar die Absatzmenge zurückgeht, aber bei höherem Gewinn pro Stück doch noch ausreichend groß ist.

Eine wesentliche Vereinfachung sieht das Planspiel WiN-ABSATZ dadurch vor, dass Ihre Unternehmung genau so viel herstellt, wie sie auch absetzt. Es gibt daher kein Lager mit entsprechenden Kosten. Außerdem brauchen Sie nicht in jeder Periode über die Fertigungsmenge zu entscheiden.

Diese Vereinfachungen dienen dazu, Ihnen die Übersicht zu erleichtern. Es bleiben immer noch genügend Schwierigkeiten.

3. Informationen zur vorliegenden Marktform

Ihre Unternehmung ist nicht allein auf dem Markt! Vielmehr haben Sie (abhängig von der Zahl der Teilnehmer) zwei bis fünf Konkurrenten. Diese bieten ein ganz ähnliches Produkt wie Sie an.

Es handelt sich daher bei dem Markt um eine bestimmte Form des **Oligopol**. Bei dieser Marktform und den verfügbaren Entscheidungsgrößen wirken sich folgende Umstände auf Ihren Gewinn aus:

- Ihr eigener Preis
- der Preis aller anderen Unternehmen

- Ihre eigenen Vertriebsausgaben
- die Vertriebsausgaben aller anderen Unternehmen

Sie befinden sich daher in einer wirtschaftlichen Entscheidungssituation voller Unsicherheiten:

Setzen Sie z.B. einen niedrigen Preis fest und Ihre Konkurrenz auch, dann gewinnen Sie damit im Vergleich zu den anderen Unternehmen keine zusätzlichen Kunden. Es verbleibt lediglich der Effekt, dass Ihr Absatz **absolut** hoch ist, was aber nicht unbedingt einen Vorteil bedeutet, denn daraus kann sich ein niedriger Gewinn ergeben. Und nur auf die Höhe des Gewinns kommt es an.

Es kann allerdings auch sein, dass die Konkurrenz **nicht** den Preis so niedrig wie Sie festsetzt. Dann wären Sie wirklich im Vorteil und erzielten sicherlich einen höheren Gewinn als die anderen Unternehmen.

Ganz ähnlich ist das Problem bei Ausgaben zur Förderung des Vertriebs. Dabei sind die Ausgaben für Werbung besonders wichtig. Durch Ihre Ausgaben dafür **und** auch durch die Werbeausgaben der Konkurrenz wird nämlich die gesamte Marktnachfrage erhöht. Allerdings wissen Sie nicht, wie stark diese Änderung der Nachfrage auf Grund der Werbeausgaben ist.

Da sich in einem Oligopol die Handlungen einer Unternehmung unmittelbar auf das Marktergebnis der anderen Unternehmen auswirken, sind alle Versuche, durch Preissenkungen einen Vorteil zu erzielen, etwas riskant. Es besteht nämlich die Gefahr, dass die anderen Unternehmen nachziehen, vielleicht sogar übermäßig reagieren, so dass es zu einem Preiskampf mit übermäßig niedrigen Preisen kommt, der allen Unternehmen schadet.

Von daher ist es nicht überraschend, dass bei „echten" Oligopolen in unserer Volkswirtschaft der Preiswettbewerb nicht dominiert. Vielmehr versucht man sich durch ein entsprechendes Produktimage von der Konkurrenz abzusetzen. Die Unternehmen machen daher große Anstrengungen, um ihr Produkt in den Augen der Nachfrager zu einer Besonderheit zu machen.

Eine wichtige Unterstützungsfunktion kommt dabei der Werbung zu. Aus der Sicht der Unternehmung ist nur wichtig, „in den Augen der Nachfrager" ein besonderes Produkt anzubieten. Ob das tatsächlich so ist oder vielleicht nur subjektiv von den Nachfragern (z.B. auf Grund entsprechender Werbung) so empfunden wird, ist für die Unternehmung gleichgültig.

Es ist folglich einleuchtend, dass auf Märkten mit Oligopolen immer wieder große Werbekampagnen gestartet werden. Auch die Präsentation eines „neuen" Produkts mit neuen Wirkstoffen und besonderen Eigenschaften kann man dabei häufig beobachten. Oft ist der Verbraucher überhaupt nicht in der Lage zu beurteilen, ob es sich wirklich um eine Neuheit oder eine Verbesserung handelt.

4. Zur Bestimmung der Marktnachfrage im Planspiel

Für jede Periode im Planspiel WiN-ABSATZ liegt ein Erfahrungswert über die Gesamtnachfrage vor. In den letzten Jahren wurden folgende Richtwerte ermittelt:

Periode 1 : 13 000 Stück

Periode 2 : 14 000 Stück

Periode 3 : 12 000 Stück

Periode 4 : 9 000 Stück

Den Verlauf dieser Werte kann man als Saison-Entwicklung auffassen, die für ein Produkt gilt, bei dem es auf schönes Wetter an kommt. Daher ist im Frühjahr und im Sommer, d.h. in den Vierteljahren 1 und 2, die Nachfrage am höchsten. Sie wird im Herbst niedriger und erreicht im Winter (Vierteljahr 4) den tiefsten Stand. Diese Entwicklung ist nicht zu ändern und muss bei den Entscheidungen berücksichtigt werden. Z.B. sind starke Erhöhungen der Vertriebsausgaben in der letzten Periode sehr sorgfältig zu prüfen.

Diese Gesamtnachfrage wird jedoch erhöht oder vermindert, je nach Preis aller Unternehmen. Wenn z.B. **alle** Unternehmen einen verhältnismäßig **hohen** Preis festsetzen, dann wird die Marktnachfrage tendenziell niedriger sein als in dem Fall, dass zumindest ein Unternehmen einen niedrigeren Preis verlangt. Im krassesten Fall hoher Preise aller Unternehmen wird sich die Nachfrage sogar dem Wert Null nähern.

Es ist also davon auszugehen, dass die Unternehmen ein Produkt anbieten, das nicht unbedingt zu einem bestimmten Zeitpunkt gekauft werden muss. Vielmehr sind Verschiebungen des Kaufs oder Ausweichen auf ein anderes Produkt möglich. Z.B. könnte es sich um ein Produkt handeln, das bei der Freizeitgestaltung verwendet wird. Ist es nach der Einschätzung der Verbraucher zu teuer, dann wird eben ein anderes Produkt gekauft.

Die gesamte Marktnachfrage wird ferner in gewisser Weise von den Ausgaben für Werbung **aller** Unternehmen beeinflusst. Wenn daher die Unternehmen insgesamt hohe Werbeausgaben tätigen, so erhöht sich die Marktnachfrage. Das Ausmaß der Erhöhung ist den Unternehmen allerdings nicht bekannt. Möglicherweise sind daher hohe Ausgaben für Werbung nutzlos ausgegeben. Hierzu sei jedoch die Aussage eines Marketing-Praktikers erwähnt, der glaubt, dass die Hälfte seiner Ausgaben „in den Sand gesetzt" wird. Da er aber nicht wisse, **welche** Hälfte das sei, müsse er an seinen Ausgaben festhalten.

Wenn auch die Ausgaben für Werbung tendenziell die Marktnachfrage erhöhen, so gilt das doch nur bis einem gewissen Sättigungsniveau. Wie auch sonst im Wirtschaftsleben gilt im Planspiel WiN-ABSATZ, dass übermäßig viel Werbung ab einer bestimmten Größenordnung den Absatz nicht mehr positiv beeinflusst, sondern wirkungslos verpufft.

5. Zur Bestimmung des Absatzes der einzelnen Unternehmung

Die Bedeutung Ihres Preises

Für die Unternehmung, die Sie vertreten, ist mit einer hohen Marktnachfrage noch nicht viel gewonnen. Entscheidend ist nämlich, welchen **Anteil** der Marktnachfrage Sie an sich ziehen.

Dieser Anteil ist zunächst von Ihrem **Preis** abhängig. Genauer gesagt, von dem Abstand Ihres Preises zu den Preisen aller anderen Unternehmen. Wenn Sie z.B. einen niedrigen Preis festlegen und die anderen liegen weitaus höher, dann ist Ihr Anteil an der Marktnachfrage hoch. Sollten Sie sich jedoch für einen niedrigen Preis entscheiden und alle anderen auch, dann erzielen Sie damit keinen Vorteil. In diesem Fall sind lediglich die Nachfrager begünstigt, weil sie das Produkt günstig erhalten.

Eine starke Reaktion der Nachfrage auf Grund von Preisdifferenzen ist zwar in vielen Oligopolen nicht zu erwarten, jedenfalls nicht, wenn sich die Differenzen in einem bestimmten Rahmen bewegen. Im einzelnen kommt es hier darauf an, ob die Unternehmung mit dem hohen Preis nach Einschätzung der Nachfrager ein ganz besonderes Produkt anbietet.

Bedeutung Ihrer Vertriebsausgaben

Der Anteil Ihrer Unternehmung an der Nachfrage ist nicht nur von Ihrem Preis abhängig. Vielmehr spielen auch Ihre Ausgaben für Werbung, Produktverbesserung, Kundendienst und Verkaufsförderung eine große Rolle.

Auch dies ist eine erhebliche Vereinfachung im Planspiel WiN-ABSATZ. Es ist klar, dass z.B. eine Werbemaßnahme gut oder schlecht bei der Nachfrage ankommen kann, auch wenn dafür jedes Mal gleich viel Geld ausgegeben wurde. Hier jedoch wird zur Vereinfachung angenommen, dass auf Grund der Vertriebsausgaben immer der gleiche positive Effekt erreicht wird.

Die Ausgaben für Werbung sind wie üblich zu verstehen. Mit den anderen Vertriebsausgaben ist folgendes gemeint:

- Ausgaben für Produktverbesserung sind Aufwendungen Ihrer Unternehmung, um sich durch höhere Qualität von der Konkurrenz abzuheben.
- Aufwendungen für Kundendienst dienen dazu, durch schnelle und kostengünstige Betreuung die Kunden zufriedenzustellend.
- Ausgaben für Verkaufsförderung sollen die Kunden am Ort des Verkaufs zu einem Kaufentschluss veranlassen. Praktisch kann dies durch Plakate, Handzettel oder besonders gelungene Präsentation des Produkts geschehen.

Das Problem bei Ihrer Entscheidung über die Höhe dieser Ausgaben besteht darin, dass ein Einfluss zugunsten Ihrer Produkte nur dann entsteht, wenn die Konkurrenz nicht dasselbe tut. Geben Sie z.B. viel Geld für Vertriebsaktivitäten aus und die anderen Unternehmen auch, dann war das Geld nutzlos verschwendet. Andererseits wäre es für Ihren Absatz äußerst ungünstig, wenn Sie bei den Vertriebsausgaben sparten, gleichzeitig jedoch die Konkurrenz dafür viel aufwenden würde.

6. Strategien auf dem Markt

vorsichtiges Herantasten

Ihre Situation im Planspiel WiN-ABSATZ ist zwangsläufig von Unsicherheit begleitet, da Sie nicht wissen, was die anderen Unternehmen tun werden. Eine erste mögliche Verhaltensweise wäre daher das vorsichtige Herantasten, bei dem Sie folgendermaßen handeln:

- Sie gehen davon aus, dass die langfristig bekannte Marktnachfrage gleichmäßig auf alle vorhandenen Unternehmen verteilt wird. Auf dieser Basis können Sie Ihre Herstellungskosten berechnen.
- Zu den so bestimmten gesamten Herstellungskosten schlagen Sie einen Satz von 10-20 % für Vertriebsausgaben. Diesen Betrag verteilen Sie auf die vier möglichen Vertriebsaktivitäten.
- Zu den Gesamtkosten addieren Sie einen geplanten Gewinn von 5-10% und erhalten den geplanten Gesamterlös. Dividieren Sie diesen Betrag durch die angenommene Absatzmenge, so erhalten Sie eine Größenordnung für den „richtigen" Preis.

Je nachdem wie Sie die anderen Unternehmen einschätzen, können Sie diesen errechneten Preis nach oben oder unten um einige Mark verändern.

Er ist ja nur für den Fall richtig, dass sich die anderen Unternehmen ebenfalls so verhalten wie Sie.

Entscheidend ist, dass Sie Ihr erstes Marktergebnis sehr genau auswerten und sich entsprechend an die Konkurrenz anpassen.

Ob Sie mit dieser Strategie wirklich Erfolg haben werden, kann man nicht wissen. Im Planspiel WiN-ABSATZ gilt wie allgemein in der Wirtschaft, dass für den Erfolg einer Unternehmung auch etwas Glück nötig ist. Als Daumenregel kann man für die Strategie des vorsichtigen Herantastens nur feststellen, dass Sie keine überraschenden und große Veränderungen sowohl beim Preis als auch bei den Vertriebsausgaben vornehmen sollten.

Aggressives Handeln

Auch bei dieser Verhaltensweise empfiehlt es sich, zunächst nach dem eben erwähnten Schema auszurechnen, wie für den „Normalfall" die Entscheidungen zu treffen wären. Aber dabei bleibt es nicht. Vielmehr ist weiter zu überlegen, inwieweit z.B. beim Preis nach oben abgewichen werden könnte. Sie müssen dabei abschätzen, ob wohl die Konkurrenz starr nach dem Normalfall verfahren wird. Nur in diesem Fall lohnt es sich, erhebliche Abweichungen vorzunehmen.

Sie könnten z.B. den Preis wesentlich erhöhen, so dass Ihr Gewinn pro Stück größer wird. Sinkt die abgesetzte Menge daraufhin nicht allzu stark, dann wirkt sich dies günstig auf Ihren Gewinn aus. Ferner sollten Sie erwägen, den höheren Preis durch entsprechend höhere Ausgaben für Werbung usw. zu stützen, denn durch solche Ausgaben wird ja im Planspiel WiN-ABSATZ Nachfrage angezogen. Allerdings dürfen Sie nicht vergessen, dass die Vertriebsausgaben fixe Kosten darstellen, die den Gewinn entsprechend reduzieren. Die „richtige" Dosierung beider Maßnahmen müssen Sie daher im Spiel herausfinden.

Eine andere aggressive Strategie wäre die Preisabweichung nach unten. Mit einem wesentlich niedrigeren Preis können Sie gleichfalls Nachfrage auf sich ziehen. Dabei ist natürlich der Gewinn je Stück geringer. Es kommt auf die abgesetzte Menge an, ob sich diese Strategie günstig auf den Gewinn auswirkt.

Bei einem erheblich niedrigeren Preis könnten Sie auch in der Weise experimentieren, dass die Ausgaben für den Vertrieb gesenkt werden. Sie könnten dadurch Ihre fixen Kosten reduzieren mit entsprechend günstigen Auswirkungen auf Ihren Gewinn. Inwieweit ein niedriger Preis genügt, um ausreichend Nachfrage an sich zu ziehen, müssen Sie im Spiel herausfinden.

Das große Risiko beider aggressiven Strategien liegt darin, dass möglicherweise die anderen Unternehmen schnell mitziehen. Dann wird die Preissenkung vielleicht zum ruinösen Wettbewerb, bei dem keine Unternehmung mehr etwas verdient.

In ähnlicher Weise zahlt sich in diesem Beispiel die Preiserhöhung mit gleichzeitiger Steigerung der Vertriebsausgaben nicht aus, weil bei gleichförmigem Verhalten aller Unternehmen die Wirkungen gegeneinander aufgehoben werden.

Es ist folglich Ihre Entscheidung und Ihr Risiko, ob Sie sich an den rechnerischen Normalfall mit seiner Sicherheit oder an eine eher aggressive Strategie halten wollen.

ii) Hinweise zum Spielverlauf

1. Entscheidungsfindung in der Gruppe

Ein Planspiel wie WiN-ABSATZ wird immer am besten in einer Gruppe von drei bis fünf Teilnehmern gespielt, wobei jede Gruppe die Entscheidung für eine Unternehmung übernimmt.

Dann können Sie sich bei den Entscheidungen beraten und die Ergebnisse jeder Runde diskutieren. Sie werden bemerken, dass die Arbeit in der Gruppe viele Anregungen gibt, dass es andererseits aber auch schwierig sein kann, die eigene Meinung durchzusetzen.

Wichtig ist auch die Möglichkeit, vorbereitende Berechnungen auf die Mitglieder der Gruppe aufteilen zu können. z.B. kann ein Mitglied durchrechnen, welche Entscheidungen bei niedrigem Preis notwendig sind. Ein anderes Mitglied berechnet dasselbe für den Fall einer Preiserhöhung.

Ziel Ihrer Entscheidungen ist es, einen möglichst hohen Gewinn nach Ablauf der vier Perioden zu erzielen. Es kommt also nicht auf den Gewinn in der jeweiligen Runde an, sondern auf die **Gewinnsumme** aus allen vier Perioden.

Besonders wichtig ist die Beratung innerhalb der Gruppe nach der ersten Periode, wenn die Verhaltensweisen der Konkurrenz zumindest teilweise bekannt sind und Reaktionen erforderlich werden.

Bei der praktischen Durchführung sollte für jede Periode ein Gruppenmitglied die Schreibarbeit mit dem Entscheidungsblatt und die kleinen Berechnungen übernehmen, wobei Sie sich abwechseln können.

Ausgangspunkt der Überlegungen ist in jeder Periode der Erfahrungswert für den Gesamtmarkt, also die durchschnittlich zu erwartenden Absatzmenge für alle Unternehmen. Daraus können Sie abschätzen, wie hoch die Menge Ihrer Unternehmung voraussichtlich ist.

Die Herstellungskosten je Stück sind für alle Unternehmen gleich hoch, wobei die Menge keine Rolle spielt. Vergessen Sie nicht zu berücksichtigen, dass diese Stückkosten in jeder Periode um 5 zunehmen.

Allgemeine Verwaltungskosten in Höhe von 12.000DM haben Sie in jeder Periode zu berücksichtigen. Die Kosten für Marktforschung mit 3.000DM fallen nur dann an, wenn Sie sich einen entsprechenden Bericht wünschen. Es empfiehlt sich, diesen Bericht in der ersten Runde auf jeden Fall anzufordern. In den weiteren müssen Sie prüfen, ob sich das für Sie lohnt.

Füllen Sie auch die Stellen im Entscheidungsblatt für geplanten Gewinn, Erlös und Preis aus, selbst wenn Sie vom rechnerischen Schema abweichen wollen. Die schriftliche Fixierung erleichtert und beschleunigt die Eingabe der Werte in jedem Falle. Möglicherweise wünscht die Spielleitung auch einen solchen schriftlichen Beleg für die Eingabe.

2. Eingabe der Entscheidung

Es bleibt der Spielleitung überlassen, ob die einzelnen Unternehmen ihre Entscheidungen selbst in den Computer eingeben oder ob das von der Spielleitung erledigt wird. Normalerweise sollte das jede Unternehmung selbst tun.

Die Reihenfolge der Eingabe der Entscheidungen zwischen den einzelnen Gruppen frei gewählt werden. Die Reihenfolge in der zu Beginn des Spiels die Gruppennamen eingegeben werden ist somit völlig belanglos.

Die einzelnen Gruppen klicken in jedem Quartal auf ihren Gruppennamen. Danach können in einem neuen Fenster den Verkaufspreis, die Ausgaben für Werbung, Produktverbesserung, Kundendienst und Verkaufsförderung einzugeben. Dabei sind alle Werte erlaubt, auch Null, wenn Sie nichts ausgeben wollen. Beachten Sie dabei, dass Sie die Ziffer 0 und nicht den Buchstaben o eingeben. Sollten Sie Marktforschung wünschen, so ist dies mit einem Klick auf das entsprechende Kästchen zu bestätigen.

Sind alle Werte in Ordnung, dann beenden Sie die Eingabe mit einem Klick auf OK. Nun kann die nächste Unternehmung ihre Entscheidungen eintippen.

3. Auswertung der Ergebnisse

Aus dem Bericht, der nach jedem Quartal ausgegeben wird, ergibt sich der Erfolg Ihrer Strategie in dieser Runde, gemessen am Gewinn. Verluste werden dabei als negativer Gewinn ausgegeben. Im Wert „Summe bisheriger

Gewinne" sind die von Ihnen bisher erzielten Gewinne addiert. In der ersten Periode stimmt daher diese Größe mit dem Gewinn überein.

Haben Sie sich Marktforschung gewünscht, so werden Sie anschließend über Preis, Absatz und Umsatz der Konkurrenz informiert. Sie erfahren also nichts über den Gewinn der anderen Unternehmen. Dies ist für ein Planspiel sinnvoll, da man in der Realität normalerweise den Gewinn der Konkurrenz auch nicht kennt.

Wichtig für Ihre weiteren Entscheidungen sind die folgenden Angaben über die Vertriebsausgaben. Sie werden dabei über Ihren Anteil an den Ausgaben aller Unternehmen informiert. Auf diese Weise können Sie erkennen, ob Sie sich im durchschnittlichen Rahmen bewegen. Sind es z.B. insgesamt fünf Unternehmen, dann wäre ein durchschnittlicher Anteil 20%. Beträgt Ihr Anteil an den Ausgaben für Kundendienst z.B. 50%, dann liegen Sie weit über dem Durchschnitt. Sie wissen allerdings nicht, wie sich die gesamten Ausgaben der anderen Unternehmen verteilen. Es kann sein, dass eine einzige Unternehmung alles auf sich vereint. Genauso ist jedoch eine gleichmäßige Verteilung möglich.

Bitte lesen Sie alle Informationen des Ergebnisblattes für Ihre Unternehmung sehr sorgfältig und diskutieren Sie mit den anderen Mitgliedern Ihrer Gruppe darüber. Sollten Sie bestimmte Werte nicht verstehen oder sind Sie mit manchen Ergebnissen nicht einverstanden, dann notieren Sie sich das auf dem Blatt. In der Auswertung mit der Spielleitung am Ende jeder Runde können Sie zu den Ergebnisberichten Fragen stellen. Dies gilt vor allem für Resultate, die Ihnen nicht plausibel erscheinen. Stellen Sie z.B. fest, dass eine andere Unternehmung laut Bericht der Marktforschung einen höheren Preis als Sie verlangt und dennoch mehr absetzt, so wäre das zu klären. Detailfragen über das Verhalten und die Situation der Konkurrenz wird Ihnen die Spielleitung allerdings kaum beantworten.

Auf jeden Fall sollten Sie und die Mitglieder Ihrer Gruppe die Auswertungsbesprechung abwarten, bevor Sie weitere Entscheidungen für die nächste Periode treffen.

ENTSCHEIDUNGSBLATT FÜR WiN-ABSATZ UNTERNEHMUNG

Name

Quartal	I	II	III	IV
Erfahrungswerte für den Gesamtmarkt Absatz	13000	14000	12000	9000
1. Geschätzte Absatzmenge				
2. Herstellungskosten je Stück	150	155	160	165
3. Gesamte Herstellungskosten (Punkt 1 * Punkt 2)				
4. Ausgaben für Werbung				
5. Ausgaben für Produktverbesserung				
6. Ausgaben für Kundendienst				
7. Ausgaben für Verkaufsförderung				
8. Allgemeine Verwaltungskosten	12000	12000	12000	12000
9. Evtl. Kosten für Marktforschung				
10. GESAMTKOSTEN (Summe Pkt. 3 bis Pkt. 9)				
11. Geplanter Gewinn				
12. Geplanter Erlös (Pkt. 10 + Pkt. 11)				
13. Erlös pro Stück = PREIS (Pkt. 12 divid. Pkt. 1)				

2. Wettbewerb mit erweiterten Möglichkeiten mit „BEFPA"

Die Situation, in die die Spielerinnen und Spieler im Planspiel BEFPA versetzt werden, ist in ihren Grundzügen identisch mit der für WiN-ABSATZ oben bereits beschriebenen. Allerdings ist der Komplexitätsgrad von BEFPA durch Erweiterungen des Modells erhöht.

a) Kennenlernen wirtschaftlicher Begriffe

Ein erstes Ziel des Programms ist darin zu sehen, dass die Spielerinnen und Spieler mit Marktvorgängen vertraut werden. Dieses Vorhaben war in der Praxis der Ausbildung schon immer schwierig, da der Markt im Sinne der Wirtschaftstheorie lediglich ein abstraktes Gebilde ist, nämlich ein gedachter Ort, an dem Angebot und Nachfrage aufeinander treffen.

Man hat sich hier oft damit beholfen, die Vorgänge mit Zahlenbeispielen oder auch mit grafischen Darstellungen zu verdeutlichen. Der Effekt war allerdings genau so oft der, dass sowohl die Lehrpersonen als auch die Lernenden das Ganze als ziemlich abstrakt, um nicht zu sagen langweilig, empfunden haben.

Da jedoch das Verstehen von Marktprozessen für ein Verständnis des deutschen Wirtschaftssystems von zentraler Bedeutung ist, lohnt sich selbst ein größerer Aufwand wie die Durchführung eines Computer-Planspiels. Dabei können die Spielerinnen und Spieler als Erstes spielerisch und durch eigenes Handeln folgende wesentliche Begriffe kennen lernen:

Erlöse als die Gesamtsumme der Einnahmen aus dem Verkauf von Produkten. Hinzu kommen eventuell noch Erträge aus der Verzinsung von Wertpapieren.

Kosten verschiedener Art, die bei BEFPA auf Kosten für das Material, für Personal, für die Abschreibung von Maschinen, für die Lagerhaltung, für den Vertrieb und für Sonstiges beschränkt werden.

Gewinn ergibt sich im Spiel als Differenz zwischen den entsprechend definierten Erlösen und Kosten.

Im Planspiel wird **Gewinnmaximierung** als Ziel der Unternehmung unterstellt. Kurzfristige Gewinnmaximierung als alleiniges Ziel einer Unternehmung ist sicherlich eine stark vereinfachte und etwas einseitige Betrachtungsweise. Im Gegensatz dazu wird in der betriebswirtschaftlichen Literatur geradezu von einem Zielsystem der Unternehmung gesprochen, wobei z.B. auch Umweltaspekte eine Rolle spielen. Da aber ein Planspiel Vereinfachungen benötigt und das Gewinnstreben an sich unbestrittene Zielsetzung ist, wird das Erkennen dieser Verhaltensweise im Spiel als bedeutsames Ziel betrachtet.

Ein weiteres allgemeines Ziel von BEFPA besteht in der Erkenntnis, dass in einer Marktwirtschaft der **Preis nicht von den Kosten bestimmt** wird. Die Grundregel der Wirtschaftstheorie lautet hier ja, dass Angebot und Nachfrage gemeinsam den Preis bestimmen. Je nach Marktlage kann daher der Preis weit über oder auch einmal unter den Kosten liegen. Lediglich längerfristig stellen die Kosten die untere Preisgrenze dar, weil sonst die Existenz der Unternehmung bedroht ist.

Die Tatsache, dass in einer Marktwirtschaft jede Unternehmung ihren Preis grundsätzlich nach Belieben festlegen kann, ist für die meisten Spielerinnen und Spieler zunächst unbegreiflich. Sie stellen jedoch bei ihren Handlungen schnell fest, dass es (auch ohne eine lenkende Hand des Staats) zwei bedeutsame **Beschränkungen** dieser Preisfreiheit gibt:

- die Reaktion der Nachfrage
- die Reaktion der Konkurrenz auf dem Markt.

Im Planspiel stellen die Teilnehmerinnen und Teilnehmer weiter selbständig fest, dass bei einem sehr hohen Preis die Nachfrage geringer wird und daher meistens auch der Gewinn kleiner ausfällt als bei einem niedrigeren Preis. Natürlich ist nicht zu verkennen, dass derartige Reaktionen von Produkt zu Produkt verschieden sind. Die angesprochene Kaufvermeidung ist zwar im Programm BEFPA möglich, sicher aber nicht bei jedem Produkt.

Neben diesen mehr allgemeinen wirtschaftlichen Begriffen lernen die Spielerinnen und Spieler einige speziellere aus der Betriebswirtschaftslehre kennen. Dabei geht es zuerst um eine Differenzierung der Kosten.

Jede Unternehmung hat beim Programm BEFPA zu beachten, dass sich die Gesamtkosten aus Herstellungskosten und fixen Kosten zusammensetzen. **Herstellungskosten** sind von der jeweiligen Fertigungsmenge direkt abhängig. Eine Steigerung der Fertigung bedeutet auch höhere Kosten für Material, Personal und Abschreibungen (für den Verschleiß der Maschinen). In BEFPA ist allerdings realistischerweise auch bei den Abschreibungen eine fixe Komponente vorgesehen: Wer viele Maschinen, d.h. eine große Fertigungskapazität, besitzt, hat hohe Abschreibungen, auch wenn die tatsächliche Fertigung nur gering ist. Entsprechendes gilt bei einem hohen Bestand an Personal, das durch geringe Fertigung nur wenig ausgelastet ist.

Ist die Fertigungsmenge zuzüglich des vorhandenen Lagerbestands größer als der tatsächliche Absatz, dann entsteht ein neuer Lagerbestand, der Lagerkosten verursacht.

Zu den bisherigen Kosten kommen noch diejenigen, die von der Herstellungsmenge und dem Absatz unabhängig sind und daher auch als **fixe Kosten** bezeichnet werden. Dabei handelt es sich um folgende Arten:

Verwaltungskosten von 50.000DM. Diese sind fest und fallen in jeder Periode an. Im wesentlichen sind darunter die Kosten für kaufmännische Angestellte, die Einrichtung der Büros und deren Ausstattung mit Maschinen usw. zu verstehen.

Kosten für **Marktforschung** von 9.000DM, was man sich als Auftrag an ein Marktforschungsinstitut vorstellen kann. Diese Aufwendungen fallen nur an, wenn sich die Unternehmung ausdrücklich eine solche Marktforschung wünscht. Sie wird dann über den Preis, den Absatz und den Umsatz der Konkurrenz informiert. Derartige Informationen sind vor allem in den ersten Runden sehr wichtig, um sich selbst einordnen zu können.

Der im Planspiel BEFPA große Posten der **Vertriebskosten** besteht aus folgenden Einzelpositionen:

- **Aufwendungen für Werbung**
- **Aufwendungen für Produktverbesserung**
  Diese stehen für Anstrengungen der jeweiligen Unternehmung, um sich auf Grund einer höheren Qualität von der Konkurrenz abzuheben.
- **Aufwendungen für Kundendienst**
  Hier soll durch schnelle und kostengünstige Betreuung eine vergrößerte Zufriedenheit der Kunden erreicht werden.
- **Aufwendungen für Verkaufsförderung**
  Mit diesen Aufwendungen sollen die Kunden am Ort des Verkaufs zur Kaufentscheidung angeregt werden. Praktisch kann dies durch Plakate, Handzettel oder besonders gelungene Präsentation des Produkts geschehen.

Mit derartigen Aufwendungen kann die Unternehmung Nachfrage an sich ziehen, d.h. ihren Absatz erhöhen, allerdings nur unter der Voraussetzung, dass Fertigungsmenge und Lagerbestand groß genug sind. Die Absatzerhöhung tritt allerdings nur in dem Fall ein, dass die anderen Unternehmen nicht dasselbe tun. Bei genau gleichen Aufwendungen aller Unternehmen zur Förderung des Absatzes verpuffen die Wirkungen der Werbung und der anderen Vertriebsausgaben, weil sie sich gegenseitig aufheben.

Berücksichtigt man, dass einerseits durch die Kosten der Absatzpolitik die verkaufte Menge erhöht werden kann, andererseits wegen dieser fixen Kosten der Gewinn unmittelbar geschmälert wird, dann wird die Schwierigkeit für die jeweilige Unternehmung deutlich.

Die Entscheidung bei der Festlegung dieser Aufwendungen wird noch schwieriger, weil auch die **Preise der eigenen** und der **anderen** Unternehmen eine Rolle spielen. Jede Unternehmung bzw. Gruppe von Spielerinnen und Spielern muss bedenken, dass ein zu hoher Preis den Absatz schmälert. Andererseits ist ein zu niedriger Preis auch ungünstig. Selbst bei entsprechend hohen Absatzmengen ist möglicherweise der Gewinn pro Stück zu klein, um eine ausreichend hohe Gewinn-Summe zu ergeben.

Die geschilderte begriffliche Vielfalt muss beim Planspiel BEFPA nicht theoretisch oder mit Zahlenbeispielen erarbeitet werden. Vielmehr kann man bei der Auswertung der einzelnen Perioden, beim Besprechen des Abschneidens der Unternehmen ganz nach Bedarf derartige Erläuterungen einfügen.

Angesammelte Bestände an Zahlungsmitteln können zum Kauf von **Wertpapieren** verwendet werden, wobei Zinserträge anfallen. Es empfiehlt sich daher nicht, große Bestände an Zahlungsmitteln anzusammeln, da diese keinen Ertrag bringen.

Die Zielgröße im Planspiel ist folglich nicht einfach die Summe der Gewinne aus den acht Perioden. Vielmehr kommt es auf den **insgesamt erwirtschafteten Betrag** an. Sieger im Planspiel ist, wer nach Abschluss aller acht Runden den höchsten Bestand an Zahlungsmitteln, vermehrt um einen evtl. aufgebauten Bestand an Wertpapieren, aufweisen kann.

b) Besonderheiten der Marktform

Ein zweiter großer Zielbereich des Planspiels ist das spielerische Kennenlernen wesentlicher Zusammenhänge auf einem Markt mit nur wenigen Unternehmen, d.h. einem Oligopol. Diese Marktform ist in allen Industrieländern außerordentlich wichtig. Man denke nur an die Bereiche Automobilherstellung, Mineralölindustrie, Waschmaschinen- oder Computerherstellung. Bei all diesen Märkten gibt es nur einige Unternehmen. Manchmal sieht das der Außenstehende nicht so leicht, denn zahlreiche baugleiche Produkte werden von mehreren Unternehmen unter verschiedenen Namen angeboten.

Auf solchen Märkten hat ein Unternehmen vor allem folgende Möglichkeiten, um den Absatz zu beeinflussen:

- Der Preis des Produkts soll für die Käufer attraktiv sein.
- Durch Werbung wird das eigene Produkt von denjenigen der Konkurrenz abgehoben.
- Durch Verbesserung des eigenen Produkts erhält es eine Qualität, die es von der Konkurrenz abhebt.
- Durch guten Kundendienst und günstige Bezugsbedingungen (z.B. Lieferung frei Haus) werden Kunden angezogen.

Im Planspiel BEFPA ist jede Unternehmung von den Aktivitäten aller anderen betroffen. Daher ist eine genaue Beobachtung der Konkurrenz wichtig. Sind auf dem Markt z.B. sechs Unternehmen, dann müssen die fünf anderen beobachtet werden. Aus diesem Grunde und auch wegen der praktischen Durchführbarkeit der Auswertung des Planspiels wurde die Zahl der Unternehmen auf drei bis sechs beschränkt.

Die Spielerinnen und Spieler stellen während des Spiels fest, dass es nicht nur auf den „richtigen" Preis ankommt. Vielmehr sind auch Ausgaben für Werbung und die anderen Vertriebsaktivitäten für einen hohen Gewinn notwendig.

Im wesentlichen durch Versuch und Irrtum müssen die Teilnehmer herausfinden, wie sich das beste „Marketing-Mix" zusammensetzt. Dies ist nicht anders zu erreichen, weil es eine theoretische Lösung für den optimalen Preis und notwendige Aufwendungen für den Absatz im Oligopol nicht gibt.

Die Strategie beim Absatz muss ferner mit dem Umfang der Produktion abgestimmt werden. Größere Marktanteile sind z.B. nur dann zu realisieren, wenn die Fertigungsmenge entsprechend groß ist. Diese wiederum erfordert eine ausreichende Maschinen-Kapazität, wofür die Unternehmung ausreichende Investitionen tätigen muss. Falls gewünscht können die Investitionen auch durch Kreditaufnahme finanziert werden.

Nur für Investitionen müssen die notwendigen Mittel zu Beginn der Periode vorhanden sein, sei es als Eigenmittel oder als Kreditaufnahme. Bei den anderen Aufwendungen wird unterstellt, dass sie im Lauf der jeweiligen Periode von der Unternehmung erwirtschaftet werden können.

Neben der Maschinen-Kapazität muss auch der Personalbestand der gewünschten Fertigungsmenge entsprechen. Daher können zu Beginn der laufenden Runde Einstellungen oder Entlassungen von Personal vorgenommen werden. Im Planspiel BEFPA wird unterstellt, dass Einstellungen sofort wirksam werden und keine Kosten verursachen. Werden also bei der

Entscheidung in Periode 1 zwei Personen eingestellt, so kann schon in Periode 1 entsprechend mehr produziert werden.

Entlassungen werden ebenfalls sofort wirksam, aber dadurch entstehen einmalige Entlassungskosten in Höhe von 10.000DM.

Bezüglich des Einbaus in die Ausbildung ermöglicht das Planspiel BEFPA ein weites Spektrum. Voraussetzung ist im Grunde nur, dass einige grundlegende Begriffe und Zusammenhänge der Märkte bekannt sind. Dann kann einfach ein von theoretischen Problemen unbelastetes Wettspiel durchgeführt werden. Allerdings empfiehlt es sich, dies nur für eine Runde zu machen. Auf jeden Fall müssen in einer Auswertung wichtige Zusammenhänge mit den Spielerinnen und Spielern analysiert werden.

Der didaktische Ertrag von BEFPA ist am sichersten, wenn dieses Planspiel am Ende eines entsprechenden Unterricht über Marktvorgänge steht. So können die Spielerinnen und Spieler die bisher erworbenen Kenntnisse und Einsichten einbringen, d.h. in einem konstruierten Ernstfall erproben. Die Durchführung des Planspiels ist nach den bisherigen Erfahrungen immer mit Spaß verbunden, was dem Kennenlernen und Erarbeiten von wirtschaftlichen Begriffen und Zusammenhängen nur gut tun kann.

Ein weiteres Ziel, das im Spiel angestrebt wird, ist das Erkennen des Stellenwerts von Modellen. Jedes Planspiel, sei es ein einfaches wie BEFPA oder ein komplexes mit Tausenden von Gleichungen, darf nicht mit der Wirklichkeit verwechselt werden. Bei BEFPA sind alle berücksichtigten Unternehmensbereiche stark vereinfacht.

Dies gilt auch für die zufälligen Ereignisse. Zufällig kann in einer Periode die Gesamtnachfrage auf dem Markt etwas größer oder kleiner sein. Ebenfalls zufällig können die Ausgaben für Werbung oder für Produktverbesserung wirkungslos bleiben, aber dies gilt dann für alle Unternehmen, um Frustrationen der Spielerinnen und Spieler zu vermeiden.

Bei all diesen Vereinfachungen ist auf den Ausbildungscharakter des Modells zu verweisen. Hierbei sind Vereinfachungen unvermeidlich, um die Spielerinnen und Spieler nicht mit übermäßig viel Informationen zu belasten und dennoch die wesentlichen Zielsetzungen zu erreichen.

Schließlich sei noch erwähnt, dass das Übernehmen einer Unternehmer-Rolle oft mit überraschenden Motivationsschüben verbunden ist. So kann es vorkommen, dass Spielerinnen oder Spieler sehr erfolgreich auf dem Markt agieren, obwohl sie vielleicht sonst in der Wirtschaftslehre nicht besonders geglänzt haben.

Das selbständige Lernen durch Handeln ist unseres Erachtens für den Alltag der Ausbildung von besonders großer Bedeutung. Nicht zuletzt sei betont, dass bei einem Planspiel die sonst oft übliche „Belehrung" durch die Lehrperson ganz anders erfolgt. Die Lehrperson tritt stark in den Hintergrund, so dass die Spielerinnen und Spieler beim Planspiel auch eine Abwechslung in der Unterrichtsmethode erfahren. Die Teilnehmerinnen und Teilnehmer erhalten dabei Gelegenheit zu praktischem Tun und Kommunikation, zu Selbsterfahrung und Selbsterprobung, und das alles sind Möglichkeiten, um die Motivation zu verstärken.

c) Verwendung im Unterricht

Auch BEFPA verbindet Elemente des Rollenspiels und des Entscheidungsspiels und bedarf keiner zeitaufwendigen organisatorischen Vorbereitungen.

Unbedingt erforderlich ist allerdings eine vorbereitende Unterrichtsphase in der zuerst die entsprechenden fachlichen Grundlagen einzuführen sind. Diese können zu Beginn relativ kurz gehalten und im Verlauf des Spiels bei den Auswertungen vertieft werden. Wichtig ist auf jeden Fall der Hinweis auf die Abhängigkeit jeder Unternehmung von den Entscheidungen der anderen als zentrales Merkmal eines jeden Oligopols.

Ferner ist zu erarbeiten, dass die gesamte Marktnachfrage von den Preisen aller Unternehmen abhängt und auch von dem Umfang der Ausgaben für Werbung. Letztere wirken sich allerdings nur bis zu einer bestimmten Höhe aus. Danach verpuffen sie ohne Wirkung auf die Nachfrage.

Alle Überlegungen können anhand eines Produktbeispiels verdeutlicht werden. Dies ist im Spiel selbst nicht fixiert, so dass die Lehrperson freie Hand hat. Allerdings ist zu beachten, dass das gewählte Beispiel im Hinblick auf den Preis oder die Reaktionen wegen der Werbung oder die Schwankungen der Nachfrage sinnvoll ist.

Der zeitliche Aufwand für das Computer-Planspiel BEFPA hängt davon ab, wie stark die betriebswirtschaftlichen Probleme vertieft werden sollen. Eine ausreichend vertiefende Behandlung wäre möglich, wenn sechs Doppelstunden für folgenden Ablauf zur Verfügung stünden:

1. Doppelstunde

- Einführung in die Marktform und den Verlauf des Spiels
- Beratung und Entscheidung in den Gruppen für Periode 1
- Berechnung der Ergebnisse und deren Ausgabe an die Gruppen

2. Doppelstunde

- Auswertung der Ergebnisse im Plenum
- Klärung von Begriffen und Vorbereitungen der nächsten Entscheidungen

3. Doppelstunde

- Entscheidungen, Berechnungen und Ausgabe der Ergebnisse für die Perioden 2, 3, und 4

4. Doppelstunde

- Besprechung im Plenum über die bisherigen Ergebnisse
- Evtl. Tipps und Hilfen als Motivation für schwächere Gruppen

5. Doppelstunde

- Entscheidungen, Berechnungen und Ausgabe der Ergebnisse für die Perioden 5, 6, 7 und 8

6. Doppelstunde

- Abschlussbesprechung
- Präsentation der Ergebnisse durch die Gruppen

Zwischen den einzelnen Stunden kann der Spielstand mit allen Daten auf der Programm-Diskette gespeichert und von dort - gemäß den Aufforderungen des Programms - auch wieder abgerufen werden.

Nicht immer wird jedoch im Alltag der Ausbildung so viel Zeit zur Verfügung stehen. Dann ist zu prüfen, ob nicht eine verkürzte Verwendung des Computer-Planspiels möglich wäre. Z.B. könnte eine Doppelstunde zur Vorbereitung der ersten Entscheidung dienen, in der zweiten Stunde werden weitere Runden gespielt, und die dritte Doppelstunde dient der Gesamtauswertung.

In weniger als drei Doppelstunden kann das Planspiel BEFPA kaum sinnvoll verwendet werden.

d) Durchführung des Planspiels

Zunächst werden drei bis sechs Gruppen gebildet, die jeweils eine Unternehmung darstellen. Je nach Zahl der Spielerinnen und Spieler wird die Gruppengröße unterschiedlich sein, doch sollte eine Gruppe auf keinen Fall aus mehr als fünf Spielern bestehen. Jede Gruppe gibt sich als Unternehmung einen mehr oder weniger phantasievollen Namen.

Das Arbeiten in der Gruppe ist mit erheblichen Vorteilen verbunden. Die Spielerinnen und Spieler können sich dann beraten und die Ergebnisse der Entscheidungen diskutieren. Wichtig ist auch die Möglichkeit, vorbereitende Berechnungen auf die Mitglieder der Gruppe aufteilen zu können. Z.B. kann ein Mitglied durchrechnen, welche Entscheidungen bei niedrigem Preis erforderlich sind. Ein anderes Gruppenmitglied berechnet dasselbe für den Fall einer Preiserhöhung.

Nach Bildung der Gruppen sind die Unternehmen über die wesentlichen Zusammenhänge auf diesem Markt zu informieren. Im einzelnen kommt es hierbei auf das Vorwissen der Spielerinnen und Spieler an. Auf jeden Fall ist auf die enge Abhängigkeit des eigenen Gewinns von den Preisen und Vertriebsausgaben der anderen Unternehmen hinzuweisen.

Nun beginnt die erste Entscheidungsrunde. Die Unternehmen legen folgendes fest:

- Höhe einer eventuellen Kreditaufnahme
- Höhe von eventuell vorzunehmenden Investitionen
- Umfang der Einstellung oder Entlassung von Personal
- Verkaufspreis
- Ausgaben für Werbung
- Ausgaben für Produktverbesserung
- Ausgaben für Kundendienst
- Ausgaben für Verkaufsförderung
- Fertigungsmenge
- Durchführung einer Marktforschung

Während sich die Spielerinnen und Spieler in den Gruppen besprechen, kann die Spielleitung das Programm starten. Dazu ist im DOS-Fenster folgendes einzugeben:

befpa (ENTER)

Nach der Begrüßung erfolgen einige Hinweise, insbesondere wird mitgeteilt, dass das Programm keine Pfennig-Beträge akzeptiert, da eine solche Scheingenauigkeit z.B. bei Ausgaben für Werbung zwischen 5.000 und 30.000DM oder Preisen zwischen 180 und 230 DM wenig sinnvoll ist.

Nach Drücken der Leertaste fragt das Programm, ob der Drucker eingeschaltet und mit Papier versorgt ist. Das Programm macht erst dann weiter, wenn hier j oder J eingegeben wurde. Angesichts der umfangreichen Berichte an jede Unternehmung wäre eine Ausgabe auf den Bildschirm nicht praktikabel. Das Planspiel BEFPA kann also **nur mit Drucker** eingesetzt werden.

Wurde *j* eingegeben, dann stellt das Programm folgende Frage:

Ist dieses Spiel eine Fortsetzung und wurden die Ergebnisse auf Diskette gespeichert?

Bei der ersten Verwendung von BEFPA kann hier nur mit *n* geantwortet werden, da nichts gespeichert sein kann. Die Spielleitung wird vom Programm ausdrücklich zur Vorsicht gebeten, wenn diese Frage beantwortet wird. Wird ein Spiel neu begonnen und fälschlich eine Fortsetzung eingegeben, so würde das Programm ein fremdes Spiel einlesen. Daher ist bei einem neuen Spiel immer mit *n* zu antworten.

Hat man aber z.B. schon drei Runden gespielt, dann wird *j* eingegeben, wonach das Programm die bisherigen Ergebnisse einliest und das Spiel bei der nächstfolgenden Periode fortsetzt.

Anschließend wird die Spielleitung aufgefordert, den Zinssatz für aufgenommene Kredite in % einzugeben. Dieser wird angewandt, wenn die Unternehmen in BEFPA Kredite aufnehmen. Die Spielleitung kann hier einen aktuellen Wert eingeben. Unsinnige Werte werden vom Programm zurückgewiesen.

Danach fragt das Programm nach der Inflationsrate in % pro Periode. Um diesen Prozentsatz steigen die Herstellungskosten, und auch die Nachfrage wird entsprechend vergrößert. Die Eingabe wird nur dann angenommen, wenn der Wert zwischen 1 und 19 liegt.

Anschließend fragt das Programm nach der Zahl der teilnehmenden Unternehmen. Hier muss mindestens 3 und maximal 6 eingegeben werden. Bei größeren oder kleineren Zahlen ertönt ein Signal, und die Frage wird wiederholt.

Danach sind die Namen der Unternehmen einzugeben. Diese Eingabe kann beliebig erfolgen, sei es nur z.B. U1 oder ein langer Phantasiename. Allerdings verarbeitet das Programm höchstens acht Zeichen eines Namens. Der Rest wird einfach abgeschnitten und taucht nicht mehr weiter auf.

Nach Eingabe aller Namen werden die beteiligten Unternehmen gebeten, ihre Kennziffer zu notieren. Dies ist ursprünglich einfach die laufende Nummer. z.B. kann die Unternehmung *ROBOTER* die Kennziffer 3 bekommen. Die Nummernvergabe an die Unternehmen wird später bei der Eingabe der Entscheidungen vorteilhaft sein, weil nach der Kennziffer gefragt wird und deswegen die Reihenfolge beliebig sein kann.

Zur Sicherheit sollte sich die Spielleitung jedoch die Namen der Unternehmen und die zugehörige Kennziffer selbst auch notieren.

Nun fragt das Programm, ob Informationen für die Spieler ausgedruckt werden sollen. Wird hier J eingegeben, so druckt das Programm für jede Unternehmung eine Kurz-Information im Umfang einer Seite pro Unternehmung über die Aufgabenstellung und Handlungsmöglichkeiten im Planspiel aus. Es handelt sich hierbei allerdings nur um eine Notlösung, wenn die Spielleitung Zeit sparen will oder nicht in der Lage war, eigenes Material zusammenzustellen.

Es wäre für die Durchführung des Spiels und das Erreichen der Ziele unzulänglich, wenn die Vorbereitung der Spielerinnen und Spieler lediglich aus dem Durchlesen dieser Kurz-Information bestünde.

Ein Beispiel für eine solche Information wird nachfolgend wiedergegeben:

Informationen für alle Unternehmen
vor der ersten Entscheidung

Sie bewegen sich auf einem Markt mit insgesamt 6 Unternehmungen.

Die Gesamtnachfrage auf dem Markt wird auf Grund langjähriger Erfahrungen für die nächsten vier Perioden auf folgende Stückzahlen geschätzt:
13000, 14000, 12000, 9000. Danach wiederholen sich die Werte.

Die Gesamtnachfrage auf dem Markt kann sich zufällig ändern:

- Zunahme um 10%, z.B. wegen guten Wetters.

- Abnahme um 10%, z.B. wegen schlechten Wetters.

Alle Unternehmen zusammen können die Gesamtnachfrage durch Werbungsausgaben vergrößern, aber nur bis zu einem bestimmten Ausmaß. Danach verpufft die Werbung. Die Gesamtnachfrage wird auch durch die vorhandene Inflationsrate von 3% in jeder Periode erhöht.

Jede Unternehmung hat zu Anfang einen Zahlungsmittelbestand von DM 100 000, einen Lagerbestand von 500 Stück und eine maximale Fertigungskapazität von 3000 Stück. Bei dieser Fertigungsmenge müssen zehn Arbeitskräfte beschäftigt werden, denn je Beschäftigten ist die Herstellung von 300 Produkten möglich.

Sie können die Kapazität durch Investitionen erhöhen, und zwar um 100 Stück pro 10 000 DM Investitionen. Allerdings muss auch der Personalbestand entsprechend erhöht werden.

Bei größerer Kapazität sinken die Herstellungskosten je Stück. Sie bestehen vor allem aus Materialkosten, Personalkosten und Abschreibungen. Sind Lagerbestände vorhanden, so entstehen auch Lagerkosten.

Hinzu kommen die Vertriebskosten, Allgemeine Verwaltungskosten von 50 000 und evtl. DM 9000 für Marktforschung. Letztere informieren über Preis und Absatz der Konkurrenz.

> Bei den Herstellungskosten ist in jeder Periode mit 3% Zunahme zu rechnen.
>
> Zur Durchführung der Investitionen kann auch Kredit aufgenommen werden. Er kostet 11% Zins und muss am Ende der Periode zurückgezahlt werden.
>
> Der Absatz jeder Unternehmung wird bestimmt durch:
> - Preis pro Stück
> - Vertriebsausgaben, z.B. Werbung oder Verkaufsförderung.
>
> Während dem Preis immer besondere Bedeutung zukommt, kann es vorkommen, dass die Verbraucher zufällig auf Werbung oder Produktverbesserung nicht reagieren.

Es handelt sich also in diesem Beispiel um ein Spiel mit sechs Unternehmen, wobei die Spielleitung einen Zinssatz von 11% und eine Inflationsrate von 3% eingegeben hat.

Sind die Informationen ausgedruckt oder wurde dieser Punkt übersprungen, dann können die Unternehmen ihre Entscheidungen eingeben. Dabei fragt das Programm erst nach der Kennziffer, so dass beispielsweise mit der Nummer 1 oder auch mit Nummer 6 begonnen werden kann.

Der Eingabe-Teil von BEFPA wurde sehr einfach gestaltet. Er ist auch insofern sicher, als vom Programm nur Ziffern angenommen werden. Alle anderen Tasten werden ignoriert. Es spricht daher im Hinblick auf die Sicherheit der Durchführung des Planspiels nichts dagegen, dass die jeweiligen Unternehmen ihre Entscheidungen selbst eingeben. Erfahrungsgemäß macht es den Spielerinnen und Spielern Spaß, selbst an der Maschine zu arbeiten. Außerdem können mit dieser Verfahrensweise auch spätere Beschwerden der Gruppen wegen „falscher" Eingabe durch die Spielleitung verhindert werden.

Allerdings ergeben sich bei der selbständigen Eingabe zwei Schwierigkeiten. Zum einen muss die Spielleitung darauf achten, dass die Unternehmen die richtige Kennziffer eingeben, die zu Beginn des Spiels an die Gruppen vergeben wurde. Am besten gibt die Spielleitung diese Kennziffer selbst ein und übergibt erst danach den Platz an der Maschine an die Gruppen zur Eingabe.

Zum andern können sich Verzögerungen bei der Eingabe ergeben, wenn die Spielerinnen und Spieler keinerlei Erfahrungen mit dem PC und der Tastatur haben. Allerdings hat sich bei den Erprobungen des Programms gezeigt, dass solche Unsicherheiten schon nach den ersten beiden Runden überwunden werden. Es dürfte aber auf jeden Fall zweckmäßig sein, wenn die Spielleitung ein wenig Hilfestellung gibt. Solche Hilfestellung empfiehlt sich auch bei den schnellen „Hackern" auf der Tastatur, da diese oft nicht am Bildschirm verfolgen, was gerade vom Programm abgefragt und von ihnen eingegeben wird.

Auf jeden Fall muss die Spielleitung darauf achten, dass die Konkurrenz, also die anderen Gruppen, die Eingaben nicht sehen können. Dies ist sowohl für die Spannung des Spiels als auch für die Unabhängigkeit der Entscheidungen unbedingt notwendig.

Daraus ergeben sich auch Konsequenzen für die **räumlichen Gegebenheiten** bei der Durchführung des Planspiels. Im idealen Falle wird in einem großen Raum gespielt. Dann können die einzelnen Gruppen an den Seiten zusammensitzen, und der PC (oder besser zwei Maschinen) befindet sich in der Mitte. Jeweils zur Eingabe können die Gruppen an die Maschine gerufen werden. Entsprechendes gilt für die Ausgabe der Ergebnisse.

Bei dieser Raumaufteilung wäre auch die Spielleitung von den Gruppen schnell ansprechbar und hätte bei der Betreuung keine langen Wege.

Ist kein großer Raum verfügbar, so werden die Gruppen auf verschiedene Räume verteilt. Ist auch dies nicht möglich, so muss zumindest der PC so gestellt werden, dass der Bildschirm von den Gruppen nicht einsehbar ist.

Vom Programm werden zur Sicherheit nach jeder Runde alle Eingaben und Resultate automatisch auf der Programm-Diskette gespeichert. Die Spielleitung sollte deshalb darauf achten, dass während des Spiels die Programm-Diskette nicht aus dem Computer herausgenommen wird.

Sollte z.B. während der Eingaben in der Periode 5 das System ausfallen, so müsste die Spielleitung lediglich das Programm neu starten und bei der entsprechenden Aufforderung eingeben, dass es sich um eine Fortsetzung handelt. Danach könnte man mit den Eingaben für Periode 5 fortfahren.

Nachfolgend soll die Eingabe der Unternehmen für jede Periode noch etwas vertieft werden.

Der Bildschirm der Eingabe für eine bestimmte Unternehmung könnte beispielsweise folgendermaßen aussehen:

```
              Entscheidungen der Unternehmung ROBOTER
                       für den Zeitraum  1
   ----------------------------------------------------------
   Höhe der Kreditaufnahme                          60000
   Höhe der Investitionen                           60000
   Zahl der Personal-Einstellungen                    2_
   Zahl der Personal-Entlassungen                    ___

   Wie hoch ist der Preis pro Stück?                 222

   Aufw. f. Werbung                                 20000
   Aufw. f. Produktverbesserung                     10000
   Aufw. f. Kundendienst                             5000_
   Aufw. f. Verkaufsförderung                        5000_

   Ausgaben für Wertpapierkäufe                     30000

   Wie hoch ist die geplante Fertigungsmenge?        3600_

   Wünscht die Unternehmung für DM 9000 Marktforschung?
   (J/N) ja
```

In diesem Fall hat die Unternehmung *ROBOTER* einen Kredit in Höhe von 60.000 aufgenommen. Sie hat 60.000 zur Vergrößerung der Maschinen-Kapazität investiert und kann daher statt 3.000 nun 3.600 Produkte herstellen. Die Vergrößerung der Maschinen-Kapazität allein genügt jedoch nicht zur Erhöhung der Fertigungsmenge. *ROBOTER* hat deshalb auch zwei Einstellungen vorgenommen, wodurch die Personal-Kapazität ebenfalls auf 3.600 ansteigt. Es liegt auf der Hand, dass beide Kapazitäten gleich groß sein sollten; denn sonst wird entweder die Maschinen- oder die Personal-Kapazität nicht genutzt.

Der Verkaufspreis von *ROBOTER* liegt mit 222 im mittleren Bereich. Auch die Ausgaben für Werbung, Produktverbesserung, Kundendienst und Verkaufsförderung sind nicht besonders hoch. Offensichtlich will *ROBOTER* keine aggressive Strategie auf dem Markt verfolgen. Wahrscheinlich will man erst einmal abwarten, welche Aktivitäten die Konkurrenz ergreift und entsprechend in der zweiten Periode reagieren.

Unsinnig sind in diesem Beispiel die Ausgaben für Wertpapierkäufe von *ROBOTER*. Angesichts der Zinsdifferenz wäre es klüger gewesen, die Kreditaufnahme auf 30.000 zu beschränken und auf die Ausgaben für Wertpapiere zu verzichten. Bei einem Anfangsbestand an Zahlungsmitteln in Höhe von 100.000DM wäre im Grunde überhaupt keine Kreditaufnahme notwendig gewesen.

Zur Vermeidung unsinniger Werte nimmt das Programm im einzelnen bei der Eingabe folgende Überprüfungen vor:

- Zuerst wird festgestellt, ob genügend Mittel vorhanden sind, um die geplanten Investitionen zu finanzieren. Dabei kommt es auf die Summe aus Bestand an Zahlungsmitteln zuzüglich einer evtl. vorgenommenen Kreditaufnahme an. Das Programm weist bei einer Differenz auf diesen Fehler hin und nimmt nur einen Wert an, der auch realisierbar ist.

- Als nächstes untersucht das Programm bei der Eingabe, ob die vorgesehene Zahl der Personal-Entlassungen überhaupt durchzuführen ist. Es wird also mit der Zahl der vorhandenen Arbeitskräfte verglichen und so lange auf eine Diskrepanz zwischen vorhandenen und zu entlassenen Arbeitskräften hingewiesen, bis die geplante Veränderung des Personalbestands tatsächlich durchführbar ist.

- Ferner wird geprüft, ob der vorgesehene Preis unrealistisch hoch oder niedrig ist. Ein Preis von weniger als DM 100 wird angesichts von Herstellungskosten von etwa 130 (je nach Fertigungskapazität) nicht angenommen. Ebenfalls werden Preise über 500DM zurückgewiesen. Das Programm meldet hier so lange, dass es sich um einen unrealistischen Preis handelt, bis die erwähnten Grenzen eingehalten werden. Diese Überprüfung müsste sachlich nicht sein, wird aber im Interesse der Spielerinnen und Spieler vorgenommen.

- Schließlich stellt das Programm fest, ob genug Geld für die geplanten Wertpapierkäufe vorhanden ist. Das Programm reduziert während der Eingabe die vorhandenen Geldmittel um die Investitionen und addiert eine evtl. getätigte Kreditaufnahme. Diese Summe wird mit den geplanten Ausgaben für Wertpapiere verglichen.

Verläuft die Überprüfung negativ, dann erfolgt durch das Programm eine Meldung. Der Wert ist so lange neu einzugeben, bis er korrekt ist.

Das Programm beginnt automatisch mit den Berechnungen für eine Periode, allerdings erst dann, wenn alle Unternehmen ihre Entscheidungen eingegeben haben.

Die Spielleitung wird auf diese Weise entlastet. Sie ist vor dem Vergessen einer Unternehmung bei der Eingabe und damit vor einem Absturz des Programms und unnötigen Neu-Eingaben der Spielerinnen und Spieler gesichert.

Haben alle Unternehmen ihre Entscheidungen eingegeben, so wird die Spielleitung nochmals gefragt, ob der Drucker eingeschaltet und mit Papier versorgt ist. Erst nach Bestätigung durch Drücken der Eingabe-Taste werden die Ergebnisse ausgedruckt.

Im Folgenden ist ein solcher Bericht abgebildet:

```
          Marktbericht für Unternehmung WINDRAD
                    über den Zeitraum 1
===========================================================
         *** Der Markt war unerwartet lebhaft! ***
                                                   DM
Preis pro Stück                                    185

Aufwendungen für Werbung                           5000
Aufwendungen für Produktverbesserung               6000
Aufwendungen für Kundendienst                      3000
Aufwendungen für Verkaufsförderung                 2000
VERTRIEBSKOSTEN insgesamt                          16000

Fertigungsmaximum (Maschinen)                      3600
Fertigungsmaximum (Personal)                       3600
Lageranfangsbestand                                500
Fertigungsmenge                                    3600
Verfügbare Menge                                   4100
Gesamtabsatz                                       3358
Lagerendbestand                                    742
Gesamtumsatz                                       621230
```

```
Finanzrechnung der Unternehmung WINDRAD im Zeitraum 1
-------------------------------------------------------
Gesamtumsatz (Erlöse)                              621230
- Herstellungskosten                               429024
- Lagerhaltungskosten                                7424
- Vertriebskosten                                   16000
- Verwaltungskosten                                 50000
- Marktforschung                                        0
- Ausg. f. Entlassung                                   0
- Kreditkosten                                       6600
GESAMTKOSTEN                                       509048
-------------------------------------------------------
GEWINN                                             112182
Ertrag aus Wertpapieren                                 0
-------------------------------------------------------
Entwicklung d. Geldmittel:
Anf.bestd Zahlg.mittel                             100000
+ Kreditaufnahme                                    60000
- Investitionen                                     60000
- Ausg.f. Wertpapiere                                   0
+ Gewinn/Verlust                                   112182
+ Ertrag aus Wertpapieren                               0
- Kredittilgung                                     60000
Verbleibender Kredit                                    0
-------------------------------------------------------
Neuer Bestand an Zahlungsmitteln                   152182
Bestand an Wertpapieren                                 0
insgesamt erwirtschafteter Betrag                  152182
Der Personalbestand beträgt                            12
```

Im vorstehenden Beispiel erhält die Unternehmung *WINDRAD* einen Bericht über die Periode 1, in der die Gesamtnachfrage auf dem Markt zufällig etwas größer war. Durch Investitionen und Einstellung von Personal wurde die Kapazität erhöht, so dass die Fertigungsmenge auf 3.600 erhöht werden konnte. Allerdings konnten nur 3.358 Produkte verkauft werden, so dass sich ein Lagerbestand von 742 ergab.

Marktforschung ließ die Unternehmung nicht betreiben und Entlassungen wurden auch nicht vorgenommen. Wegen des aufgenommenen Kredits in Höhe von 60.000DM entstehen Kreditkosten von 6.600DM, weil die Spielleitung einen Zinssatz von 11% festgelegt hatte.

Die Entwicklung der Geldmittel zeigt, dass *WINDRAD* viel zu hohe Bestände hat. Spätestens in der nächsten Periode sollte diese Unternehmung deshalb Wertpapiere kaufen oder entsprechende Investitionen vornehmen.

Nach dem Ausdruck für die Unternehmen erhält auch die Spielleitung einen Bericht, auf dem alle Entscheidungen und alle Ergebnisse der Unternehmungen in der gleichen Ausführlichkeit nebeneinander dargestellt werden. Die Spielleitung hat damit einen Überblick über alle Aktivitäten der Unternehmen.

Dieser Bericht für die Spielleitung ist die Grundlage für eine Auswertung. Sie sollte auf jeden Fall nach der ersten Runde durchgeführt werden, damit jeder Unternehmung alle Mitteilungen des Berichts verständlich sind. Dabei geht es sowohl um das Verstehen aller Positionen des Berichts, als auch um Zusammenhänge. Z.B. sollten die Unternehmen erkennen, dass ein Lagerendbestand von 0 fast immer bedeutet, dass die Unternehmung nicht mehr lieferfähig war, dass folglich möglicher Absatz verschenkt wurde.

Ebenfalls selbstverständlich ist eine Auswertung nach der letzten Runde. Hier bietet es sich an, dass jede Unternehmung ihre Entscheidungen und Ergebnisse präsentiert (evtl. auch grafisch aufbereitet) und mit den anderen Spielerinnen und Spielern diskutiert. Auf diese Weise kann auch die Dominanz der Spielleitung etwas abgebaut werden. Sie könnte sich bei den Besprechungen darauf beschränken, Ergänzungen zu den Berichten der Unternehmen nachzuschieben oder auf wichtige Zusammenhänge hinzuweisen.

Die Spielleitung muss je nach Vorkenntnissen und Training der Teilnehmerinnen und Teilnehmer entscheiden, ob sie die Abschluss-Übersicht, die nach Periode 8 für die einzelne Unternehmung ausgedruckt wird, den Unternehmen zur Verfügung stellen will. Die Übersicht zeigt alle Entscheidungen und Resultate einer Unternehmung für alle acht Perioden auf einem Blatt.

Möglicherweise ist dies für die Unternehmen eine Unterstützung bei der Vorbereitung der Abschlussbesprechung. Möglich ist aber auch bei Gruppen mit wenig Übung in dieser Form des Lernens, dass die Spieler von den vielen Zahlen auf dieser Übersicht verwirrt werden. Dann wäre es besser, wenn die Spielleitung die Übersicht lediglich als eigene Hilfe für die Abschlussbesprechung verwenden würde.

Auswertungen nach der vierten oder fünften Runde wären ebenfalls denkbar. Sie sollten nach Bedarf von der Spielleitung angesetzt werden. Die Unternehmen könnten dann mit den Auswirkungen ihrer Entscheidungen gezielt konfrontiert werden, um so einen Lernprozess auszulösen, der sich bei den Entscheidungen für die nächsten Perioden positiv auswirkt.

Die Spielleitung kann auch einige Hinweise darauf geben, in welcher Größenordnung sich der höchste und der niedrigste Gewinn bewegen, so dass sich die Spielerinnen und Spieler selbst einordnen können.

Ferner kann anhand von Beispielen darauf eingegangen werden, wie sich unterschiedlich hohe Preise oder die Vertriebsausgaben ausgewirkt haben. Weiter sollten die Unternehmen auch feststellen, dass sich der gleiche Betrag unterschiedlich auswirkt, je nach Art der Vertriebsausgaben.

Das Programm BEFPA fragt nach der Ausgabe der Ergebnisse in jeder Runde, ob eine weitere Periode gespielt werden soll. Wird dies von der Spielleitung bejaht, so können sofort die Entscheidungen für einen neuen Durchgang eingegeben werden, das Programm gibt die neuen Ergebnisse aus usw. Vor Beginn jeder neuen Runde wird vom Programm automatisch der Zwischenstand gespeichert.

Möglich ist aber auch eine Unterbrechung, z.B. weil eine Gruppe sich völlig falsch entschieden hat und nun hoffnungslos zurückliegt. Es wäre wenig sinnvoll, in einem solchen Fall weitere Runden anzuhängen, weil jegliche Motivation fehlt.

Eine Unterbrechung kann auch deshalb nötig sein, weil keine Zeit mehr zur Verfügung steht. Die Fortsetzung des Spiels kann dann an einem anderen Tag erfolgen, wobei alle Ergebnisse gespeichert werden. Daher sieht das Programm zur Unterbrechung folgenden Dialog vor:

Soll eine weitere Runde gespielt werden?

Wird dies verneint, dann erfolgt eine Rückfrage zur Sicherheit:

Das Spiel soll also jetzt beendet werden?
Bitte zur Kontrolle r(richtig) oder f(falsch) eingeben.

Wird die Unterbrechung bestätigt, so fragt das Programm:

Sollen die Ergebnisse gespeichert werden?

Wenn man das Planspiel fortsetzen möchte, ist lediglich nach dem Start des Programms die Mitteilung nötig, dass es sich um eine Fortsetzung handelt. Dann werden die entsprechenden Werte von der Diskette eingelesen und der Stand der Gewinne bei Abbruch mitgeteilt. Anschließend kann das Spiel wie vorstehend beschrieben fortgesetzt werden.

e) Einige Besonderheiten bei der Durchführung des Spiels

In BEFPA gibt es drei Ereignisse, die den Unternehmungen mitgeteilt werden. Sie sollen einen routinehaften Ablauf des Planspiels verhindern und die spielenden Gruppen zwingen, sich mit einer veränderten Situation zu beschäftigen.

Nach der Periode 3 erscheint folgende Mitteilung:

```
Wichtige Mitteilung an Unternehmung CLAUDIA:
===========================================================
Soeben sind Tarifverhandlungen in der Branche beendet
worden!

Wichtigstes Ergebnis ist, dass ab der nächsten Runde,
also ab Periode  4, die Arbeitszeit um etwa 10% ver-
kürzt wird.

Den Unternehmen wird empfohlen, diese Entwicklung schon
bei der nächsten Entscheidung angemessen zu berücksich-
tigen.

Praktisch bedeutet das, dass eine unveränderte Zahl von
Arbeitskräften weniger produziert als bisher.

Sie müssen daher entscheiden, ob zusätzliches Personal
eingestellt oder die Fertigung entsprechend vermindert
wird.
```

Hatte die Unternehmung bisher beispielsweise eine Personal-Kapazität von 3.000, so sinkt sie nun auf 2.700. Es müsste *eine* Arbeitskraft eingestellt werden, um weiterhin 3.000 Produkte pro Periode herstellen zu können.

Mit den Ergebnissen der Periode 5 erhalten die Unternehmen folgenden Ausdruck:

```
Wichtige Mitteilung an Unternehmung WINDRAD:

==========================================================

Ein Regierungswechsel hat stattgefunden. Nach bisheri-
gen Erfahrungen ist damit zu rechnen, dass die neue
Regierung sehr ausgabefreudig ist.
Hauptziel ist laut Regierungserklärung die Beseitigung
der Arbeitslosigkeit. Bei deren Bekämpfung durch Ausga-
ben-Programme wird auch ein Ansteigen der Preise hinge-
nommen.
Die Unternehmen sollten daher bei den weiteren Planun-
gen davon ausgehen, dass die Nachfrage und die Inflati-
onsrate in der Volkswirtschaft steigt, was sich auch
auf den eigenen Markt auswirken wird.
Eine höhere Inflationsrate bedeutet im allgemeinen,
dass die eigenen Kosten zunehmen. Andererseits nimmt
dann auch die Kaufkraft auf den Märkten zu.
```

Diese Informationen sollten bei den Unternehmen zweierlei Aktivitäten auslösen: Zum einen ist die Kapazität auszubauen, da ein höherer Absatz zu erwarten ist. Zum andern ist die Entwicklung auch so zu verstehen, dass auf dem Markt selbst stark angehobene Preise durchgesetzt werden können.

Nach der Periode 7, also vor der letzten Runde, erhalten die Teilnehmerinnen und Teilnehmer folgende Information:

Eine Hiobsbotschaft ist vom Lieferanten des wichtigsten Vorprodukts für Ihre Fertigung eingegangen:

===

Er wird in der nächsten Periode, also in der letzten Runde des Planspiels, seine Lieferzusage nicht einhalten können, da durch einen Brand seine gesamten Fertigungsanlagen zerstört wurden.

Da kurzfristig kein Ersatz beschafft werden kann, beträgt die Maschinen-Kapazität Ihrer Unternehmung in der letzten Runde nur noch 1000 Stück.

Tröstlich ist für Sie vielleicht, dass auch alle anderen Unternehmen von diesem Missgeschick betroffen sind.

Auf Grund dieser Meldung müssen die Unternehmen erstens prüfen, ob auf einem derart leergefegten Markt überhaupt noch Vertriebsausgaben für Werbung usw. erforderlich sind. Zweitens ist zu überlegen, ob die Fertigungskapazität gesenkt werden kann. Das Programm sieht jedoch einen Abbau der Maschinen-Kapazität nicht vor, so dass nur Entlassungen von Personal in Frage kämen. Wegen der Entlassungskosten von jeweils 10.000DM wäre dies jedoch nicht sinnvoll.

Schließlich ist auch eine drastische Erhöhung der Preise zu erwägen. Die Spielerinnen und Spieler sollten auf den Gedanken kommen, dass auf einem Markt mit so stark gesunkenem Angebot auch wesentlich höhere Preise verlangt werden können. Das Programm akzeptiert hier Preise bis zu 500DM, so dass die drohenden Verluste zumindest minimiert werden können.

f) Gelenkte Entscheidung der Unternehmen

Wenn die Spielerinnen und Spieler noch nie an einem betriebswirtschaftlichen Computer-Planspiel teilgenommen haben, kann sich bei den Entscheidungen leicht Hilflosigkeit einstellen, was möglicherweise zu unsinnigen Handlungen führt. Dies kann vermieden werden, wenn die Spielleitung mit den Gruppen vor der ersten Runde eine überschlagsmäßige Rechnung nach folgendem Muster durchgeführt:

Es wird angenommen, dass die Unternehmung einen Absatz von 3.000 anstrebt. Bei ungefähr 150DM Herstellungskosten je Stück betragen die gesamten Herstellungskosten 450.000DM. Zuzüglich der fixen Verwaltungskosten von 50.000DM und der unbedingt notwendigen Marktforschung von 9.000DM ergeben sich als Zwischenergebnis rund 510.000DM. Rechnet man davon ungefähr 20% für die Vertriebsausgaben (Werbung, Produktverbesserung usw.), so kommen nochmals 90.000DM hinzu, also alles in allem 600.000DM an Gesamtkosten. Die geplanten Kosten je verkauftes Produkt wären somit 200DM. Dieser Betrag wäre um den angestrebten Gewinn pro Stück zu erhöhen, woraus sich der Verkaufspreis ergibt.

Es sei betont, dass es sich dabei nur um einen Anhaltspunkt für die Spielerinnen und Spieler handelt, da eine Auseinandersetzung mit betriebswirtschaftlicher Kostenrechnung und Kalkulation in diesem Planspiel nicht angestrebt wird. Wichtig ist, dass auf diese Weise die Gruppen zu einer strukturierten Entscheidung angeregt werden.

Werden mit der erwähnten Hilfestellung ungewöhnliche Ausreißer vermieden, so muss die Spielleitung andererseits auch darauf achten, dass kein schematisches Arbeiten überhand nimmt. Nachdem mit der skizzierten schematischen Rechnung Anregungen gegeben wurden, sind daher unbedingt von der Spielleitung Vorschläge folgender Art als mögliche Variation für die Spielerinnen und Spieler zu machen:

- Es wird eine aggressive Strategie verfolgt, z.B. ein Absatz von 4.000 Stück statt nur 3.000 angestrebt. Daher ist mit dem Preis besonders weit nach unten zu gehen, die Fertigungskapazität wird erhöht und die Vertriebsausgaben werden ebenfalls angehoben.
- Das Volumen der Vertriebsausgaben wird höher angesetzt, um dadurch Nachfrage an die Unternehmung zu binden.
- Durch Investitionen wird die Maschinen-Kapazität und durch Einstellungen wird die Personal-Kapazität erhöht.
- Alle flüssigen Mittel werden in Wertpapieren angelegt, um so Zinserträge zu erzielen.
- Die Verteilung der Vertriebsausgaben wird verändert, da möglicherweise die Aufwendungen für Werbung wirksamer sind als diejenigen für Verkaufsförderung.
- Der Preis wird „intuitiv" verändert, z.B. setzt die Unternehmung den planerisch errechneten Preis um 10 nach oben.

Mit diesen Vorschlägen kann den Spielerinnen und Spieler auch deutlich gemacht werden, dass die erfolgreiche Führung einer Unternehmung in einem Oligopol keineswegs eine rein „wissenschaftlich" lösbare Aufgabe darstellt. Vielmehr muss man sich trotz mancherlei Ungewissheiten entscheiden. Dieser Aspekt ist noch etwas zu vertiefen.

g) Entscheidung bei Unsicherheit

Im Planspiel BEFPA hat die einzelne Unternehmung zwei bis fünf Konkurrenten, die ein ganz ähnliches Produkt anbieten. Bei einem derartigen Oligopol und bei den im Spiel verfügbaren Entscheidungsgrößen wirken sich folgende Umstände auf den Gewinn der jeweiligen Unternehmung aus:

- die eigenen Herstellungskosten
- der eigene Preis
- der Preis aller anderen Unternehmen
- die eigenen Vertriebsausgaben
- die Vertriebsausgaben aller anderen Unternehmen.

Jede Unternehmung befindet sich daher in einer wirtschaftlichen Entscheidungssituation voller Unsicherheiten.

Setzt z.B. Unternehmung A einen niedrigen Preis fest und die Konkurrenten auch, dann gewinnt A im Vergleich zu den anderen keinen Vorsprung. Es verbleibt lediglich der Effekt, dass der Absatz von A absolut hoch ist. Dies bedeutet jedoch keinen Vorteil, wenn der Gewinn pro Stück sehr klein ist, so dass sich letztlich ein niedriger Gewinn ergibt, und nur auf diese Gewinn-Summe kommt es an.

Es kann allerdings auch sein, dass die Konkurrenz den Preis nicht so niedrig wie Unternehmung A festsetzt. Dann wäre A wahrscheinlich wirklich im Vorteil und erzielte einen höheren Gewinn als die anderen Unternehmen.

Ganz ähnlich ist das Problem bei den Vertriebsausgaben. Dabei sind die Ausgaben für Werbung besonders wichtig; denn durch diese Ausgaben aller Unternehmen wird die gesamte Marktnachfrage erhöht. Allerdings weiß keine Unternehmung, wie stark diese Änderung der Nachfrage auf Grund der Werbeausgaben ist.

Da sich in einem Oligopol die Handlungen einer Unternehmung unmittelbar auf das Marktergebnis der anderen auswirken, sind alle Versuche, durch Preissenkungen einen Vorteil zu erzielen, etwas riskant. Es besteht nämlich die Gefahr, dass die anderen Unternehmen nachziehen, vielleicht sogar übermäßig reagieren, so dass es zu einem Preiskampf mit außerordentlich niedrigen Preisen kommt, der allen Unternehmen schadet.

Von daher gesehen ist es nicht überraschend, dass bei „echten" Oligopolen in unserer Volkswirtschaft der Wettbewerb über den Preis nicht die entscheidende Rolle spielt. Vielmehr versucht man, sich durch ein entsprechendes Produkt-Image von der Konkurrenz abzusetzen. Die Unternehmen machen daher große Anstrengungen, um ihr Produkt in den Augen der Nachfrager zu einer Besonderheit zu machen.

In BEFPA wird diesem Aspekt dadurch Rechnung getragen, dass die Unternehmung durch hohe Ausgaben für den Vertrieb mehr Absatz erzielen kann. Dabei entsteht jedoch folgender Konflikt:

Die Vertriebsausgaben sind fixe Kosten. Sie vermindern daher unmittelbar den Gewinn.

Bei hohen Vertriebsausgaben kann der Absatz nur dann erhöht werden, wenn die Konkurrenten nicht dasselbe tun. Im letzteren Falle wäre der Effekt gleich Null.

Die Ausgaben für den Vertrieb dürfen im Vergleich zur Konkurrenz nicht zu klein sein. Sonst besteht die Gefahr, dass die anderen Unternehmen zuviel Nachfrage an sich ziehen, so dass der eigene Absatz sinkt und der Gewinn ebenfalls.

Für die Lösung dieses Konflikts gibt es keine „richtige" Lösung, die theoretisch ermittelt werden könnte. Die Gruppen können sich nur durch „Versuch und Irrtum" an die gewünschte Lösung herantasten.

Das Programm BEFPA läuft unter DOS. Es ist als Download beim Wirtschaftslehre-Club erhältlich. Infos dazu sind bei folgender Adresse erhältlich:

www.sg-wirtschaft.de

ENTSCHEIDUNGSBLATT FÜR BEFPA UNTERNEHMUNG								
Name								
Runde	1	2	3	4	5	6	7	8
Kreditaufnahme								
Investitionen								
Einstellungen								
Entlassungen								
Verkaufspreis								
Ausg. f. Werbung								
Kundendienst								
Verkaufsförderung								
Fertigungsmenge								
Marktforschung								

3. Wettbewerb mit Ereignissen mit „ÖKO"

Auch das Planspiel Öko von Dr. Heinz Lothar Grob ist ein Unternehmensplanspiel. Öko ist damit ein Vertreter der wohl größten Planspielkategorie, den betriebswirtschaftlichen Planspielen.

Bereits zu Beginn der Erläuterungen ist die hervorragende Dokumentation dieses Planspiels zu erwähnen. In dieser findet sich u. a. auch ein mögliches „Drehbuch" für den Verlauf der gesamten Veranstaltung. D. h. die Abläufe sind in chronologischer Reihenfolge ausführlich dargestellt und mit wertvollen Hinweisen für die Spielleitung kommentiert. Selbst während des Spielverlaufes ist eine Orientierung innerhalb dieser Dokumentation jederzeit möglich. Zusätzlich bietet sie selbst in der Planspielmethode noch unerfahrenen Spielleitern eine gute Möglichkeit, die Vorbereitungen zu strukturieren und die eigenen Schwerpunkte herauszufinden.

a) Kurzdarstellung

Um rasch einen Überblick über das Produkt vermitteln zu können, sollen nun zunächst die Rahmenhandlung des Spiels sowie die technischen Voraussetzungen zu deren Durchführung dargestellt werden.

i) Inhalte und Struktur

Der Name des Spieles resultiert daraus, dass Öko das Ziel verfolgt, auf Basis industriebetrieblicher Entscheidungen *„das Verhältnis von Ökonomie und Ökologie in den Mittelpunkt zu stellen"*. Dabei sollen sowohl *„konfliktäre als auch harmonische Beziehungen"* (Grob, 1992, S. 3) der beiden Aspekte herausgearbeitet werden.

Öko arbeitet gruppenorientiert. Jede Gruppe repräsentiert die Geschäftsführung einer Unternehmung, die Gartenzäune aus Holz produziert und diese an Händler für Baustoffe und Heimwerkerbedarf vertreibt. Der Absatz aller teilnehmenden Unternehmungen ist durch Rahmenverträge, die theoretisch über den gesamten Planspielverlauf festgelegt sind, mit einem Stammkunden grundlegend gesichert. Jede Unternehmung verfügt über eine Produktpalette von anfangs 4 Zäunen mit unterschiedlichen Produktionsprozessen und Verkaufspreisen. Im Spiel wird *„bewusst darauf verzichtet, den Anspruch eines globalen Management Game, in dem „routinemäßig" Top-Entscheidungen zu treffen sind, zu befriedigen"* (Grob, 1992, S. 3). Dies bedeutet, dass im Spiel nicht das reine Treffen von Entscheidungen und das Verstehen bzw. Bewältigen der dadurch ausgelösten Konsequenzen im Vordergrund steht. Vielmehr sind typische Funktionsbereiche eines Industriebetriebes, wie z. B. Produktionsplanung, und das dazu benötigte betriebswirtschaftliche „Handwerkszeug" bzw. Know-how ökonomischer Spielinhalt. Die Spielergruppen agieren also weniger im Bereich des strategischen als des exekutiven Managements.

Die ökologischen Aspekte werden in sofern im Spiel integriert, als dass die Anschaffung einer Filteranlage von der Bevölkerung gefordert wird. Die Entscheidung über diese Investition liegt allerdings alleine bei den Geschäftsführern der Planspielspielunternehmung. Neben diesem konfliktären Verhältnis ergibt sich im Laufe des Spiels auch die Möglichkeit, durch ökologisches Bewusstsein Geld zu verdienen. Ein „Öko-Zaun", der mit umweltschonenden Prozessen hergestellt wurde, erzielt im Planspiel eine höhere Gewinnspanne und verkörpert damit die Möglichkeit der Zielharmonie zwischen Ökologie und Ökonomie.

Die erwähnte Forderung der Bevölkerung nach Einbau einer Filteranlage deutet einen weiteren wichtigen Aspekt in Öko an, der auch für andere Planspiele gültig ist. Gemeint ist die Ereignisorientierung. Neben einer Variation der Parameter, z. B. Preisschwankungen von Rohstoffen oder variierende Produktionskapazitäten, treten in jeder Runde unterschiedliche Ereignisse ein, die Entscheidungen quasi außerhalb des „Tagesgeschäftes" erfordern. Diese Entscheidungen beeinflussen dann die Simulation des implementierten Modells und können zu grundlegenden Wendepunkten im Spielverlauf führen.

Überblickartig werden nun die Komponenten, die Grob (1992, S. 3) bezüglich der Strukturierung einer Planspielveranstaltung mit Öko identifiziert hat, wiedergegeben:

- *„Entscheidungen in der Planspielunternehmung und Eingabe in den PC*
- *Abrechnungsphase am PC*
- *Vermittlung von Wissen durch den Moderator*
- *Diskussion ökonomischer und ökologischer Probleme."*

Dass die Intensität vor allem der beiden zuletzt genannten Punkte von den Zielen der Veranstaltung bzw. der Spielleitung abhängt, liegt auf der Hand.

ii) Teilnehmerzahl

Das Design von Öko verlangt, dass zwei, vier oder sechs Planpielunternehmungen teilnehmen können. Die geradzahlige Anzahl von Teilnehmergruppen ist nötig, um im Verlauf des Spieles bilaterale Verhandlungen zu ermöglichen. Nach Angaben des Planspiel-Autors ergeben sich optimale Bedingungen bei vier Teilnehmergruppen (vgl. Grob, 1992, S. 17). Die Anzahl der Teilnehmer pro Gruppe sollte mindestens zwei und maximal sechs betragen. Je höher die Gruppengröße, desto schwieriger wird der Entscheidungsfindungsprozess innerhalb der Planspielunternehmung. Dies äußert sich meist in einem stark erhöhten Zeitbedarf und sorgt dadurch für einen nur schleppenden Ablauf des Spieles.

iii) Zeitbedarf

Öko ist in insgesamt sechs Spielrunden unterteilt. Ausgehend von dieser Strukturierung sollte man die Zeitplanung gestalten. Zunächst bietet sich natürlich die Durchführung in sechs einzelnen Sitzungen an. Um zeitliche Schwankungen ausgleichen zu können und um den Teilnehmern ein intensives Arbeiten zu ermöglichen, scheint eine Durchführung von mehreren Runden hintereinander in einem entsprechend größeren Zeitrahmen sinnvoll. Der Autor des Planspiels gibt hierzu als „Normalfall" an, dass die Runden 1 bis 3 und die Runden 4 bis 6 an jeweils zwei halben Tagen gespielt werden (vgl. Grob, 1992, S. 19). Auch die Durchführung des gesamten Planspiels an einem einzigen Tag ist möglich. Allerdings ist dann eine Begrenzung auf zwei Planspielunternehmungen mit jeweils möglichst wenig Teilnehmern ratsam.

iv) Räumlichkeiten

Öko stellt keine besonderen Anforderungen an die Räumlichkeiten. Wichtig ist, dass alle teilnehmenden Gruppen für die Spielleitung erreichbar sind und dass der PC an einem Ort aufgestellt ist, an dem die „Geschäftsführer" ihre vertraulichen Daten ungestört eintippen können. Sollte die Druckausgabe an einem anderen Ort als die Eingabe der Daten erfolgen, so muss auch hier die Vertraulichkeit von der Spielleitung garantiert werden können.

v) Technische Voraussetzungen

Bezüglich der einzusetzenden Technik ist Öko überaus bescheiden. Zur Durchführung benötig man lediglich einen PC und einen Drucker.

Die vorliegende Version (1992) der Software arbeitet noch immer unter DOS. Damit ist die Bedienung des Programms nicht mehr aktuellster Stand der Technik. Beispielsweise ist keine Mausunterstützung vorhanden. Allerdings hat dies keinerlei Auswirkungen auf die Funktionalität und die Durchführbarkeit des Spieles. Im Gegenteil: Man kann sagen, dass Öko mit jedem

Rechner arbeitet, der die typische Ausstattung eines 486ers oder besser erfüllt.

Neben dem Computer benötigt Öko unbedingt einen Drucker zur Durchführung. Prinzipiell kann man hier jedes verfügbare Gerät einsetzen. Allerdings ist ein schneller Laserdrucker zu empfehlen, denn im Verlauf des Spiels ist bereits bei nur zwei teilnehmenden Gruppen mit einer Druckausgabe von ca. 120 Blättern zu rechnen. Kommt der Drucker diesen Anforderungen nur mit Mühe nach, kann der Spielverlauf unter Umständen empfindlich gestört werden.

b) Die Runden des Planspiels

Eine für Planspiele typische Struktur, nämlich die Aufteilung in einzelne Spielrunden, gilt auch für Öko. Insgesamt erstreckt sich das Planspiel über 6 einzelne Runden. Für das zugrundeliegende Modell lässt sich daraus ableiten, dass dessen Simulation diskret erfolgt. Obwohl gewisse Parameter, wie z. B. der Unternehmensgewinn, über den gesamten Verlauf hinweg weitergeführt werden, bildet doch jede Runde oder Phase des Spiels eine in sich geschlossene Einheit. Die Runden repräsentieren bei Öko Monate, für die jeweils getrennt geplant und abgerechnet wird.

Die klare Gliederung des Spiels bietet der Spielleitung die Möglichkeit, am Ende jeder Runde einen „unterrichtenden" Teil einzuschieben. So kann z. B. auf die gerade gespielten inhaltlichen Problemstellungen eingegangen und ein Transfer zur dahinterstehenden Theorie geleistet werden. Auch können diese Phasen, in denen sich alle Teilnehmer versammeln, zum Erfahrungsaustausch und zur Lösung möglicher Verständnisprobleme genutzt werden.

Der folgende Abschnitt beschreibt die Vorbereitung auf das Planspiel. Danach werden die einzelnen Spielrunden etwas genauer erläutert.

i) Das Handwerkszeug - Eine vorbereitende Fallstudie

Zu Beginn des Planspiels liegt der Fokus auf den betriebswirtschaftlichen Grundkenntnissen, die im Modell repräsentiert werden. Dies ist eine Produktionsplanung unter Berücksichtigung gegebener Kapazitäten. Um Teilnehmer ohne konkretes Wissen zu den benötigten Vorgehensweisen bzw. Begrifflichkeiten vertraut zu machen, stehen in der Dokumentation des Planspiels ein Glossar und eine *„Einführung in das Abrechnungsmodell"* zur Verfügung. Beide Materialien liegen der Dokumentation als Kopiervorlage bei, was die Arbeit der Planspielleitung beträchtlich erleichtert. Dies gilt im übrigen für alle Informationen, die außerhalb des Computerprogramms benötigt werden.

Bei der „Einführung in das Abrechnungsmodell" handelt es sich um eine Fallstudie außerhalb des eigentlichen Planspiels. Die Gegebenheiten der Fallstudie sind in ihrer Struktur identisch mit dem Modell innerhalb des Spiels. So wird beispielsweise mit der gleichen Anzahl von Produkten und Fertigungsstufen gearbeitet. Allerdings sind die Werte in der Fallstudie andere als im Planspiel.

Um einen Eindruck von den betriebswirtschaftlichen Anforderungen zu vermitteln, die in Öko gestellt werden, sei die einleitende Fallstudie nun vollständig wiedergegeben (vgl. Grob, 1992, S. 7f.).

1. Aufgabenstellung

Im letzten Monat sind die folgenden Produktionsmengen hergestellt und abgesetzt worden:

Tab. 1: Produktionsmengen des letzten Monats	
Produkt 1: 180 Stück	Produkt 3: 110 Stück
Produkt 2: 100 Stück	Produkt 4: 20 Stück

Zusätzlich sind folgende Daten zu den Produkten verfügbar:

Tab. 2: Preise, Stückkosten und Deckungsbeitrag pro Stück für alle Produkte

Produkt	Preis [DM/Stck]	variable Stückkosten [DM/Stck]	Deckungbeitr./Stck [DM/Stck]
1 (Gutsherrenzaun)	250	150	100
2 (Reihenhauszaun)	120	70	50
3 (Jägerzaun)	170	110	60
4 (Paradieszaun)	300	160	140

Tab. 3: Kapazitäten der Fertigungsstufen

Fertigungsstufe	Kapazität (Stunden)
1 (Sägerei)	720
2 (Montage)	1230
3 (Imprägnierung)	810

Tab. 4: Produktionskoeffizienten der Produkte

Fertigungsstufe	Produkt 1	Produkt 2	Produkt 3	Produkt 4
1	2	1	1	2
2	3	2	3	3
3	1	1	4	2

Die von der Produktion unabhängig anfallenden Kosten (**Fixkosten**) beliefen sich im letzten Monat auf 25.750DM.

Frage 1: Wie hoch ist der Deckungsbeitrag für sämtliche Produkte des Produktionsprogramms?

Frage 2: Wie hoch ist die Kapazitätsauslastung - ausgedrückt durch die Beschäftigungsgrade der Fertigungsstufen?

Frage 3: Wie viele Mengeneinheiten hätten von Produkt 1 maximal hergestellt werden können, wenn ausschließlich dieses produziert werden sollte?

2. Lösungen der Aufgaben zur Fallstudie

Die im Folgenden wiedergegebenen Lösungen zu den Aufgaben sind ebenfalls in der Dokumentation zum Planspiel enthalten (Grob, 1992 S. 9f.):

Tab. 5: **Zu Frage 1:** Deckungsbeitrag für alle Produkte als Teil der Gewinnermittlung							
Prod.	Stck	Preis [DM/Stck]	variable Kosten [DM/Stck]	Umsatz [DM]	variable Kosten [DM]	Deckungs-beitrag [DM]	Deckungs-spanne [DM/Stck]
1	180	250	150	45000	27000	18000	10
2	100	120	70	12000	7000	5000	50
3	110	170	110	18700	12100	6600	60
4	20	300	160	6000	3200	2800	140
				81700	49300	*32400*	
					- Fixkosten	25750	
				= kalkulatorischer Gewinn		6650	

Tab. 6: Zu Frage 2: Kapazitätsauslastung der Fertigungsstufen

	Fertigungsstufe 1	Fertigungsstufe 2	Fertigungsstufe 3
Kapazität [Std]	720	1230	810
Beschäftigung [Std]			
Produkt 1	360	540	180
Produkt 2	100	200	100
Produkt 3	110	330	440
Produkt 4	40	60	40
Beschäftigung [Std]	610	1130	760
Leerzeit [Std]	110	100	50
Beschäftigungsgrad [%]	**85**	**92**	**94**

Tab. 7: Zu Frage 3: Engpassplanung

Fertigungs-stufe	Kapazität [Std]	Produktions-koeffizient [Std/Stck]	max. Menge je Fertigungsstufe [Stck]	Bemerkung
1	720	2	***360***	***Engpass***
2	1230	3	410	
3	810	1	810	

Die zur Lösung der Aufgaben erforderlichen Rechenoperationen sind mit Hilfe eines Taschenrechners leicht zu bewältigen. Selbst wenn die Teilnehmer des Planspiels noch nie zuvor mit dem Vorgang einer Produktionsplanung konfrontiert waren, dürften sie nach eingehender Darstellung und didaktischer Aufarbeitung der obigen Fallstudie über ausreichend „handwerkliche" Fähigkeiten verfügen, um das Planspiel durchführen zu können. Eine gewisse Sicherheit im Umgang mit den Größen und den Rechenschritten ergibt sich dann quasi von alleine im Verlauf der Veranstaltung. Ganz besonders gilt dies, wenn die Spielleitung entscheidet, die Fallstudie direkt vor Beginn des Planspieles durchzuführen.

Sollte der Teilnehmerkreis bereits über (fundierte) Kenntnisse im Bereich der Produktionsplanung verfügen, so ist die Durchführung der Fallstudie nicht zwingend. Sie bietet sich allerdings an, um den Einstieg in die Verhältnisse der Planspielunternehmung zu erleichtern. In diesem Fall könnte die Fallstudie z. B. als häusliche Vorbereitung aufgetragen werden und damit aus der eigentlichen Veranstaltungszeit herausfallen.

ii) Einstieg in die Unternehmung

Zu Beginn des eigentlichen Planspieles wird den Teilnehmern die Ausgangssituation ihrer Unternehmen von der Spielleitung dargestellt. Diese ist von Ihrer Struktur völlig identisch mit der bereits dargestellten Fallstudie. Auch hier liegen der Dokumentation bereits Kopiervorlagen bei, die alle wesentlichen Daten der Planspielunternehmungen aufzählen und den Teilnehmern ausgehändigt werden können.

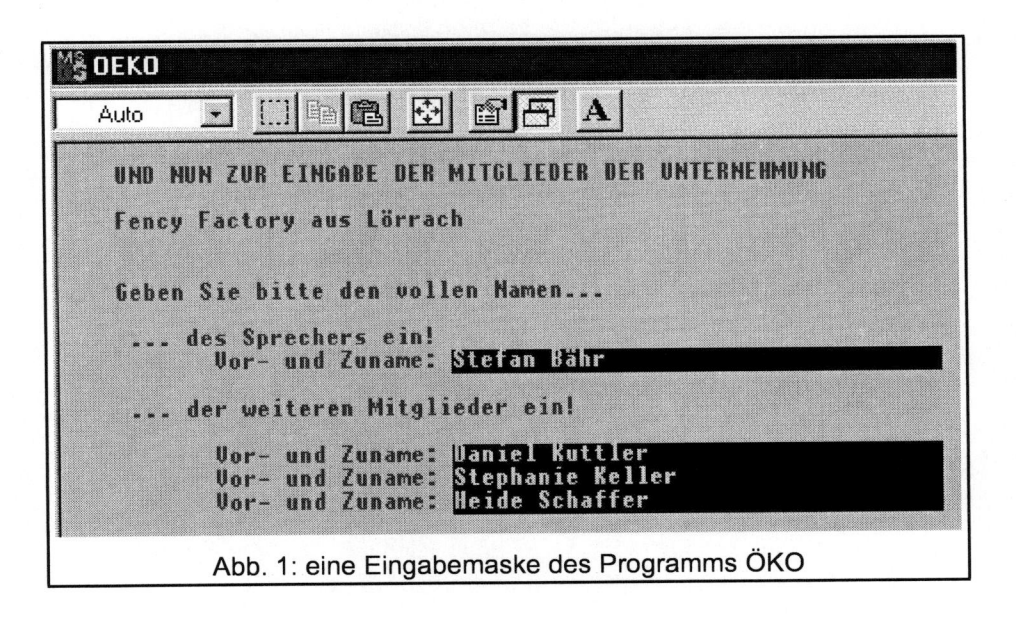

```
OEKO
Auto

UND NUN ZUR EINGABE DER MITGLIEDER DER UNTERNEHMUNG
Fency Factory aus Lörrach

Geben Sie bitte den vollen Namen...
    ... des Sprechers ein!
        Vor- und Zuname: Stefan Bähr
    ... der weiteren Mitglieder ein!
        Vor- und Zuname: Daniel Kuttler
        Vor- und Zuname: Stephanie Keller
        Vor- und Zuname: Heide Schaffer
```

Abb. 1: eine Eingabemaske des Programms ÖKO

Die erste Aufgabe der Teilnehmer besteht nun darin, einen Namen für die Unternehmung zu finden, aus dem Kreis der Unternehmensleitung einen Sprecher zu wählen und sich auf den Ort des Firmensitzes zu einigen. Danach werden diese Grunddaten inklusive der Namen der Mitspieler erfasst. Es bietet sich an, am Beispiel dieser ersten Datenerfassung die Gruppen auf die nötige Disziplin hinzuweisen. So wird z. B. festgelegt, dass die Unternehmenssprecherin in jeder Runde die nötigen Daten zusammenträgt, diese auf Vollständigkeit überprüft und danach in den PC eintippt. Werden solch einfache Regeln nicht beachtet, kommt es leicht zu störenden Verzögerungen, die sich auf alle Planspielunternehmungen auswirken.

Nach den organisatorischen Eingaben erfolgt die Ausgabe der Kapazitätsangaben für die einzelnen Unternehmen. Ein Vorgang, der auch den Einstieg in alle folgenden Runden darstellt. Auf Basis der Kapazitätsdaten und den im Rahmenvertrag mit dem Stammkunden, der Heimwerkerbedarf-Kette „Help Yourself", garantierten Absatzzahlen, kann die erste Produktionsplanung beginnen. Die einzelnen Unternehmen legen nun also die Stückzahl der im laufenden Monat (Runde) zu produzierenden Zaunarten fest.

Um von Anfang an keine Langeweile aufkommen zu lassen, erreicht die Planspielunternehmen ein Zusatzauftrag des Stammkunden. Dieser Auftrag ist mit der vorhandenen Kapazität nicht vollständig erfüllbar. Allerdings akzeptiert der Kunde auch Teillieferungen. Nun kommt des darauf an, dass die Unternehmen die vorhandenen Kapazitäten möglichst optimal nutzen, also eine Engpassplanung durchführen.

Ein weiteres Ereignis der ersten Spielphase ist das Eintreffen eines Angebotes für eine Imprägnierwanne. Die Investition in eine solche Wanne führt zu einer Kapazitätserweiterung in der Fertigungsstufe „Imprägnieren", die sich auch auf die gesamte restliche Spielzeit auswirkt. Anhand dieses Angebotes kann die Thematik der Abschreibung und des Zinsverlustes angesprochen werden. Die Investitionsentscheidung kann allerdings auch einfach „aus dem Bauch" heraus entschieden werden.

Das Thema Ökologie kommt in der ersten Runde in Form eines Beschwerdebriefes von Anwohnern, in dem die Reduktion von Emissionen gefordert wird. Hiermit wird eine Konfliktsituation geschaffen, die die Teilnehmer zu einer einführenden Diskussion anregen soll. Die aktuellen Emissionen der Planspielunternehmungen liegen nämlich noch unter den gesetzlich vorgeschriebenen Grenzwerten. Der Beschwerdeführer wird übrigens durch die Spielleitung personifiziert. Eine Steuerung der Diskussion ist damit möglich.

Die Ausgabe der Betriebsergebnisse nach Eingabe aller Rundenentscheidungen erfolgt in tabellarischer Form. Deren Darstellung ist in der Struktur identisch mit Tab. 5.

iii) Variation der Ausgangslage

Zu Beginn der zweiten Spielrunde trifft alle Planspielunternehmen die schockierende Mitteilung, dass die Säge ausgefallen ist. Zur Lösung des Problems stehen zwei Alternativen zur Verfügung. Entweder wird die Säge von der eigenen Belegschaft repariert, was zu niedrigen Reparaturkosten aber auch zu einer Minderung der Kapazität im laufenden Monat führt. Oder die Reparatur wird durch eine externe Firma erledigt. Dies hat keinen Kapazitätsausfall zur Folge, würde aber mehr als die doppelten Reparaturkosten verursachen.

Um die Entscheidung zu erschweren, geht ein erneuter Zusatzauftrag des Stammkunden ein, der im Prinzip eine möglichst hohe Kapazität fordert.

Um die ökologische Problematik wieder aufzugreifen, erreicht die Unternehmungen in der zweiten Runde ein Schreiben ihres Verbandes, der auf das schlechte Image der Branche bezüglich der Schadstoffemissionen hinweist. Sollte mittlerweile ein gewisses Interesse zur Investition in eine Filteranlage bei einzelnen Planspielunternehmen bestehen, so kann dieses nun auch über ein Angebot einer Herstellerfirma konkretisiert werden. Auf Grund der nun verfügbaren Daten kann eine Wirtschaftlichkeitsrechnung durchgeführt werden.

```
Tab. 8: Druckausgabe der Kapazitäten und eines Ereignisses für Runde 2

Kapazitäten der Unternehmung
Fency Factory in Lörrach

im Monat Dezember 1999
-----------------------------------------------------
Sägerei                              720   Std
Montage                             1230   Std
Imprägnierung                        810   Std

Bitte um Entscheidung!
In der Sägerei ist eine Maschine defekt. Würde sie von
unseren eigenen Leuten repariert, so könnte wegen der
relativ späten Fertigstellung der Reparatur im lfd.
Monat nur mit einer Kapazität von 710 Std (statt 720
Std) gerechnet werden. Die von unseren eigenen Mitar-
beitern nebenbei zu bewältigende Reparatur würde 300DM
an Kosten für Ersatzteile verursachen

Eine sofortige Reparatur durch eine Spezialunternehmung
hätte keinen Kapazitätsausfall zur Folge. Allerdings
beliefen sich in diesem Fall die Reparaturkosten auf
insgesamt 800DM

Wir bitten um sofortige Entscheidung!

S. Aege, Meister
```

Während sich die Firmen in der Produktionsplanung der zweiten Runde befinden, geht „völlig überraschend" ein weiteres, sehr lukratives Auftragsangebot eines zweiten Abnehmers ein. Die begonnene Planung muss also unter Umständen revidiert werden. Auch solche Stress erzeugenden und Arbeitszeit raubenden Elemente sind fester Bestandteil von zahlreichen Planspielen.

Auch die zweite Runde wird mit Eintippen der Entscheidungen in den PC und Ausgabe der Betriebsergebnisse beendet.

iv) Der Paukenschlag

Die dritte Spielrunde beginnt, wie gewohnt, mit Ausgabe eines Deckblattes für die Unterlagen und mit der Darstellung der verfügbaren Kapazität des laufenden Monats. Doch das nächste Papier bringt eine grundlegende Wende ins Spiel. Die Firma „Help Yourself", also der Stammkunde, hat Konkurs angemeldet und kann daher den Rahmenvertrag über die garantierte Abnahmemenge nicht mehr einhalten. Es liegt an der Spielleitung, diesen Schock möglichst wirkungsvoll an die Teilnehmer zu vermitteln.

An die Stelle von „Help Yourself" möchte sich eine Firma mit dem vielsagenden Namen „Geier & Co. KG" drängen. Dieses Auftragsangebot ist allerdings einmalig und beinhaltet zudem sehr schlechte Konditionen.

Zeitgleich erreicht die Geschäftsführung der einzelnen Unternehmen ein Schreiben eines Sachbearbeiters innerhalb ihrer Firma, der zwei Teilstilllegungspläne bereits ausgearbeitet hat. Die Geschäftsleitung, also die Planspielgruppe, hat nun zu diskutieren, ob und in welchem Umfang eine Teilstilllegung durchgeführt wird.

Zur Unterstützung des Entscheidungsprozesses bietet ein Marktforschungsinstitut seine Dienste gegen ein nicht unbeträchtliches Honorar an. Wird diese Option wahrgenommen, so ergibt die Studie, dass in absehbarer Zeit die Nachfrage nach Zäunen steigen wird. Eine Teilstillegung scheint damit nicht nötig.

Dies bestätigt sich, allerdings erst nachdem die Teilnehmer die Entscheidung bezüglich der Teilstillegung getroffen haben. Denn nun wird eine Ausschreibung der Stadt, in der das Planspiel durchgeführt wird, veröffentlicht. Die Stadt möchte einen Teil der öffentlichen Gebäude mit neuen Zäunen ausstatten. Diese Ausschreibung besagt, dass die Zuschläge produktweise erteilt werden. Für jeden einzelnen Zauntyp (dies sind nur Modelle aus der Produktpalette der Planspielunternehmen) erhält die am billigsten bietende Firma den Zuschlag. Diese Ausschreibung versetzt die teilnehmenden Unternehmungen nun erstmalig in ein direktes Konkurrenzverhältnis. Allein vom Verhältnis der eigenen Entscheidung zu den Entscheidungen der gegnerischen Spielergruppen ist Erfolg oder Misserfolg in dieser dramatischen Unternehmenssituation abhängig. Der Phantasie oder besser den Berechnungen der einzelnen Unternehmungen bezüglich der Preise für die einzelnen Zäune sind nun alleine durch die von der Stadt genannten Höchstpreise Grenzen gesetzt. Selbstverständlich müssen die Firmen dafür sorgen, dass ihre Planung auch Gewinn erwirtschaftet. Die Spielleitung sollte während der Angebotserstellung allzu dreiste Betrugsversuche unterbinden. Sollte nämlich eine Unternehmung die Gespräche einer anderen belauschen, so lassen sich daraus wertvolle Informationen für die eigene Preisgestaltung ableiten.

Nach Abgabe bzw. Eintippen der Angebote erfolgt die Zuschlagsvergabe durch das Computerprogramm. Auf Basis der daraus resultierenden Aufträge kann schließlich die Produktionsplanung und der Rundenabschluss erfolgen. Die Verlierergruppen der Ausschreibung müssen sich zwar mit dem Angebot von „Geier & Co. KG" begnügen, sind aber vor dem völligen Ruin geschützt.

v) Ein neues Produkt

Die vierte Spielrunde ist gleichzeitig auch ein neuer Abschnitt im Gesamtverlauf. Eine Unterbrechung vor dieser Runde bietet sich daher an.

Vermittelt durch die Spielleitung wird in allen Unternehmen zunächst die Idee eines neuen Produktes vorgestellt: der „Öko-Zaun". Mit diesem Produkt soll die Möglichkeit der Harmonie zwischen ökonomischen und ökologischen Zielen veranschaulicht werden. Daher schreibt das Planspieldesign vor, dass alle Unternehmungen das neue Produkt herstellen. Für den laufenden Monat kann aus „produktionstechnischen Gründen" nur der Öko-Zaun gefertigt werden. Damit werden die Planspielunternehmen kurzfristig zu Einproduktbetrieben. Neben der Möglichkeit zur Darstellung dieser Unternehmensform nutzt Öko diesen Wandel noch weiter aus. Anhand des Öko-Zaunes wird in Runde 4 der Prozess einer Produkteinführung inklusive Marketing und daraus resultierender Beeinflussung der Nachfrage dargestellt. Diese Vorgänge sind innerhalb eines Einproduktbetriebes leichter zu strukturieren und nachzuvollziehen.

Die erste Aufgabe zur Produkteinführung besteht in der Vorbereitung einer Pressekonferenz, bei der das neue Produkt der Öffentlichkeit vorgestellt wird. Jede Planspielunternehmung muss also einen eigenen Produktnamen für den Öko-Zaun finden und eine Präsentation des Produktes erstellen. Dazu dürfen alle verfügbaren Materialien verwendet werden. Beispielsweise können Plakate entworfen oder treffende Werbetexte verbal vorgetragen werden. Hier ist die volle Kreativität der Teilnehmer gefordert. Wichtig ist, dass bei Öko auch dieser kreative Teil der Aufgabenstellung mit in die Simulation einfließt. Denn jede Präsentation wird benotet und über die Note werden vom Programm die erreichten Absatzzahlen ermittelt. Die Benotung erfolgt entweder durch die Spielleitung oder durch die Teilnehmer selbst. Bei letzterer Option liegt der Dokumentation ein ausgeklügelter Vorschlag zur Durchführung, samt möglichem Kriterienkatalog bei. Neben der Vorstellung der neuen Produkte kann die Pressekonferenz auch als Rahmen für eine Diskussion über Harmonie bzw. Disharmonie von Ökonomie und Ökologie genutzt werden. Je nach Gruppenmotivation und Koordinationstalent der Spielleitung kann diese Pressekonferenz durchaus zum Höhepunkt des Planspiels werden.

Am Ende der Pressekonferenz werden die Noten für die Präsentationen eingeben und die Unternehmungen können eine Zeitschriftenwerbung mit variabler Qualität und Preis schalten. Danach gilt es einen Preis für den Öko-Zaun festzulegen und die Produktionsplanung durchzuführen. Diese Entscheidungen basieren auf Unsicherheit, da die genaue Absatzmenge nicht exakt bestimmt werden kann. Als Anhaltspunkte dienen eine neue und verpflichtend durchgeführte Marktanalyse, die eine Nachfragekurve einbringt. Die aus der Pressekonferenz bekannte Benotung der Präsentation muss von den Spielerinnen und Spielern selbst in diese Kurve mit eingerechnet werden. Ist die Note z. B. überdurchschnittlich (besser als „befriedigend"), kann mit höheren Absatzzahlen als prognostiziert gerechnet werden. Auch der Preis, der für die Zeitschriftenwerbung zu zahlen ist, muss in die Verkaufspreisplanung mit eingebracht werden.

Die Runde wird mit der Eingabe von Verkaufspreis und zu produzierender Menge abgeschlossen. Eine Überproduktion an Öko-Zäunen kann übrigens als Gutsherrenzaun zu einem gegebenen, sehr niedrigen Preis abgesetzt werden. Damit ist auch hier wieder ein „Rettungsring" für völlige Fehlplanungen gegeben.

vi) Integration des neuen Produktes

In der fünften Spielrunde ist wieder die Produktion der gesamten Produktpalette möglich. Die Entscheidung, ob tatsächlich alle Zäune, also auch die „alten" und weniger umweltverträglichen, hergestellt werden, liegt allerdings bei der Geschäftsführung der einzelnen Unternehmen.

Die „alten" Zaunarten werden wieder zu den festen Preisen und innerhalb bekannter Absatzhöchstmengen verkauft. Der Preis des Öko-Zauns dagegen bleibt flexibel. Die Erfahrungen aus Runde 4 können bei der Preisentscheidung helfen. Bezüglich der absetzbaren Menge wird ein um ca. 5% ggü. dem Vormonat (Runde 4) gestiegener Absatz erwartet. Spätestens jetzt wird deutlich, dass der Öko-Zaun eindeutig das lukrativste Produkt der Palette ist und damit ökonomisch **und** ökologisch interessant.

Auch in dieser Runde muss die Produktionsplanung gewissenhaft durchgeführt werden, da wieder eine Engpasssituation herrscht, also nicht alle Produkte in den möglichen Höchstmengen produziert werden können.

Sollten einige Unternehmen noch immer keine Filteranlage besitzen, wird der Druck nun verstärkt, da die Emission mittlerweile über die zugelassenen Grenzwerte gestiegen ist. Dieser Druck wird mit Hilfe von massiven finanziellen Sanktionsdrohungen durch das Gewerbeaufsichtsamt erzeugt.

vii) Bilaterale Verhandlungen

Auch in der letzten Spielrunde hält Öko noch Überraschungen bereit. Die eine Hälfte der Planspielunternehmungen erhält auf dem Datenblatt zu Beginn der Runde die Mitteilung, dass ihr Lack für den Öko-Zaun ausgegangen ist. Eine Beschaffung des Lackes ist nur über Ankauf von anderen Planspielunternehmungen möglich. Die andere Hälfte der Unternehmungen bekommt die Information, dass sie durch einen Kapazitätsausfall von 30% in der Montage über einen Überschuss an Öko-Lack verfügen. Ein Hinweis, dass der Verkauf des Lackes an andere Planspielunternehmungen nützlich sein könnte, wird gegeben.

Dies bedeutet, dass alle Unternehmungen Interesse an Verhandlungen über einen Lackhandel haben. Wer mit wem in Verhandlungen treten kann, müssen die Teilnehmer selbst herausfinden. Am Anfang der Runde werden die Gruppen mit dem Kapazitätsausfall zunächst über dieses Ereignis wenig begeistert sein. Allerdings sind sie in den Verhandlungen in einer wesentlich günstigeren Position. Für sie ist eine Produktion trotz Einschränkung noch möglich.

Bei den Preisverhandlungen liegt es im Geschick der Händler, den Verhandlungspartner möglichst über die Gründe für das Interesse am Kauf bzw. Verkauf im Dunkeln tappen zu lassen. Nur so lassen sich Höchst- bzw. Niedrigstpreise heraushandeln. Für die Planspielleitung bedeutet dies selbstverständlich, dass auch von ihr keine Informationen weitergegeben werden.

Ansonsten liegt es an der Phantasie der Teilnehmer und dem Willen der Spielleitung, mit welchen Tricks und Methoden die Verhandlungen geführt werden. Die Spielleitung sollte allerdings bei Einigung auf einem schriftlichen Vertragsabschluss bestehen. Damit werden Missverständnisse und Betrugsversuche kontrollierbar. Quasi nebenbei können so noch wesentliche Elemente eines schriftlichen Vertrages besprochen und vorgeführt werden.

Sollten einzelne Unternehmen keinen Vertrag abschließen und damit keinen Lack erwerben können, so liegt es an der Spielleitung, im Rahmen des Spieles zu intervenieren. Die Dokumentation schlägt hier beispielsweise das Verbreiten von Gerüchten vor, die den Verkäufern vorgeben, dass ihre Verhandlungspartner den Lack auch von unbekannten Drittlieferanten erhalten könnten. Diese Aussicht auf ein entgangenes Geschäft sollte die Verkaufsmotivation bereits steigern.

Nach Abschluss der Verhandlungen wird zum letzten mal eine Produktionsplanung mit den nun selbst „herausgehandelten" Kapazitäten durchgeführt und eingetippt. Die Ausgabe der Betriebsergebnisse und die Ausstellung von Zertifikaten über Teilnahme und Platzierung beschließen den computergestützten Teil des Planspiels.

viii) Die Auswertungsrunde

In dieser Phase sollten alle Teilnehmer in einem Raum versammelt werden. Erst jetzt werden die bereits gedruckten Betriebsergebnisse ausgehändigt und die Platzierungen verraten.

Es ist wichtig, von Anfang an genügend Zeit für diese Auswertungsrunde einzuplanen. Der ganze Effekt des Spiels könnte verloren gehen, wenn man ohne Abschlussgespräch auseinander muss.

Das Abschlussgespräch ist nicht primär zur Behandlung von betriebswirtschaftlichen Fragen gedacht. Diese sollten bereits in den Besprechungsteilen direkt nach den einzelnen Spielrunden thematisiert worden sein. Das Abschlussgespräch soll vielmehr für gruppendynamische Zwecke genutzt werden. Grob (1992, S. 123) schlägt vor, hier z. B. die Rolle und die Leistung der gewählten Gruppenleitung zu diskutieren. Auch die Partizipation der andern Gruppenmitglieder könnte überdacht werden. Unabhängig von den Personen könnte auch versucht werden, die Entscheidungsprozesse innerhalb der Gruppen nachzuvollziehen und darzustellen. Vielleicht ergeben sich gravierende Unterschiede zu anderen Gruppen.

Am Ende des Abschlussgespräches sollte die Spielleitung einige zusammenfassende Worte finden. Dabei bietet es sich an, den Teilnehmern nochmals die Bereiche vor Augen zu führen, auf denen sie mit Hilfe des Planspiels in den vergangenen Stunden neue Erfahrungen gesammelt haben.

c) Analyse des Beispiels

i) Lernziele

Der folgende Abschnitt versucht, theoretische Aussagen zu Lernzielen innerhalb von Planspielen am Beispiel von Öko zu konkretisieren. Dabei erhebt die folgende tabellarische Darstellung keinerlei Anspruch auf Vollständigkeit. Alle Lernziele, die mit einem Planspiel verfolgt werden können, hängen immer von den Wünschen und Fähigkeiten aller beteiligten Personen ab.

1. Kognitive Lernziele

Lernziel	Realisierbar z. B. durch...
Deklaratives Wissen	
Kurzfristige Erfolgsrechnung	Vorbereitende Fallstudie (vgl. Tab. 5) und monatliche Abrechnung erstellt durch das Programm
Fertigungsstufen / Produktionskoeffizient	Fallstudie (vgl. Tab. 5) und Abrechnung
Produktionsplanung / Engpassplanung	Zusatzaufträge (Runde 1 und 2)
Investitionen und deren Umlage als monatliche Mehrkosten	Investition Imprägnierwanne (Runde 1) und Filteranlage (Runde 2)
Opportunitätskosten	Reparatur Säge: Extern oder betriebsintern (Runde 2)
Preispolitik	Ausschreibung Stadt (Runde 3)
Produktions- und Preisfixierung	Preisentscheidung Öko-Zaun (Runde 4 und 5)
Ein- und Mehrproduktbetriebe	Öko-Zaun in Runde 4 das einzige Produkt
Verstehen / Erfahren	
Ökologie vs. Ökonomie	Konfliktär bei Emissionsproblematik und harmonisch bei Öko-Zaun
Oligopolistischer Markt	Direkte Konkurrenz der einzelnen Gruppen
Werbewirkungsmechanismen	Wirkung immer abhängig von Sicht der anderen
Spannungsfeld Loyalität oder Profit	Einmaliger Zusatzauftrag (Runde 2)
Unsicherheit des Marktes	Konkurs von „Help Yourself" (Runde 3)

Lernziel	Realisierbar z. B. durch...
Problemlösen / Entscheidungen umsetzen	
Nutzung möglicher Informationsquellen	Marktprognose vor Entscheidung bzgl. Teilstillegung (Runde 3)
Kämpfen um überlebenswichtige Konditionen	Verhandlungen Öko-Lack (Runde 6)
Kalkulation als Entscheidungsgrundlage	Ausschreibung Stadt (Runde 4) und Preisfixierung Öko-Zaun (Runden 4 und 5)

2. Soziale Lernziele

Lernziel	Realisierbar z. B. durch...
Kommunikation	
Zur Argumentation / Lösungssuche	Entscheidungsfindungen innerhalb der Gruppe in jeder Runde (Produktionsplanung oder Investitionsentscheidungen)
Zur Durchsetzung	Bilaterale Verhandlungen (Runde 6)
Zur Darstellung eigener Leistungen	Präsentation des neuen Produktes (Runde 4)
Zur Konfliktbewältigung	Diskussion mit Anwohnern bezüglich des Filters
	Diskussion bei Konkurs von „Help Yourself" (Runde 3)
Zur allgemeinen Artikulation	Vorstellung der eigenen Strategie (Auswertungsrunde)
	Darstellung von erlebten Problemen (Nachbesprechung einzelner Runden)

Lernziel	Realisierbar z. B. durch...
Soziale Kompetenz	
Toleranz	Von Gruppenentscheidungen gegen eigenen Willen
	Von guten Leistungen anderer Gruppen (Bewertung der Präsentationen in Runde 4)
Solidarität / Corporate Identity	Identifikation mit der eigenen Planspielunternehmung. Jede(r) ist Mitglied einer Gruppe.
Verständnis	Für Probleme anderer (Verhandlungen Runde 6)
Weitsicht	Investitionsentscheidungen Wanne und Filter
Kooperation	
Verantwortungsbereitschaft	Aufgabenteilung innerhalb der Gruppe
Kritikfähigkeit	Innerhalb der Gruppe
	Bei Verhandlungen mit anderen Gruppen (Runde 6) bzw. Rollen des Spiels (personifiziert durch Spielleitung)
Konsensfähigkeit	Entscheidungen in der eigenen Gruppe
	Bei Verhandlungen mit anderen Gruppen (Runde 6) oder Rollen des Spiels (Spielleitung)
Flexibilität	Zusammenarbeit innerhalb der Gruppe mit ev. unbekannten Mitspielern

3. Intrinsische Lernziele

Lernziel	Realisierbar z. B. durch
Aktivität	Übernahme bestimmter Aufgaben innerhalb der Gruppe
Selbstvertrauen	Übernahme bestimmter Aufgaben innerhalb der Gruppe
	Auftreten bei Verhandlungen (Runde 6)
Motivation	Durch „Wille zum Sieg" innerhalb des Spiels
Kreativität	Präsentation (Runde 4)
	Verhandlungsgeschick (Runde 6)
Frustrationskontrolle	Bei Fehlentscheidungen (Produktionsplanung, Preisentscheidungen)
Optimismus	Konkurs von „Help Yourself" (Runde 3)
	Fehlen von Öko-Lack bzw. Kapazitätsverlust (Runde 6)

ii) Organisatorisches

1. Zielgruppe Teilnehmer

Verglichen mit anderen auf dem Markt vertretenen Planspielen stellt Öko geringe Anforderungen an die Vorkenntnisse der Teilnehmer bezüglich betriebswirtschaftlicher Inhalte. Die Konfrontation mit Zahlenmaterial lässt sich auf die in Tab. 5 dargestellte kurzfristige Erfolgsrechnung reduzieren. Andererseits ist der Komplexitätsgrad von Öko im Vergleich zu den anderen in diesem Buch besprochenen BWL Planspielen recht hoch.

Als mögliche Zielgruppen bieten sich daher beispielsweise Schülerinnen und Schüler berufsbildender Schulen oder Wirtschaftsgymnasien an. Auch wäre ein Einsatz in Gruppen, für die BWL als Zusatzqualifikation bzw. Teilschwerpunkt ihrer akademischen Ausbildung gesehen werden kann denkbar. Besonders geeignet scheint uns daher der Einsatz des Planspieles innerhalb der Lehrerausbildung im Fach Wirtschaftslehre.

Bezüglich der außerfachlichen Anforderungen an die Teilnehmer bietet Öko eine exzellente Zusammenstellung von Möglichkeiten, soziale und intrinsische Fähigkeiten zu beobachten und zu schulen.

2. Anforderungen an die Spielleitung

Der persönliche Einsatz der Spielleitung ist bei Öko entscheidend. Vor allem durch die Tatsache, dass die Spielleitung selbst während des Spiels verschiedene Rollen übernimmt, führt dazu, dass die Rolle des reinen Moderators zeitweise verlassen werden muss. Es bedarf eines gewisses schauspielerischen und organisatorischen Talentes, den Spielverlauf in Gang zu bringen bzw. in Gang zu halten. Dabei darf die Stimmung innerhalb der Gruppe nie aus den Augen verloren werden. Entscheidungen müssen häufig spontan und mit einem entsprechenden Durchsetzungsvermögen getroffen werden. Bezüglich der fachlichen Inhalte bietet Öko nach jeder Runde die Möglichkeit zur Auswertung und Vertiefung der jeweiligen Inhalte. Diese Möglichkeit sollte genutzt werden. Es ist Aufgabe der Spielleitung, diese Unterrichtsphasen durchzuführen.

3. Einbettung in den Lehrplan

Die in der Dokumentation von Öko bereits enthaltene vorbereitende Fallstudie macht den Einsatz des Planspieles am Ende einer Lehrplaneinheit sinnvoll. Es ist von der Lehrperson abzuwägen, ob die Darstellung der Fallstudie alleine ausreicht. Bei geringem Vorwissen der Teilnehmer ist es nötig, einzelne Begriffe, wie z. B. Preis, Deckungsbeitrag, Gewinn, innerhalb „herkömmlicher" Unterrichtsmethoden einzuführen. Ist das Vorwissen der Teilnehmerinnen und Teilnehmer bereits höher, so kann das Planspiel auch zu Beginn einer Schulungsmaßnahme, z. B. als „warm-up" zum Themenbereich „Unternehmung", genutzt werden.

iii) Zusammenfassung

Mit Öko steht ein Planspiel zur Verfügung, das vor allem durch die Breite der verfolgbaren Lernziele besticht. So könnte man den Verlauf des Spieles in zwei Abschnitte unterteilen (vgl. Grob, 1992, S. 78). Im ersten Abschnitt (Runde 1 bis 3), stehen rechnerische Aufgaben im Mittelpunkt. Der zweite Abschnitt beschäftigt sich dann hauptsächlich mit qualitativen Problemstellungen, bei denen *„Kreativität, Innovativität, Witz und Formulierungskünste belohnt werden"* (Grob, 1992, S. 79).

Diese Vielfältigkeit des Produktes ist in ein Modell eingebettet, das nahezu zeitlos ist. Dadurch ist das relativ hohe Alter des Modells zu vernachlässigen. Einige nötige Änderungen, wie z. B. eine Umstellung der Währungseinheit auf Euro, sind selbstverständlich zu erwähnen, verhindern aber keineswegs den sinnvollen Einsatz im Unterricht.

Das Planspiel Öko ist über den Gabler Verlag in Speyer zu beziehen

XII. Volkswirtschaftliches Planspiel („VOWIPLAN")

1. Ziele des Programms

Die Behandlung der volkswirtschaftlichen Stabilisierungspolitik wird im Unterricht schnell zu einer theoretisch-abstrakten Angelegenheit. Es bietet sich daher an, auflockernde und motivierende Elemente einzubauen. Das Computer-Planspiel VOWIPLAN könnte dabei eine Hilfe sein. Zum einen werden die wirtschaftspolitischen Entscheidungsträger (z.B. die Bundesbank) personalisiert. Zum andern können die Schülerinnen und Schüler die Auswirkungen ihrer Entscheidungen im programmierten Modell direkt erfahren. Insbesondere die Zielkonflikte werden verdeutlicht, was möglicherweise zu heftigen Diskussionen führt.

Das Programm VOWIPLAN ist beim Wirtschaftslehre-Club als Download erhältlich. Informationen darüber erhalten Sie im Internet unter folgender Adresse:

www.sg-wirtschaft.de

Natürlich sollte das im PC eingebaute Modell nicht mit der Realität gleichgesetzt werden. Es ist im Sinne der Wirtschaftstheorie streng keynesianisch angelegt und berücksichtigt z.B. keine strukturell bedingten Störungen der wirtschaftlichen Entwicklung.

Wie alle Computer-Planspiele ist auch VOWIPLAN nach folgendem Muster aufgebaut.:

- Ein bestimmtes System wird durch eine Anzahl von Größen und durch Beziehungen zwischen diesen Größen mathematisch erfasst und als Computer-Programm gespeichert.
- Die Spielerinnen und Spieler kennen einige oder auch alle Größen und werden über wesentliche Zusammenhänge informiert. Das Erreichen von Zielwerten, wonach sich der „Erfolg" der Steuerung des Systems bestimmt, wird entweder vorgegeben oder mit den Teilnehmern vereinbart.
- Danach treffen die Spieler Entscheidungen über bestimmte Größen, z.B. über die Höhe der Staatsausgaben oder den Zinssatz oder den Wechselkurs.
- Das Programm errechnet die Auswirkungen dieser Entscheidungen auf die vorgegebenen Zielgrößen, in VOWIPLAN z.B. auf die Arbeitslosenquote, die Inflationsrate oder den Außenbeitrag.

- Die Spielerinnen und Spieler analysieren die Resultate, diskutieren sie mit den anderen Teilnehmern und der Spielleitung, treffen daraufhin neue Entscheidungen, erhalten wiederum die Ergebnisse usw.

Der **praktische Einsatz** des Planspiels sollte möglichst am Ende einer Lehrplaneinheit erfolgen. Auf jeden Fall aber erst nachdem die wesentlichen Probleme und Entscheidungsgrößen mit den Schülerinnen und Schülern im Unterricht besprochen worden sind.

Wichtig wäre auch der Hinweis darauf, dass in VOWIPLAN nur die Ziele des Stabilitätsgesetzes berücksichtigt werden. Vor allem Einkommensverteilung und Umwelt werden *nicht* berücksichtigt.

2. Ablauf des Spiels

Die Spielleitung bildet zunächst die fünf Gruppen:
- Gewerkschaften / Arbeitnehmerinnen und Arbeitnehmer
- Unternehmen
- Bundesbank
- Haushaltsausschuss des Staats
- Finanzausschuss des Staats

Jede Gruppe **informiert** sich anhand des entsprechenden Info-Blatts *(siehe unten)*. Eventuell kann die Spielleitung weitere Erläuterungen geben. Einerseits sollte die Spielleitung nicht zuviel an fachlichen Zusammenhängen vorwegnehmen, andererseits müssen aber die Spielgruppen entscheidungsfähig sein. Für die einführende Information und die erste Entscheidung sollte die Spielleitung eine bestimmte Zeit vorgeben, z.B. 15 bis 20 Minuten, danach könnten sie alle Entscheidungsblätter einsammeln, damit die Gruppen gleich behandelt werden.

Nun beginnen die Verhandlungen zwischen den Gruppen, wofür man eine kleine Szene aufbauen könnte. Folgende Verhandlungen sind durchzuführen:

(1) Gewerkschaften/Arbeitnehmer mit den Unternehmen über die Lohnveränderung

Gibt es keine Einigung, so setzt die Spielleitung einen Wert zwischen den Angeboten fest.

(2) Gewerkschaften/Arbeitnehmer mit dem Finanzausschuss über den Beitragssatz der Sozialversicherung

Gibt es keine Einigung, so entscheidet wiederum die Spielleitung über den Wert.

Nun kann die Spielleitung das Programm unter DOS starten, indem der Name

vowiplan

eingegeben wird. Nach Aufforderung des Programms werden die Entscheidungen eingegeben. Das Programm prüft den Sinn der Eingaben. Zu hohe Werte müssen reduziert und zu niedere Werte müssen erhöht werden.

Sind alle Entscheidungen eingegeben, rechnet das Programm die Auswirkungen durch und druckt das Ergebnis für jede der fünf Gruppen und die Spielleitung aus.

Das ausgedruckte Ergebnis sollte nun mit den Gruppen besprochen werden. Möglich wäre auch, dass die einzelnen Gruppen ihre Entscheidungen im Plenum begründen.

Zu erläutern wäre ferner, in welcher Weise der Erfolg für die einzelnen Gruppen vom Programm definiert wurde. Hierzu könnten den Gruppen auch die unten beigefügten Informationen ausgehändigt werden. Auf jeden Fall sollten die Spielgruppen den eigenen Erfolg vom Ausdruck des Programms auf ihr eigenes Info-Blatt übertragen.

Schließlich könnte die Spielleitung auch den vom Programm ausgedruckten **volkswirtschaftlichen Erfolg** erläutern, der wie folgt definiert ist:

$$\begin{aligned} & \text{Konsumausgaben} \\ + & \text{ Investitionsausgaben} \\ + & \text{ Staatsausgaben} \end{aligned}$$

Damit ist der „Erfolg" der Stabilisierungspolitik, gemessen in Gütern und Diensten, erfasst.

Dieser Erfolgt wird nun um folgende Abweichungen von einer stabilen Entwicklung reduziert. Besonders wichtige Größen werden sogar quadriert:

- Arbeitslosenquote^2
- Inflationsrate^2
- 2 * Haushaltssaldo
- Außenbeitrag^2

Der so definierte Indikator wird groß, wenn Konsum, Investitionen und Staatsausgaben zunehmen und gleichzeitig Arbeitslosenquote, Inflationsrate, Haushaltssaldo und Außenbeitrag möglichst klein bleiben.

Schließlich könnte die Spielleitung noch auf einige Wirkungsmechanismen eingehen, was im einzelnen eine Frage der verfügbaren Zeit ist.

Danach sind die weiteren Runden bis zur letzten Runde 6 zu wiederholen.

Auf den folgenden Seiten wird der Ausdruck des Programms nach den Entscheidungen der ersten Runde gezeigt. Man sieht z.B., dass die Vertreterinnen und Vertreter der Bundesbank mit einem Erfolg von 4 (Maximum 10) nicht besonders gut abgeschnitten haben. Sie haben den Diskontsatz auf 9.0% gesenkt, ebenfalls den Wechselkurs auf 2.0 reduziert.

Der Erfolg für die Bundesbank ist eine Inflationsrate von 4.3% sowie ein Außenbeitrag von 2905 Mill. Beide Ergebnisse sind ziemlich große Abweichungen vom gewünschten Wert. Als Gesamterfolg wird ebenfalls der Wert 4 angezeigt, weil es im ersten Jahr noch nichts zu addieren gibt.

Ganz unten wird als gesamtwirtschaftlicher Erfolg der Wert 153.5 angezeigt. Diese Größe ist recht gut. Er ergibt sich daraus, dass andere Gruppen ihre Ziele weit besser erreicht haben. Dies gilt z.B. für die Unternehmen mit einem Erfolg von 8.

Beispiel für den Ausdruck nach den Entscheidungen der ersten Runde:

ERGEBNISSE	Runde 1
Bundesbank	
Entscheidungsgrößen:	
- Diskontsatz	9.0
- Wechselkurs	2.0
Erfolgsgrößen:	
- Inflationsrate (%)	4.3
- Außenbeitrag (Mill.)	2905
Erfolg des Jahres	4
Gesamterfolg	4

Gewerkschaften	
Entscheidungsgrößen:	
- Lohnveränderung	1.0
- Sozialversicherungsbeitrag	22.0
Erfolgsgrößen:	
- Arbeitslosenquote (%)	3.3
- Konsumausgaben	135927
Erfolgs des Jahres	6
Gesamterfolg	6

Haushaltsausschuss	
Entscheidungsgrößen:	
- Staatsverbrauch	55.0
- staatl. Investitionen	13.0
Finanzausschuss	
- Satz der Mehrwertsteuer	15.0
- Satz der Einkommensteuer	33.0
Erfolgsgrößen	
- Wirtschaftswachstum	2.0
- Saldo des Haushalts	- 6991
Erfolg des Jahres	4
Gesamterfolg	4

Unternehmen	
Entscheidungsgrößen	
- Lohnveränderung	1.0
- Investitionsförderung	5.0
Erfolgsgrößen:	
- Gewinnänderung	839
- Arbeitslosenquote	3.3
Erfolg im Jahr	8
Gesamterfolg	8

Volkswirtschaftlicher Erfolg	153.5

3. Erläuterung zur Messung des Erfolgs

Der Erfolg wird für jede einzelne Gruppe berechnet, lediglich Finanzausschuss und Haushaltsausschuss des Staats haben die gleichen Werte. Im folgenden wird für die einzelnen Gruppen der Erfolg definiert. Selbstverständlich kann man hierbei unterschiedlicher Meinung sein. Die Spielleitung kann leicht (evtl. mit Hilfe eines Rechenblatts) den Erfolg anders definieren.

a) Erfolg der Bundesbank

Erfolgsgröße **Inflationsrate**:

Inflationsrate in %	Punkte
Unter 1	5
1 bis unter 2	4
2 bis unter 3	3
3 bis unter 4	2
4 bis unter 5	1
5 und mehr	0

Erfolgsgröße **Außenbeitrag** (plus oder minus):

Außenbeitrag	Punkte
Unter 1000	5
1000 bis unter 2000	4
2000 bis unter 3000	3
3000 bis unter 4000	2
4000 bis unter 5000	1
5000 und mehr	0

b) Erfolg der Gewerkschaften

Erfolgsgröße **Arbeitslosenquote**:

Arbeitslosenquote in %	Punkte
Unter 1	7
1 bis unter 2	6
2 bis unter 3	5
3 bis unter 4	4
4 bis unter 5	3
5 bis unter 6	2
6 bis unter 7	1
7 und mehr	0

Erfolgsgröße **Konsumausgaben**:

Konsumausgaben	Punkte
Unter 130000	0
130000 bis unter 135000	1
135000 bis unter 140000	2
140000 und mehr	3

c) Erfolg für die Vertreterinnen des Finanzausschusses

Erfolgsgröße **Wirtschaftswachstum**:

Wirtschaftswachstum in %	Punkte
2 bis unter 3	5
1 bis unter 2	4
3 bis unter 4	4
0 bis unter 1	3
4 bis unter 5	3
Unter 0	0
5 und mehr	0

Erfolgsgröße **Haushaltssaldo** (positiv oder negativ):

Haushaltssaldo	Punkte
+- unter 1000	5
+- 1000 bis unter 2000	4
+- 2000 bis unter 3000	3
+- 3000 bis unter 4000	2
+- 4000 bis unter 5000	1
+- 5000 und mehr	0

d) Erfolg für die Vertreterinnen des Haushaltsausschusses

Erfolgsgröße **Wirtschaftswachstum**:

Wirtschaftswachstum in %	Punkte
2 bis unter 3	5
1 bis unter 2	4
3 bis unter 4	4
0 bis unter 1	3
4 bis unter 5	3
Unter 0	0
5 und mehr	0

Erfolgsgröße **Haushaltssaldo** (positiv oder negativ):

Haushaltssaldo	Punkte
+- unter 1000	5
+- 1000 bis unter 2000	4
+- 2000 bis unter 3000	3
+- 3000 bis unter 4000	2
+- 4000 bis unter 5000	1
+- 5000 und mehr	0

e) Erfolg für die Vertreterinnen und Vertreter der Unternehmen

Erfolgsgröße **Gewinnzunahme**:

Gewinnzunahme	Punkte
Unter 0	0
0 bis unter 100	1
100 bis unter 200	2
200 bis unter 300	3
300 bis unter 400	4
400 bis unter 500	5
500 bis unter 600	6
600 bis unter 700	7
700 und mehr	8

Erfolgsgröße **Arbeitslosenquote**:

Arbeitslosenquote in %	Punkte
Unter 1	2
1 bis unter 3	1
3 und mehr	0

4. Technische Bemerkungen

VOWIPLAN ist bezüglich der Anforderungen an die Hardware sehr wenig anspruchsvoll: Es läuft auf jedem PC mit DOS bzw. bei Windows unter der DOS-Eingabeaufforderung. Praktisch bedeutet das, dass man einen alten 486er PC ins Klassenzimmer nehmen und das Programm auch direkt von der Diskette starten kann.

Unbedingt erforderlich ist jedoch ein Drucker, weil jede Gruppe ein Ergebnisblatt erhalten soll. Auch dabei arbeitet das Programm mit jedem Drucker, sei es ein Nadel-, Tintenstrahl- oder Laserdrucker. Allerdings kann bei manchen Druckern ein Problem auftreten: Die interne Standardschrift des Druckers muss nichtproportional sein. z.B. funktioniert alles mit der Schrift Sans Serif gut.

Ist das nicht der Fall, dann wird die formale Ausrichtung der Drucke nicht korrekt dargestellt, aber die Ergebnisse selbst werden natürlich richtig ausgegeben.

5. Informationen und Material für die Spielerinnen und Spieler

Auf den folgenden Seiten werden die Schülerinnen und Schüler über die wichtigsten Aspekte bei ihren Entscheidungen informiert. Jede Gruppe muss mindestens ein Blatt erhalten. Besser wären mehrere Kopien zum Lesen der Informationen.

Es soll lediglich eine Erinnerung sein, keineswegs ein Ersatz für den notwendigen Unterricht zur Erarbeitung der Themen.

Die Kopiererlaubnis für die folgenden Seiten zu Unterrichtszwecken wird hiermit erteilt.

Weiter wird die Spielleitung gebeten, bei der Eingabe der Entscheidungen folgendes zu beachten:

Die einzelnen Entscheidungen werden vom Programm überprüft. Wird z.B. der Satz der Mehrwertsteuer von 14% auf 20% erhöht, so weist das Programm diese Eingabe zurück und fordert auf einen niedrigeren Wert einzugeben. Dies wiederholt sich im Zweifelsfall so lange, bis der Wert klein genug ist.

In seltenen Fällen kann bei der Eingabe folgendes vorkommen:

Die Eingaben sind jeweils für sich genommen vertretbar und werden vom Programm nicht beanstandet. In der Summe verfolgen jedoch alle Gruppen (mehr oder zufällig) eine Politik der Nachfrage-Überhitzung, d. h. die Volkswirtschaft wird zu stark stimuliert.

Diese übergroße Belastung der Volkswirtschaft wird vom Programm nicht akzeptiert und angemahnt. Die Spielleitung sollte dies den Gruppen mitteilen und sie auffordern ihre Entscheidungen so zu verändern, dass die Nachfragesteigerung geringer wird.

VOWIPLAN - Info für die Vertreterinnen und Vertreter des Haushaltsausschusses

Ihr seid für die Entscheidungen des Staats bei den Ausgaben zuständig.

Dabei geht es erstens um Entscheidungen beim **Staatsverbrauch**. Ihr entscheidet über staatliche Ausgaben für Güter und Dienste, was man auch Staatsverbrauch nennt. Eine Erhöhung wirkt günstig auf das Wirtschaftswachstum. Positiv wirken höhere Staatsausgaben auch auf die Beschäftigung.

Andererseits sind mit dem höheren Staatsverbrauch auch ungünstige Effekte verbunden. In der Tendenz erhöht der Staatsverbrauch die Inflationsrate. Ferner erhöht sich auch das staatliche Defizit.

Wenn ihr bei diesen Ausgaben sparen wollt, müsst ihr dennoch einen bestimmten Mindestbetrag beachten, weil mit zu kleinen Beträgen keine Regierung verantwortungsvoll arbeiten kann.

Bisher betrugen die Ausgaben dafür **48 Mrd**.

Ferner entscheidet ihr über die **staatlichen Investitionen**, z.B. für Straßen, Krankenhäuser oder Schulen. Auch dadurch wird das Wachstum angeregt und die Beschäftigung verbessert. Als Besonderheit ist hier zu beachten, dass die gesamtwirtschaftliche Nachfrage mehr ansteigt als die Ausgaben betragen, weil diese Investitionen mehrere Bereiche berühren.

Im ersten Jahr wurden dafür **12 Mrd**. ausgegeben.

Schließlich müsst ihr auch beachten, dass die Staatsausgaben nicht zu stark schwanken dürfen. Dies wäre politisch nicht durchzusetzen und außerdem eine zu starke Belastung für die Volkswirtschaft.

Euer Erfolg wird daran gemessen, dass das Wirtschaftswachstum zwei bis drei Prozent beträgt. Sowohl ein zu großes als auch ein zu geringes Wachstum wirkt sich schlecht auf euren Erfolg aus.

Außerdem darf der Haushaltssaldo nicht zu groß sein. Ihr sollt also kein großes Defizit bewirken, aber auch keine Überschüsse anhäufen. Letzteres würde ja bedeuten, dass der Volkswirtschaft unnötig Mittel entzogen werden.

Für jede Runde tragt ihr zuerst eure Entscheidungen in das Blatt ein. Danach tragt ihr euer Ergebnis, den Erfolg und den Gesamterfolg der bisherigen Runden ein.

VOWIPLAN - Entscheidungs- und Ergebnisblatt für den *Haushaltsausschuss*

Runde	1	2	3	4	5	6
Staatsverbrauch						
Staatliche Investitionen						
Wirtschaftswachstum						
Haushaltssaldo						
Erfolg je Runde						
Gesamterfolg						

VOWIPLAN - Info für die Vertreterinnen und Vertreter des Finanzausschusses

Ihr entscheidet über die **staatlichen Einnahmen**:

Die Einnahmen werden erstens durch den durchschnittlichen **Satz der Einkommensteuer** bestimmt. Mit diesem Satz werden alle Einkommen besteuert, d. h. es handelt sich um die wichtigste Steuer. Erhöhungen dieser Steuer bedeuten daher eine starke Belastung der Volkswirtschaft. Umgekehrt bedeuten Senkungen dieser Steuer erhebliche finanzielle Ausfälle für den Staat. Der Satz der Einkommensteuer darf daher nur in kleinen Schritten erhöht oder vermindert werden.

Im ersten Jahr betrug der Satz der Einkommensteuer **28%**.

Die zweite wichtige Steuer ist die **Mehrwertsteuer**. Sie wird auf alle Umsätze von Gütern und Diensten erhoben. Veränderungen beim Satz der Mehrwertsteuer dienen weniger dem Ausgleich gesamtwirtschaftlicher Schwankungen als der Finanzierung der öffentlichen Haushalte. Allerdings verringern Erhöhungen des Satzes der Mehrwertsteuer das verfügbare Einkommen, so dass die gesamtwirtschaftliche Nachfrage abnimmt.

Im ersten Jahr betrug die Mehrwertsteuer **14%**. Der Satz muss mindestens 2% und darf höchstens 24% betragen.

Drittens müsst ihr euch mit den Gewerkschaften über den **Beitragssatz zur Sozialversicherung** einigen. Praktisch heißt das, dass ihr einen vorläufigen Satz festlegt, und dann mit den Gewerkschaften verhandelt. Diese werden für ihre Mitglieder einen niedrigen Satz wollen, aber dann steigt das staatliche Defizit, für das ihr verantwortlich seid.

Im ersten Jahr betrug dieser Satz **21%**.

Kommt keine Einigung zwischen euch zustande, dann entscheidet die Spielleitung als Schlichter.

Tendenziell werden durch Steuersenkungen die Arbeitslosenquote und das Wirtschaftswachstum günstig beeinflusst. Die Wirkung auf den Haushaltssaldo hängt von der Stärke der Reaktionen ab.

Euer Erfolg wird daran gemessen, dass das Wirtschaftswachstum zwei bis drei Prozent beträgt. Ein größeres (z.B. 5%) wie auch ein kleineres Wachstum (z.B. 1%) verringert euren Erfolg

Allerdings darf der Haushaltssaldo auch nicht zu groß sein; denn das würde zu Abzügen beim Erfolg führen.

VOWIPLAN - Entscheidungs- und Ergebnisblatt für den *Finanzausschuss*

Runde	1	2	3	4	5	6
Einkommensteuer						
Mehrwertsteuer						
Sozialversicherungsbeitrag						
Haushaltssaldo						
Erfolg je Runde						
Gesamterfolg						

VOWIPLAN - Info für die Vertreterinnen und Vertreter der Bundesbank

Ihr entscheidet zuerst über den **Diskontsatz**, der pro Jahr um maximal drei Punkte nach oben oder unten verändert werden kann. Er beträgt zu Beginn des Planspiels **11%**.

Der Diskontsatz wirkt unmittelbar auf die privaten Investitionen, indirekt jedoch auf weitere volkswirtschaftliche Größen. Im allgemeinen gilt, dass ein niedriger Diskontsatz und daher allgemein niedrige Zinsen die gesamtwirtschaftliche Nachfrage anregt und damit die Beschäftigung fördert.

Andererseits kann durch diese Anregungen auch wiederum die Inflationsrate in der Volkswirtschaft zunehmen.

Zweitens entscheidet ihr über den **Wechselkurs** als Maß des Werts der heimischen Währung. Zu Beginn des Spiels wird ein Wert von **2.2** angenommen. Es handelt sich insofern um einen theoretischen Wert als ein Durchschnitt gegenüber bestimmten ausländischen Währungen zugrundegelegt wird.

Liegt er z.B. bei 2, dann entsprechen 1000 DM dem Wert von 2000 ausländischen Devisen. Wird er auf 2.5 erhöht, dann sind 1000 DM entsprechend 2500 Devisen. Folglich ist die DM teurer für die Ausländer, so dass tendenziell die Exporte fallen und die Importe zunehmen werden.

Umgekehrt sind entsprechend die Wirkungen bei einer Abwertung der inländischen Währung, z.B. auf den Wert von 2.0.

Im Planspiel kann der Wechselkurs von einer Periode zur andern verändert, jedoch maximal nur um einen Wert von 0,3 erhöht oder reduziert werden. Sowohl wegen der betroffenen Unternehmen als auch wegen der internationalen Zusammenarbeit sind größere Sprünge beim Wechselkurs nicht vertretbar.

Euer Ziel ist erstens die **Stabilität des Preisniveaus,** d. h. die Inflationsrate soll weniger als 1% betragen. Dies ist nach dem Bundesbankgesetz das wichtigste Ziel der Bundesbank und erhält auch bei der Berechnung eures Erfolgs in VOWPLAN das größte Gewicht.

Das zweite Ziel der Bundesbank ist ein geringer **Außenbeitrag**. Mit dieser Zielgröße erfolgt eine erhebliche Vereinfachung. Das Ziel wird nämlich lediglich durch den Unterschied zwischen Exporten und Importen, den sog. Außenbeitrag, erfasst. Der Außenbeitrag sollte also möglichst klein. Die eigene Volkswirtschaft soll nicht zu viel Importe, aber auch nicht zu viel Exporte durchführen.

VOWIPLAN - Entscheidungen und Ergebnisse der *Bundesbank*

Runde	1	2	3	4	5	6
Diskontsatz						
Wechselkurs						
Inflationsrate						
Außenbeitrag						
Erfolg je Runde						
Gesamterfolg						

VOWIPLAN - Info für die Vertreterinnen und Vertreter der Gewerkschaften / Arbeitnehmer

Ihr entscheidet über die **Veränderung der Löhne** in der Volkswirtschaft. Allerdings macht ihr das nicht allein sondern in **Verhandlungen** mit den Vertreterinnen der Unternehmen. Diese Lohnveränderung bezieht sich auf den Durchschnitt aller Löhne in der Volkswirtschaft.

Wichtig ist bei den Veränderungen der Löhne, dass dadurch die Konsumausgaben und die Steuereinnahmen des Staats berührt werden.

Zu beachten sind auch Auswirkungen auf die Inflationsrate, wobei allerdings zeitliche Verzögerungen auftreten können

Die meisten von euch kennen die Schwierigkeiten solcher Verhandlungen aus Zeitungsmeldungen oder anderen Medien. Es kommt oft vor, dass sich Unternehmen und Gewerkschaften nicht einigen können. Dann kommt es zu einer Schlichtung oder zum Streik.

Im Planspiel VOWIPLAN wird so verfahren, dass im Streitfall die Spielleitung die Rolle der Schlichtung übernimmt.

Lohnerhöhungen bedeuten zum einen Erhöhungen der gesamtwirtschaftlichen Kosten und damit ungünstige Einflüsse auf das Angebot und das Wirtschaftswachstum.

Allerdings kann diese Wirkung wieder durch Verbesserungen in der Produktion, also durch höhere Produktivität, ausgeglichen werden.

Zum andern bedeuten Erhöhungen der Lohnsätze auch höhere Einkommen der Arbeitnehmerinnen und Arbeitnehmer mit positiven Wirkungen auf die volkswirtschaftliche Nachfrage. Allerdings sind dabei auch Sickereffekte zu beachten, welche die volkswirtschaftliche Nachfrage vermindern. So können Lohnerhöhungen zu vermehrtem Sparen der Haushalte führen oder die Haushalte verwenden das zusätzliche Einkommen für größere Ausgaben im Ausland.

Ferner müsst ihr **Verhandlungen mit dem Staat** führen, um den **Beitrag zur Sozialversicherung** festzulegen. Der Beitrag darf nicht zu hoch sein, weil er die privaten Haushalte belastet. Andererseits will der Staat evtl. einen höheren Beitrag, um das staatliche Defizit zu vermindern.

Der Satz muss mindestens 10% betragen, um den Staat nicht zu sehr zu belasten. Anderseits darf er aus der Sicht der Bevölkerung nicht höher als auf 35% ansteigen.

Im ersten Jahr betrug der Beitragssatz **21%**.

VOWIPLAN - Entscheidungen und Ergebnisse für die *Gewerkschaften / Arbeitnehmer*

Runde	1	2	3	4	5	6
Lohnerhöhung						
Sozialversicherungsbeitrag						
Konsumausgaben						
Arbeitslosenquote						
Erfolg je Runde						
Gesamterfolg						

VOWIPLAN - Info für die Vertreterinnen und Vertreter der Unternehmen

Ihr seid zuständig für die Entscheidungen der Unternehmen in diesem Planspiel.

Dabei geht es zunächst um den **Prozentsatz der Lohnerhöhung**. Die Lohnerhöhung könnt ihr allerdings nur vorläufig festlegen. Danach müsst ihr euch mit den Gewerkschaften einigen.

Ihr wisst, dass dabei Konflikte unvermeidlich sind, weil die Löhne für die Unternehmen Kosten darstellen und gleichzeitig sind die Löhne das wichtigste Einkommen der Arbeitnehmer.

Im Zweifelsfall entscheidet der Schlichter, d.h. bei diesem Planspiel, dass die Spielleitung den Wert festlegt.

Die Haltung der Unternehmen gegenüber Lohnerhöhungen ist im wesentlichen so, dass diese Lohnerhöhungen möglichst klein sein sollen. Andererseits wollen die Unternehmen ihre Produkte auch an die Haushalte verkaufen. Daher ist ein Minimum an Lohnerhöhungen auch in ihrem Interesse.

Ferner müsst ihr euch in eurer Gruppe über die Höhe der **zusätzlichen Investitionen** einigen.

Sie sind günstig für das Wirtschaftswachstum in der laufenden Runde. Außerdem wird dadurch der Bestand an Kapital erhöht, sodass auch für die weiteren Runden ein positiver Effekt erzielt wird.

Ihr könnt als Betrag 0 festlegen, aber auch bis auf 5 Mrd. hochgehen. Größere Werte nimmt das Programm nicht an. Normalerweise steigt mit den Investitionen der Gewinn und auch das Wirtschaftswachstum wird günstig beeinflusst.

Dies ist deshalb wichtig, weil in VOWIPLAN die Arbeitslosenquote von eurem Erfolg abgezogen wird. Positiv auf euren Erfolg wirken natürlich die Gewinnveränderungen.

Im letzten Jahr wurden keine zusätzlichen Investitionen durchgeführt.

VOWIPLAN - Entscheidungen und Ergebnisse der *Unternehmen*

Runde	1	2	3	4	5	6
Lohnerhöhungen						
Zusätzliche Investitionen						
Gewinnänderung						
Arbeitslosenquote						
Erfolg je Runde						
Gesamterfolg						

XIII. Ökonomisch-ökologisches Planspiel

1. FANG98

a) Ziele des Spiels

FANG98 ist ein Spiel zum Konflikt zwischen Ökonomie und Ökologie. Es ist eine Adaption der Ausarbeitung des Psychologen H. Sparda.

Fang98 läuft unter DOS und ist als Download beim Wirtschaftslehre-Club erhältlich. Infos dazu findet man bei der Adresse:

www.sg-wirtschaft.de

Durch dieses Spiel sollen die Schülerinnen und Schüler erfahren, dass bei Ressourcen, die sich erneuern, eine sorgsame Nutzung erforderlich. Der hier angesprochene Bereich ist sehr weit und erstreckt sich von Fischen, wildlebenden Tieren und Pflanzen bis zum Wald.

Das Erleben dieses Konflikts ist in einem Spiel weitaus einprägsamer als ein nur theoretischer und mediengestützter Unterricht.

Auch der Konflikt zwischen dem Streben nach eigenem Gewinn oder Nutzen und dem „richtigen" Verhalten soll fühlbar erlebt werden.

Daher wird auch mit echten Geldbeträgen gearbeitet, die entweder aus der Klassenkasse stammen oder als „Verbrauchsmaterial" zu behandeln sind. Auch Sparda arbeitete bei seinen Tests mit Geldbeträgen, weil sonst der wirkliche Anreiz fehlt. Andere Prämien sind natürlich auch möglich, aber es muss unbedingt ein starker Anreiz vorhanden sein.

Schließlich sollen die Schülerinnen und Schüler feststellen, dass nur durch Kooperation zwischen den Teilnehmern und Beschränkungen des Fischfangs das Fischen in diesem Spiel dauerhaft und mit Gewinn für alle möglich ist.

Das Spiel FANG98 ist zwar einfach strukturiert, aber es kommt den zentralen Aspekten bestimmter Umweltprobleme recht nahe:

Den Nutzen aus umweltschädlichem Verhalten hat der einzelne **sofort und allein**.

In unserem Beispiel zeigt sich der Nutzen durch hohen Gewinn beim Fischen. Beispiele aus anderen Bereichen wären die Kostenersparnis durch Gewässerverschmutzung statt Säuberung des Abwassers oder Bequemlichkeit und Zeitersparnis durch die Benutzung des Autos.

Der **Schaden** aus diesem Verhalten **tritt erst später auf und trifft alle** Beteiligte, auch wenn sie sich selbst im Sinne der Umwelt vernünftig verhalten haben.

In Programm FANG98 zeigt sich der Schaden durch das Aussterben der Fische. In anderen Bereichen wären schmutzige Flüsse oder Luftverschmutzung zu erwähnen.

b) Ablauf des Spiels

An einem großen See gibt es sechs Fischerfamilien, die vom Fischfang leben.

Die Schülerinnen und Schüler bilden daher sechs Gruppen, die folgende Namen erhalten:

- Chaos-Fischer
- Best-Fischer
- Alles-Fischer
- Dauer-Fischer
- Erst-Fischer
- Früh-Fischer

Danach erhält jede Gruppe das Arbeitsblatt „*Informationen für Fischerinnen und Fischer*" (siehe unten). Dies sollte gemeinsam gelesen und evtl. bei Verständnisproblemen besprochen werden.

Anschließend erhalten die Gruppen das *Entscheidungsblatt* (s. u.), in das sie zunächst ihren Namen eintragen. Außerdem gibt die Spielleitung bekannt, dass der Anfangsbestand an Fischen im ersten Monat 140 beträgt.

Die Schülerinnen und Schüler sollen diesen Wert in das Entscheidungsblatt eintragen und danach beraten, wie viele Tonnen sie im ersten Monat fangen wollen. Hierbei darf es keinen Kontakt zwischen den Gruppen geben.

Während einer vorher vereinbarten Zeit (fünf bis zehn Minuten) wartet die Spielleitung nun auf die Entscheidungen der Gruppen. Inzwischen kann sie das Programm FANG98 unter dem Betriebssystem DOS starten. Das Programm ist ganz einfach aufgebaut, sodass es auf jedem PC läuft. Nach Ablauf der Zeit für die Entscheidung sammelt die Spielleitung die Blätter ein und tippt die Entscheidungen nach folgendem Muster des Bildschirms ein:

Monat 1 - Geplante Fangmengen	
Alles-Fischer	11
Best-Fischer	10
Chaos-Fischer	9
Dauer-Fischer	8
Erst-Fischer	7
Früh-Fischer	11
Sind alle Eingaben in Ordnung? (j/n)	

Wird die Frage verneint, d. h. es hat bei der Eingabe Fehler gegeben, dann ist die gesamte Eingabe zu wiederholen.

Bei Bestätigung der Eingaben mit j <ENTER> druckt das Programm das Ergebnis der Entscheidungen nach folgendem Muster aus. Hier und im folgenden werden nur drei Gruppen gezeigt, aber die anderen sind am Ergebnis mit gleichen Entscheidungen auch beteiligt:

Monat	Anfangs-bestand	Alles-Fischer	Best-Fischer	Früh-Fischer	Gesamt-fang	Rest + Jungfische
1	140	11	11	11	66	100
Summe		11	11	11	66	

Die Spielleitung kann nun den Gruppen den tatsächlichen Fang mitteilen. Die Schülerinnen und Schüler tragen in das Entscheidungsblatt das Einkommen für diesen Monat ein und auch den Betrag, der von der Spielleitung ausgezahlt wird.

Das **Einkommen** ergibt sich aus der Zahl der Tonnen, multipliziert mit 1000. Der **Betrag** beträgt **5 Pfennig je Tonne**.

Die letzte Spalte ist eine Information für die Spielleitung. Sie ist so zu verstehen, dass das Programm auf Grund der Fänge aller Gruppen zunächst die verbleibenden Fische berechnet. Auf der Basis dieses Rests werden die Jungfische errechnet. Rest und Jungfische zusammen ergeben den neuen Anfangsbestand in der folgenden Runde.

Damit ist die erste Runde beendet. Die Spielleitung kann nun auf verschiedene Weise die Ergebnisse auswerten:
- Der Fang aller Gruppen wird an die Tafel geschrieben.
- Der erzielte Ertrag aller Gruppen wird an die Tafel geschrieben.
- Anfangsbestand und neuer Bestand werden hinzugefügt.

Monat	Anfangs-bestand	Alles-Fischer	Best-Fischer	Früh-Fischer	neuer Bestand
1	142	9	7	6	128

Die Spielleitung kann nun eine kurze Auswertung vornehmen. Insbesondere könnten sich dabei die Gruppen zu dem Verhalten der anderen äußern.

Zu Beginn der nächsten Runde gibt die Spielleitung den Anfangsbestand des Monats 2 bekannt. Danach wiederholen sich die vorher geschilderten Abläufe.

Folgendes Beispiel zeigt den Ausdruck „unvernünftiger" Fischerinnen und Fischer nach der dritten Runde:

Monat	Anfangs-bestand	Alles-Fischer	Best-Fischer	Früh-Fischer	Gesamt-fang	Rest + Jungfische
1	140	11	11	11	66	100
2	100	11	11	11	66	38
3	38	11	11	0	38	0
Summe		33	33	22	170	

Im dritten Monat sind die Fischbestände erschöpft. Dabei können drei Gruppen ihre Fangpläne von jeweils 11 noch realisieren. Die Gruppe *Dauer-Fischer* (nicht abgebildet) bekommt noch fünf Tonnen, die restlichen (z.B. die *Früh-Fischer*) gehen jedoch leer aus.

Bei der bisherigen Arbeit mit diesem Spiel war es immer so, dass schon nach wenigen Monaten der Fischbestand Null betragen hat. Die Fischer haben also ihre Lebensgrundlage zerstört. Hätten sie sich vernünftig verhalten, dann könnten sie unbeschränkt lange fischen und gute Einnahmen erzielen.

Vernünftig heißt nach der Spielanlage von FANG98, dass jede Gruppe nur einen Fang von **sieben** Tonnen plant. Dann wäre der Gesamtfang 42 und dies ergibt einen neuen Bestand von 142. Mit diesen Werten könnte das Spiel bis zum zehnten Monat und länger fortgesetzt werden. Der Erlös betrüge unbeschränkt lange DM 7000,- im Monat, und der Gewinn wäre 4000,- DM.

Das Herausfinden dieses „vernünftigen" Verhaltens kann auf verschiedene Weise erfolgen:

Der **erste Weg** wäre ein Experimentieren mit dem Spiel. Durch mehrfaches Spielen könnten die Schülerinnen und Schüler herausfinden, bei welchen Fangquoten der Fischbestand nicht sinkt.

Der **zweite Weg** könnte darauf abstellen, dass ein bestimmtes Verhältnis zwischen Altfischen und Jungfischen besteht. Es muss so sein, dass der neue Bestand wieder etwa 140 beträgt.

Drittens schließlich könnte man beide Aspekte verbinden, um das richtige Verhalten zu finden.

Zum Abschluss könnten die Schülerinnen und Schüler andere Beispiele herausarbeiten, bei denen es darauf ankommt, durch eingeschränkte Nutzung die Umwelt dauerhaft zu erhalten.

Nachfolgend zeigen wir Info-Blätter, Ergebnisse und Berichte für die Schülerinnen und Schüler sowie die Spielleitung. Diese dürfen für Unterrichtszwecke kopiert werden.

Entscheidungsblatt der FANG98 Gruppe				
Name				
Monat	Anfangs-bestand an Fischen	geplanter Fang in Tonnen	Einkommen	Betrag = Tonnen mal 5 Pfennig
1				
2				
3				
4				
5				
6				
7				
8				
9				
10				
11				

FANG98 - Informationen für Fischerinnen und Fischer

Ihr seid eine Fischerfamilie, die schon seit langer Zeit an einem großen See vom Fischfang lebt.

Der See hat einen Fischbestand von etwa 140 Tonnen. Der bisherige Fischfang hat dem Bestand nicht geschadet, weil sich durch die Jungfische die Abgänge immer ausgeglichen haben.

Leider seid ihr beim Fischen nicht allein. Es gibt inzwischen noch fünf andere Familien, die sich ebenfalls durch die Fänge aus dem See ernähren wollen.

Ihr habt gehört, dass einige der Familien den Fischfang ziemlich aggressiv betreiben und ihre Fänge ausdehnen wollen.

Pro Tonne Fisch könnt ihr einen Erlös von DM 1000,- erzielen. Bei sieben Tonnen wären das DM 7000,-. Allerdings gehen davon noch eure Kosten für das Boot usw. ab, und zwar sind das pro Monat 3000 DM.

Seid nun kluge Fischer, damit ihr möglichst lange, d. h. dauerhaft, aus den Erträgen des Sees leben könnt.

2. FISCHDRU

a) Ziele des Programms

Die Ziele dieses Programms sind im wesentlichen die gleichen wie bei FANG98.

Wieder geht es darum, durch die Teilnahme an diesem Computer-Planspiel zu erfahren, dass bei erneuerbaren Ressourcen (Fische, Tiere, Pflanzen, Wald) eine sorgsame Nutzung erforderlich ist. Dies ist weitaus einprägsamer als nur darüber zu reden.

Der wesentliche Unterschied von FISCHDRU gegenüber FANG98 besteht vor allem darin, dass es hier mehr Aktivitäten und mehr Entscheidungen gibt. Dies bringt mehr Motivation mit sich, kostet allerdings auch erhebliche Zeit. Die Zielsetzung von FISCHDRU ist wie bei FANG98 der schonende Umgang mit sich erneuernden natürlichen Beständen.

Das Programm FISCHDRU läuft unter DOS. Es ist als Download beim Wirtschaftslehre-Club erhältlich. Informationen darüber findet man bei folgender Adresse:

www.sg-wirtschaft.de

Im ersten Durchgang des Spiels sollte die Spielleitung die Teilnehmer das vernünftige Verhalten vergessen lassen. Dies kann durch anstachelnde Bemerkungen bei der Versteigerung oder dem Verkauf der Schiffe geschehen und vor allem durch Hervorheben des Spitzenreiters beim Vermögen in jeder Runde.

Die Situation kann noch mehr aufgeheizt werden, wenn für das größte Vermögen in jeder Runde ein „echter" Geldbetrag an das Team gezahlt wird, der behalten werden darf. Eine andere attraktive Prämie an die jeweilige Gruppe erfüllt natürlich den gleichen Zweck.

Damit käme man der Wirklichkeit bei den Umweltproblemen ziemlich nahe:

- Den **Nutzen** aus umweltschädlichem Verhalten hat der einzelne sofort und allein (Kostenersparnis durch Gewässerverschmutzung, Zeitersparnis durch Benutzung eines Flugzeugs, hoher Gewinn durch Fischen etc.).
- Der **Schaden** aus diesem Verhalten tritt erst später auf und trifft alle Beteiligte (schlechte Luft, schmutzige Seen, Aussterben der Fische, etc.).

Der Zeitaufwand für das Planspiel beträgt etwa eine Doppelstunde. Für die anschließende Auswertung wäre noch eine Stunde erforderlich. Ideal wäre eine Wiederholung des Spiels, um die Richtigkeit und längerfristige Nützlichkeit des vernünftigen Verhaltens zu erfahren.

Das Spiel kann auch auf mehrere Tage verteilt werden, weil nach jeder Runde abgespeichert und beendet werden kann. Die Fortsetzung erfolgt mit den bisherigen Ergebnissen der Gruppen.

b) Ablauf des Programms

Die Schülerinnen und Schüler werden zunächst in vier Gruppen eingeteilt:

- Alles-Fischer
- Chaos-Fischer
- Best-Fischer
- Dauer-Fischer

Jeder Schüler und jede Schülerin erhält das Info *„Regeln für die Fischerei"*, das gelesen und evtl. besprochen wird. Ziel ist es, **zehn** Runden lang erfolgreich zu fischen.

Danach wird den Gruppen erklärt, dass sie die anfallenden Arbeiten aufteilen sollen. Dabei können auch die verschiedenen Tabellen vorgestellt und erläutert werden. In jeder Gruppe gibt es folgende Aufgaben:

- Beteiligung an der Versteigerung der Schiffe. Es sollte nur ein Mitglied der Gruppe sein, um zu großes Durcheinander zu verhindern.
- Führung der Tabelle mit den Entscheidungen und Ergebnissen sowie Eingabe in den PC.
- Eintrag in die Tabelle *„Beobachtung der Konkurrenz"*.
- Eintrag in die Tabelle zur Entwicklung des Fischbestands.

Durch diese Aufteilung sind die Schüler besser in das Planspiel eingebunden.

Jede Runde beginnt mit der Versteigerung von **sechs** Schiffen. Die Spielleitung zeigt ein Schiff als Symbol oder auf Papier gedruckt und teilt als Mindestgebot 300DM mit. Dazu wäre mitzuteilen, dass der Fangerlös pro Schiff bisher im Durchschnitt 600DM betragen hat. Zur Vermeidung unsinnig hoher Gebote bei der Versteigerung beschränkt die Spielleitung das Höchstgebot auf 1000DM. Dann wird geboten.

Mit dem Zuschlag für eine Gruppe wird das Schiff übergeben und der Betrag von der Spielleitung auf einem Blatt festgehalten. Die Versteigerung wird beschleunigt, wenn nur in Schritten von 50 oder 100DM erhöht werden kann.

Zur Vermeidung zu großen Lärms kann die Spielleitung jeweils die Erhöhung nennen, und das zuständige Gruppenmitglied erhebt bei Zustimmung lediglich die Hand.

Sind alle sechs Schiffe versteigert oder wollen die Gruppen keine Schiffe mehr, dann beraten die Gruppen für sich über den Einsatz der Schiffe für Hochsee, Küste und Hafen und tragen das Ergebnis in die Tabelle der Entscheidungen und Ergebnisse ein.

Zur Vereinfachung und Beschleunigung des Spiels kann die gesamte Versteigerung durch folgendes Vorgehen ersetzt werden:

Jeder Gruppe wird mitgeteilt, dass sie bis zu vier Schiffe kaufen kann. Jedes Schiff kostet 400 DM. Das Kaufen geschieht einfach durch Eintrag in das Entscheidungsblatt. Danach kann das Schiff sofort zum Fischfang verwendet werden.

In beliebiger Reihenfolge kommt nun das zuständige Gruppenmitglied zum PC und gibt die Zahl der gekauften Schiffe, die Zahlung dafür und die Verwendung ein.

Wichtig: Die Spielleitung muss diese Eingaben kontrollieren, damit nicht gemogelt wird. Evtl. wird sie daher die Eingaben selbst vornehmen.

Nach Beendigung der Eingaben druckt das Programm sofort die Ergebnisse aus. Jede Gruppe erhält ein Blatt, die Spielleitung eine Zusammenfassung.

Jetzt sollte die Spielleitung die Gruppe mit dem höchsten Vermögen belohnen, z.B. mit einem Tafelanschrieb für das Vermögen:

	Alles-Fischer	Best-Fischer	Chaos-Fischer	Dauer-Fischer
Runde 1	** 3570 **	2780	3470	3070

Wird in jeder Runde die erfolgreichste Gruppe zusätzlich und sofort durch eine Prämie belohnt, dann erhöht sich der Anreiz, viele Schiffe zu kaufen und damit zu fischen.

Mit Ablauf der zehnten Runde ist das Spiel beendet.

Üblicherweise sind dann die Guthaben niedrig oder sogar negativ, die Fischbestände sind winzig oder Null. Die Fischer haben also ihre Lebensgrundlage zerstört. Hätten sie sich vernünftig verhalten, dann könnten sie unbeschränkt lange fischen und gute Einnahmen erzielen.

Vernünftig heißt nach der Spielanlage:

Jede Gruppe kauft höchstens zwei Schiffe, sie werden zu gleichen Teilen auf der Hochsee und an der Küste eingesetzt, bei sinkendem Fischbestand bleiben Schiffe im Hafen.

Nachfolgend wird ein Beispiel für den Bericht an die Fischerinnen für eine Gruppe und ein Jahr gezeigt:

Jahresbericht

Land: Alles-Fischer
Jahr: 4

Fang der Hochsee-Fischerei im letzten Jahr	= 0
Fang der Küsten-Fischerei im letzten Jahr	= 47
Preis des Fisches	= 20
Gesamtumsatz für Fische im letzten Jahr	= 940
Zinszahlungen	= -1600
derzeitiges Bankguthaben	= -11357
Zahl der Schiffe vor neuen Käufen	= 25
Vermögen = Bankguthaben und Schiffe	= 5184

Einsatz aller Schiffe nach Beobachtungen der Fischerei-Behörde

	Hochsee	Küste	Hafen
Alles-Fischer	8	1	0
Best-Fischer	9	1	0
Chaos-Fischer	9	2	0
Dauer-Fischer	11	1	0

Die Fischerei-Behörde teilt allen Ländern mit, dass im vergangenen Jahr folgendes festgestellt wurde:

gesamter Fischbestand Hochsee:	2500
gesamter Fischbestand Küste:	1200

Beobachtung der FISCHDRU Konkurrenz:				
Name der beobachteten konkurrierenden Gruppe:				
Runde	Hochsee	Küste	Hafen	Vermögen
1				
2				
3				
4				
5				
6				
7				
8				
9				
10				

Fischbestand gemäß Mitteilung der Fischerei-Behörde (die Angaben beruhen auf Messungen im Vorjahr)		
Runde	Hochsee	Küste
1		
2		
3		
4		
5		
6		
7		
8		
9		
10		

Übersicht der Spielleitung, Jahr 4		
(nur zwei Gruppen werden gezeigt)		
Fischbestand:	Neue Fische:	Gesamter Fang:
Hochsee = 0	Hochsee = 0	Hochsee = 0
Küste = 1331	Küste = 286	Küste = 314

Alles-Fischer

Bankguthaben	Schiffe	Vermögen
1 2259	11	5009
2 1217	15	4967
3 -1275	20	3725
4 -11357	25	-5107

Chaos-Fischer

Bankguthaben	Schiffe	Vermögen
1 1308	13	4558
2 206	18	4706
3 -4096	23	1654
4 -14358	28	-7358

Einsatz der Schiffe	Hochsee	Küste	Hafen
Alles-Fischer	22	3	0
Best-Fischer	22	5	0
Chaos-Fischer	22	6	0
Dauer-Fischer	22	6	0

Regeln für die Fischerei

§

Ihr seid verantwortlich für den Erfolg einer Fischereigesellschaft.

Zu Beginn verfügt Ihr über acht Schiffe und ein Bankguthaben von 1600.

In jeder Runde werden von einer Spezialwerft sechs Schiffe versteigert. Ein Schiff kostet mindestens 400. Aber den Zuschlag für ein Schiff bekommt das Land, das am meisten bietet. Durch die Fischerei-Erlöse bekommt Ihr die Anschaffungskosten schnell wieder herein.

Sind alle sechs Schiffe versteigert (oder auch nicht, wenn niemand sie kaufen will), dann müsst Ihr über die Verwendung Eurer Schiffe entscheiden:

- **Einsatz auf der Hochsee**
  Dort gibt es viele Fische, aber die Kosten sind höher.
- **Einsatz an der Küste**
  Hier ist der Fang kleiner, aber die Kosten auch.
- **Einsatz im Hafen**
  Die Schiffe liegen still, fangen nichts und kosten wenig.

Eure Aufgabe ist es nun, so viele Schiffe zu kaufen und diese so einzusetzen, dass euer Vermögen aus Bankguthaben und Schiffen möglichst groß wird.

Als Grundregel gilt, dass das Land mit den meisten Schiffen auch die höchsten Erlöse aus dem Fischfang hat.

Allerdings müsst Ihr auch bedenken, dass bei übermäßigen Fängen die Fische aussterben können.

Schließlich müsst Ihr auch auf Euer Bankguthaben achten. Ihr dürft es zwar überziehen, aber höchstens bis - 3000. Habt Ihr mehr als 3000 Schulden, dann macht die Fischerei Eures Landes Pleite. Damit scheidet Euer Land aus, und Eure Schiffe werden den anderen Ländern zugeteilt.

Entscheidungsblatt für FISCHDRU Gruppe:										
Name										
	1	2	3	4	5	6	7	8	9	10
Schiffe										
Käufe										
neuer Bestand										
Einsatz Hochsee										
Einsatz Küste										
Verbleib Hafen										
Fang Hochsee										
Fang Küste										
Umsatz										
Bankguthaben										
Stand des Vermögens										

XIV. Berufsorientierung mit dem Programm „mach's richtig"

Das Programm ist Teil der umfangreichen Medienkombination und wird den Schulen von den Arbeitsämtern kostenlos zur Verfügung gestellt. Die großen Programm-Teile zeigt folgender Bildschirm zur Begrüßung:

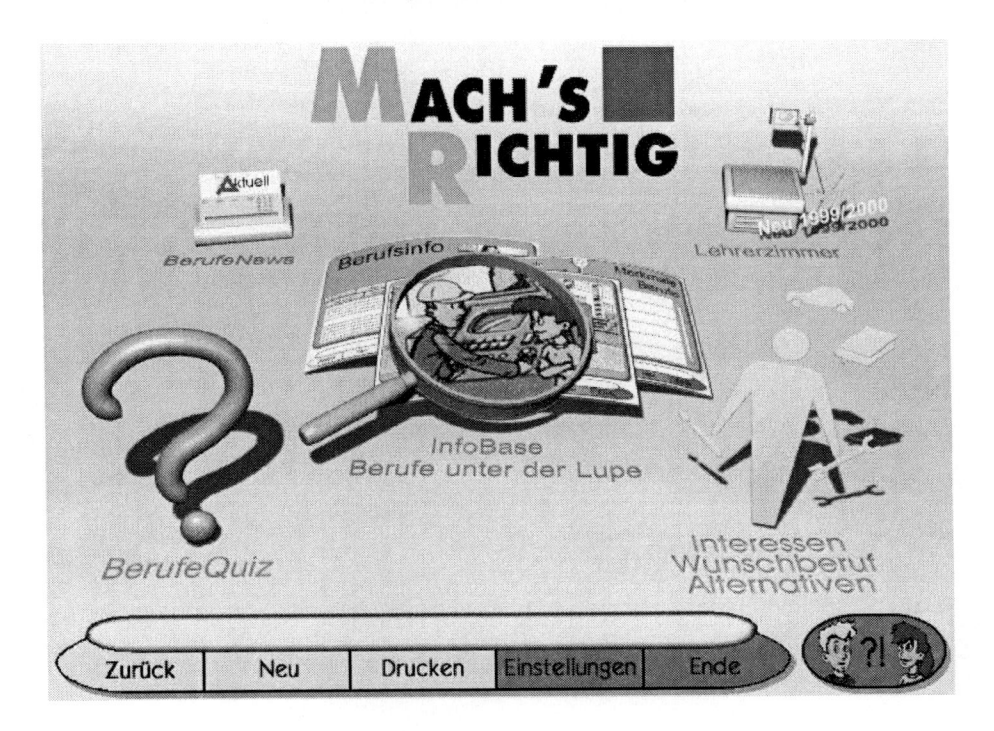

„mach's richtig" enthält eine Fülle an Informationen zu den Ausbildungsberufen. Insgesamt 411 Berufe werden erfasst und zum Teil intensiv vertieft.

Die Nutzung eines derart mächtigen Programms kann im Unterricht naturgemäß in sehr unterschiedlicher Form erfolgen. Detaillierte Hinweise gibt dazu die Darstellung von Wöppel (1999). Generell ist allerdings festzuhalten, dass die Berufsorientierung durch den Einsatz eines Werkzeuges wie „mach's richtig" intensiviert und interessant gestaltet werden kann.

Hier sollen nun einige Hinweise dafür gegeben werden, wie das Programm individuell genutzt werden könnte, wobei jeder Programm-Teil vorgestellt wird.

1. InfoBase - Berufe unter der Lupe

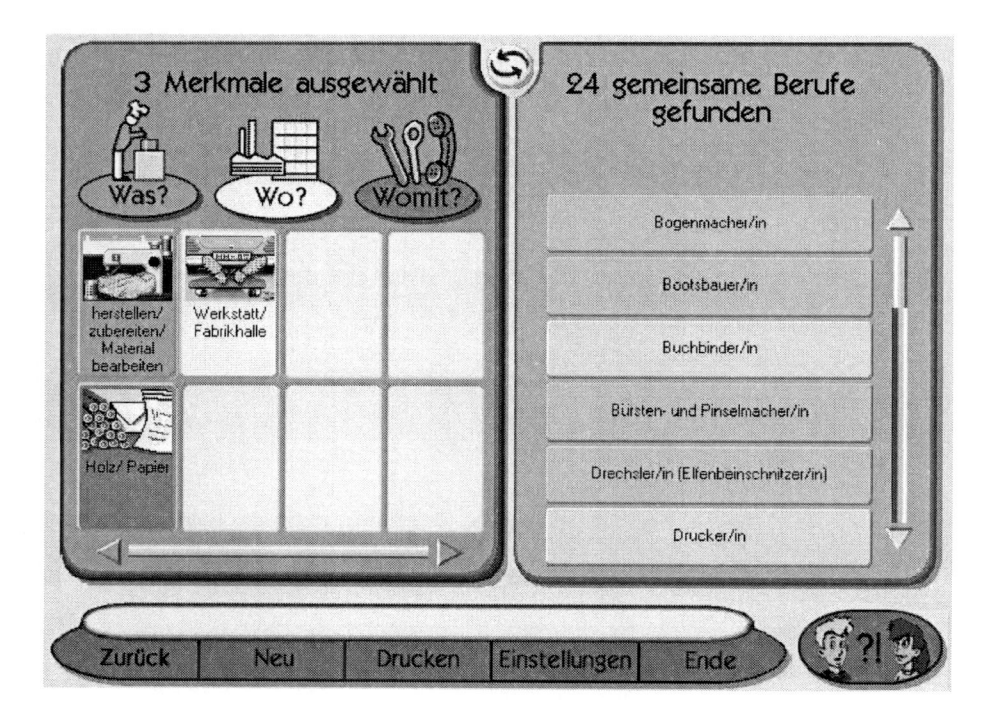

[Screenshot: InfoBase-Programmoberfläche mit "3 Merkmale ausgewählt" (Was? Wo? Womit?) und "24 gemeinsame Berufe gefunden" (Bogenmacher/in, Bootsbauer/in, Buchbinder/in, Bürsten- und Pinselmacher/in, Drechsler/in (Elfenbeinschnitzer/in), Drucker/in). Ausgewählte Merkmale: herstellen/zubereiten/Material bearbeiten, Werkstatt/Fabrikhalle, Holz/Papier. Schaltflächen: Zurück, Neu, Drucken, Einstellungen, Ende.]

In diesem Bereich sind 411 Berufe erfasst und 41 Merkmale von Berufen, die nach folgender Systematik abgerufen werden können:

Tätigkeiten	Arbeitsorte	Arbeitsmittel / Arbeitsgegenstände
(Was?)	(Wo?)	(Womit?)

Im abgebildeten Bildschirm wurden drei Merkmale gewählt, worauf das Programm eine Liste von Berufen zeigt, die diesen Merkmalen entsprechen.

Möglich ist auch die Vorgabe eines bestimmten Berufes, sodass dessen Merkmale gezeigt werden.

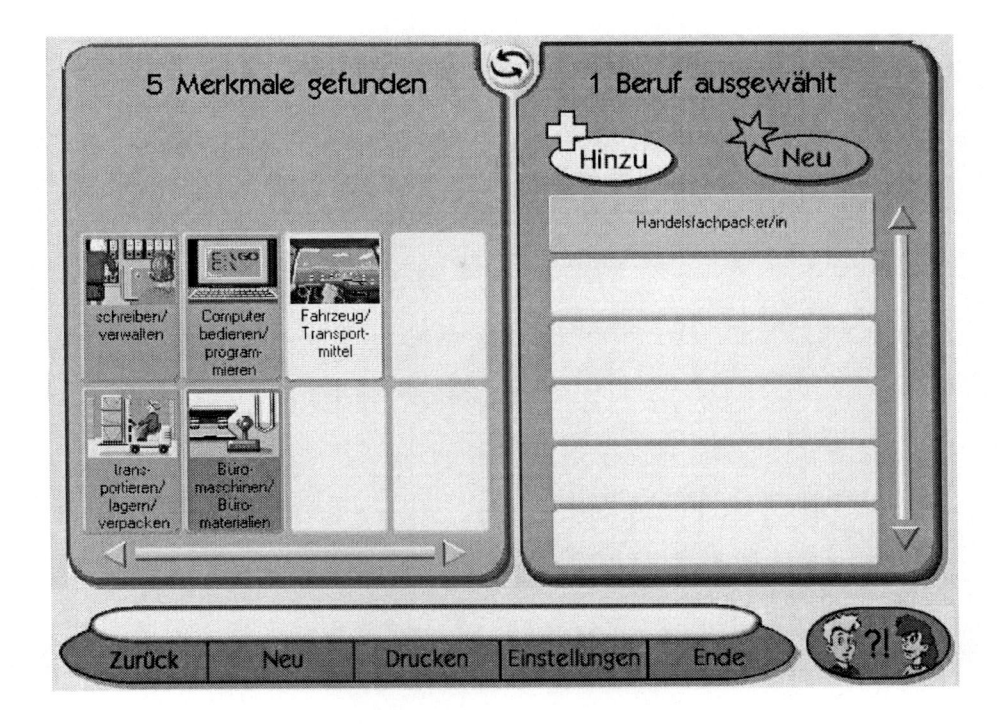

Hier wurde als Beruf Handelsfachpacker / -in vorgegeben und das Programm zeigt dessen wesentliche Merkmale:

Tätigkeiten:

schreiben / verwalten, Computer bedienen / programmieren, transportieren / lagern / verpacken

Arbeitsorte:

Fahrzeug / Transportmittel

Arbeitsmittel / Arbeitsgegenstände:

Büromaschinen / Büromaterialien

2. Interessen - Wunschberuf - Alternativen (IWA)

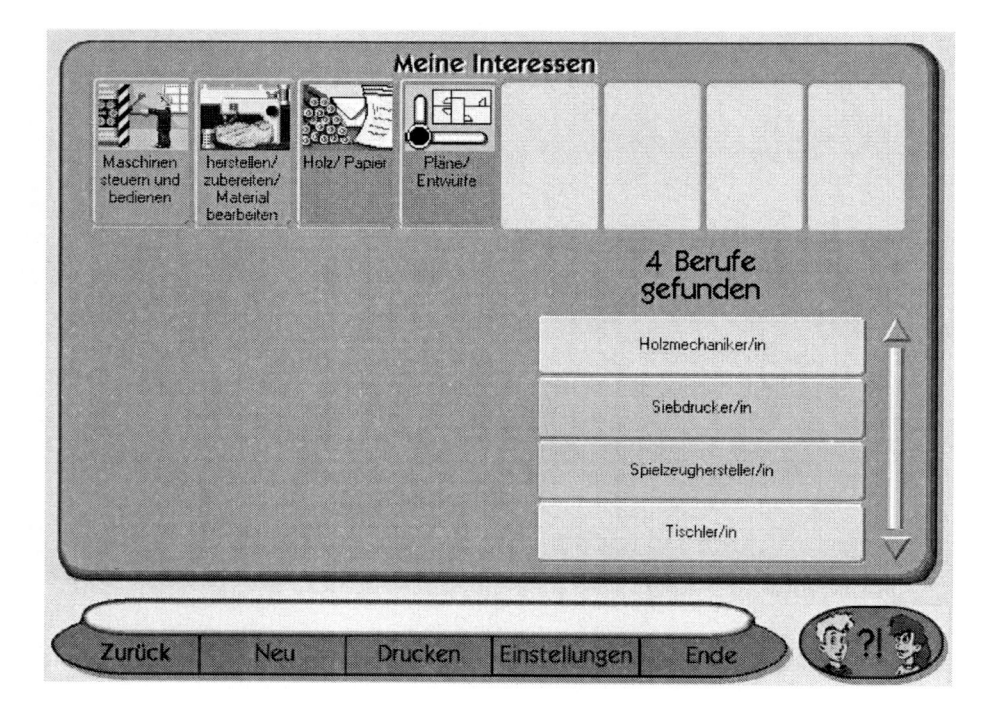

Bei diesem Teil des Programms werden Merkmale eingegeben, die am ehesten den eigenen Interessen entsprechen. Das Programm sucht nach Berufen, die diese Merkmale aufweisen.

Im Beispiel auf diesem Bildschirm wurden vier Merkmale angegeben:
- herstellen / zubereiten, Material bearbeiten
- Maschinen steuern und bedienen
- Arbeitsgegenstände: Holz / Papier
- Arbeitsmittel: Pläne / Entwürfe

Die Liste der daraus resultierenden Berufe dürfte manchen Jugendlichen verwundern: Holzmechaniker, Siebdrucker, Spielzeughersteller und Tischler.

Die bisher angedeuteten Möglichkeiten sind für die Berufsorientierung zentral:

(1)
Wer noch nicht recht weiß, welcher Beruf gewünscht wird, kann experimentieren, man könnte auch sagen: spielen. Bestimmte Merkmale werden eingegeben und das Programm zeigt dazu passende Berufe. Wichtig ist, dass die Liste der Berufe nicht zu lang ist. Dann ist ein weiteres oder mehrere Merkmale heranzuziehen, um die Zahl zu reduzieren.

Wenn dabei Berufe auftauchen, die völlig unbekannt sind, so ist das der Berufsorientierung nur förderlich. In den letzten Jahren sind neue Ausbildungsberufe entstanden, die im allgemeinen nicht bekannt sind.

(2)
Das Extrem zur skizzierten Situation ist der Fall, dass ein bestimmter Wunschberuf schon lange vorhanden ist, sei es aus familiären Gründen oder wegen bestimmter Erlebnisse. Hier kann das Programm benutzt werden, um festzustellen, welche Merkmale auf diesen Beruf zutreffen.

Man kann zwar bei diesen Zuordnungen oft geteilter Meinung sein, weil ein bestimmter Beruf in sehr unterschiedlicher Weise ausgeübt werden kann. Das Begleitmaterial des Programms mach's richtig weist jedoch darauf hin, dass 80 Berufsberaterinnen und Berufsberater als Experten beteiligt waren:

„Um statistisch abgesicherte Ergebnisse zu erzielen, wurde ein Merkmal für einen Beruf nur dann als zutreffend akzeptiert, wenn 75% der beteiligten Berufsberaterinnen und Berufsberater der Meinung waren, das Merkmal sei völlig oder eher typisch für diesen Beruf."

Das Programm zeigt nicht nur die Merkmale, die für den Wunschberuf zutreffen, sondern auch andere Berufe, die auch diese Merkmale aufweisen. Dieser Punkt ist sehr wichtig für den Fall, dass der Wunschberuf nicht realisierbar ist. Dann verfügen die Schülerinnen und Schüler über Ausweichmöglichkeiten, die nicht völlig entfernt vom ursprünglichen Berufswunsch liegen. Auch hier wird oft der Fall eintreten, dass ein gänzlich unbekannter Beruf die gewünschten Merkmale erfüllt.

Angesichts der zentralen Bedeutung der Merkmale werden sie im folgenden kurz erläutert. Man sollte sie genau kennen, um die Ergebnisse des Programms richtig einschätzen zu können.

Tätigkeiten (Was?)

anbauen / ernten / hegen / züchten
Dabei bezieht sich „anbauen/ernten" auf Nutzpflanzen und Zierpflanzen. „Hegen und züchten" bedeutet Aufzucht und Pflege von Tieren, auch im Stall.

bauen
Arbeiten beim Bau von Häusern, Straßen, Brücken, Fabriken usw.

herstellen / zubereiten / Material bearbeiten
„herstellen" bezieht sich auf die Produktion aus bestimmtem Material, „zubereiten" ist die Herstellung von Speisen und Getränken, „Material bearbeiten" sind meist Tätigkeiten mit Maschinen, z.B. schweißen, sägen, schleifen.
Insgesamt sind dies sehr unterschiedliche Merkmale. Sie werden daher auch von sehr unterschiedlichen Berufen erfüllt, z.B. zeigt das Programm hier sowohl den Augenoptiker wie auch Bäcker oder Betonfertigteilbauer.

kaufen / verkaufen / bedienen / beraten
Einkaufen von Gütern, verkaufen an die Kunden. Beratung von Kunden, servieren von Speisen.
Hierunter zählen Berufe wie Fleischer, Friseur, aber auch Industriekaufmann.

behandeln / pflegen / erziehen / unterrichten
Tätigkeiten für die Gesundheit von Menschen und Tieren, für Körper- und Schönheitspflege, beim „erziehen und unterrichten" geht es um Kinder und Jugendliche.

gestalten / malen / entwerfen / zeichnen
Tätigkeiten nach Vorlagen und Entwürfen, auch nach eigenen Ideen zur Gestaltung von Räumen oder Gegenständen.
Bei „entwerfen/zeichnen" geht es um das Anfertigen von technischen Zeichnungen, Bauplänen, Modellen oder künstlerischen Entwürfen.

montieren / installieren / reparieren
Hier werden Geräte zusammengesetzt oder Anlagen installiert. Ferner geht es um Wartung, Pflege und Reparatur von Geräten, Maschinen und Fahrzeugen.
Auch hier ist ein großes Spektrum der Berufe angesprochen, vom Augenoptiker über Gleisbauer bis zum Dachdecker.

prüfen / untersuchen
Tätigkeiten beim Testen von Produkten oder Laboranalysen.

reinigen
Tätigkeiten, beim Säubern und Pflegen von Gebäuden oder Textilien.
Das Spektrum der Berufe reicht hier vom Straßenwärter bis zum Hauswirtschafter oder der Altenpflegerin.

schreiben / verwalten
Wesentliche Tätigkeiten sind Anfertigen von Schriftstücken, Verwaltung von Akten oder Konten, aber auch Telefonieren.

Maschinen steuern und bedienen
Hier sind Maschinen und Produktionsanlagen einzustellen, zu programmieren und bedienen. Die Maschinen können jedoch sehr verschieden sein. Daher erfüllt dieses Merkmal der Holzbearbeitungsmechaniker, der Mikrotechnologe oder die Textilmechanikerin.

transportieren / lagern / verpacken
Zentrale Tätigkeiten sind Beförderung von Menschen oder Gegenständen, ferner das Aufbewahren oder Verpacken von Waren und Gütern.

Computer bedienen / programmieren
Hier geht es vor allem um die Nutzung von Programmen zur Textverarbeitung, Kalkulation, Datenerfassung und Datenübermittlung. Bei den Berufen werden hierfür z.B. Bankkauffrau, Film- und Videoeditor, aber auch Zerspanungsmechaniker, Fachrichtung Drehtechnik genannt.

Arbeitsort (Wo?)

Werkstatt / Fabrikhalle
Werkstatt bedeutet Arbeit in kleineren Räumen wie Bäckerei, Schreinerei während Fabrikhallen große Räume der Textil- oder Lebensmittelindustrie oder der Automobilindustrie sind.

Verkaufsraum
Dies sind die üblichen Läden, Kaufhäuser, Schalterhallen oder Ausstellungsräume für Bedienung und Verkauf.

im Freien: Außenanlagen / natürliche Umgebung
"Außenanlagen" bedeutet nicht in der Natur, sondern auf dem Werkgelände oder auf einer Baustelle oder in einem Bahnhof. Dagegen heißt „natürliche Umgebung" Arbeit in Gärten, Feldern und Wäldern.
Sowohl der Landwirt als auch die Maurerin oder Metallbauerin fallen unter dieses Merkmal.

Bildungs-, soziale und medizinische Einrichtungen
Hier sind Kindergarten, Schule und Altenheim, aber auch Krankenhaus, Arztpraxis, Kurbad oder Rehabilitationseinrichtungen angesprochen.

Labor / Prüfstation
Dies sind Arbeitsräume wie Labors in einer Arztpraxis, Kliniken, Versuchsabteilungen, aber auch Messstationen oder der TÜV. Beispiele für Berufe sind Arzthelferin, Baustoffprüfer, Chemielaborant oder Ver- und Entsorger.

Hotel / Gaststätte
Der Arbeitsraum kann mit Küche, Speiseraum, Gästezimmer oder Empfang sehr unterschiedlich sein. Berufe sind z.B. Fachfrau für Systemgastronomie.

Fahrzeug / Transportmittel
Das Programm zeigt immerhin 14 Berufe für dieses Merkmal, z.B. Rettungsassistent, Straßenwärter, Eisenbahner im Betriebsdienst oder Baugeräteführer, die alle ein Fahrzeug oder Transportmittel benutzen.

beim Kunden
Man arbeitet in der Wohnung oder der Firma der Kunden, z.B. als Hebamme, Gebäudereiniger, Büroinformationselektroniker oder als Dachdecker.

Büro
Dies ist der übliche Arbeitsort bei Behörden, Versicherungen usw.

Arbeitsmittel / Arbeitsgegenstände (Womit?)
Baustoffe
Steine, Zement, Gips oder auch Leitungen, Rohre und Fliesen.

chemische / synthetische Stoffe / Kunststoffe
Dazu zählen Düngemittel, Farben, Medikamente, Reinigungs- oder Pflegemittel. Kunststoffe sind synthetische Materialien für die Herstellung von Produkten. Berufe sind z.B. Malerin, Isoliermonteur, Zahntechniker oder Verfahrensmechanikerin für Kunststoff- und Kautschuktechnik.

Elektrotechnik / Elektronik
Elektrische oder elektronische Geräte oder Anlagen werden installiert, in Betrieb genommen, gewartet und repariert.

Im folgenden werden die Merkmale zur Frage *„Womit?"* nur noch aufgezählt, da sie keiner weiteren Erläuterung bedürfen:

- Fahrzeuge / Transportmittel
- Glas / Keramik / Edelsteine
- Holz / Papier
- Lebensmittel
- Mess- und Prüfgeräte
- Menschen
- Regelungen / Gesetze / Vorschriften
- Pläne / Entwürfe
- Metalle
- Technische Anlagen
- Textilien / Leder
- Tiere / Pflanzen
- Zeichengeräte / Schreibgeräte
- Büromaschinen / Büromaterialien
- Information / Medien / Fremdsprachen
- Maschinen / Werkzeuge

3. Berufskurzinformation
Gerade bei Berufen, die den Schülerinnen und Schülern bisher noch unbekannt waren, ist es sehr nützlich, dass das Programm die Möglichkeit einer schnellen Berufsinformation bietet. Im Hinblick auf die zahlenmäßige Verteilung der Jugendlichen auf die Ausbildungsberufe werden hier nicht alle, sondern nur 164 Berufe aufgenommen.

Alle Informationen sind nach folgendem Schema aufgebaut:

Basis	Grundlegende Information über Sinn und Zweck des Berufs
Was ist neu?	Änderungen durch eine Neuordnung
Was?	Tätigkeiten, die im Beruf vorkommen
Wo?	Info zu den Arbeitsstätten und Arbeitsorten
Wann?	Arbeitszeiten
Mit wem?	übliche Kontakte zu anderen
Womit?	typische Arbeitsgegenstände und verwendete Arbeitsmittel
Wie?	Arbeitsbedingungen im Berufsalltag
Und später?	Aufstiegsmöglichkeiten, Weiterbildung, weitere Perspektiven
Ausbildung?	Art und Dauer der Ausbildung
Zugang?	gesetzliche Zugangsvoraussetzungen, üblicher Schulabschluss
Der Beruf?	anschaulich-beschreibender Text

Bei der praktischen Verwendung im Unterricht sollte unbedingt darauf hingewiesen werden, dass die Hinweise für die Berufe im großen und ganzen oder für die Mehrheit zutreffen. Sonst verliert das Programm leicht an Glaubwürdigkeit, denn gerade nach berufsorientierenden Praktika dürfte es oft vorkommen, dass in dem praktisch erkundeten Beruf Abweichungen bestanden haben.

4. Berufssimulation

Wie die beruflichen Kurzinformationen gibt es auch die Berufssimulation nur für 164 Berufe. Sie sind im Comicstil gemacht und können sowohl über Bildschirmtexte als auch durch Sprachausgabe erfolgen.

Ausgangspunkt ist jeweils eine typische Arbeitssituation des Berufs. Die Schülerinnen und Schüler schlüpfen in die Rolle von Tina oder Mark (die beiden Leitfiguren) und besuchen einen Auszubildenden am Arbeitsplatz.

Die Schülerinnen und Schüler können nun einen fiktiven Dialog zwischen Tina und der Auszubildenden verfolgen. Sie erfahren auf diese Weise subjektive Ansichten einer Auszubildenden über die Anforderungen in diesem Beruf oder über konkrete Aufgaben. Man versucht hier, den Berufsalltag anschaulich zu schildern.

Jede Simulation enthält schließlich ein Spiel oder Rätsel, das auf den Beruf abgestimmt ist, z.B. erhält man beim Chemielaborant eine Aufgabe zum Umgang mit einem Reagenzglas.

5. Berufe Quiz

Auch in diesem Teil des Programms können die Schülerinnen und Schüler sich mit den zentralen beruflichen Merkmalen befassen und ihre berufskundlichen Kenntnisse erweitern oder vertiefen. Die Spielidee folgt dem weithin bekannten Ratespiel „Was bin ich?".

Ein bis vier Schülerinnen und Schüler spielen gegen eine vom Programm simulierte Person und versuchen deren Beruf zu erraten. Dabei gibt das Programm 15 bis 20 Berufe vor, von denen einer der gesuchte ist. Der virtuelle Auszubildende gibt mit einem Satz einen Hinweis auf seinen Beruf. Danach soll die Menge der Berufe mehr und mehr reduziert werden.

Dazu wird gefragt, ob ein bestimmtes Merkmal auf den Beruf zutrifft. Ist dies richtig, dann reduziert das Programm die Anzahl der Berufe. Trifft das Merkmal nicht zu, dann wird es entsprechende gekennzeichnet und die Nächste ist an der Reihe.

Gewonnen hat, wer zuerst den gesuchten Beruf findet.

Gerade die beiden zuletzt genannten Funktionen des Programms machen den Vorteil gegenüber einer Berufsorientierung im Unterricht mit Hilfe statischer Medien wie z.B. Büchern deutlich. Die Interaktivität des Computerprogramms macht ein Sich-Auseinandersetzen mit verschiedenen Berufen für Schülerinnen und Schüler attraktiver und damit eventuell auch intensiver.

XV. Training für Einstellungstests mit „e-test"

„Einstellungstests sind ein zentraler Bestandteil des Berufswahlprozesses. Kaum ein Schüler kommt daran vorbei, doch die wenigsten sind darauf vorbereitet."

Mit dieser bemerkenswerten Begründung leitet Heinz Klippert (1987, S. 173ff.) sein Kapitel über die Simulation eines Einstellungstests ein.

Ein wichtiger Grund dafür, dass die meisten Schülerinnen und Schüler schlecht oder gar nicht auf die Tests der Betriebe vorbereitet sind, ist die große Problematik bei deren Durchführung. Man kann sehr scharfe und grundlegende Kritik an Einstellungstests vorbringen und sie sogar als völlig ungeeignet ablehnen.

Eine solche Einstellung ist zwar vertretbar, aber den Schülerinnen und Schüler ist damit nicht geholfen. Sie sind gezwungen, solche Tests zu absolvieren oder auf den damit verbundenen Ausbildungsplatz sofort zu verzichten.

Die entscheidende Frage für Lehrerinnen und Lehrer muss daher lauten:

Wollen wir den Schülerinnen und Schüler im Wirtschaftslehreunterricht helfen oder nicht?

Entscheidet man sich für das Helfen, dann sieht man sich folgender Lage gegenüber:

Literatur als Ratgeber für diese Tests gibt es in großer Menge. Zwei besonders nützliche Beispiele sind Hesse (1998) und Schneider, Zindel, Lötzerich (1998).

Diese Ratgeber sind zum Teil mit etwa 500 Seiten sehr umfangreich und auch nicht auf Schülerinnen und Schüler der Sekundarstufe I abgestimmt. Man muss also auswählen und anpassen, was eine umfangreiche und zeitaufwendige Aufgabe darstellt.

Im Handel gibt es auch PC-Programme zur Vorbereitung auf Tests. Allerdings sind auch diese nicht auf die Schülerinnen und Schüler der Sekundarstufe I abgestellt und zudem als Schul-Lizenz außerordentlich teuer.

Als Hilfe in dieser Situation bieten wir das **Programm „e-test"** an. Es kann als Download beim Wirtschaftslehre-Club bezogen werden, worüber folgende Adresse informiert:

www.sg-wirtschaft.de

e-test läuft auf jedem PC unter Windows und kann in der Schule beliebig oft kopiert werden. Dies gilt auch für die Schülerinnen und Schüler, sodass die Möglichkeit besteht, die Diskette nach Hause mitzunehmen und damit nach Belieben zu üben.

Das Programm ist als Hilfsmittel zum Üben gestaltet, also ohne Zeitdruck. Für die Schülerinnen und Schüler besteht sicherlich ein Vorteil darin, dass die eingegebene Lösung sogleich vom Computer geprüft und bewertet wird.

Die Testaufgaben berücksichtigen im wesentlichen folgende Aspekte:

- logische Schlussfolgerungen
- Dezimalrechnung
- Kettenrechnung
- Textaufgaben
- sprachliche Analogien
- Rechtschreibung
- Adressenvergleich
- Merkfähigkeit
- Bruchrechnen
- Prozentrechnung
- Zinsrechnung
- Allgemeinwissen
- ähnliche Wörter
- Konzentrationsübungen
- Persönliches Verhalten
- Kurzzeitgedächtnis

Aus verschiedenen Gründen fehlen dabei Fragen zum technischen Verständnis und zum räumlichen Vorstellungsvermögen

Es ist natürlich nicht möglich, sich auf alle Konstellationen eines Tests vorzubereiten. Andererseits ist der Aufbau der Tests in der Praxis oft recht ähnlich. Kennen die Schülerinnen und Schüler solche „Strickmuster", so ist der Überraschungseffekt nicht mehr so groß.

Die Chance, dass die Schülerinnen und Schüler auch in der Extremsituation eines Einstellungstests ihre tatsächlichen Fähigkeiten und Möglichkeiten zeigen können, ist dann weitaus größer.

Bei manchen Aufgaben kann man sich über die „richtige" Lösung streiten, besonders bei den Fragen zur Persönlichkeit. Ganz besonders hier, aber auch bei anderen Fragen, ist jedoch zu beachten, dass es nur um eine gute Vorbereitung der Schülerinnen und Schüler gehen kann und nicht um persönliche Überzeugungen der Lehrperson. Man kann das bedauern, aber so ist eben die Praxis der Einstellungstests.

Im Folgenden wird anhand einiger Bildschirmkopien die Arbeitsweise des Programms verdeutlicht.

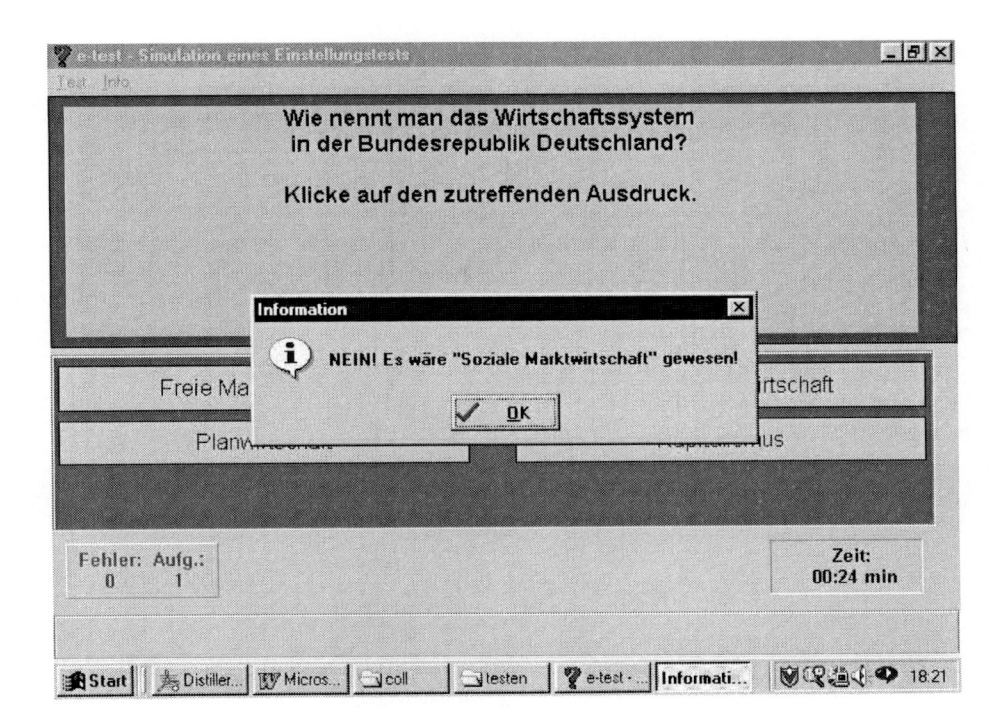

Bei solchen Fragen geht es um die **Allgemeinbildung,** wobei entscheidend ist, was der jeweilige Personalchef darunter versteht. Die Möglichkeiten sind hierbei endlos, aber grundlegende Aspekte finden sich überall.

Das Programm arbeitet hier mit Multiple Choice:

- Wird richtig geklickt, dann bestätigt das Programm.
- Bei falscher Antwort liefert es die „richtige" Antwort.

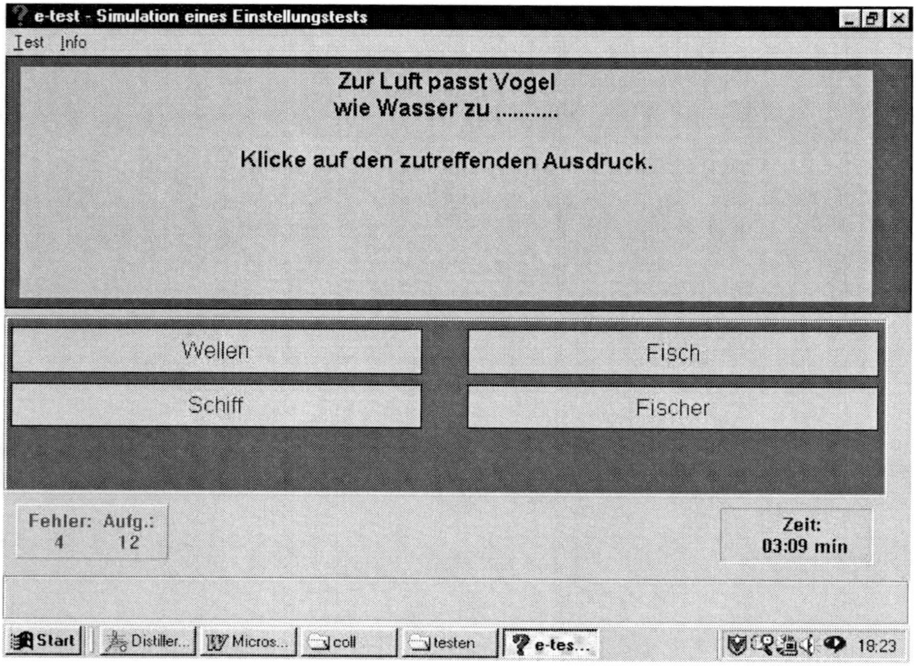
e-test - Simulation eines Einstellungstests
Test Info
Zur Luft passt Vogel
wie Wasser zu ....
Klicke auf den zutreffenden Ausdruck.
Wellen
Fisch
Schiff
Fischer
Fehler: Aufg.:
4 12
Zeit:
03:09 min
Start
Distiller...
Micros...
coll
testen
e-tes...
18:23

Fragen dieser Art gehören zu den **Sprach-Analogien**. Die richtige Antwort ist meist nachvollziehbar. Es kommt aber auch vor, dass der nicht voreingenommene Leser von der Richtigkeit nicht überzeugt ist.

Hierzu und auch sonst an vielen Stellen kann nur darauf verwiesen werden, dass die Praxis der Unternehmen eben so ist und die Schülerinnen und Schüler sich daran während des Einstellungstests anpassen müssen.

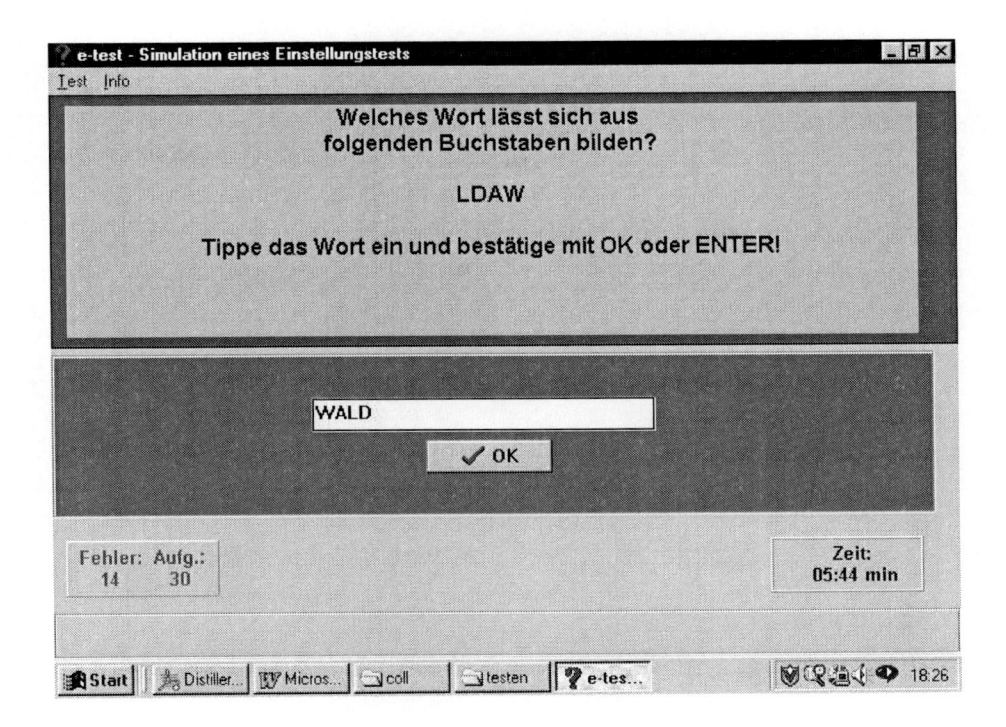

```
e-test - Simulation eines Einstellungstests                    _ | 🗗 | ×
Test  Info

              Welches Wort lässt sich aus
              folgenden Buchstaben bilden?

                         LDAW

         Tippe das Wort ein und bestätige mit OK oder ENTER!


                    ┌─────────────────────┐
                    │ WALD                │
                    └─────────────────────┘
                           ✓ OK


   Fehler:  Aufg.:                                    Zeit:
     14      30                                     05:44 min


  Start  | Distiller... | Micros... | coll | testen | ? e-tes...        18:26
```

Dieser Bildschirm zeigt eine Antwort mit der Technik „**Kurzantwort**". Die Eingabe wird streng geprüft, weil die richtige Rechtschreibung auch an solchen Stellen wichtig ist und trainiert werden muss.

Bei manchen derartigen Fragen gibt es mehrere Möglichkeiten. Beispielsweise kann man aus SHNEA sowohl HASEN als auch SAHNE bilden. Das Programm lässt beides als richtig gelten.

Weitere Beispiele bei solchen Aufgaben sind

TRUMET für *MUTTER*; *EGGIE* für *GEIGE* oder *TETUD* für *DUETT*

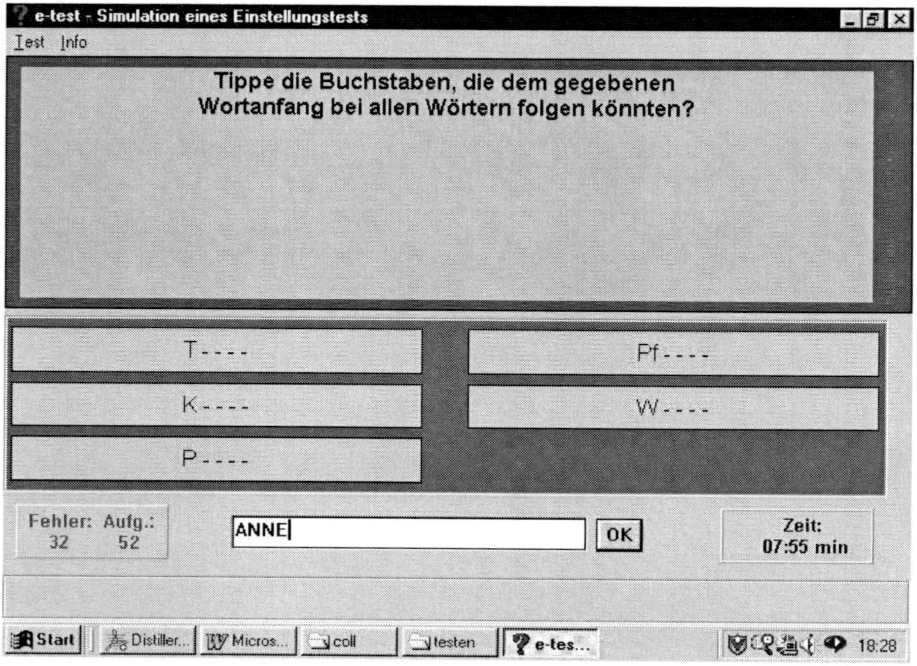
e-test - Simulation eines Einstellungstests
Test Info
Tippe die Buchstaben, die dem gegebenen Wortanfang bei allen Wörtern folgen könnten?
T----
Pf----
K----
W----
P----
Fehler: Aufg.:
32 52
ANNE
OK
Zeit:
07:55 min
Start
Distiller...
Micros...
coll
testen
e-tes...
18:28

Weitere **Ergänzungen** eines vorgegebenen Buchstabens sind beispielsweise folgende:

W - - -	H - - -
d - - -	f - - -

jeweils mit der Fortsetzung *„ort“*

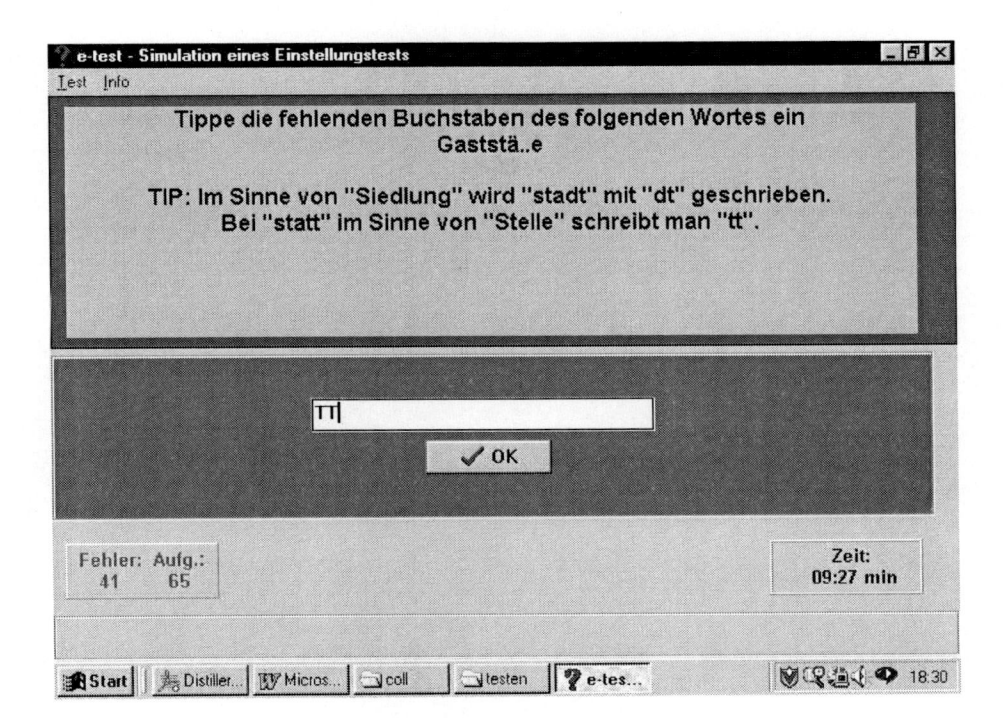

Hier wird der Bereich der **Rechtschreibung**, der bei allen Unternehmen als sehr wichtig eingeschätzt wird, trainiert. Durch die neue Rechtschreibung (die auf diesen Bildschirm Abdrucken noch nicht berücksichtigt wurde) ist zwar einiges entschärft, aber es bleiben immer noch genügend Schwierigkeiten.

Ähnliche Beispiele bringt das Programm mit:

Sta..halter und *Sta..halle* oder *sta..geben* und *sta..bekannt*

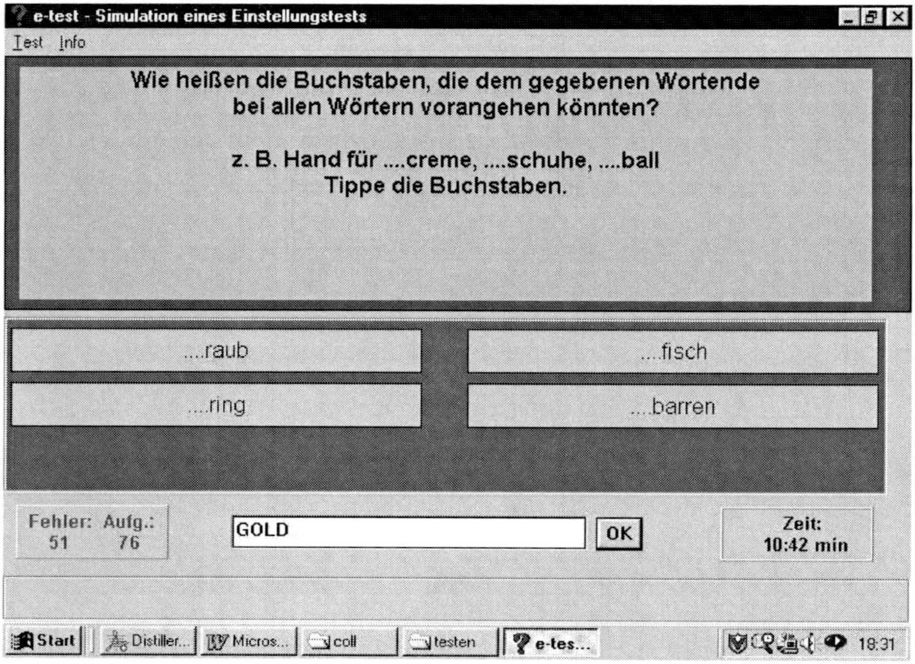
e-test - Simulation eines Einstellungstests
Test Info
Wie heißen die Buchstaben, die dem gegebenen Wortende bei allen Wörtern vorangehen könnten?
z. B. Hand für ....creme, ...schuhe, ...ball
Tippe die Buchstaben.
....raub
....fisch
....ring
....barren
Fehler: Aufg.:
51 76
GOLD
OK
Zeit:
10:42 min
Start
Distiller...
Micros...
coll
testen
e-tes...
18:31

Auch bei diesem Beispiel ist ein sicherer Umgang mit der deutschen **Sprache** gefordert.

Einen mehreren Wortenden vorangehenden Begriff zu finden, übt das Programm beispielsweise auch mit:

....druck	....schlange
....fahrt	....zug

jeweils mit dem Beginn „*Luft*“

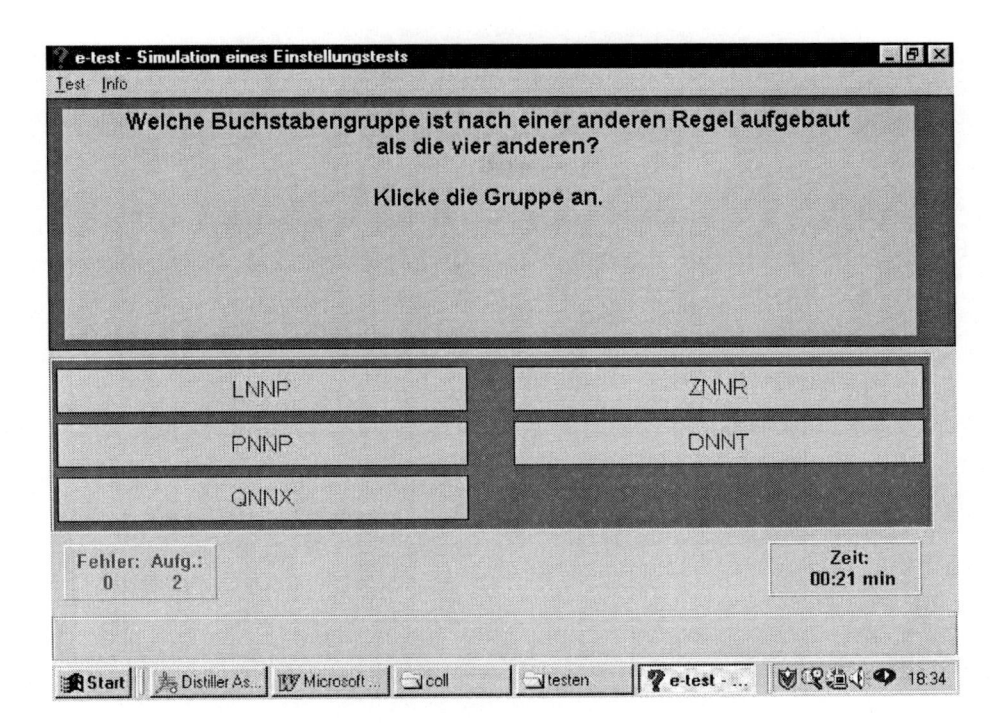

```
┌─────────────────────────────────────────────────────────────┐
│ ? e-test - Simulation eines Einstellungstests      _ □ ×    │
│ Test  Info                                                  │
│                                                             │
│      Welche Buchstabengruppe ist nach einer anderen Regel   │
│                aufgebaut als die vier anderen?              │
│                                                             │
│                      Klicke die Gruppe an.                  │
│                                                             │
│                                                             │
│        ┌──────────────┐          ┌──────────────┐           │
│        │    LNNP      │          │    ZNNR      │           │
│        └──────────────┘          └──────────────┘           │
│        ┌──────────────┐          ┌──────────────┐           │
│        │    PNNP      │          │    DNNT      │           │
│        └──────────────┘          └──────────────┘           │
│        ┌──────────────┐                                     │
│        │    QNNX      │                                     │
│        └──────────────┘                                     │
│                                                             │
│   Fehler:  Aufg.:                              Zeit:        │
│     0        2                               00:21 min      │
│                                                             │
│ 🅢Start │ Distiller As... │ Microsoft... │ coll │ testen │ ? e-test -... │        18:34 │
└─────────────────────────────────────────────────────────────┘
```

Auf diesem Bildschirm wird eine Aufgabe aus dem Bereich **Logik** wiedergegeben.

Die Antwort lautet hier: *PNNP*

Weitere Aufgaben dieser Art sind beispielsweise:

AAAB BBBC CCCD DDEE EEEF mit der Antwort *DDEE*
ACDE UWXY FHIJ PRST HIJK mit der Antwort *HIJK*

Wird eine Aufgabe dieses Typs nicht gelöst, so teilt das Programm nur mit, welche Gruppe richtig gewesen wäre. Hier sollte bei Bedarf mit den Schülerinnen und Schüler der Aufbau und die jeweilige Abweichung der Buchstabengruppe besprochen werden.

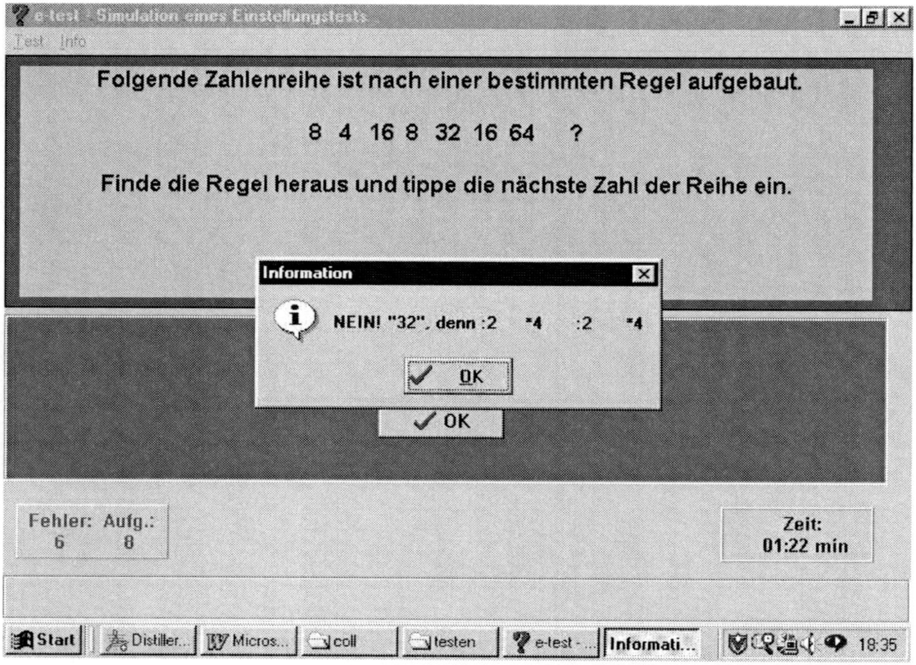
e-test - Simulation eines Einstellungstests
Test Info
Folgende Zahlenreihe ist nach einer bestimmten Regel aufgebaut.
8 4 16 8 32 16 64 ?
Finde die Regel heraus und tippe die nächste Zahl der Reihe ein.
Information
NEIN! "32", denn :2 *4 :2 *4
OK
OK
Fehler: Aufg.:
6 8
Zeit:
01:22 min
Start
Distiller...
Micros...
coll
testen
e-test - ...
Informati...
18:35

Solche **Zahlenreihen** sind typische Übungen in Einstellungstests. Der Aufbau solcher Fragen kann und sollte trainiert werden. Daher teilt das Programm bei falscher Antwort die richtige Lösung und deren Berechnung mit. Die Komplexität dieser Aufgaben orientiert sich innerhalb von e-test an den Möglichkeiten des Mathematikunterrichts in der Sekundarstufe I.

Mögliche Aufgaben sind daher auch folgende:

Zahlenreihe	Lösung	Berechnung der Lösung
2 4 8 16 32 64 128	256	*2
8 4 16 8 32 16 64	32	:2 * 4
33 30 15 45 42 21 63	60	-3 :2 *3

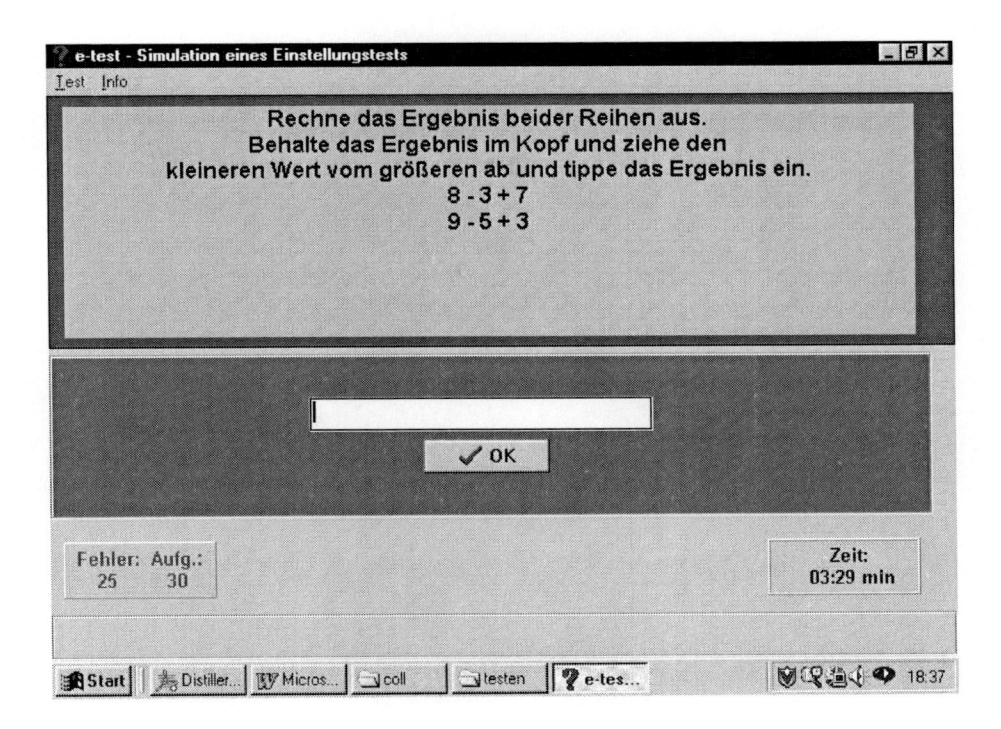

```
 e-test - Simulation eines Einstellungstests                        _ □ ×
 Test  Info
                Rechne das Ergebnis beider Reihen aus.
              Behalte das Ergebnis im Kopf und ziehe den
         kleineren Wert vom größeren ab und tippe das Ergebnis ein.
                           8 - 3 + 7
                           9 - 5 + 3


                      ┌─────────────────┐
                      │                 │
                      └─────────────────┘
                            ✓ OK


  Fehler:  Aufg.:                                      Zeit:
    25      30                                       03:29 min


  Start  | Distiller... | Micros... | coll | testen | ? e-tes...        18:37
```

Auch solche kleinen **Rechnungen mit Kurzzeitgedächtnis** kommen in Einstellungstests häufig vor. Sie werden immer mit einem erheblichen Zeitdruck verbunden.

Ähnlich sind weiterhin Aufgaben mit folgendem Schema:

33	**41**	74
87	**25**	112
120	66	

Die vier fett gedruckten Zahlen wurden von rechts nach links und von oben nach unten addiert. Prüfe die Zahl der Fehler, auch 0. (Im Beispiel: 0)

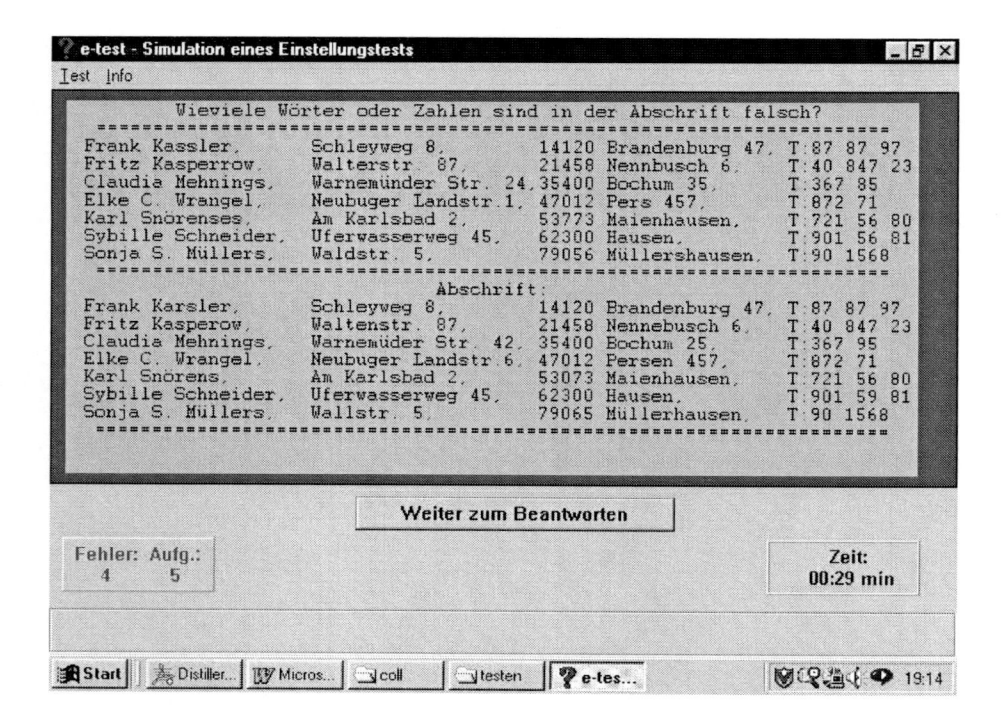

```
? e-test - Simulation eines Einstellungstests                    _ 🗗 ×
Test Info
═══════════════════════════════════════════════════════════════════════
         Wieviele Wörter oder Zahlen sind in der Abschrift falsch?
═══════════════════════════════════════════════════════════════════════
Frank Kassler,        Schleyweg 8,          14120 Brandenburg 47, T:87 87 97
Fritz Kasperrow,      Walterstr. 87,        21458 Nennbusch 6.    T:40 847 23
Claudia Mehnings,     Warnemünder Str. 24, 35400 Bochum 35,       T:367 85
Elke C. Wrangel,      Neubuger Landstr.1,   47012 Pers 457,       T:872 71
Karl Snörenses,       Am Karlsbad 2,        53773 Maienhausen,    T:721 56 80
Sybille Schneider,    Uferwasserweg 45,     62300 Hausen,         T:901 56 81
Sonja S. Müllers,     Waldstr. 5,           79056 Müllershausen,  T:90 1568
═══════════════════════════════════════════════════════════════════════
                              Abschrift:
Frank Karsler,        Schleyweg 8,          14120 Brandenburg 47, T:87 87 97
Fritz Kasperow,       Waltenstr. 87,        21458 Nennebusch 6,   T:40 847 23
Claudia Mehnings,     Warnemüder Str. 42,  35400 Bochum 25,       T:367 95
Elke C. Wrangel,      Neubuger Landstr 6,   47012 Persen 457,     T:872 71
Karl Snörens,         Am Karlsbad 2,        53073 Maienhausen,    T:721 56 80
Sybille Schneider,    Uferwasserweg 45,     62300 Hausen,         T:901 59 81
Sonja S. Müllers,     Wallstr. 5,           79065 Müllerhausen,   T:90 1568
═══════════════════════════════════════════════════════════════════════

                        Weiter zum Beantworten

Fehler:  Aufg.:                                            Zeit:
   4       5                                              00:29 min
```

Aufgaben dieser Art zählen zu den **Konzentrationsaufgaben**. Im obigen Beispiel müssen Tippfehler bei der Abschrift der Adressen gefunden werden.

Sehr weit verbreitet sind in dieser Rubrik auch Buchstaben, die oben oder unten gestrichelt sind. Im Programm kommen folgende Aufgaben vor:

Wie oft hat der Buchstabe d oben oder unten, d. h. insgesamt zwei Striche?

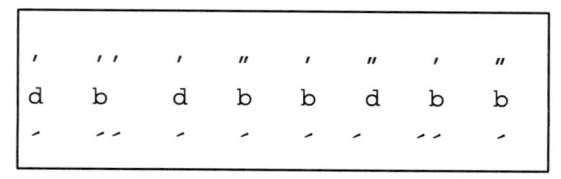

```
  ′   ′ ′   ′   ″   ′   ″   ′    ″
  d   b   d   b   b   d   b    b
  ˏ   ˏˏ  ˏ   ˏ   ˏ   ˏ   ˏˏ   ˏ
```

Auch Aufgaben dieser Art werden immer mit erheblichem Zeitdruck verbunden.

Im Programm kommen auch Aufgaben vor, bei denen die Anzahl des Auftretens einer bestimmten Ziffer in einer größeren Menge festgestellt werden muss.

Schließlich enthält das Programm noch die umstrittenen Fragen zur **Persönlichkeit**. Hier sollen die Schülerinnen und Schüler auf das Schema vorbereitet werden, wobei im Grundsatz folgende Regel gilt:

Man soll nicht alles hinnehmen, aber auch nicht aus der Rolle fallen.

Typisch dafür ist folgende Frage, die aus einem „echten" Test stammt:

Es ist drei Uhr nachts und das Telefon hat die Person XY aus dem Schlaf geklingelt.
Was denkst du, wird die Person XY dem Anrufer sagen?

a) Das macht nichts. Ich habe noch nicht so fest geschlafen.

b) Es ist wirklich ärgerlich, aber kann schon mal passieren.

c) Sie sind wirklich ein Vollidiot, einfach zu dieser Zeit anzurufen.

Anzustreichen ist hier die Möglichkeit b). Passives Hinnehmen und Schlucken wäre die Antwort a). Sie ist nicht erwünscht. Ebenfalls nicht die Möglichkeit c), weil sie eine übermäßige Reaktion darstellen würde.

Besonders heikel sind Fragen folgender Art:

Ich lese lieber ein gutes Buch als mit anderen zu klönen.

a) stimmt

b) manchmal schon

c) stimmt überhaupt nicht

Hier gilt c) als die erwünschte Antwort, obwohl sehr viele -und das zu Recht- die Möglichkeit b) anstreichen würden. Man sieht darin jedoch eine unzureichende Bereitschaft zur Teamarbeit, die bei allen Tests einen großen Stellenwert hat.

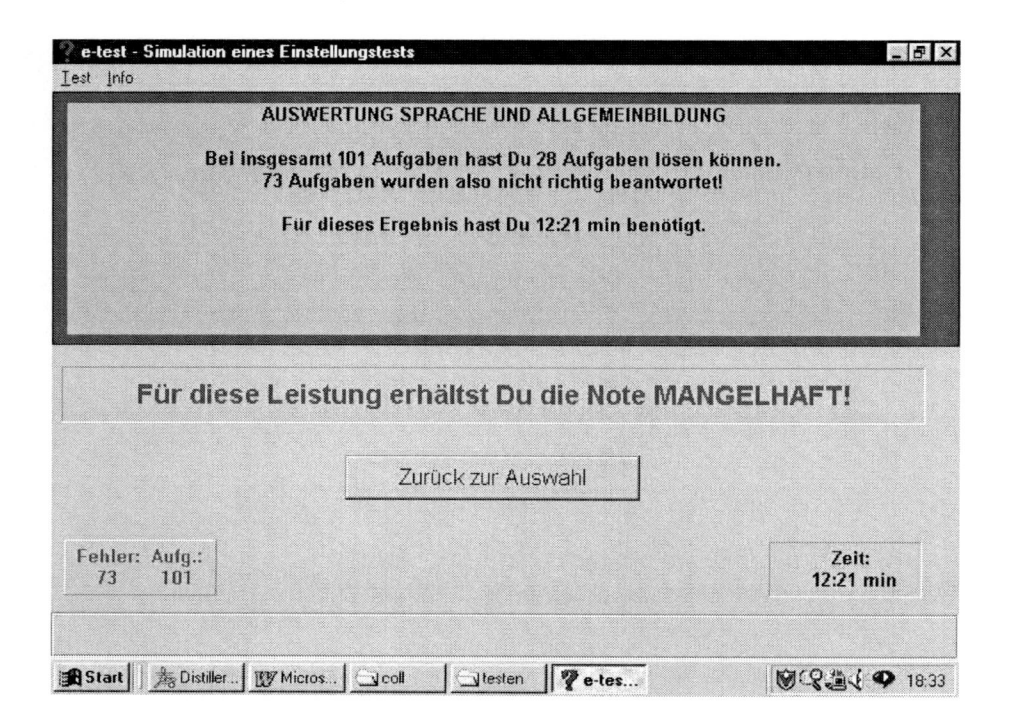

> **e-test - Simulation eines Einstellungstests**
>
> Test Info
>
> ### AUSWERTUNG SPRACHE UND ALLGEMEINBILDUNG
>
> Bei insgesamt 101 Aufgaben hast Du 28 Aufgaben lösen können.
> 73 Aufgaben wurden also nicht richtig beantwortet!
>
> Für dieses Ergebnis hast Du 12:21 min benötigt.
>
> **Für diese Leistung erhältst Du die Note MANGELHAFT!**
>
> [Zurück zur Auswahl]
>
> Fehler: 73   Aufg.: 101   Zeit: 12:21 min

Die insgesamt ca. 300 Aufgaben des Programms werden in drei Kategorien unterteilt:

- Sprachaufgaben – Allgemeinbildung
- Logik- und Rechenaufgaben
- Gedächtnistraining

Jede Kategorie kann als eigenständiger Test gestartet werden und das Programm liefert zum Schluss immer eine Auswertung, bei der auch die Bearbeitungszeit erwähnt wird.

Die Bewertung resultiert aus der Anwendung eines linearen Notenschlüssels vom Punktemaximum bis zu Null.

Die Bearbeitungszeit wird vom Programm ohne Kommentar mitgeteilt, aber die Schülerinnen und Schüler sollten wissen, dass in allen Tests Zeitdruck erzeugt wird und viele Tests sogar so angelegt sind, dass sie zeitlich gar nicht bewältigt werden können.

Die Betriebe testen hier, wie sich die Bewerberin unter höchstem Druck verhalten.

XVI. Umfangreiche Berechnungen und Datenauswertung

Computer sind „von Hause aus" nichts anderes als ausgefeilte Rechenmaschinen. Rechnen ist sogar das einzige, was ein Computer selbst, also die Hardware, überhaupt kann. Erst die Software hilft, die mächtige Rechenkapazität eines Computers nutzbar zu machen.

In diesem Kapitel werden nun zwei Programme vorgestellt, mit deren Hilfe gewisse Berechnungen über Masken einfach gesteuert werden können und die die Ergebnisse in übersichtlicher Form präsentieren.

Zudem wird ein weiteres wichtiges Einsatzgebiet der Computer angesprochen: Die Verwaltung und Auswertung großer Datenmengen.

1. Vom Bruttolohn zum Nettolohn mit dem Programm „Netto99"

Nachfolgender Bildschirm zeigt die Eingabe und die Bildschirmausgabe des Programms mit dem unkomfortabel langen Namen „*WISO Brutto-Netto-Lohn Rechner 1999*". Das Programm ist als Shareware erhältlich, wozu man bei folgender Adresse nähere Auskünfte erhält:

www.wiso.de

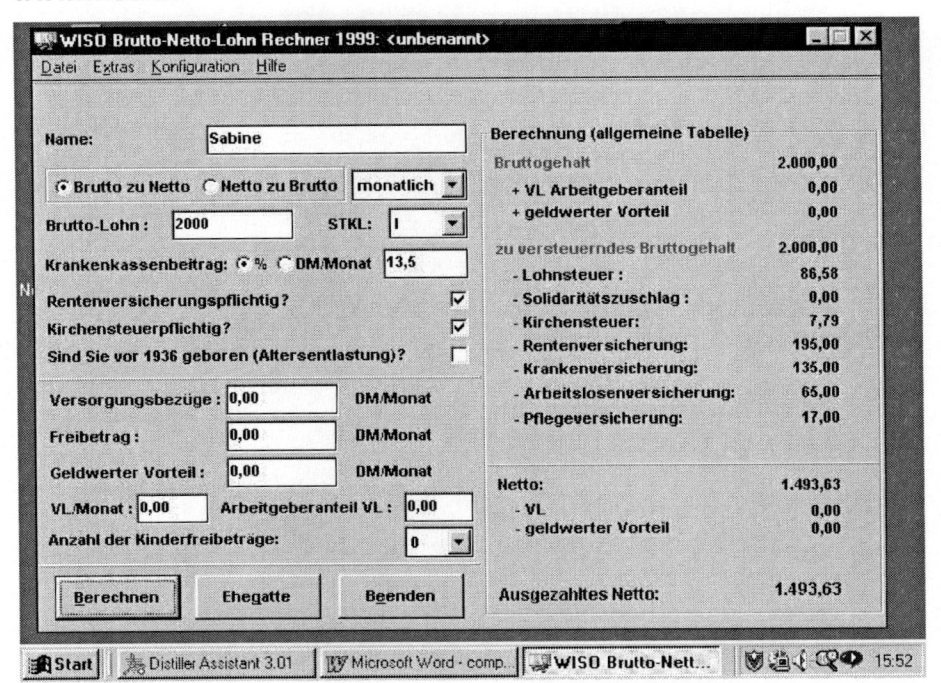

Die Benutzung erfolgt so, dass man alle notwendigen Eingaben macht und dann auf den Button „Berechnen" klickt. Sogleich werden die Resultate gezeigt und können auch ausgedruckt werden.

Man sieht, dass es sich beim Programm Netto99 um ein Werkzeug handelt, das nur unter bestimmten Fragestellungen benutzt werden kann. Drei mögliche Beispiele werden nachfolgend dargestellt:

Progression der Einkommensteuer

Die theoretisch meistens klare Zunahme des Steuersatzes kann mit Hilfe des Programms für konkrete Beispiele verdeutlicht werden:

	Bernd	Sabrina
Einkommen	2000,00	5000,00
Lohnsteuer	86,58	1022,75
Durchschnittssatz der Lohnsteuer	4,3%	20,5%
Gesamtabgaben	506,37	2144,80
Abzüge in %	25,3%	42,9%

Das Beispiel zeigt den starken Anstieg der Lohnsteuer:
- Bei 2.000DM Einkommen sind es 86,58 DM,
- bei einem Einkommen von 5.000,00 DM jedoch 1.022,75 DM.

Entsprechend steigt der durchschnittliche Steuersatz der Einkommensteuer von 4,3% auf 20,5%.

Das Programm bietet hier den großen Vorteil, für verschiedene Einkommen die Last der Einkommensteuer schnell zu berechnen und vergleichen zu können.

Grenzsteuersatz

In der politischen Diskussion ist sehr oft vom Grenzsteuersatz oder dem Spitzensteuersatz die Rede. Im wesentlichen geht es dabei darum, wie stark die Einkommensteuer bei einer **Zunahme** des Einkommen ansteigt. Auch diese Fragestellung kann am besten mit Beispielen verdeutlicht werden.

Man gibt die unterschiedlichen Einkommen im Programm ein und überträgt die Ergebnisse in eine vorgefertigte leere Tabelle nach folgendem Muster:

Einkommen	2000,00	2100,00	5000,00	5100,00	5500,00
Lohnsteuer	86,58	112,00	1022,75	1056,75	1196,58
Zunahme der Lohnsteuer		25,42		34,00	139,83
Nettoeinkommen nach allen Abgaben	1493,63	1545,32	2798,95	2839,42	2996,92
Zunahme des Nettoeinkommens		51,69		40,47	157,50

Der Grenzsteuersatz wird mit einer Einkommenszunahme von 100,00DM erfasst:

Steigt das Einkommen von 2.000 auf 2.100 DM, so steigt die Lohnsteuer um 25,42DM. Der Grenzsteuersatz beträgt demnach 25,42%.

Nimmt man als Ausgang ein Einkommen von 5.000DM und lässt es ebenfalls um 100DM zunehmen, so steigt die Einkommensteuer um 34,00. Der Grenzsteuersatz beträgt demnach hier 34,00 DM.

Ein weiterer Vergleich ist für einen Anstieg des Einkommens von 5.000 auf 5.500 DM möglich. Die vorstehende Tabelle zeigt, dass in diesem Fall die Höhe der Lohnsteuer um 139,83 DM zunimmt.

Bezüglich der Belastung der Haushalte wird oft so argumentiert:

Wie viel bleibt mir von einer Einkommenserhöhung?

Es wird also mit dem Nettoeinkommen argumentiert, wobei Lohnsteuer und Sozialabgaben zusammen gerechnet werden.

Die Tabelle mit den Werten des Programms zeigt hier:

Bei 2.000DM Einkommen bleiben von einer Erhöhung um 100DM netto noch 51,69DM.

Bei 5.000DM bleiben von 100DM Gehaltserhöhung lediglich 40,47DM.

Steigt das Einkommen von 5.000 auf 5.500DM, so verbleibt netto eine Zunahme von 157,50DM.

Freibeträge

Das Programm erlaubt auf einfache Weise das Durchrechnen der Auswirkungen von Freibeträgen. Dies sind ganz allgemein Beträge, die vom zu versteuernden Einkommen abgesetzt werden können. Beispiele dafür sind Abschreibungen bei bestimmten Objekten oder Absetzungen für bestimmte Gegebenheiten. Es sind im wesentlichen diese Freibeträge, die es ermöglichen, dass selbst bei höchsten Einkommen nur wenig Einkommensteuer gezahlt werden muss.

Beispielsweise wirkt sich ein monatlicher Freibetrag von 1.500DM in unseren Fällen wie folgt aus:

5.100DM Einkommen wird ohne Freibetrag mit 1.056,75DM Lohnsteuer belastet. Bei 1.500DM Freibetrag sinkt die Lohnsteuer auf 566,58DM.

2. Vergleich von Kreditkosten mit dem Programm „Zinsrechnung"

Höhe der Kreditkosten

Im folgenden wird lediglich für Ratenkredite mit festen monatlichen Raten argumentiert. Das Programm zeigt hierfür die folgende, sehr übersichtliche Maske:

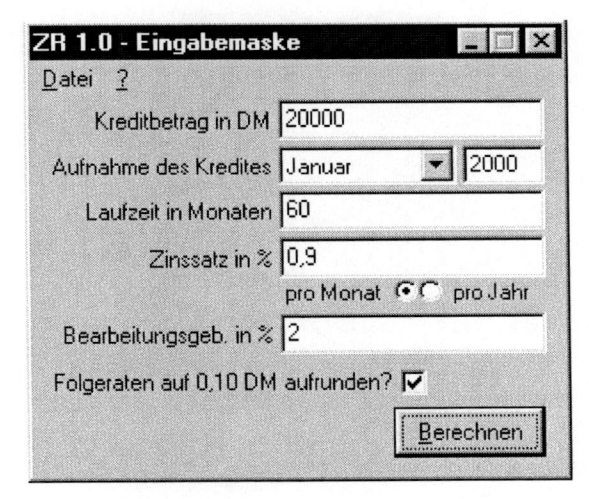

Die hier dargestellten Berechnungen beziehen sich auf einen Kredit über **20.000DM**, der im **Januar 2000** aufgenommen werden soll. Die Laufzeit des Krediets beträgt **60** Monate. Der Zinssatz beträgt monatlich **0,9%**. Zusätzlich zu den Zinsen erhebt die Bank noch eine Bearbeitungsgebühr von **2%**.

Aus den so eingegebenen Daten errechnet das Programm „Zinsrechnung" folgende Auswertung:

```
ZR 1.0 - Ausgabe der Zinsrechnung        _ □ ×
Datei  Bearbeiten  ?
              Kreditbetrag in DM: | 20000,00      |
         Zeitpunkt der Aufnahme: | Januar 2000    |
              Laufzeit in Monaten: | 60           |
              Zinssatz pro Jahr in %: | 10,800    |
              Bearbeitungsgeb. in %: | 2,000      |
                         ...in DM: | 400,00       |
                    1. Rate in DM: | 520,00       |
                      ...fällig im: | Februar 2000 |
       | 59 |  Folgeraten in DM: | 520,00         |
                ...fällig mtl. ab: | März 2000    |
                            ...bis: | Januar 2005 |
           Gesamtbelastung in DM: | 31200,00      |
              ...davon Zinsen in DM: | 10800,00   |
              effektiver Jahreszins in %: | 11,200|
                              | Neue Berechnung |
```

Im unteren Teil der Auswertung wird gezeigt, dass die Gesamtbelastung, also die zurückzuzahlende Summe, **31.200DM** beträgt. Davon sind **10.800DM** Zinsen. Zusammen mit den weiter oben angegebenen Bearbeitungsgebühren in Höhe von **400DM**, ergeben sich die **Gesamtkosten** dieser Kreditaufnahme von immerhin **11.200DM**.

Dieser absolute Betrag zeigt klarer als z.B. der effektive Jahreszins wie viel es kostet, eine bestimmte Anschaffung sofort und auf Kredit vorzunehmen

Im Sinne einer Reduzierung dieser Kosten könnte man nun mit dem Programm durchrechnen, wie sich ein kleinerer Darlehensbetrag oder eine Verkürzung der Laufzeit auswirkt . Möglich wäre auch herauszufinden, wie hoch der Kredit sein darf, wenn die Monatsraten höchstens 400DM betragen sollen.

Vergleich von Kreditkosten

Beim Vergleich von Kosten der Kreditaufnahme geht es vor allem um unterschiedliche Nominalzinssätze pro Monat, aber auch um die Höhe der Bearbeitungsgebühr.

Verändert man im vorstehenden Beispiel lediglich den **Zinssatz** von 0.9% auf **0.8%**, so zeigt das Programm, dass die Gesamtrückzahlung auf **30.000,00DM** sinkt. Die gesamten Kosten des Kredits betragen also nur noch 10.000DM, was man auch so ausdrücken kann:

Das **gleiche Produkt**, nämlich ein Kredit von 20.000DM, kann bei einem bestimmten Kreditinstitut **1.200 DM weniger** kosten als bei einem anderen.

Solche absoluten Unterschiede für den Preis des Kredits zeigen eindringlicher als unterschiedliche effektive Zinssätze, dass es wichtig ist, die Angebote verschiedener Kreditinstitute zu vergleichen.

„Zinsrechnung" ist sicherlich ein sehr einfaches Programm zur Berechnung von Kreditkosten. Allerdings liegt genau darin die Nützlichkeit für den Unterricht. Mit nur wenigen Eingaben gelangt man schnell zu einer aussagekräftigen und im Umfang überschaubaren Auswertung, in der die wichtigen absoluten Beträge enthalten sind.

Den Schülerinnen und Schülern sollte eine intuitive Benutzung des Programms bereits nach kurzer Zeit möglich sein. Damit kann die volle Konzentration den zu vermittelnden Inhalten gewidmet werden.

Das Programm ist Cardware und kann abgerufen werden unter:

www.ph-freiburg.de/wirtschaft/zinsr.htm

3. Verwendung einer Telefon-CD

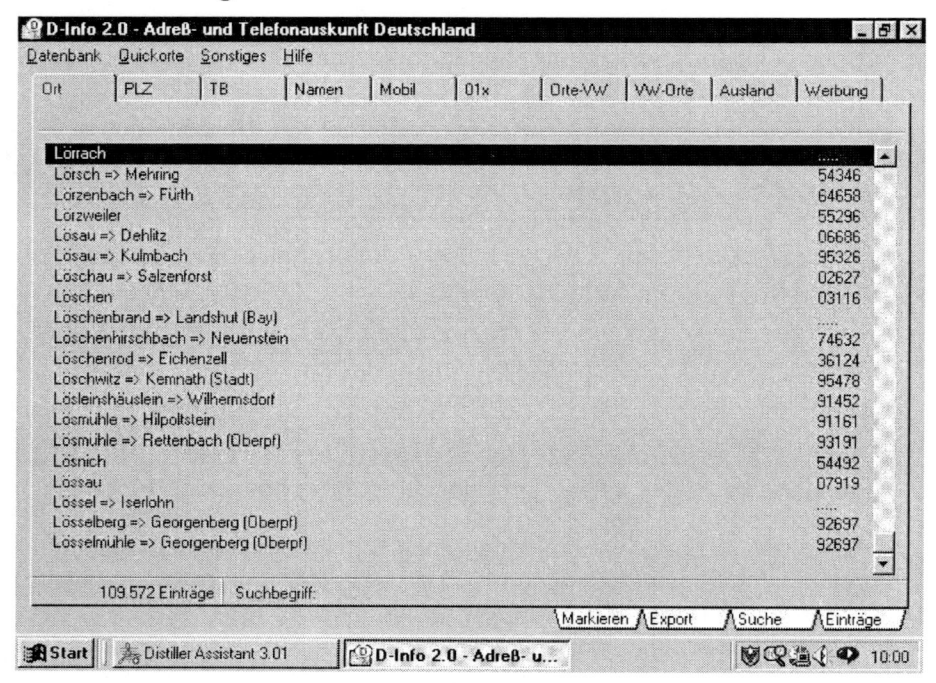

[Screenshot: D-Info 2.0 - Adreß- und Telefonauskunft Deutschland. Liste mit Einträgen:]

Ort	PLZ
Lörrach	
Lörsch => Mehring	54346
Lörzenbach => Fürth	64658
Lörzweiler	55296
Lösau => Dehlitz	06686
Lösau => Kulmbach	95326
Löschau => Salzenforst	02627
Löschen	03116
Löschenbrand => Landshut (Bay)	
Löschenhirschbach => Neuenstein	74632
Löschenrod => Eichenzell	36124
Löschwitz => Kemnath (Stadt)	95478
Lösleinshäuslein => Wilhermsdorf	91452
Lösmühle => Hilpoltstein	91161
Lösmühle => Rettenbach (Oberpf)	93191
Lösnich	54492
Lössau	07919
Lössel => Iserlohn	
Lösselberg => Georgenberg (Oberpf)	92697
Lösselmühle => Georgenberg (Oberpf)	92697

109.572 Einträge | Suchbegriff:

Vorstehender Bildschirm zeigt das Menü einer Telefon-CD. Sie enthält alle Einträge in den deutschen Telefonbüchern, das sind etwa 34 Millionen Einträge.

Schon die bloße Masse der Daten ist eindrucksvoll. Andererseits gibt es schon seit Jahren um diese Daten heftigen Streit, und zwar im wesentlichen aus zwei Gründen:

- Zum einen Fragen des Urheberrechts, wobei die Tendenz dahin geht, dass die Telefonbücher doch nicht der Allgemeinheit gehören.
- Zum andern gibt es Probleme des Datenschutzes, wenn die Programme erweiterte Suchmöglichkeiten bieten.

Normalerweise verläuft die Suche so, dass der Name einer bestimmten Person und der Wohnort bekannt ist. Gesucht wird die Telefonnummer, die vom Programm bequem und schnell geliefert wird.

In den letzten Jahren haben es die verschiedenen Anbieter auch ermöglicht, dass lediglich mit dem Namen ohne Kenntnis des Orts in ganz Deutschland gesucht werden kann. Dies ist datenrechtlich unbedenklich, zumal meistens die große Zahl an Treffern einen Missbrauch verhindern.

Problematisch wird es, wenn die Programme den umgekehrten Weg bei der Suche erlauben: Es ist eine Vorwahl und eine Telefonnummer bekannt, gesucht und vom Programm geliefert wird der Name der Inhaberin oder des Inhabers des Anschlusses.

Bei dieser Nutzung verliert die bloße Telefonnummer ihre Anonymität, und es kann mancherlei Missbrauch getrieben werden.

Problematisch sind auch verschiedene Filter. Beispielsweise könnte man bei der Suche nach einer bestimmten Person die Anschlüsse in der gefundenen Straße nach der Hausnummer sortieren. Dann könnte man sehen, ob in einem bestimmten Haus nur ein einziger Anschluss oder mehrere oder viele vorhanden sind. Damit wäre demnach feststellbar, wie die gesuchte Person wohnt, ob im Einfamilienhaus oder im Hochhaus.

Trotz aller Problematik erfreuen sich solche Telefon CDs großer Beliebtheit. Die weite Verbreitung ist ein Grund diese CDs in den Wirtschaftlehreunterricht zu integrieren. Zudem bieten Telefon CDs eine gute Gelegenheit, den Schülerinnen und Schülern bewusst zu machen, welchen Umfang moderne Datensammlungen erreichen und wie einfach auch riesige Datenmengen verarbeitet werden können. Bemerkungen bezüglich Aufgaben und Möglichkeiten des Datenschutzes bieten sich hier geradezu an und sollten auf keinen Fall ausgelassen werden.

XVII. Tabellenkalkulation

Im vorangegangenen Kapitel wurden bereits einige Werkzeuge gezeigt, mit denen komplizierte Berechnungen am Computer leicht durchgeführt werden können. Die dort besprochenen Programme waren allerdings alle jeweils auf genau eine Problemstellung beschränkt.

Mit einer Tabellenkalkulation steht dagegen ein „offenes" Werkzeug zur Verfügung. Dies bedeutet, dass mit Hilfe von Tabellenkalkulationen eine Vielzahl unterschiedlicher rechnerischer Probleme gelöst werden kann. Dies bedeutet aber gleichzeitig auch, dass die Problemstellung und der Lösungsweg in Form von Masken **nicht vorstrukturiert** sein kann. Um eine Rechnung mit einer Tabellenkalkulation durchzuführen, muss man folglich nicht nur die Werte in das Programm eingeben, sondern auch den Berechnungsweg, also die Formeln.

Es gibt viele unterschiedliche Anbieter von Tabellenkalkulationen, die jedoch alle nach den gleichen Prinzipien arbeiten und einen ähnlichen Leistungsumfang bieten.

Grundlagen dazu werden nun anhand einfacher Beispiele mit Microsoft Excel 2000 dargestellt. Im weiteren Verlauf möchten wir auch einige etwas komplexere Beispiele zeigen. Alle Beispiele sind als Anregung bzw. als Vorlage für den Unterricht gedacht, denn das Arbeiten mit Tabellenkalkulationen ist im beruflichen Alltag weit verbreitet und damit auch Thema der Lehrpläne.

1. Rechnen mit dem Inhalt von Zellen durch Verknüpfung (Grundlagen)

Schema einer Kalkulation

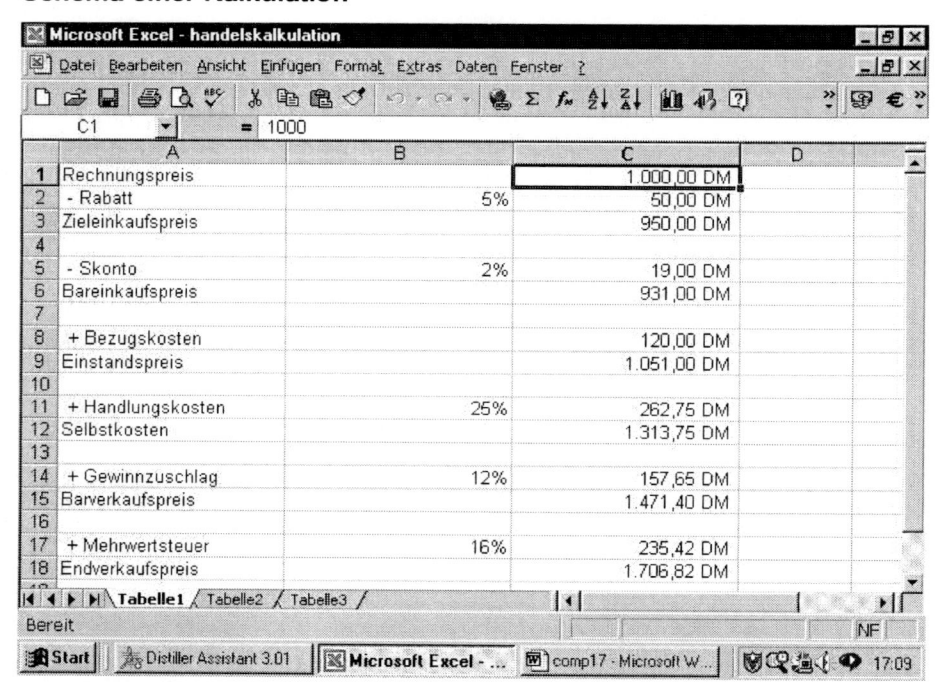

	A	B	C	D
1	Rechnungspreis		1.000,00 DM	
2	- Rabatt	5%	50,00 DM	
3	Zieleinkaufspreis		950,00 DM	
4				
5	- Skonto	2%	19,00 DM	
6	Bareinkaufspreis		931,00 DM	
7				
8	+ Bezugskosten		120,00 DM	
9	Einstandspreis		1.051,00 DM	
10				
11	+ Handlungskosten	25%	262,75 DM	
12	Selbstkosten		1.313,75 DM	
13				
14	+ Gewinnzuschlag	12%	157,65 DM	
15	Barverkaufspreis		1.471,40 DM	
16				
17	+ Mehrwertsteuer	16%	235,42 DM	
18	Endverkaufspreis		1.706,82 DM	

Vorstehender Bildschirm zeigt die grundlegende und geniale Idee der Rechenblätter einer Tabellenkalkulation: Es wird mit dem Inhalt der Zellen in der Art von Platzhaltern gerechnet. Dabei werden die Zellen mit entsprechender Spalte und Zeile bezeichnet. So steht in der Zelle C3 für den Zieleinkaufspreis als aktueller Wert zwar 950, aber der Wert wird durch folgende Formel bestimmt: = *C1 - C2*.

Wird in Zelle C1 demnach ein neuer Rechnungspreis eingegeben, so wird entsprechend neu durchgerechnet und auch der Wert in C3 neu angezeigt. Entsprechend können andere Werte, z.B. der Rabatt oder die Bezugskosten verändert und die Auswirkungen auf den Endverkaufspreis festgestellt werden.

Ratenkredit

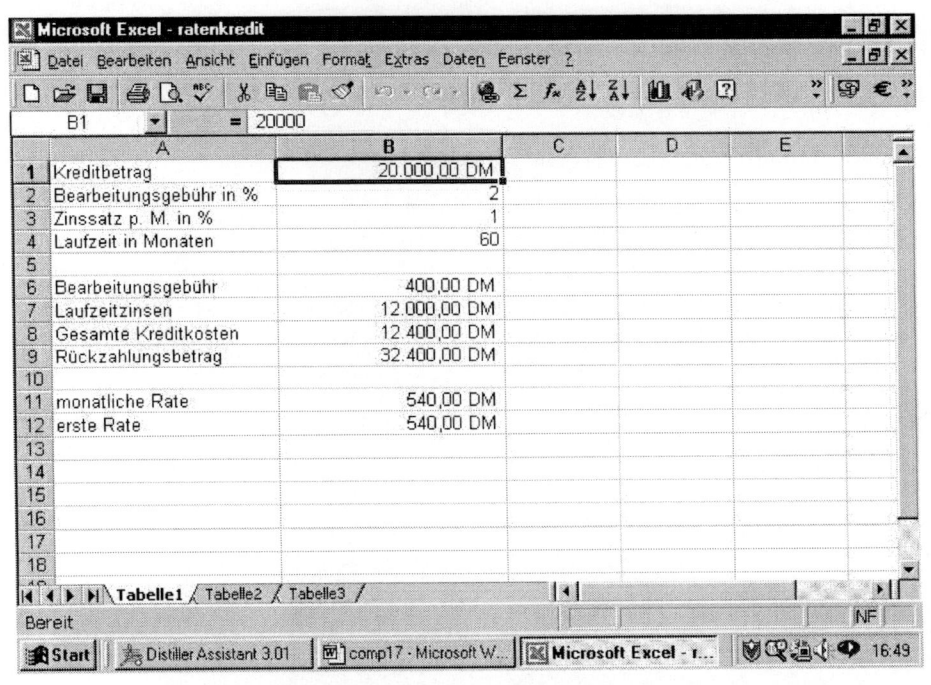

	A	B
1	Kreditbetrag	20.000,00 DM
2	Bearbeitungsgebühr in %	2
3	Zinssatz p. M. in %	1
4	Laufzeit in Monaten	60
5		
6	Bearbeitungsgebühr	400,00 DM
7	Laufzeitzinsen	12.000,00 DM
8	Gesamte Kreditkosten	12.400,00 DM
9	Rückzahlungsbetrag	32.400,00 DM
10		
11	monatliche Rate	540,00 DM
12	erste Rate	540,00 DM

Mit diesem Rechenblatt können wichtige Aspekte des Ratenkredits erarbeitet werden. Die entsprechenden Formeln lauten:

B6 = B1 * B2 / 100

B7 = B1 * B3 * B4 / 100

B8 = B6 + B7

B9 = B8 + B1

B11 = runden((B9 / B4) ; 0)

B12 = B9 - (B4 - 1) * B11

Als wichtigster Aspekt können die Kosten unterschiedlicher Kreditangebote durchgerechnet werden. Beispielsweise könnte man in B3 die Werte 0,8 oder 0,9 eingeben, um vergleichen zu können.

Eine zweite Variante wären die Auswirkungen veränderter Laufzeiten auf die Höhe der monatlichen Raten. Dazu ist entsprechend der Wert in Zelle B4 zu ändern. Schließlich könnte durch Experimentieren bei der Eingabe in B1 auch herausgefunden werden, wie viel Kredit aufgenommen werden kann, wenn die monatliche Belastung einen bestimmten Wert nicht übersteigen soll.

2. Kopieren von Formeln

Kölner Dom

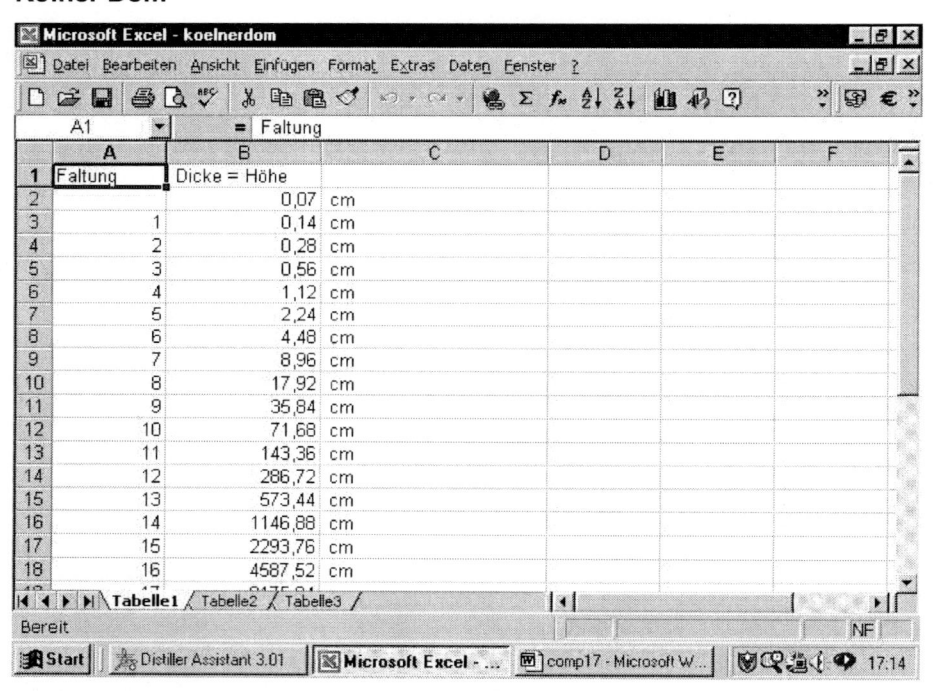

	A	B	C
1	Faltung	Dicke = Höhe	
2		0,07	cm
3	1	0,14	cm
4	2	0,28	cm
5	3	0,56	cm
6	4	1,12	cm
7	5	2,24	cm
8	6	4,48	cm
9	7	8,96	cm
10	8	17,92	cm
11	9	35,84	cm
12	10	71,68	cm
13	11	143,36	cm
14	12	286,72	cm
15	13	573,44	cm
16	14	1146,88	cm
17	15	2293,76	cm
18	16	4587,52	cm

Beim Kopieren von Formeln geht es letztlich darum, dass eine bestimmte Rechnung vom Programm sehr oft wiederholt werden soll. Das Beispiel „Kölner Dom" stellt auf folgende Frage ab:

„Wie oft ist ein riesiges langes Papier von 0,07cm Stärke zu falten, damit der Stapel so hoch wie der Kölner Dom wird?"

Im Rechenblatt sind die Werte der ersten drei Zeilen wie in dem gezeigten Bildschirm einzugeben. Danach werden die Werte jedoch durch Verknüpfung von Zellen bestimmt:

A4 = A3 + 1

*B4 = B3 * 2*

Nun stellt man den Feldzeiger auf A4 und markiert je nach Wunsch der Schülerinnen und Schüler 20, 30 oder sogar 100 Zellen nach unten. Das Ausfüllen der markierten Zellen geschieht am einfachsten durch Festhalten der Taste **Strg** und Tippen auf die Taste **U** (Menü: „*Bearbeiten*"/„*Ausfüllen*"/„*nach unten*"). Man sieht, dass nun die Spalte A fortlaufend nummeriert ist.

Entsprechend verfährt man mit der Spalte B: Markieren ab B4 und ausfüllen durch Strg + U.

Entscheidend bei diesem Ausfüllen ist, dass die Formeln in jeder Zelle automatisch angepasst werden, z.B.:

A4 = A3 + 1   *B4 = B3 * 2*

A5 = A4 + 1   *B5 = B4 * 2*

usw.   usw.

Wenn man beachtet, dass der Kölner Dom etwa 146m hoch ist, also etwa 146000 mm, so erkennt man aus dem Rechenblatt, dass 20 Faltungen notwendig sind, um die erforderliche „Dicke" oder „Höhe" des gefalteten Papiers zu erreichen. Das Beispiel zeigt auch die Schnelligkeit eines Wachstumsprozesses, der exponentiell verläuft.

Weltbevölkerung

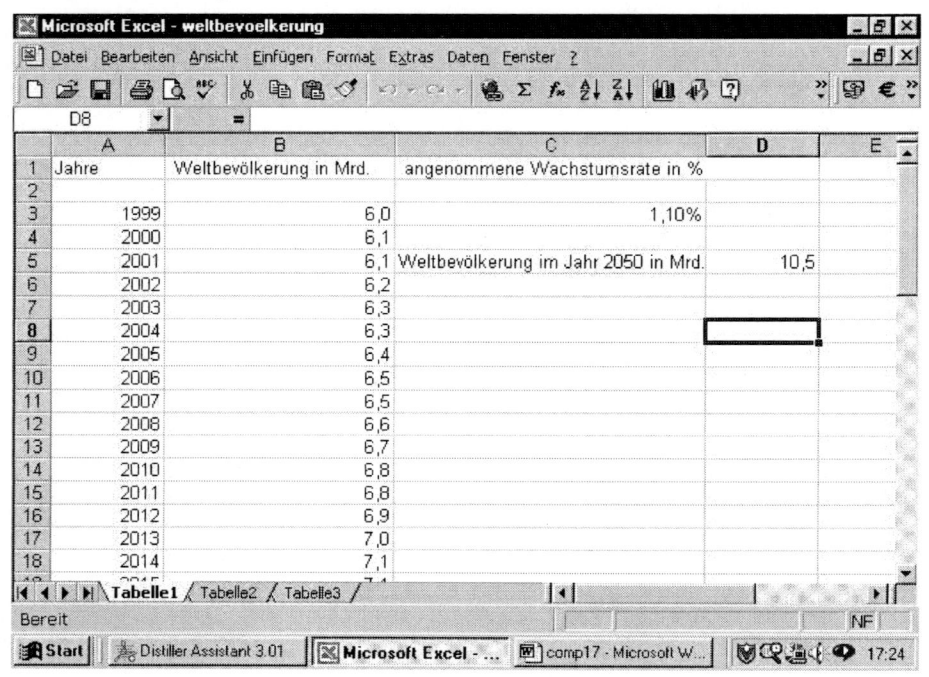

	A	B	C	D
1	Jahre	Weltbevölkerung in Mrd.	angenommene Wachstumsrate in %	
2				
3	1999	6,0	1,10%	
4	2000	6,1		
5	2001	6,1	Weltbevölkerung im Jahr 2050 in Mrd.	10,5
6	2002	6,2		
7	2003	6,3		
8	2004	6,3		
9	2005	6,4		
10	2006	6,5		
11	2007	6,5		
12	2008	6,6		
13	2009	6,7		
14	2010	6,8		
15	2011	6,8		
16	2012	6,9		
17	2013	7,0		
18	2014	7,1		

Bei diesem Beispiel kann man die Entwicklung der Weltbevölkerung bei unterschiedlichen Wachstumsraten in die Zukunft prognostizieren.

Zunächst werden die ersten drei Zeilen wie auf dem abgebildeten Bildschirm eingegeben. Die Größe der Spalte kann durch Ziehen nach rechts entsprechend angepasst werden.

Spalte A kann nach dem geschilderten Verfahren beim Kölner Dom gefüllt werden. Im Beispiel erfolgt dies bis zum Jahr 2050.

Spalte B erfordert eine Besonderheit:

*B4 = B3 + B3 * C3*

Der Wert der Zelle B4 errechnet sich demnach aus dem Wert des Vorjahrs (B3), zuzüglich B3 * C3.

Der Prozentsatz des Wachstums soll für alle Jahre gleich bleiben. Daher ist in allen Formeln der Wert von C3 zu verwenden. Dieser absolute Bezug wird dadurch erreicht, dass der Spalte und der Zeile das Zeichen $ vorangestellt wird. Ist diese Formel in Zelle B4 eingegeben, dann wird wieder markiert bis zum Jahr 2050 und durch Tippen von Strg + U nach unten kopiert.

Zur Erleichterung der Arbeit mit dem Rechenblatt wird in Zelle D5 der Wert von B54 (also das Jahr 2050) dargestellt, indem man eingibt =B54.

Nun können die Schülerinnen und Schüler in der Zelle C3 verschiedene Wachstumsraten eingeben und deren Auswirkung auf die Weltbevölkerung in 50 Jahren feststellen. Man könnte z.B. prüfen, wie hoch die Wachstumsrate sein darf, damit es im Jahr 2050 höchstens 9 Mrd. Menschen gibt.

Party (mit Simulation von Werten)

	A	B	C	D	E
1	Einkäufe	Preis	Einheit	Menge	Betrag
2					
3	Cola	1,50	pro 1,5 l	12	18,00 DM
4	Mineralwasser	0,35	pro 0,7 l	12	4,20 DM
5	Bratenaufschnitt	2,29	pro 100g	5	11,45 DM
6	Käseaufschnitt	1,98	pro 150g	4	7,92 DM
7	Erdnüsse	1,79		5	8,95 DM
8	Crunchips	1,98		5	9,90 DM
9	Partybrötchen	0,55		50	27,50 DM
10	Gewürzgurken	1,99		3	5,97 DM
11	Heringsfilet	1,99	pro Dose	5	9,95 DM
12	Eier	0,18		10	1,80 DM
13	Eiscreme	5,99		3	17,97 DM
14	Stangenweißbrot	1,55		4	6,20 DM
15	Vollkornbrot	2,35		2	4,70 DM
16					
17					134,51 DM

Bei diesem Rechenblatt soll das Experimentieren mit Zahlenwerten innerhalb der Tabelle geübt werden. Aufgabenstellung ist es, die Planung für eine Party mit Hilfe einer Tabellenkalkulation durchzuführen. Die Berechnungen auf dem abgebildeten Bildschirm benutzen gleichfalls die Technik des Kopierens von Formeln.

Zunächst müssen die Werte der Spalten A, B, C und D eingegeben werden. Die Spalte „Betrag" wird errechnet wie folgt:

*E3 = B3 * D3*

Nach Beendigung der Eingabe mit der ENTER-Taste wird nach unten so weit wie nötig (also bis „Vollkorn") markiert. Das Kopieren der Formeln erfolgt wieder durch die Tastenkombination Strg + U.

Zum Berechnen der Summe wird der Feldzeiger auf die Zelle E17 gestellt, danach klickt man in der Symbolleiste auf das Symbol für die Summe (Σ) und bestätigt mit der ENTER-Taste.

Die Summe der Ausgaben (E17) darf **nur DM 120,00** betragen, weil z.B. die Eltern nur 120DM zur Verfügung stellen. Die Schülerinnen und Schüler sollen nun herausfinden, wie die Mengen (nicht die Preise!) zu ändern sind, damit die Ausgaben 120DM nicht übersteigen, aber auch nicht zu weit darunter liegen. Am besten wäre es, wenn die Summe von 120DM genau erreicht würde.

Glühlampen und Sparlampen

Bei diesem Beispiel soll vereinfachend davon ausgegangen werden, dass die sogenannten Sparlampen zwar um ein Vielfaches mehr kosten als die herkömmlichen Glühlampen, aber ihre Brenndauer ebenfalls um ein Vielfaches höher ist. Daher werden im Folgenden die jeweiligen Preise nicht berücksichtigt, auch nicht der Umstand, dass am Anfang durch die hohen Ausgaben z.B. ein Haushalt besonders belastet wird.

Im Beispiel wird nur auf den unterschiedlichen Verbrauch und die Stromkosten je nach Preis der Stromeinheit eingegangen. Im Bildschirm sind z.B. für eine Jugendherberge die Spalten A, B, C und E einzugeben, alles andere wird berechnet, gegebenenfalls kopiert. In der Zelle B12 werden verschiedene Werte für die Kosten je Kilowattstunde eingegeben, um vergleichen zu können.

Die wichtigsten Zellen des Bildschirms auf der nächsten Seite berechnen sich folgendermaßen:

Wert	Beispiel	Formel	Berechnung durch Kopieren der Formel auch in...
Glühlampen Verbrauch	D4	*A4*B4*C4*	D5, D6, F4, F5, F6
Verbrauch je Tag	D8	*A4+A5+A6*	F8
Verbrauch in 200 Tagen	D10	*D8*200*	F10
Stromkosten je Jahr (Bei 200 Tagen Betrieb)	D14	*D10*B12*	F14

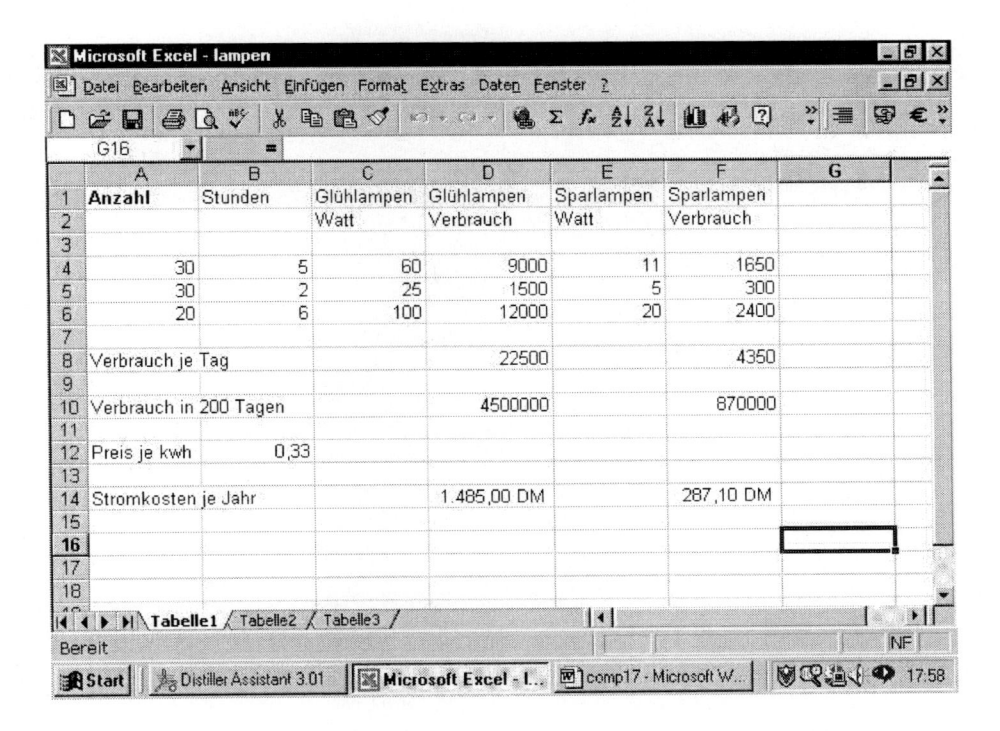

	A	B	C	D	E	F	G
1	Anzahl	Stunden	Glühlampen	Glühlampen	Sparlampen	Sparlampen	
2			Watt	Verbrauch	Watt	Verbrauch	
3							
4	30	5	60	9000	11	1650	
5	30	2	25	1500	5	300	
6	20	6	100	12000	20	2400	
7							
8	Verbrauch je Tag			22500		4350	
9							
10	Verbrauch in 200 Tagen			4500000		870000	
11							
12	Preis je kwh	0,33					
13							
14	Stromkosten je Jahr			1.485,00 DM		287,10 DM	

Weitere Beispiele für Verknüpfungen und das Kopieren von Zellinhalten kann man sich nahezu unbeschränkt ausdenken. Aus dem Bereich „Büro" wäre z.B. eine Rechnungserstellung nach folgendem Muster nützlich:

Artikel	Menge	Stückpreis	Betrag
A-Ware	120	1,77	212,40
B-Ware	22	11,22	246,84
C-Ware	55	33,77	1857,35
D-Ware	44	21,88	962,72
E-Ware	89	55,99	4983,11
		Summe	8262,42
	+	Mehrwertsteuer	1156,74
		Endsumme	**9419,16**

3. Nutzung eingebauter Funktionen

Tag der Geburt

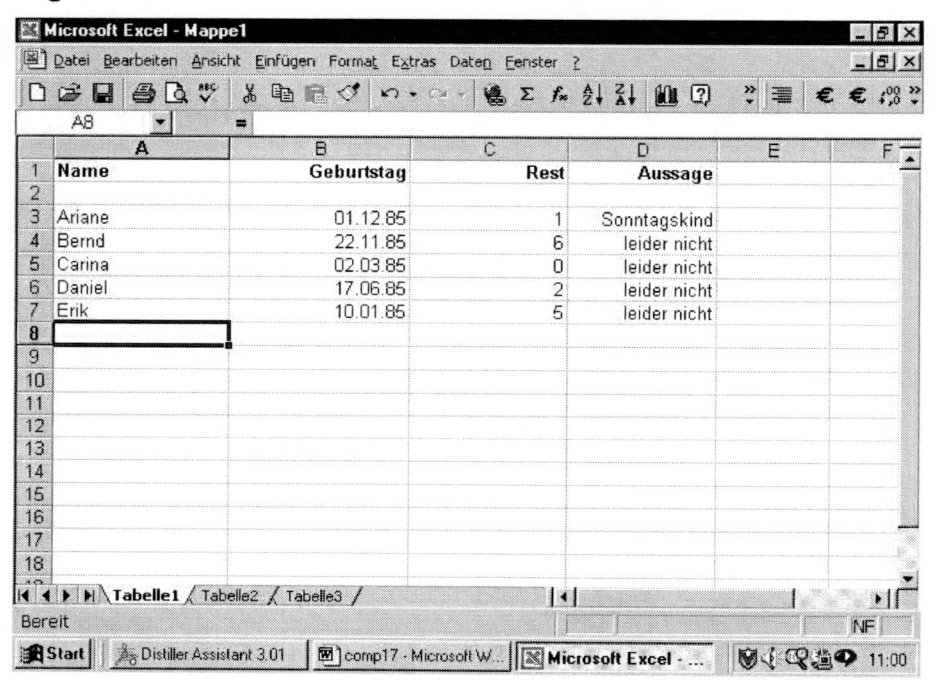

	A	B	C	D
1	Name	Geburtstag	Rest	Aussage
2				
3	Ariane	01.12.85	1	Sonntagskind
4	Bernd	22.11.85	6	leider nicht
5	Carina	02.03.85	0	leider nicht
6	Daniel	17.06.85	2	leider nicht
7	Erik	10.01.85	5	leider nicht

Excel verfügt wie alle anderen Tabellenkalkulationen über Hunderte eingebauter Funktionen. Allerdings sind nur wenige davon für den Wirtschaftslehreunterricht nützlich.

Als Einstieg könnte man in spielerischer Form den Tag der Geburt bestimmen. Dabei wird genutzt, dass die Software jedes Datum intern als Zahl behandelt, wobei der 1. Januar 1900, ein Sonntag, die Zahl 1 darstellt. Dividiert man also ein beliebiges Datum durch 7, so bedeutet ein Rest von 1 Sonntag, 2 Montag, 3 Dienstag usw.

Im vorstehenden Rechenblatt werden die Namen und das jeweilige Datum eingegeben. In Spalte C wird der Rest nach folgender Formel bestimmt:

C3 = rest(C2;7)

In Spalte D wird geprüft, ob dieser Rest 1 ist. Dabei wird folgende Funktion benutzt, die zuerst allgemein dargestellt wird:

=wenn(Bedingung; dann... ; sonst...)

Im Beispiel lautet die Formel:

=wenn(C3=1; „Sonntagskind"; „leider nicht")

Als Formulierung kann man diese logische Funktion so umschreiben:
Wenn der Rest = 1 ist, dann erscheint in der Zelle „Sonntagskind". Ist der Rest nicht 1, dann soll „leider nicht" erscheinen.

Sind diese Formeln in C3 und D3 eingetragen, dann können sie nach dem üblichen Verfahren nach unten kopiert werden.

Wird eine Zelle mit einem anderen Datum überschrieben, so errechnet das Programm den neuen Rest und prüft nach „Sonntagskind".

Lediglich der Vollständigkeit halber und für Spezialfälle sei darauf hin gewiesen, dass bei diesen Abfragen der Funktion *wenn(Bedingung; dann; sonst)* auch Verschachtelungen möglich sind. So könnte bei *„sonst"* eine weitere *wenn*-Funktion eingebaut werden.

Im allgemeinen führt das jedoch zu komplizierten Ausdrücken, die für die Schülerinnen und Schüler schnell zur Überforderung werden.

Zukunftswert regelmäßiger Zahlungen

Relativ einfach ist die Nutzung der Funktion für den Endwert regelmäßiger Zahlungen mit Zins und Zinseszins. Diese Funktion wird in Excel **„zw"** genannt. Werden beispielsweise jeden Monat 20,00 DM bei einem Zinssatz von 4% eingezahlt, so ergibt das nach 10 Jahren 2.945DM. Die Formel dazu lautet:

=zw(4%/12; 120; 20).

Funktionen für die Analyse eines Tests

	A	B	C	D	E
1	Name	Punkte			
2					
3	Andi	14		Maximum	29
4	Bernd	11			
5	Carina	8		Minimum	5
6	Daniel	7			
7	Erik	19		arithm. Mittel	16,3
8	Feri	22			
9	Gina	28		Median	16
10	Hori	29			
11	Isa	22			
12	Jakob	18			
13	Karim	10			
14	Larissa	25			
15	Moni	5			
16	Nina	14			
17	Otti	18			
18	Peter	11			

Hier sind jeweils Funktionen für einen Bereich von Zellen anzuwenden. Dabei besteht die einfachste Technik darin, den Anfang und das Ende des Bereichs, getrennt durch einen Doppelpunkt anzugeben, im Beispiel also:

=max(B3:B18)   Maximum (aus den Werten der Zellen B3 bis B18)

=min(B3:B18)   Minimum

=mittelwert(B3: B18)   arithmetisches Mittel

=median(B3:B18)   Median

Den Median erhält man, wenn die Werte der Größe nach geordnet werden und dann der Wert bestimmt wird, dem gleich viele vorangehen und nachfolgen, also den mittleren Wert, der auf Ausreißer nicht so stark reagiert.

4. Automatisierte Grafik

a) *Auswertung vorhandener Werte*

Monatliche Zahl der Arbeitslosen 3/1995 bis 9/1999

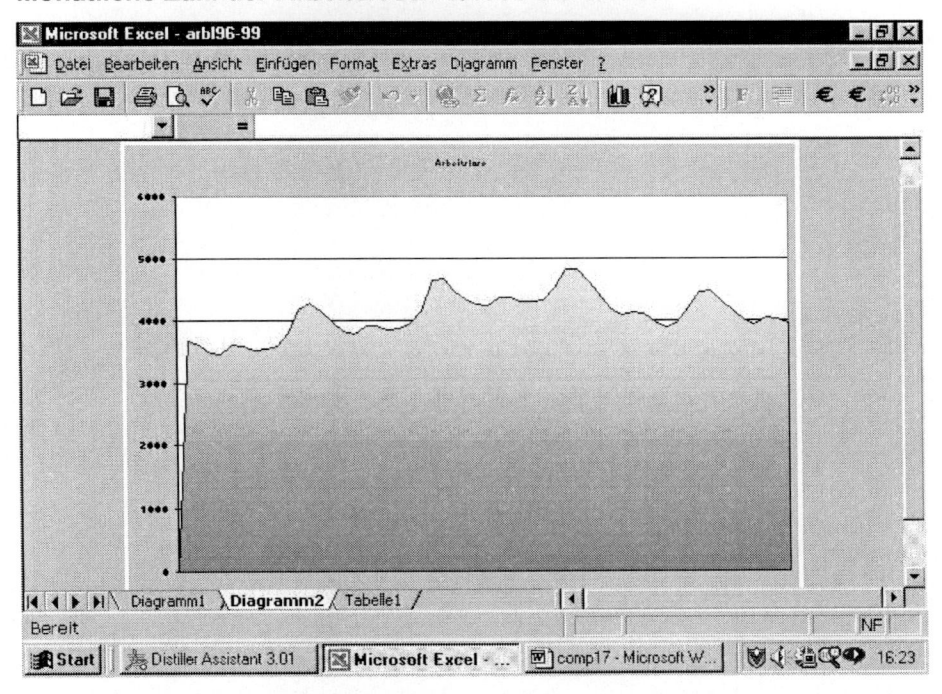

Die Zahlenwerte, die diesem Diagramm zu Grunde liegen, sind dem Monatsbericht der Deutschen Bundesbank entnommen.

Die Grafik dieses Bildschirms wurde aus der Zeitreihe der Monatswerte quasi automatisch erzeugt:

- Markierung der Werte
- Aufruf eines neuen Diagramms
- Wahl der Darstellung als Liniendiagramm

Man erkennt aus der Darstellung deutlich, dass die Zahl der Arbeitslosen jahreszeitlich schwankt. Soll die Entwicklung von einem Monat zum nächsten wirtschaftlich sinnvoll kommentiert werden, so ist deshalb unbedingt die Saisonkomponente herauszurechnen. Dies ist jedoch ein Problem der Statistik und soll hier nicht durchgeführt werden.

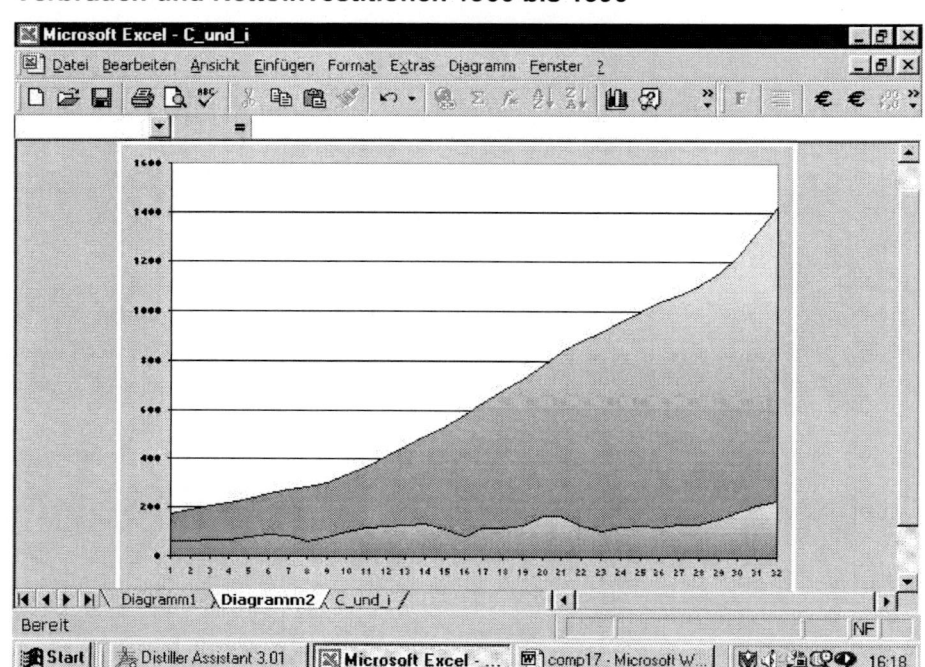

Verbrauch und Nettoinvestitionen 1960 bis 1990

Die Grafik zeigt deutlich, dass von 1960 bis 1990 der Verbrauch der privaten Haushalte (obere Linie) ziemlich gleichmäßig und stark gestiegen ist.

Bei den Nettoinvestitionen (untere Linie) beobachtet man gleichfalls eine Zunahme, aber lange nicht in diesem Ausmaß. Es fällt auch auf, dass die Nettoinvestitionen nicht von Jahr zu Jahr zunehmen. Man beobachtet auch Stagnation und sogar Abnahme der Werte. Im Wesentlichen trägt daher der Verbrauch eher zur Stabilisierung der Konjunktur bei, die Investitionen führen eher zu Schwankungen.

b) Auswertung selbst errechneter Werte

Entwurf für das Einkommensteuergesetz 1999 (Regierung Kohl)

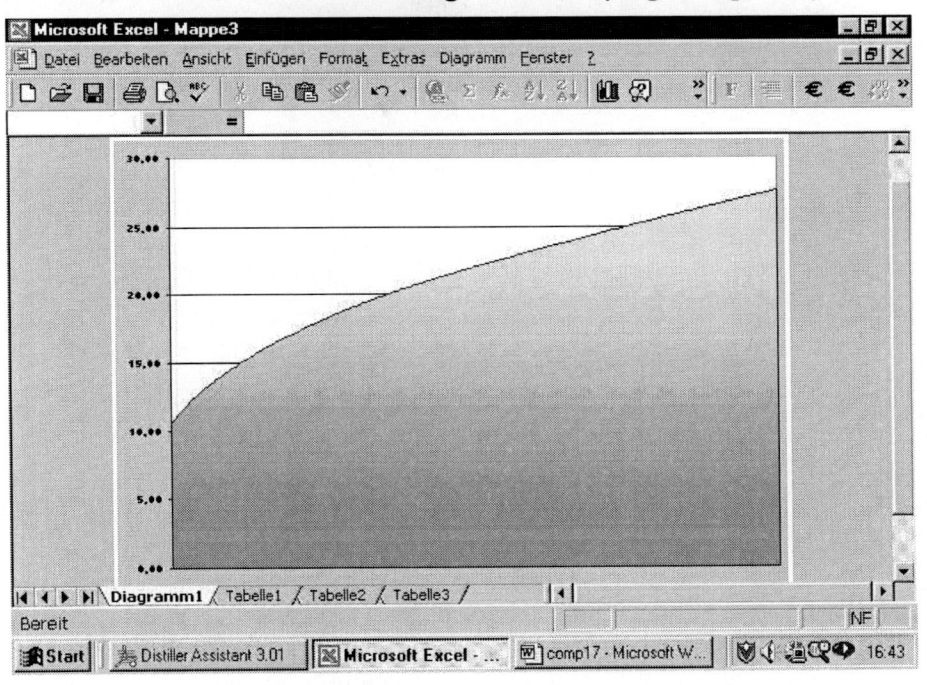

Die Grafik zeigt den durchschnittlichen Steuersatz für jährliche Einkommen von 18.036 bis 90.017 DM, wobei das Einkommen in Schritten von DM 300 erhöht wurde. Dabei wurde im Gesetzesentwurf folgende Formel vorgeschlagen:

(114,61 * y + 2250) * y + 757

x = zu versteuerndes Einkommen

y = (x - 13014) / 10000

Die Grafik zeigt, dass der Steuerbetrag zunächst stark ansteigt, dann aber abflacht.

Geldschöpfung

	A	B	C	D	E	F
1	Reservesatz	20%				
2						
3	Bank	neue Einlage	Reserve	neuer Kredit	Kumulation	Inhalt C64:
4	1	1.000,00	200,00	800,00	1.000,00	4.999,99
5	2	800,00	160,00	640,00	1.800,00	
6	3	640,00	128,00	512,00	2.440,00	
7	4	512,00	102,40	409,60	2.952,00	
8	5	409,60	81,92	327,68	3.361,60	
9	6	327,68	65,54	262,14	3.689,28	
10	7	262,14	52,43	209,72	3.951,42	
11	8	209,72	41,94	167,77	4.161,14	
12	9	167,77	33,55	134,22	4.328,91	
13	10	134,22	26,84	107,37	4.463,13	
14	11	107,37	21,47	85,90	4.570,50	
15	12	85,90	17,18	68,72	4.656,40	
16	13	68,72	13,74	54,98	4.725,12	
17	14	54,98	11,00	43,98	4.780,10	
18	15	43,98	8,80	35,18	4.824,08	

Vorstehender Bildschirm zeigt den grundlegenden Mechanismus bei der Geldschöpfung des Bankensystems:

Bank 1 erhält 1.000DM als Zufluss, z.B. als Bareinzahlung. Sie bildet davon im Beispiel 20% Reserven, also 200DM, die verbleibenden 800DM werden für einen Kredit verwendet. Der Kredit wird in Anspruch genommen und wird bei der Bank 2 zum Zufluss.

Bank 2 bildet wiederum Reserven usw. Das Rechenblatt zeigt diese fiktive Entwicklung, indem die Formeln für 60 Banken nach unten kopiert wurden. Man sieht, dass die kumulierten Werte ca. 5000 belaufen (F4), was folgender Formel entspricht:

*Zufluss * Reservesatz (1000 * 1/5)*

Die Auswirkungen anderer Reservesätze könnten durch Eingabe in Zelle B1 beobachtet werden.

5. Auswertung großer Datenmengen

Analyse aller 1111 Gemeinden in Baden-Württemberg

Gemeinde	Gebiet	ges. Bev.	>= 65 J	Beschäftigte
Aach, Stadt	10,7	2.082	12,9	306
Aalen, Stadt	146,4	66.333	16,4	27.917
Abstatt	9,7	4.032	9,2	919
Abtsgmünd	71,6	7.069	14,3	1.596
Achberg	12,9	1.291	14,8	315
Achern, Stadt	65,3	22.724	16,2	9.164
Achstetten	23,4	3.569	11,1	566
Adelberg	9,5	2.115	12,3	790
Adelmannsfelden	22,9	1.766	14,8	223
Adelsheim, Stadt	43,8	5.478	15,7	953
Affalterbach	10,1	4.534	12,0	1.322
Aglasterhausen	22,8	4.412	15,9	848
Ahorn	54,0	2.294	18,6	256
Aichelberg	4,0	1.102	12,8	237
Aichhalden	25,7	4.108	14,5	771
Aichstetten	33,8	2.436	12,0	512
Aichtal, Stadt	23,6	9.158	11,8	2.207

Für dieses Rechenblatt wurden Fläche, Gesamtbevölkerung, Bevölkerung im Alter von 65 und mehr sowie die Beschäftigten in allen 1111 Gemeinden erfasst. Das Rechenblatt kann als Download beim Wirtschaftslehre-Club erhalten werden:

www.sg-wirtschaft.de

Durch Klicken auf „Bearbeiten" und „Suchen" können die Schülerinnen und Schüler zunächst nach ihrer Heimatgemeinde suchen und deren Werte erfassen. Dies ist ein angenehmer Erkennungseffekt.

Auf der Grundlage dieser Daten können viele unterschiedliche Untersuchungen vorgenommen werden. Nachfolgend möchten wir dazu einige Anregungen geben:

- Gemeinde mit der größten Fläche
- Gemeinde mit der kleinsten Fläche

- Gemeinde mit größter Bevölkerung
- Gemeinde mit der kleinsten Bevölkerung
  (diese hat nur 106 Einwohner)

- Gemeinde mit der größten Bevölkerungsdichte (Bevölkerung / Fläche) (Hierfür ist eine neue Spalte einzurichten)
- Gemeinde mit der geringsten Bevölkerungsdichte
- mittlere Bevölkerungsdichte der Gemeinden

- Gesamtbevölkerung in Baden-Württemberg
- Gesamtfläche in Baden-Württemberg
- Erwerbsquote in Baden-Württemberg
  (Beschäftigte / Bevölkerung unter 65)

- Anzahl der Bevölkerung in Gemeinden bis zu 20000 Einwohner [Formel: *=wenn(C2>20000; 0; B3)*]
- Anteil dieser Menschen an allen Einwohnern von Baden-Württemberg

- Anzahl der Bevölkerung in Großstädten mit 100 000 und mehr Einwohnern [Formel: *=wenn(C2>=100000; C2; 0)*]
- Anteil dieser Menschen an allen Einwohnern von Baden-Württemberg

- Bevölkerung in Städten über 20 000 und unter 100 000 Einwohnern [Formel: *=wenn(und(C2>20000; C2<100000; C2; 0)*]
- Anteil dieser Menschen an der Gesamtbevölkerung von Baden-Württemberg

- Durchschnittliche Bevölkerung der Gemeinden in Baden-Württemberg: [arithmetisches Mittel: *=mittelwert(C2 : C1113)*
  Median: *=median(C2 : C1113)*]

Lebensqualität in deutschen Kreisen

	A	B	C	D	E	F	G	H
1	Stdt-Krs	La	Umwelt	Wohls	Kultu	Sicher	Versorg	Gesundh
2								
3	Aachen (Land)	NW	675	700	580	700	683	514
4	Achen (Stadt)	NW	538	700	960	720	883	657
5	Ahrweiler	RP	550	733	460	520	450	329
6	Aichbach/Friedberg	BY	488	800	220	760	417	914
7	Alb-Donau-Kreis	BW	575	833	440	780	233	814
8	Altenburg	TH	363	333	640	600	433	314
9	Altenkirchen/Wester	RP	700	600	340	600	317	514
10	Altentreptow	MV	763	300	100	420	417	386
11	Altötting	BY	588	833	480	540	417	543
12	Alzey-Worms	RP	538	700	340	780	183	614
13	Amberg	BY	375	600	380	380	650	486
14	Amberg-Sulzbach	BY	550	600	220	740	167	557
15	Ammerland	NI	575	533	420	680	483	800

Vorstehender Bildschirm zeigt den Beginn des Rechenblatts mit allen 543 Stadt- und Landkreisen Deutschlands, hier alphabetisch sortiert. Zu jedem Kreis werden das Bundesland, danach die jeweils erfassten Werte für die Kriterien Umwelt, Wohlstand, Kultur, Sicherheit, Versorgung und Gesundheit genannt.

Die Zahlen stammen aus einer Veröffentlichung der Zeitschrift FOCUS in der Ausgabe 40 / 1995. Dort werden auch Einzelheiten der Definition und Erfassung mitgeteilt. Hier sollen einige Hinweise genügen:

Umwelt
Siedlungs-, Wald-, Landwirtschafts- und Verkehrsfläche, Trinkwasserbelastung, Schadstoffbelastung mit SO_2-, NO_2- und Ozonwerten sowie Schwebstaub-Immissionen

Wohlstand
Lohn- und Gehaltssumme, Arbeitslosigkeitsrate, Sozialhilfeempfänger und Baulandpreise

Kultur
Anteil der Erholungsflächen, Anzahl der Kinos, Theater, Bibliotheken und Museen

Sicherheit
Verkehrsunfälle, Straftaten gegen das Leben, gegen sexuelle Selbstbestimmung

Versorgung
Kindergarten- und Altenheimplätze, Arztdichte, Krankenhäuser, Schuldnerberatungsstellen, Beratungsstellen für Ehe, Familie, Soziales

Gesundheit
Sterblichkeitsrate, Todesfälle durch bösartige Neubildungen, Kreislauferkrankungen und Atemwegserkrankungen

Anregungen zur Auswertung:

Vergleich zwischen Heimat-Kreis und Werten aller Kreise	
Werte des Heimat-Kreises	**Werte aller Kreise zum Vergleich**
• Umwelt	• Umwelt: Maximum und Minimum
• Wohlstand	• Wohlstand: Max. und Min.
• Kultur	• Kultur: Maximum und Minimum
• usw.	• usw.
• Lebensqualität	• gesamte Lebensqualität aller deutschen Kreise: Max. und Min.

6. Erkennen wirtschaftlicher Zusammenhänge am Beispiel der Vorteilhaftigkeit des Handels.

a) Vorbemerkungen

Die Nützlichkeit des internationalen Handels wird meist damit erklärt, dass ein bestimmtes Produkt im Inland nicht verfügbar ist, aber vom Ausland geliefert werden kann. Dies ist z.B. bei vielen Rohstoffen der Fall.

Eine zweite Erklärung des Handels stellt darauf ab, dass z.B. im Ausland ein Produkt billiger als im Inland hergestellt werden kann. Hier wären Bananen oder Orangen zu nennen. Diese Erklärung ist aber dann falsch, wenn daraus folgendes geschlossen wird:

Es gibt keinen Handel, wenn z.B. Deutschland viele Produkte zu niedrigeren Kosten als das Ausland herstellen kann.

Denn tatsächlich lohnt sich ein Handel zwischen Inland und Ausland auch in diesem Falle. Empirisch dürfte es sogar so sein, dass ein großer Teil des internationalen Handels auf diesem Umstand beruht.

Im folgenden wollen wir das an einem einfachen Beispiel zeigen. Es beschränkt sich zuerst auf den privaten Bereich und wird dann auf die Volkswirtschaft erweitert. Die nachfolgende Darstellung greift eine Idee von Andreas Schub auf, die er in einer sehr detaillierten Arbeit gezeigt hat. Auch dieses Beispiel nutzt eine Tabellenkalkulation, in diesem Falle Microsoft Works, zur Darstellung der Handelsbeziehung und deren Auswirkungen.

b) Wirtschaftliche Lage von Sabine und Conchita

Sabine lebt in Deutschland und soll je Monat 100 EURO zur Verfügung haben. Sie gibt ihr gesamtes Geld für zwei Güter aus, die wir aus später zu erläuternden Gründen STA und WEI nennen wollen.

Der Preis für eine Einheit STA soll 0,50 EURO betragen, der Preis für WEI beträgt 1,00 EURO.

Conchita lebt in Spanien und hat jeden Monat 200 EURO zur Verfügung. Auch sie gibt ihr gesamtes Geld für STA und WEI aus.

Allerdings kostet in Spanien eine Einheit STA 1,50 EURO und für eine Einheit WEI sind 2,00 EURO zu zahlen.

Praktisch bedeutet das für beide Mädchen, dass nach dem Kauf von z.B. 22 Einheiten STA nur noch das Geld für eine bestimmte Menge WEI übrig ist. Diesen ersten grundlegenden Zusammenhang wollen wir anhand eines Rechenblatts für Works 3.0 verdeutlichen.

Der nachstehend abgebildete Bildschirm zeigt Sabines Lage beim Einkaufen:

```
           A                    B       C    D    E    F
 1                          Sabine
 2  Geldmenge in EURO        100,00
 3  Kosten für ein Stück STA   0,50
 4  Kosten für ein Stück WEI   1,00
 5
 6  Einkaufsmenge STA          30
 7  Ausgaben für STA           15
 8  verbleibende Geldmenge     85
 9  mögliche Menge WEI         85
10
11  ein Stück STA kostet an WEI 0,5
```

Die Geldmenge wird eingegeben, ebenfalls die Kosten für eine Einheit STA und für eine Einheit WEI.

Die Einkaufsmenge STA wird gleichfalls eingegeben.

Die Ausgaben für STA, die verbleibende Geldmenge und die noch mögliche Menge an WEI werden als Formeln berechnet.

*B7 = B6 * B3*

B8 = B2 – B7

B9 = B8 / B4

Mit diesen Eingaben kann Sabine schon etwas experimentieren. Sie kann die Einkaufsmenge für STA erhöhen und wird feststellen, dass sich dann die mögliche Menge an WEI vermindert. Wird die Menge für STA vermindert, so erhöht sich die mögliche Mengen an WEI.

Diese Zusammenhänge scheinen auf den ersten Blick trivial zu sein, aber sie zeigen ein eisernes Gesetz, dem Sabine unterliegt:

Der Kauf einer größeren Menge an STA hat als zwangsläufige Folge, dass weniger WEI gekauft werden kann und umgekehrt.

Man kann das auch so ausdrücken, dass jede zusätzliche Einheit STA eine bestimmte Menge WEI kostet. Wie viel das ist, kann folgendermaßen festgestellt werden:

Sabine bestimmt als Einkaufsmenge STA nichts, gibt also 0 ein. Die zugehörige Menge WEI ist 100.

Nun gibt Sabine für STA die Menge 1 ein und sieht, dass nur noch 99,5 WEI möglich sind. Zusätzlich kann man erst für STA 0 eingeben, danach 10 und sieht, dass nur noch Geld für 95 WEI vorhanden ist. Daraus folgt:

- Eine Einheit STA kostet Sabine 0,5 Einheiten WEI.
- Eine Einheit STA entspricht 0,5 Einheiten WEI.
- Eine Einheit STA hat den Wert von 0,5 Einheiten WEI.

Wir wollen nun annehmen, dass Sabine ihrer Freundin Conchita schreibt (selbstverständlich als E-Mail!), wofür sie ihr Geld ausgibt und welche Zusammenhänge sie dabei festgestellt hat.

Conchita rechnet nun ebenfalls mit einem Rechenblatt ihre Situation durch und kommt zu einem bemerkenswerten Unterschied. Er kann mit folgendem Rechenblatt herausgearbeitet werden:

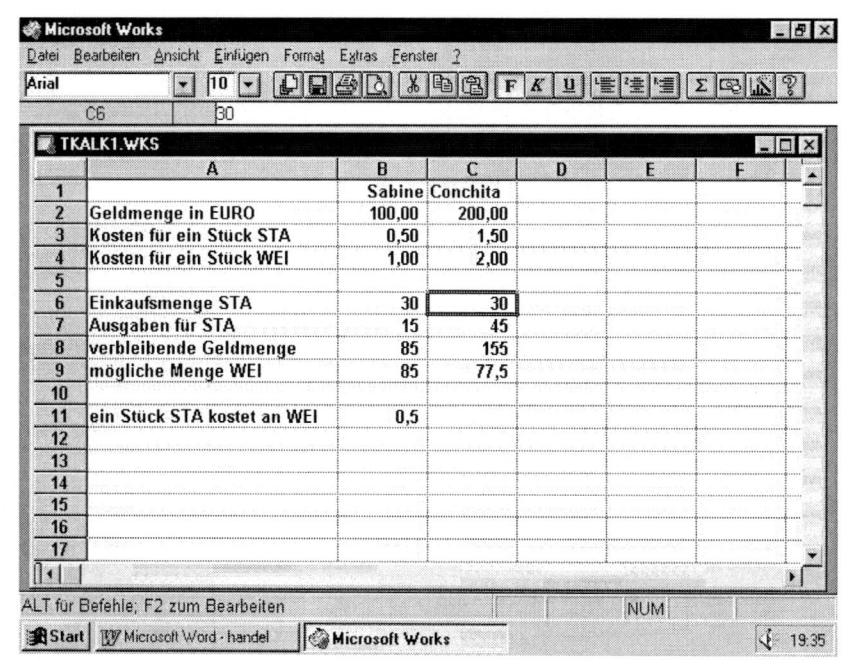

	A	B	C	D	E	F
1		Sabine	Conchita			
2	Geldmenge in EURO	100,00	200,00			
3	Kosten für ein Stück STA	0,50	1,50			
4	Kosten für ein Stück WEI	1,00	2,00			
5						
6	Einkaufsmenge STA	30	30			
7	Ausgaben für STA	15	45			
8	verbleibende Geldmenge	85	155			
9	mögliche Menge WEI	85	77,5			
10						
11	ein Stück STA kostet an WEI	0,5				

Conchita hat ihre verfügbare Menge an EURO (200), die Kosten für STA (1,50) und für WEI (2,00) eingegeben. Weiter gibt sie die gewünschte Einkaufsmenge STA ein (30) und kopiert die drei Formeln aus den Zellen B7, B8 und B9.

Conchita wird nun ebenfalls die gewünschte Menge STA erhöhen und feststellen, dass dann weniger WEI gekauft werden kann. Sie könnte die Menge STA reduzieren und die Auswirkungen feststellen.

Schließlich gibt Conchita für STA die Menge 0 ein und stellt fest, dass dann 100 WEI gekauft werden können. Erhöht sie die Menge STA auf 1, dann kann sie nur noch 99,25 WEI kaufen. Wir können daher folgendes feststellen.

- Eine Einheit STA kostet Conchita 0,75 WEI.
- Eine Einheit STA entspricht 0,75 Einheiten WEI.
- Eine Einheit STA hat den Wert von 0,75 Einheiten WEI.

Im Rechenblatt kann demnach in der Zelle C11 der Wert 0,75 eingegeben werden.

Die entscheidende Feststellung besteht also darin, dass eine Einheit STA in Deutschland 0,5 Einheiten WEI kostet (oder wert ist), in Spanien jedoch kostet eine Einheit STA mehr, nämlich 0,75 WEI.

c) Überlegungen für einen internationalen Handel

Conchita schreibt nun Sabine über ihre Berechnungen, vor allem über das Ergebnis, dass eine Einheit STA in Spanien den Wert von 0,75 WEI hat.

Dies bringt Sabine auf folgende Idee:

> Ich könnte in Deutschland 10 Einheiten STA mehr einkaufen als ich selbst verbrauchen möchte. Diese 10 Einheiten schicke ich Conchita. Conchita tauscht sie in Spanien in WEI um und schickt sie mir zu. Ich könnte zwar weniger WEI selbst kaufen, aber ich denke doch, dass dieser Verlust durch den Eingang aus Spanien ausgeglichen wird.

Wie dieser internationale Handel abgewickelt wird und welche Auswirkungen er hat wird nachfolgend erläutert.

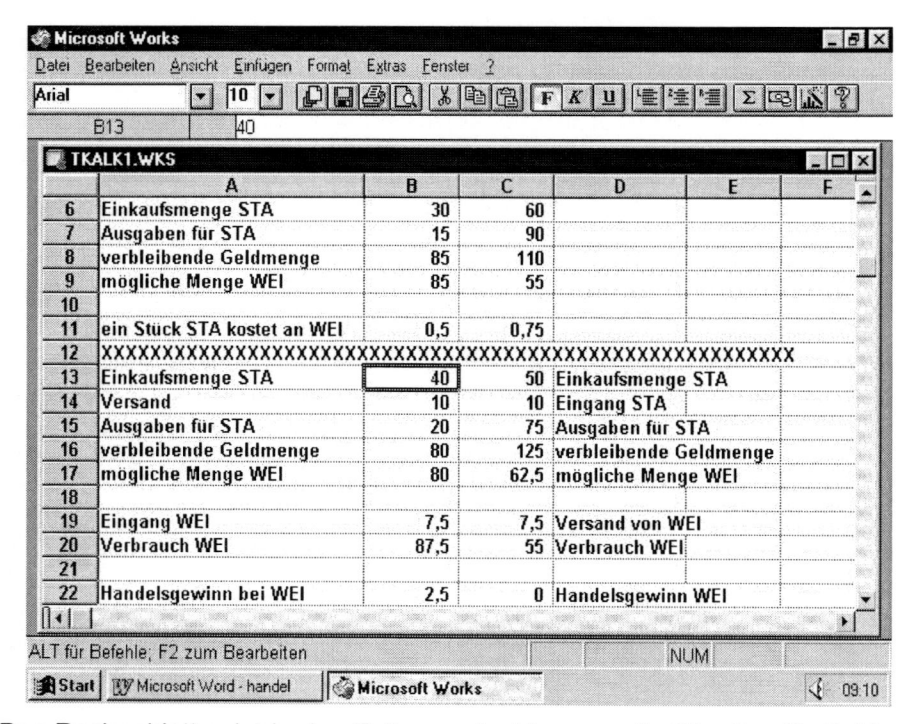

	A	B	C	D
6	Einkaufsmenge STA	30	60	
7	Ausgaben für STA	15	90	
8	verbleibende Geldmenge	85	110	
9	mögliche Menge WEI	85	55	
10				
11	ein Stück STA kostet an WEI	0,5	0,75	
12	XXXXXXXXXXXXXXXXXXXXXXXXXXXXXXXXXXXXXXXXXXXXXXXXXX			
13	Einkaufsmenge STA	40	50	Einkaufsmenge STA
14	Versand	10	10	Eingang STA
15	Ausgaben für STA	20	75	Ausgaben für STA
16	verbleibende Geldmenge	80	125	verbleibende Geldmenge
17	mögliche Menge WEI	80	62,5	mögliche Menge WEI
18				
19	Eingang WEI	7,5	7,5	Versand von WEI
20	Verbrauch WEI	87,5	55	Verbrauch WEI
21				
22	Handelsgewinn bei WEI	2,5	0	Handelsgewinn WEI

Das Rechenblatt zeigt in den Zeilen sechs bis neun die Situation für Sabine und Conchita ohne Handel. Wir wollen annehmen, dass Sabine auch bei Handel die Menge 30 von STA verbrauchen möchte, entsprechend will Conchita bei ihrer Menge von 60 STA bleiben.

Die Zeile 12 wurde mit X gefüllt, um zu zeigen, dass nun die Situation mit Handel gezeigt wird, wobei folgendermaßen vorzugehen ist:

Sabine gibt in Zelle B13 den Wert 40 ein, also 10 mehr als sie selbst verbrauchen will. Der Versand in B14 errechnet sich daher als Formel

B14 = B13 – B6.

Als Versand in B14 steht daher der Wert 10. Diesen Wert kann Conchita übernehmen. Die Formel in C14 lautet daher =B14.

Conchita kann nun die Menge ihrer Einkäufe von STA um den Eingang an STA vermindern. Daher steht in C13 die Formel

C13 = C6-C14.

Dies ergibt den Wert 50.

Die Ausgaben für STA ergeben sich bei Sabine und Conchita aus der Einkaufsmenge, multipliziert mit dem Preis:

*B15 = B13 * B3*

*C15 = C13 * C3*

Sabine gibt demnach für STA 20 EURO aus, bei Conchita sind es 75 EURO.

Die verbleibende Geldmenge wird wie vorher auch bestimmt:

B16 = B2 – B15

C16 = C2 – C15

Sabine hat noch 80 EURO, Conchita verbleiben 125 EURO. Man sieht, dass Conchita jetzt 15 EURO mehr für WEI ausgeben kann als ohne Handel.

Die mögliche Menge an WEI ergibt sich wieder durch Division der verbleibenden Geldmenge durch die Kosten pro Einheit WEI:

B17 = B16 / B4

C17 = C16 / C4

Für Sabine ist demnach die mögliche Menge WEI auf 80 gesunken, für Conchita ist die mögliche Menge an WEI auf 62,5 gestiegen.

Conchita kann nun die zu verschickende Menge an WEI berechnen:

Mögliche Menge WEI (62,5), vermindert um die von Conchita gewünschte Menge (55). Als Formel steht daher in C19:

C19 = C17 – C9,

was den Wert 7,5 ergibt.

Diese Menge kann Conchita an Sabine verschicken. Der Eingang an WEI bei Sabine in Zelle B19 ist daher als Formel einfach C19.

Sabine kann nun den Verbrauch an WEI in Zeile 20 bestimmen. Er wird aus der eigenen möglichen Menge (B17), zuzüglich des Eingangs (B19) errechnet.

B20 = B17 + B19

Sabine kann schließlich noch berechnen, wie hoch der Gewinn aus diesem Handel ist. Er wird aus dem Verbrauch an WEI (B20), vermindert um die ursprüngliche Menge an WEI (B9), berechnet.

B22 = B20 – B9

Der Handelsgewinn für Sabine beträgt also 2,5 Einheiten an WEI.

Zum Schluss ist noch das Rechenblatt für Conchita fertigzustellen. Bei ihr besteht der Verbrauch an WEI aus der möglichen Menge WEI (C17), vermindert um den Versand an Sabine (C19):

C20 = C17 – C19

Den Handelsgewinn für Conchita kann man auch formelmäßig darstellen. Er ergibt sich aus dem Verbrauch an WEI (C20), vermindert um die ursprünglich (ohne Handel) mögliche Menge (C9).

C22 = C20 – C9

Für Conchita ergibt sich als Handelsgewinn der Wert 0. Dies ist nicht weiter erstaunlich, weil Conchita ja alle zusätzlichen Einheiten WEI an Sabine geschickt hat.

Sabine ist mit dem Handel zufrieden und überlegt sich, ob das Geschäft nicht noch verbessert werden könnte. Sie beschließt, die Einkaufsmenge an STA zu erhöhen und die Auswirkungen zu notieren. Das Rechenblatt liefert als Ergebnisse:

Einkaufsmenge STA (Sabine)	Versand STA	Handelsgewinn an WEI
40	10	2,5
50	20	5,0
60	30	7,5
70	40	10,0
80	50	12,5
90	60	15,0
100	70	17,5

Sabine ist über die Resultate sehr erfreut. Sie steigert daher den Versand von STA an Conchita auf 20, 30 usw. Einheiten und kann bis zum Versand von 60 Einheiten den Handelsgewinn „einstreichen".

Beim Versand von 70 Einheiten gibt es jedoch ein Problem:

Conchita müsste dann eine negative Menge STA einkaufen, was ja nicht möglich ist. Der internationale Handel ist daher „ausgereizt", wenn sich bei Conchita die für den Einkauf von STA die Menge 0 ergibt. Nachstehendes Rechenblatt zeigt diese Situation:

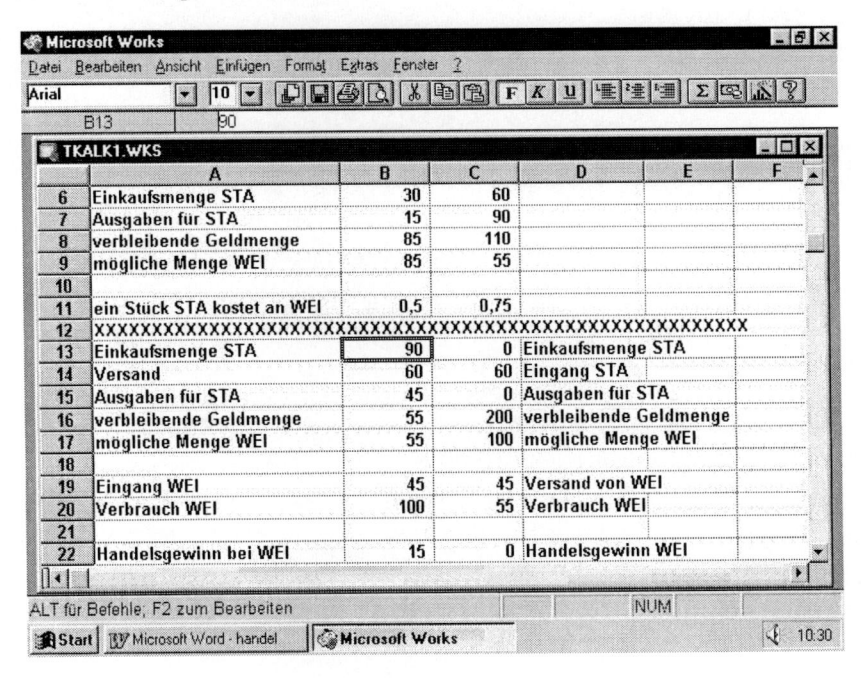

	A	B	C	D
6	Einkaufsmenge STA	30	60	
7	Ausgaben für STA	15	90	
8	verbleibende Geldmenge	85	110	
9	mögliche Menge WEI	85	55	
10				
11	ein Stück STA kostet an WEI	0,5	0,75	
12	xxxxxxxxxxxxxxxxxxxxxxxxxxxxxxxxxxxxxxxxxxxxxxxxx			
13	Einkaufsmenge STA	90	0	Einkaufsmenge STA
14	Versand	60	60	Eingang STA
15	Ausgaben für STA	45	0	Ausgaben für STA
16	verbleibende Geldmenge	55	200	verbleibende Geldmenge
17	mögliche Menge WEI	55	100	mögliche Menge WEI
18				
19	Eingang WEI	45	45	Versand von WEI
20	Verbrauch WEI	100	55	Verbrauch WEI
21				
22	Handelsgewinn bei WEI	15	0	Handelsgewinn WEI

Der Handel stößt demnach beim Versand von 60 Einheiten STA an seine Grenze. Folglich kann der Handelsgewinn höchstens auf 15 Einheiten WEI steigen.

Noch eine Bemerkung zu den Transportkosten. Durch sie würde sich der Handelsgewinn selbstverständlich verringern. Sie werden hier nicht berücksichtigt, weil die Ergebnisse sich im Grundsatz nicht ändern würden. Außerdem können wir bei Sabine und Conchita annehmen, dass ihre jeweiligen Schulen einen Austausch pflegen, sodass bei Bedarf eine Lehrerin die anfallenden Mengen STA und WEI mitnehmen kann.

d) Probleme bei der Verteilung des Handelsgewinns

Eines Tages sagt sich Conchita, dass es eigentlich nicht in Ordnung ist, wenn Sabine den gesamten Handelsgewinn von 15 Einheiten WEI erhält. Sie beschließt daher, in ihrem Rechenblatt die Formel in Zelle C19 zu überschreiben und verschiedene Werte direkt einzugeben. Das Ergebnis zeigt folgende Tabelle:

Versand von WEI	Sabines Handelsgewinn	Conchitas Handelsgewinn
45	15	0
40	10	5
30	0	15

Conchita stellt fest, dass beim Versand von 40 Einheiten Sabine nur noch 10 Einheiten des Handelsgewinns erhält, beim Versand von 30 Einheiten hat Sabine keinen Handelsgewinn mehr, aber Conchita erhält alle 15 Einheiten.

Sabine und Conchita beschließen, den Handelsgewinn im gleichen Verhältnis zu teilen. Der richtige Wert beim Versand von WEI muss zwischen 30 und 40 Einheiten liegen. Nach einigem Experimentieren finden sie den Wert, der den Handelsgewinn gleichmäßig aufteilt:

Versand an WEI durch Conchita: 37,5 Einheiten

Bei dieser Menge ist der Handelsgewinn für Sabine und Conchita jeweils 7,5.

Es bleibt die Frage, ob es nicht auch eine Formel für den Versand durch Conchita und die Verteilung des Handelsgewinn gibt.

Diese Formel gibt es und zwar entsprechend folgender Überlegung:

Wenn Conchita 60 Einheiten STA erhält, dann sind sie in Spanien 0,75 WEI wert. Multipliziert man 60 und 0,75, so ergibt sich genau 45. Verschickt nun Conchita 45 Einheiten, dann findet der „Handel" zum Preis von 0,75 statt.

Multipliziert man 60 mit dem Preis von STA (0,5) in Deutschland, dann ergibt sich 30. Verschickt Conchita nur diese 30 Einheiten, so findet der Handel zum Preis von 0,5 statt und Conchita erhält den gesamten Handelsgewinn.

Der Preis beim Handel bewegt sich also zwischen 0,5 und 0,75. Die Mitte wären genau 0,625. Multipliziert man die 60 STA mit 0,625, so erhält man

37,5. Wir haben gesehen, dass beim Versand von 37,5 Einheiten WEI der Handelsgewinn für Sabine und Conchita gleich ist und 7,5 beträgt.

Das Rechenblatt wurde entsprechend geändert. In Zelle D11 wurde als Text „Handelspreis" eingetragen. Daneben in Zelle E11 als Formel:

E11 = (B11 + C11)/2 , d.h. der Durchschnitt beider Preise.

In C18 steht neu die mögliche Versandmenge. Sie ergibt sich aus der möglichen Menge WEI (C17), vermindert um die von Conchita gewünschte Menge (C9):

C18 = C17 – C9

Als Versand von WEI steht nun eine Formel, bei der die eingegangene Menge an STA mit dem Preis für den Handel multipliziert wird:

*C19 = C14 * E11*

Bei Conchita und Sabine ist der Preis, zu dem gehandelt wird, wahrscheinlich kein Problem. Es kann aber auch so sein, dass um den Preis gestritten wird, je nach Dringlichkeit der Nachfrage oder Machtverhältnissen.

Je nach der Höhe des Handelspreises wird auch der Handelsgewinn unterschiedlich aufgeteilt. Nachstehend die Formeln:

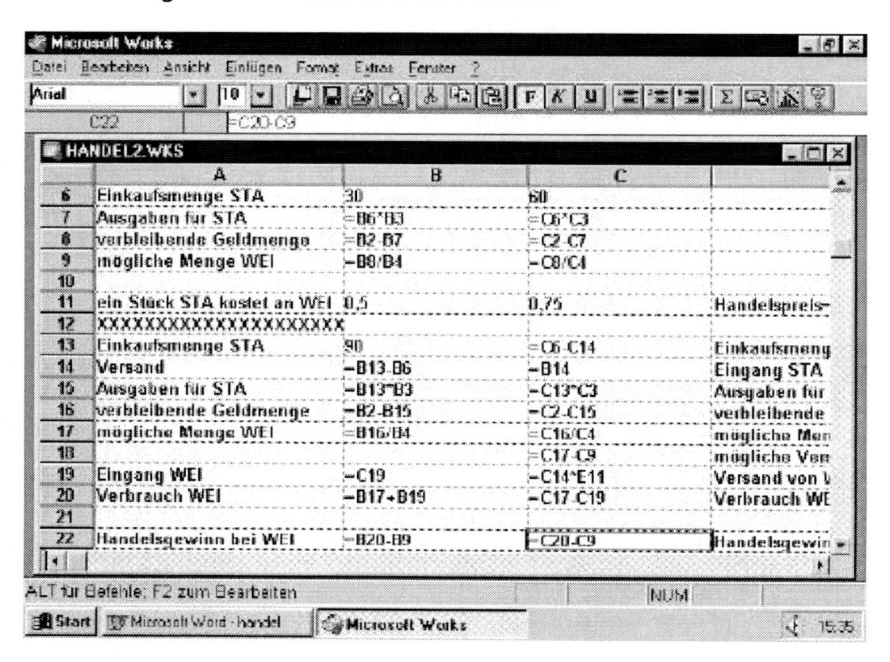

	A	B	C	
6	Einkaufsmenge STA	30	60	
7	Ausgaben für STA	=B6*B3	=C6*C3	
8	verbleibende Geldmenge	=B2-B7	=C2-C7	
9	mögliche Menge WEI	=B8/B4	=C8/C4	
10				
11	ein Stück STA kostet an WEI	0,5	0,75	Handelspreis
12	XXXXXXXXXXXXXXXXXXXX			
13	Einkaufsmenge STA	90	=C6-C14	Einkaufsmeng
14	Versand	=B13-B6	=B14	Eingang STA
15	Ausgaben für STA	=B13*B3	=C13*C3	Ausgaben für
16	verbleibende Geldmenge	=B2-B15	=C2-C15	verbleibende
17	mögliche Menge WEI	=B16/B4	=C16/C4	mögliche Men
18			=C17-C9	mögliche Ver
19	Eingang WEI	=C19	=C14*E11	Versand von
20	Verbrauch WEI	=B17-B19	=C17-C19	Verbrauch WE
21				
22	Handelsgewinn bei WEI	=B20-B9	=C20-C9	Handelsgewin

e) Einige wirtschaftliche Vertiefungen

Das vorstehend erläuterte Beispiel ist eine äußerst starke Vereinfachung der Theorie der komparativen Kosten. Diese Theorie wurde von dem Engländer David Ricardo schon 1817 in die Literatur eingeführt und wird heute in jedem Lehrbuch der Außenwirtschaftstheorie dargestellt.

Dabei geht es um den Handel zwischen zwei Ländern A und B, die jeweils über eine beschränkte Menge an Arbeitskräften verfügen. Die beiden Länder sollen STAHL und WEIZEN (daher die Namen vorher) herstellen, wobei die Kosten in notwendiger Arbeitskraft gemessen werden. Im einzelnen soll folgendes gelten:

	Land A	Land B
vorhandene Arbeitsmenge	235	480
Arbeitsmenge pro Einheit Stahl	0,5	1,50
Arbeitsmenge pro Einheit Weizen	1,0	2,0

Auch hier gilt, dass ein Partner, und zwar das Land A, beide Produkte zu niedrigeren Kosten als das Land B herstellen kann. Der entscheidende Punkt ist jedoch, dass das Verhältnis der Kosten unterschiedlich ist.

Bei Stahl ist das Verhältnis der Kosten: 1,50 zu 0,5, also das Dreifache.

Bei Weizen ist das Verhältnis der Kosten: 2,0 zu 1,0, also das Zweifache.

Man kann auch die Arbeitsmenge pro Einheit Stahl durch die Arbeitsmenge pro Einheit Weizen teilen und erhält folgende Verhältnisse:

Land A: 0,5/1,0 = 0,5

Land B: 1,5/2,0 = 0,75

Diese Verhältnisse sind der Preis pro Einheit Stahl, gemessen in Weizen. Auf Grund des Unterschieds dieser Verhältnisse lohnt sich der Handel zwischen beiden Ländern.

Letztlich folgt daraus, dass sich der Handel lohnt, auch wenn ein Land alle Produkte billiger als das andere herstellen kann. Entscheidend ist, ob die Unterschiede in den Herstellungskosten prozentual verschieden sind.

Im Unterschied zu unserem Beispiel mit den beiden Mädchen erhöht sich nach der Theorie der komparativen Kosten die Weltproduktion nach Aufnahme des Handels. Der wirtschaftliche Wohlstand kann dadurch in allen beteiligten Ländern steigen.

Zur Aufteilung der Handelsgewinne wäre noch zu bemerken, dass es sich dabei um ein sehr ernstes Problem im Verhältnis zwischen Industrieländern und Entwicklungsländern handelt.

Am Beispiel der beiden Mädchen wurde gezeigt, dass je nach Höhe des Preises die Gewinnaufteilung sehr unterschiedlich sein kann. Tatsächlich handelt es sich dabei um den Weltmarktpreis für ein Produkt, der bisher in der Tendenz die Entwicklungsländer benachteiligt hat.

Dies liegt zumindest teilweise daran, dass die Preisunterschiede sehr unterschiedliche Gründe haben können:

- unterschiedliche Ausstattung mit natürlichen Gegebenheiten wie Boden, Klima oder Rohstoffe
- unterschiedliche natürliche Produktionsbedingungen
- technologischer Entwicklungsstand
- Vorteile der Massenproduktion
- Schließlich spielt gerade bei Handel zwischen Industrieländern die Unterschiedlichkeit der Produkte (Produktdifferenzierung) eine große Rolle.

Auf alle diese Verfeinerungen wird hier nicht weiter eingegangen. Unser Beispiel setzte sich lediglich als Ziel, dass die Schülerinnen und Schüler konkret mit Zahlen feststellen können, in welcher Weise der internationale Handel für alle Beteiligten Vorteile mit sich bringt.

XVIII. Literatur

1. Erwähnte Software

BEFPA: Autor: Dr. Siegfried Geisenberger, 1998, Bezug unter http://www.sg-wirtschaft.de (Stand: 12.99)

CHEF. Simulation betrieblicher Abläufe: FWU Institut für Film und Bild (Hrsg.), München 1995

CWC. Professional Crossword Creator: Autor: Brad Kaenel, 1993, Bezug Sharewareversion unter http://www.ph-freiburg.de/wirtschaft/crossw.htm (Stand: 12.99)

D-Info. Adress- und Telefonauskunft Deutschland: Version 2.0, Copyright 1996 TopWare CD-Service AG.

Einkommen und Ausgaben der Familie: Autoren: G. Runnebaum, A. Vohns, 1997, Bezug und Informationen unter http://www.uni-siegen.de/cntr/zfl/simeaf.htm (Stand: 12.99)

e-test: Autoren: S. Geisenberger, W. Nagel, 1998, Bezug unter http://www.sg-wirtschaft.de oder http://www.wn-learnware.de (Stand: 12.99)

FANG98: Autor: Dr. Siegfried Geisenberger, 1998, Bezug unter http://www.sg-wirtschaft.de (Stand: 12.99)

FISCHDRU: Autor: Dr. Siegfried Geisenberger, 1998, Bezug unter http://www.sg-wirtschaft.de (Stand: 12.99)

INF7: Autor: Dr. Siegfried Geisenberger, 1998, Bezug unter http://www.sg-wirtschaft.de (Stand: 12.99)

LABORA!: Autoren: S. Geisenberger, W. Nagel, 1998, Bezug unter http://www.sg-wirtschaft.de oder http://www.wn-learnware.de (Stand: 12.99)

mach's richtig: Bundesanstalt für Arbeit (Hrsg.), PC-Berufswahlprogramm, Nürnberg 1999

MK8-3: Autor: Dr. Siegfried Geisenberger, 1998, Bezug unter http://www.sg-wirtschaft.de (Stand: 12.99)

Öko. Ein Unternehmensplanspiel: Autor: Dr. Heinz Lothar Grob, 1992, Vertrieb über Gabler: Speyer

Rechenblätter für Excel und Works: Autor: Dr. Siegfried Geisenberger, Bezug unter http://www.sg-wirtschaft.de

Schriften zur Verwendung unter Windows: Medienwerkstatt Mühlacker, http://www.medienwerkstatt-online.de (Stand: 12.99)

SIM-Absatz: Autoren: S. Geisenberger, W. Nagel, 1999, Demoversion und Bezug unter http://www.wn-learnware.de (Stand: 12.99)

SOZ3: Autor: Dr. Siegfried Geisenberger, 1998, Bezug unter http://www.sg-wirtschaft.de (Stand: 12.99)

VOWIPLAN: Autor: Dr. Siegfried Geisenberger, 1998, Bezug unter http://www.sg-wirtschaft.de (Stand: 12.99)

WiN-Absatz: Autoren: S. Geisenberger, W. Nagel, 1998, Demoversion unter http://www.wn-learnware.de (Stand: 12.99)

WiN-Kiosk: Autoren: S. Geisenberger, W. Nagel, 1998, Demoversion und Bezug unter http://www.wn-learnware.de (Stand: 12.99)

WiN-Simpolis: Autoren: S. Geisenberger, W. Nagel, 1998, Demoversion unter http://www.wn-learnware.de (Stand: 12.99)

WISO Brutto-Netto-Lohn Rechner 1999: Copyright Buhl Data Service GmbH 1996-1999.

WN-Buchstabensalat: Autor: Werner Nagel, 1999, Demoversion und Bezug unter http://www.wn-learnware.de (Stand: 12.99)

WN-Learning Assistant und Editor: Autor: Werner Nagel, 1998, Demoversion unter http://www.wn-learnware.de oder http://www.sg-wirtschaft.de (Stand: 12.99)

Zinsrechnung 1.0: Autor: Frank Hollwitz (1998), Bezug als Cardware unter http://www.ph-freiburg.de/wirtschaft/zinsr.htm (Stand: 12.99)

2. Texte

Boll, C. (1999): Simulation als Planungshilfe zur Dimensionierung von Containerterminals. In: Biethahn, J.; Hummeltenberg, W.; Schmidt, B.; Stähly, P.; Witte, Th. (Hrsg.) (1999): Simulation als betriebliche Entscheidungshilfe. Physica Verlag, Heidelberg. (S. 162-181)

Döring, N. (1997): Lernen mit dem Internet. In: Issing, L. & Klimsa, P. (Hrsg.) (1997^2): Information und Lernen mit Multimedia, Psychologische Verlags Union, Weinheim. (S. 305 – 336)

Eschenhauer, B. (1989): Medienpädagogik in den Lehrplänen: Eine Inhaltsanalyse zu den Curricula der allgemeinbildenden Schulen im Auftrag der Bertelsmann Stiftung. Bertelsmann Stiftung, Gütersloh

Filger, J. (1998): Works 4.0 für Windows 95, Merkur Verlag, Rinteln

Frank, M. (1999): Modellierung und Simulation - Terminologische Probleme. In: Biethahn, J.; Hummeltenberg, W.; Schmidt, B.; Stähly, P.; Witte, Th. (Hrsg.) (1999): Simulation als betriebliche Entscheidungshilfe. Physica Verlag, Heidelberg. (S. 50-64)

Fripp, J. (1993): Learning Through Simulations. McGraw-Hill, London

Geisenberger, S. (1989): Computer als Medium und als Werkzeug in Gemeinschaftskunde / Wirtschaftslehre. In: Lehren und Lernen, 15 (1989) 3. (S. 17-80)

Geisenberger, S. (1995): Zwei betriebswirtschaftliche Planspiele im Unterricht. In: Arbeiten + lernen. Wirtschaft, 5 (1995) 18. (S. 33-42)

Geisenberger, S. (1996): Betriebswirtschaftliche Zusammenhänge verstehen - PC-Simulationen mit dem Programm CHEF. In: Arbeiten + lernen. Wirtschaft, 5 (1996) 23. (S. 29-31)

Geisenberger, S. (1996): Computergestütztes Lernen In: May, H. (Hrsg.): Lexikon der ökonomischen Bildung, Oldenbourg, München

Geisenberger, S. (1997): Die Bedeutsamkeit der Erfolgskontrolle in der Wirtschaftslehre und Anregungen zur praktischen Durchführung. In: W. Schiele (Hrsg.): PMP/AWT, Planung Materialien Praxis für den Unterrichtsbereich Arbeit-Wirtschaft-Technik, Neckar-Verlag, Villingen

Geisenberger, S. (1997): Zur Verwendung des Computers in Gemeinschaftskunde/Wirtschaftslehre. In: W. Schiele (Hrsg.): PMP-AWT Planung, Materialien, Praxis für den Unterrichtsbereich Arbeit-Wirtschaft-Technik, Neckar-Verlag, Villingen

Graf, J. (1992): Das Prinzip der Komplexität. In: Graf, J. (Hrsg.) (1992): Planspiele. Simulierte Realitäten für den Chef von morgen, Gabal, Speyer, (S. 11-18)

Greimel, B. (1999): Das didaktische Potential von Unternehmenssimulationen. In: WiSt Wirtschaftswissenschaftliches Studium, 3/1999, Beck, München. (S. 156-160)

Grob, H. L. (1992): Öko. Ein Unternehmensplanspiel. Gabler, Wiesbaden.

Groebel, J. (1997): Medienkompetenz und Kommunikationsbildung. Anmerkungen zur Rolle von Politik, Produzenten, Pädagogik und Prosumenten. In Medienpsychologie 1997. (S. 236-241)

Gudjons, H. (1995[4]): Pädagogisches Grundwissen. Klinkhardt, Bad Heilbrunn.

Haaren, K. van & Hensche, D. (Hrsg.) (1997): Arbeit im Multimedia-Zeitalter, VSA Verlag, Hamburg

Haefner, K. (1997): Multimedia im Jahre 2000plus - Konsequenzen für das Bildungswesen. In: Issing, L. & Klimsa, P. (Hrsg.) (1997^2): Information und Lernen mit Multimedia, Psychologische Verlags Union, Weinheim. (S. 463 – 473)

Hering, E.; Hermann, A.; Kronmüller, E. (1989): Unternehmenssimulation mit dem PC. Vieweg, Braunschweig, Wiesbaden.

Hesse, J./ Schrader, H. C. (1998): Testtraining 2000, Eichborn, Frankfurt

Högsdal, B. (1992): Die Entwicklung kundenspezifischer Planspiele. In: Graf, Jürgen (Hrsg.) (1992): Planspiele. Simulierte Realitäten für den Chef von morgen, Gabal, Speyer. (S. 83-94)

Issing, L. & Kimsa, P. (1997^2): Information und Lernen mit Multimedia. Psychologische Verlags Union, Weinheim.

Kaiser, F. J. (1992): Der Beitrag aktiver partizipativer Methoden - Fallstudie, Rollenspiel und Planspiel zur Vermittlung von Schlüsselqualifikationen. In: Keim, H. (Hrsg.) (1992): Planspiel, Rollenspiel, Fallstudie. Zur Praxis und Theorie lernaktiver Methoden, Wirtschaftsverlag Bachem, Köln. (S. 62-90)

Katz, A. / Becker, W. E. (1999): Technology and the Teaching of Economics to Undergraduates. Journal of Economic Education, Summer 1999

Kleinsteuber, H. J. (1997): Informationsgesellschaft: Entstehung und Wandlung eines politischen Leitbegriffs der neunziger Jahre. In: Gegenwartskunde 1/1997. (S. 41-52)

Klippert, H. (1987): Berufswahlunterricht, Beltz, Weinheim und Basel. (S. 173ff)

Kolb, D. (1984): Experiential Learning. Experience as the Source of Learning and Development, Englewood Cliffs, New York.

Küll, R.; Stähly, P. (1999): Zur Planung und effizienten Abwicklung von Simulationsexperimenten. In: Biethahn, J.; Hummeltenberg, W.; Schmidt, B.; Stähly, P.; Witte, Th. (Hrsg.) (1999): Simulation als betriebliche Entscheidungshilfe. Physica Verlag, Heidelberg. (S. 1-21)

Lange, B.-P. & Hillebrand, A. (1996): Medienkompetenz - die neue Herausforderung der Informationsgesellschaft. In: Spektrum der Wissenschaft, August 1996. (S. 38-42)

Liening, A. (1999): Didaktische Innovationen - Neue Ansätze zur Entwicklung computergestützter ökonomischer Planspiele. In: Krol, G.-J. / Kruber, K.-P. (1999): Die Marktwirtschaft an der Schwelle zum 21. Jahrhundert - Neue Aufgaben für die ökonomische Bildung?, Hobein, Bergisch Gladbach

Lüpertz, V. (1994): Vernetztes Denken im Unterricht, Verlag Europa-Lehrmittel, Haan-Gruiten

Mandl, H., Gruber, H. & Renkl, A. (1997): Situiertes Lernen in multimedialen Lernumgebungen. In: Issing, L. & Kimsa, P. (1997^2): Information und Lernen mit Multimedia. Psychologische Verlags Union, Weinheim. (S. 167-178)

Meadows, D. H.; Meadows, D. L. (1972): The limits to growth. A report for the Club of Rome's Project on the Predicament of Mankind. Earth Island Ltd, London

Meadows, D. L. / Fiddaman, T. / Shannon, D. (1989): Fish Banks, Ltd., Durham, Manuskript

Merz, W. (1993): Volkswirtschaftliche Planspiele im Hochschulunterricht. Verlag Wissenschaft und Praxis, Ludwigsburg, Berlin

Meschenmoser, H. (1997): „Die Kinder haben Spaß beim Lernen mit Computern". Häufig genannte Argumente kritisch hinterfragt. In: Computer und Unterricht, 7 (1997) 27. (S. 39-42)

Monatsbericht der Deutschen Bundesbank, September 1999.

Müller, Jens (2000): Simulation im Haushalt.
http://www.ph-freiburg.de/wirtschaft/home2.htm

Oberweis, A.; Lenz, K.; Gentner, C. (1999): Simulation betrieblicher Abläufe. In: Das Wirtschaftsstudium (WISU) 2/99. (S. 216-223)

Orth, C. (1999): Unternehmensplanspiele in der betriebswirtschaftlichen Aus- und Weiterbildung. Eul, Lohmar, Köln

Pidd, M. (1986): Computer Simulation in Management Science. Wiley & Sons, Chichester, New York, Brisbane, Toronto, Singapore

Puhr-Westerheide, P. (1995): Simulation mit Computern - eine neue Methode zur Analyse schwer zugänglicher Prozesse. In: Braitenberg, V. & Hosp, I. (Hrsg.) (1995): Simulation - Computer zwischen Experiment und Theorie. Rowohlt Taschenbuch Verlag, Reinbeck. (S. 10-25)

Rohn, W. (1992): Simulation - Praxis am Modell erlernen. In: Graf, Jürgen (Hrsg.) (1992): Planspiele. Simulierte Realitäten für den Chef von morgen, Gabal, Speyer. (S. 19-28)

Schneider, P./Zindel, M./Lötzerich, R. (1998): Den Einstellungstest bestehen. Econ-Taschenbuch-Verlag, Düsseldorf und München

Schub, Andreas (1998): Die Vorteile des internationalen Handels, quantifiziert an einem Beispiel mit WORKS.
http://www.ph-freiburg.de/wirtschaft/handel.htm

Simkins, S. P. (1999): Promoting Active-Student Learning Using the World Wide Web in Economics Courses In: Journal of Economic Education, Summer 1999

Simulation & gaming. An International Journal of Theory, Practice and Research. Quarterly, Sage Publications, London, Thousand Oaks, Newbury Park. ISSN: 1046-8781

Tolksdorf, R. / Paulus, O. K. (1998): Informationen im Web erschließen. In: LOG IN, 3/4, 1998

Twidale, M. B. (1995): Reflections on the Instructional Usage of Simulations. In: Moyse, R. & Reimann, P. (1995): Simulations for Learning: Design, Development, and Use. Forschungsberichte des Psychologischen Instituts der Albert-Ludwig-Universität Freiburg, Nr. 110. (S. 10-12)

Weber, H.-H. (1996): Glasmarkt, Stam Verlag

Wöppel, J. (1999): Die Medienkombination „mach's richtig" und der OiB-Lehrplan. In: Schiele, W.: PMP-AWT Planung Materialien Praxis für den Unterrichtsbereich Arbeit-Wirtschaft-Technik, Neckar-Verlag, Villingen

Zahlenmaterial zur Lebensqualität in deutschen Kreisen: FOCUS, Ausgabe 40 / 1995.

Kontakt zu den Autoren	
Dr. Siegfried Geisenberger	**Werner Nagel**
dr.geisenberger@t-online.de http://www.sg-wirtschaft.de	werner.nagel@wn-learnware.de http://www.wn-learnware.de